Grünwald/Hauser/Reininghaus

Privates Wirtschaftsrecht

Zweite, überarbeitete Auflage

Wien • Graz 2002

Die Deutsche Bibliothek – CIP-Einheitsaufnahme

Grünwald, Alfons:
Privates Wirtschaftsrecht / Grünwald/Hauser/Reininghaus. – 2., überarb. Auf. –
Wien: NWV, Neuer Wiss. Verl., 2002
  ISBN 3-7083-0028-9

ISBN 3-7083-0028-9
Neuer Wissenschaftlicher Verlag GmbH
Argentinierstraße 42/6, A-1040 Wien
Tel.: +43 1 535 61 03-0*, Fax: +43 1 535 61 03-25
e-mail: office@nwv.at

Geidorfgürtel 20, A-8010 Graz
e-mail: office@nwv.at

© NWV Neuer Wissenschaftlicher Verlag, Wien • Graz 2002

Satz: Lasersatz Ch. Weismayer, Wien/Salzburg
e-mail: office@lasersatz.at

Druck: AV-Druck plus, Wien
e-mail: office@av-druck.at

Vorwort zur zweiten Auflage

Die erste Auflage dieses Lehrbuchs ist erfreulicherweise auf so großes Interesse gestoßen, dass sich der Verlag schon vor Ablauf eines Jahres nach deren Erscheinen zu einer Neuauflage entschloss. Diese war freilich nicht nur durch die gute Aufnahme des Buches, sondern auch wegen der jüngsten Rechtsentwicklungen angezeigt: Die wichtigsten Neuerungen, insbesondere das E-Commerce-Gesetz, das reformierte Wohnungseigentumsgesetz, die Verordnung über die Europäische Gesellschaft, das neue Vereinsgesetz sowie die aktuellen Änderungen im Bereich des Kartellrechts durch das Wettbewerbsgesetz und die Kartellgesetznovelle 2002 wurden berücksichtigt. Systematik und Stil des Buches blieben dabei unverändert, Detailverbesserungen wurden aber – soweit erforderlich – durchgeführt.

Nicht verabsäumt werden soll an dieser Stelle ein Hinweis auf den zeitgleich ebenfalls im Neuen Wissenschaftlichen Verlag erscheinenden „Materialienband Privates Wirtschaftsrecht". Mit diesem neuartigen Konzept wird das Ziel verfolgt, den Studierenden die im Lehrbuch allgemein-abstrakt dargestellten juristischen Grundsätze und Systemzusammenhänge in möglichst anschaulicher Weise anhand des im Begleitbuch aufbereiteten konkreten Rechtsmaterials näher zu bringen.

Graz, im August 2002

Alfons Grünwald/Werner Hauser/Peter Reininghaus

Vorwort zur ersten Auflage

Das gegenständliche Lehrbuch zum „Privaten Wirtschaftsrecht" will einen grundlegenden Überblick zu den wichtigsten österreichischen Normen bieten, welche die Regelung von privatwirtschaftlichen Sachverhalten zum Gegenstand haben. Dabei wird zunächst ein Einblick in jene Grundbegriffe geboten, welche für das Verständnis des einschlägigen Normenmaterials von zentraler Bedeutung sind. In weiterer Folge werden die aus (privat)wirtschaftlicher Sicht bedeutendsten Aspekte des Zivilrechts beleuchtet. Die nachfolgenden Kapiteln widmen sich dem Handelsrecht, dem Gesellschaftsrecht, dem Wertpapierrecht sowie dem Wettbewerbs- und Immaterialgüterrecht.

Die gewählte Systematik sowie die Intention, die jeweiligen Kernaspekte der einzelnen Materien in einer einfachen und leicht verständlichen Sprache darzustellen, sollen dazu beitragen, die Lektüre des Lehrbuches zu erleichtern. Den zahlreichen Querverbindungen, welche zwischen den in den einzelnen Kapiteln erfassten Materien bestehen, wurde durch die Aufnahme entsprechender Verweise Rechnung getragen. Überdies wurden die wichtigsten gesetzlichen Bestimmungen durch die Angabe der entsprechende Paragraphen substantiell zitiert; in diesem Zusammenhang sei das Nachlesen der gesetzlichen Bestimmungen im Originalwortlaut ausdrücklich empfohlen, da dies erfahrungsgemäß erheblich dazu beitragen kann, das Wesen und die Wirkungen des Rechtssystems besser erfahren bzw erfassen zu können.

Neben der bereits angesprochenen Vermittlung eines grundlegenden Überblickes zum einschlägigen Normenmaterial versteht sich das gegenständlich Lehrbuch insbesondere als Leitfaden bzw Anleitung zum Lösen von Standardrechtsfragen. Zur Erleichterung bei der Bewältigung von detaillierteren sowie tiefergehenden Rechtsfragen finden sich bei den einzelnen Kapiteln jeweils Hinweise zur wichtigsten weiterführenden Literatur; überdies findet sich im „Vorspann" eine Übersicht der wichtigsten Literatur zu den einzelnen Rechtsbereichen. Zur besseren Handhabung des Buches wurden auch Randziffern sowie ein umfassendes Stichwortverzeichnis aufgenommen.

Entsprechend den dargelegten Zielsetzungen richtet sich das Lehrbuch „Privates Wirtschaftsrecht" primär an Studentinnen und Studenten an Fachhochschul-Studiengängen sowie an Studierende von sozial- und wirtschaftswissenschaftlichen Studien; angesprochen sind aber auch Studierende der Rechtswissenschaften, die sich in der Studieneingangsphase befinden sowie interessierte juristische Laien und Wirtschaftspraktiker.

Die Autoren bedanken sich bei Frau Assistentin *Dr. Beatrix Schwar* für die sorgfältige Erstellung der Verzeichnisse sowie für umsichtige Durchsicht der Druckfahnen.

Graz, im September 2001

Alfons Grünwald/Werner Hauser/Peter Reininghaus

Inhaltsverzeichnis

III Grundzüge des Allgemeinen Handelsrechts

VI Grundzüge des gewerblichen Rechtsschutzes, des Kartellrechts und des Urheberrechts

Abkürzungsverzeichnis

ABGB	Allgemeines bürgerliches Gesetzbuch, JGS 946 idgF
ABl	Amtsblatt der Europäischen Gemeinschaften
Abs	Absatz
AG	Aktiengesellschaft
AGB	Allgemeine Geschäftsbedingungen
AHG	Amtshaftungsgesetz, BGBl 1949/20 idgF
AktG	Aktiengesetz, BGBl 1965/98 idgF
AngG	Angestelltengesetz, BGBl 1921/292 idgF
AO	Ausgleichsordnung (Wv), BGBl 1934 II/221 idgF
AÖSp	Allgemeine Österreichische Spediteurbedingungen, veröffentlicht im Amtsblatt der Wiener Zeitung vom 9.8.1947 idgF
ArbVG	Arbeitsverfassungsgesetz, BGBl 1974/22 idgF
ARGE	Arbeitsgemeinschaft
Art	Artikel
ASchG	ArbeitnehmerInnenschutzgesetz, BGBl 1972/234 idgF
ASVG	Allgemeines Sozialversicherungsgesetz, BGBl 1955/189 idgF
AtomHG	Atomhaftpflichtgesetz, BGBl 1964/117 idgF
ATS	Österreichischer Schilling
AußStrG	Außerstreitgesetz, RGBl 1854/208 idgF
AVG	Allgemeines Verwaltungsverfahrensgesetz (Wv), BGBl 1991/51 idgF
AVRAG	Arbeitsvertragsrechtsanpassungsgesetz, BGBl 1993/459 idgF
BAO	Bundesabgabenordnung, BGBl 1961/194 idgF
BauRG	Baurechtsgesetz, RGBl 1912/86 idgF
Bd	Band
BFG	Beteiligungsfondsgesetz, BGBl 1982/111 idgF
BGBl	Bundesgesetzblatt
BRD	Bundesrepublik Deutschland
Bsp	Beispiel
BStFG	Bundes-Stiftungs- und FondsG, BGBl 1975/11 idgF
B-VG	Bundesverfassungsgesetz 1920 idF von 1929, BGBl 1930/1 idgF
BWG	Bankwesengesetz, BGBl 1993/532 idgF
bzw	beziehungsweise
CMR	Übereinkommen über den Beförderungsvertrag im internationalen Straßengüterverkehr, BGBl 1961/138 idgF
d	deutscher, -e, -es
DepG	Depotgesetz, BGBl 1969/424 idgF
dh	das heißt
DHG	Dienstnehmerhaftpflichtgesetz, BGBl 1965/80 idgF
ds	das sind
DSchG	Denkmalschutzgesetz, BGBl 1923/533 idgF
€	Euro
EAGV	Vertrag zur Gründung der Europäischen Atomgemeinschaft

ECG	E-Commerce-Gesetz, BGBl I 2001/152 idgF
EDV	Elektronische Datenverarbeitung
EG	Europäische Gemeinschaft
EGG	Erwerbsgesellschaftengesetz, BGBl 1990/257 idgF
EGKSV	Vertrag zur Gründung der Europäischen Gemeinschaft für Kohle und Stahl
EGN	Euro-Gerichtsgebühren-Novelle, BGBl I 2001/131
EGV	Vertrag zur Gründung der Europäischen Gemeinschaft
EisenbahnbefG	Eisenbahnbeförderungsgesetz, BGBl 1988/180 idgF
EKHG	Eisenbahn- und Kaftfahrzeughaftpflichtgesetz, BGBl 1959/48 idgF
EO	Exekutionsordnung, RGBl 1896/79 idgF
ErgBd	Ergänzungsband
EStG	Einkommensteuergesetz, BGBl 1972/440 idgF
etc	et cetera
EU	Europäische Union
EU-GesRÄG	EU-Gesellschaftsrechtsänderungsgesetz, BGBl 1996/304
EuGH	Europäischer Gerichtshof
1. Euro-JuBeG	1. Euro-Justiz-Begleitgesetz, BGBl I 1998/125
2. Euro-JuBeG	2. Euro-Justiz-Begleitgesetz, BGBl I 2001/98
EVHGB	Vierte Verordnung zur Einführung handelsrechtlicher Vorschriften im Lande Österreich, RGBl 1938 I 1999 idgF
EVÜ	Europäisches Schuldvertragsübereinkommen
EWG	Europäische Wirtschaftsgemeinschaft
EWIV	Europäische wirtschaftliche Interessenvereinigung
EWIV-G	EWIV-Ausführungsgesetz, BGBl 1995/521 idgF
EWIV-VO	Verordnung des Rates über die Schaffung einer Europäischen wirtschaftlichen Interessenvereinigung, ABl 1985 L 199 idgF
EWR	Europäischer Wirtschaftsraum
EZ	Einlagezahl
f	und der, die folgende
FBG	Firmenbuchgesetz, BGBl 1991/10 idgF
ff	und der, die folgenden
FMABG	Finanzmarktaufsichtsbehördengesetz, BGBl I 2001/97
G	Gesetz
GBG	Allgemeines Grundbuchsgesetz, BGBl 1955/39 idgF
gem	gemäß
Gen	Genossenschaft
GenG	Genossenschaftsgesetz, DRGBl 1873/70 idgF
GenVG	Genossenschaftsverschmelzungsgesetz, BGBl 1980/223 idgF
GewRÄG	Gewährleistungsrechts-Änderungsgesetz, BGBl I 2001/48
GesbR	Gesellschaft bürgerlichen Rechts
GGG	Gerichtsgebührengesetz, BGBl 1984/501 idgF
GlSpG	Glücksspielgesetz, BGBl 1989/620 idgF
GmbH	Gesellschaft mit beschränkter Haftung
GmbHG	Gesetz über Gesellschaften mit beschränkter Haftung, RGBl 1906/58 idgF
GMG	Gebrauchsmustergesetz, BGBl 1994/211 idgF

GMGVO	Gemeinschaftsgeschmacksmuster-Verordnung ABl 2002 L 3/1
GMVO	Gemeinschaftsmarkenverordnung, ABl 1994 L 11 idgF
GüterbefG	Güterbeförderungsgesetz (Wv), BGBl 1995/593 idgF
Hg	HerausgeberIn
HGB	Handelsgesetzbuch, RGBl 1897, 219 idgF
HlSchG	Halbleiterschutzgesetz, BGBl 1988/372 idgF
HVertrG	Handelsvertretergesetz, BGBl 1993/88 idgF
HypBG	Hypothekenbankgesetz, RGBl 1899/375 idgF
idF	in der Fassung
idgF	in der geltenden Fassung
idR	in der Regel
ieS	im engeren Sinn
InvFG	Investmentfondsgesetz, BGBl 1993/532 idgF
IPR	Internationales Privatrecht
IPRG	Bundesgesetz über das Internationale Privatrecht, BGBl 1978/304 idgF
iSd	im Sinne des, der
iSv	im Sinne von
iVm	in Verbindung mit
iwS	im weiteren Sinn
iZm	im Zusammenhang mit
JGS	Justizgesetzsammlung
JN	Jurisdiktionsnorm, RGBl 1895/111
KapBG	Kapitalberichtigungsgesetz, BGBl 1967/171 idgF
KartG	Kartellgesetz, BGBl 1988/600 idgF
KEG	Kraftloserklärungsgesetz, BGBl 1951/86 idgF bzw Kommandit-Erwerbsgesellschaft
KG	Kommanditgesellschaft
KMG	Kapitalmarktgesetz, BGBl 1991/625 idgF
KO	Konkursordnung, RGBl 1914/337 idgF
korr	korrigierter, -e, -es
KöSt	Körperschaftsteuer
KSchG	Konsumentenschutzgesetz, BGBl 1979/140 idgF
KStG	Körperschaftsteuergesetz, BGBl 1988/401 idgF
LuftVG	Luftverkehrsgesetz, dRGBl 1936 I 653 idgF
MaklerG	Maklergesetz, BGBl 1996/262 idgF
MarkSchG	Markenschutzgesetz (Wv), BGBl 1970/260 idgF
MMA	Madrider Markenabkommen, BGBl 1970/45 idgF
MRG	Mietrechtsgesetz, BGBl 1981/520 idgF
MSchG	Mutterschutzgesetz, BGBl 1979/221 idgF
MuSchG	Musterschutzgesetz, BGBl 1990/497 idgF
mwN	mit weiteren Nachweisen
Nr	Nummer
NVG	Nahversorgungsgesetz, BGBl 1977/392 idgF
OEG	Offene Erwerbsgesellschaft
OeNB	Oesterreichische Nationalbank
OGH	Oberster Gerichtshof
OHG	Offene Handelsgesellschaft

OMV	Österreichische Mineralölverarbeitung
OrgHG	Organhaftpflichtgesetz, BGBl 1967/181 idgF
passim	durchgehend
PatG	Patentgesetz (Wv), BGBl 1970/259 idgF
PCT	Patent cooperation treaty
PfandbriefG	Pfandbriefgesetz, dRGBl 1927 I 492 idgF
PHG	Produkthaftungsgesetz, BGBl 1988/99 idgF
PKW	Personenkraftwagen
PostG	Postgesetz, BGBl I 1998/18
PSG	Privatstiftungsgesetz, BGBl 1993/694 idgF
RGBl	Reichsgesetzblatt
RichtWG	Richtwertgesetz, BGBl 1993/800 idgF
RL	Richtlinie
Rz	Randzahl
s	siehe
SchG	Scheckgesetz, BGBl 1955/50 idgF
SE	Societas Europaea (Europäische Gesellschaft)
SigG	Signaturgesetz, BGBl I 1999/190 idgF
SpaltG	Spaltungsgesetz, BGBl 1996/304 idgF
SpG	Sparkassengesetz, BGBl 1979/64 idgF
StGB	Strafgesetzbuch, BGBl 1974/60 idgF
StPO	Strafprozessordnung (Wv), BGBl 1975/631 idgF
TKG	Telekommunikationsgesetz, BGBl I 1997/100 idgF
TP	Tarifpost
TRIPS	Agreement on Trade-Related Aspects of Intellectual Property Rights, Anhang 1C zum Abkommen zur Errichtung der Welthandelsorganisation (WTO), BGBl 1995/1 idgF
tw	teilweise
ua	unter anderem/und andere
UmgrStG	Umgründungssteuergesetz, BGBl 1991/699 idgF
UmwG	Umwandlungsgesetz, BGBl 1996/304 idgF
URG	Unternehmensreorganisationsgesetz, BGBl 1997/106
UrhG	Urheberrechtsgesetz, BGBl 1936/111 idgF
UrlG	Urlaubsgesetz, BGBl 1976/390 idgF
uU	unter Umständen
UWG	Bundesgesetz gegen den unlauteren Wettbewerb 1984 (Wv), BGBl 1984/448 idgF
VAG	Versicherungsaufsichtsgesetz, BGBl 1978/569 idgF
VerG	Vereinsgesetz, BGBl I 2002/66 idgF
VersVG	Versicherungsvertragsgesetz, BGBl 1959/2 idgF
vgl	Vergleiche
VStG	Verwaltungsstrafgesetz (Wv), BGBl 1991/52 idgF
WAG	Wertpapieraufsichtsgesetz, BGBl 1996/753 idgF
WEG	Wohnungseigentumsgesetz, BGBl I 2002/70 idgF
WettbG	Wettbewerbsgesetz BGBl I 2002/62
WG	Wechselgesetz, BGBl 1955/59 idgF
Wv	Wiederverlautbarung
Z	Zahl/Ziffer

zB	zum Beispiel
ZinsRÄG	Zinsrechts-Änderungsgesetz, BGBl I 2002/118
ZPO	Zivilprozessordnung, RGBl 1895/113 idgF

Ausgewählte Literatur

A Lehrbücher, Systematische Darstellungen

Apathy/Riedler, Bürgerliches Recht Bd III. Schuldrecht/Besonderer Teil[2] (2002)

Avancini/Iro/Koziol, Österreichisches Bankvertragsrecht, Bd I (1987) und Bd II (1993)

Barfuß/Auer, Kartellrecht[4] (1989)

Barfuß/Wollmann/Tahdel, Österreichisches Kartellrecht (1996)

Böhm, Sachenrecht, Allgemeiner Teil[3] (2000) und Besonderer Teil[3] (2000)

Bydlinski F, Einführung in das österreichische Privatrecht[2] (1983)

Bydlinski P, Bürgerliches Recht Bd I. Allgemeiner Teil[2] (2002)

Bydlinski P, Grundzüge des Privatrechts für Ausbildung und Wirtschaftspraxis[4] (2000)

Csoklich, Einführung in das Transportrecht (1990)

Danzl, Das neue Firmenbuch (1991)

Dittrich, Österreichisches und internationales Urheberrecht[3] (1998)

Dullinger, Bürgerliches Recht Bd II. Schuldrecht/Allgemeiner Teil (2000)

Eilmansberger, Gewerblicher Rechtsschutz, in *Holoubek/Potacs* (Hg), Öffentliches Wirtschaftsrecht Bd I (2002)

Fitz/Gamerith, Wettbewerbsrecht[3] (2000)

Fremuth/Laurer/Linc/Pötzelberger/Strobl, Bankwesengesetz[2] (1999) und Ergänzungsband (2002)

Graf/Gruber, Gesetzliche Schuldverhältnisse[4] (2001)

Graf/Gruber, Schuldrecht[4] (2001)

Gruber, Handelsgeschäfte[5] (2002)

Grünwald, Europäisches Gesellschaftsrecht (1999)

Grünwald/Schummer, Wertpapierrecht[3] (2001)

Gschnitzer/Faistenberger ua, Allgemeiner Teil des bürgerlichen Rechts[2] (1992)

Gschnitzer/Faistenberger ua, Österreichisches Sachenrecht[2] (1985)

Gschnitzer/Faistenberger ua, Österreichisches Schuldrecht[2] (1988; korr Nachdruck 1991)

Hämmerle/Wünsch, Handelsrecht, Bd I[4] – Allgemeine Lehren und Handelsstand (1990), Bd II[4] – Personengesellschaften (1993) und Bd III[3] – Handelsgeschäfte (1979)

Hauser, Wechsel- und Scheckrecht[2] (1999)

Hauser/Thomasser, Wettbewerbs- und Immaterialgüterrecht (1998)

Hausmaninger/Feyl, Europäische Wirtschaftliche Interessenvereinigung (EWIV) (1995)

Haybäck, Grundzüge des Marken- und Immaterialgüterrechts (2001)

Holzhammer, Allgemeines Handelsrecht und Wertpapierrecht[8] (1998)

Holzhammer/Roth, Einführung in das Bürgerliche Recht und IPR[5] (2000)

Holzhammer/Roth, Gesellschaftsrecht[2] (1997)

Iro, Bürgerliches Recht Bd IV. Sachenrecht (2000)

Janisch/Mader, E-Business (2001)

Kalss/Schauer, Allgemeines Handelsrecht (2002)

Kastner/Doralt/Nowotny, Grundriß des österreichischen Gesellschaftsrechts[5] (1990)

Keinert, Österreichisches Genossenschaftsrecht (1988)

Koppensteiner, Österreichisches und europäisches Wettbewerbsrecht[3] (1997)

Kostner, Aktiengesellschaft (1984)

Kostner/Umfahrer, Die Gesellschaft mit beschränkter Haftung[5] (1998)

Koziol/Welser, Grundriß des bürgerlichen Rechts Bd I[12] (2002) und Bd II[12] (2001)

Krejci, Handelsrecht[2] (2001)

Krejci, Privatrecht[5] (2002)

Kucsko, Österreichisches und europäisches Urheberrecht[4] (1996)

Kucsko, Österreichisches und europäisches Wettbewerbs-, Marken-, Muster- und Patentrecht[4] (1995)

Löffler, Die Eingetragene Erwerbsgesellschaft (1994)

Mader, Bürgerliches Recht – Allgemeiner Teil[4] (2001)

Mader, Kapitalgesellschaften[4] (2002)

Mayer-Maly, Einführung in die Rechtswissenschaft (1993)

Mogel, Europäisches Urheberrecht (2001)

Posch, Einführung in das österreichische Recht (1985)

Reich-Rohrwig, Das österreichische GmbH-Recht (1983)

Reich-Rohrwig, Das österreichische GmbH-Recht Bd I[2] (1997)

Roth, Grundriß des österreichischen Wertpapierrechts[2] (1999)

Roth/Fitz, Handels- und Gesellschaftsrecht (2000)

Schönherr, Gewerblicher Rechtsschutz und Urheberrecht (1982)

Schuhmacher/Haybäck, Schuldverträge[4] (2002)

Schummer, Handelsstand[3] (2000)

Schummer, Personengesellschaften[4] (2002)

B Kommentare

Breun, ECG – E-Commerce-Gesetz (2002)

Dillenz, Praxiskommentar zum österreichischen Urheberrecht und Verwertungsgesellschaftenrecht (1999)

Dittrich (Hg), Österreichisches und internationales Urheberrecht[3] (1998)

Dittrich/Tades, ABGB[20] (2002, mit Nachtrag)

Doralt/Nowotny/Kalss, Privatstiftungsgesetz (1995)

Eiselsberg/Schenk/Weißmann, Firmenbuchgesetz (1991)

Fritz, Die Europäische Wirtschaftliche Interessenvereinigung – Praxiskommentar (1997)

Fromherz, Kommentar zum Maklergesetz (1997)

Gellis/Feil (Hg), Kommentar zum GmbH-Gesetz[3] (1995, ErgBd 1997)

Gugerbauer, Kommentar zum Kartellgesetz[3] (1999)

Hausmann/Vonklich (Hg), Österreichisches Wohnrecht – Kommentar (2002)

Jabornegg (Hg), Kommentar zum HGB (1997)

Jabornegg, HVG – Handelsvertreterrecht und Maklerrecht (1997)

Jabornegg/Strasser, Kommentar zum Aktiengesetz Bd II[4] (2001)

Jabornegg/Strasser, Kommentar zum Aktiengesetz Bd III[4] (2002)

Klang, Kommentar zum Allgemeinen bürgerlichen Gesetzbuch Bd I^2 bis VI^2 und ErgBd (1950 bis 1978); §§ 137 bis 186a neu bearbeitet von *Pichler* (2000)

Koppensteiner, GmbH-Gesetz – Kommentar^2 (1999)

Krejci, Erwerbsgesellschaftengesetz (1991)

Krejci/S. Bydlinski/Rauscher/Weber-Schallauer, Vereinsgesetz 2002 (2002)

Laga/Sehrschön, E-Commerce-Gesetz – Praxiskommentar (2002)

Markl, WEG – Wohnungseigentumsgesetz 2002 – Kurzkommentar (2002)

Österreichischer Raiffeisenverband (Hg), Genossenschaftsrecht^2 (1989) *(HGg)*

Prader, WEG – Wohnungseigentumsgesetz 2002 (2002)

Rummel (Hg), Kommentar zum Allgemeinen bürgerlichen Gesetzbuch Bd I^3 (2000) und Bd II^2 (1992)

Schiemer/Jabornegg/Strasser, Kommentar zum Aktiengesetz^3 (1993)

Schönherr/Wiltschek, UWG^6 (1994)

Schwimann (Hg), Praxiskommentar zum Allgemeinen bürgerlichen Gesetzbuch samt Nebengesetzen, Bd I^2 bis VII^2 (1997)

Straube (Hg), Kommentar zum Handelsgesetzbuch, Bd I^2 (1995) und II^2 (2000)

Vartian, Vereinsrecht – Kurzkommentar zum Vereinsgesetz (2002)

Vogl, VerG – Vereinsgesetz 2002 – Kommentar (2002)

Walter/Lewinski/Dreier/Blocher/Dillenz, Kommentar zum Europäischen Urheberrecht (1999)

Wiltschek, UWG – Gesetz gegen den unlauteren Wettbewerb^6 (2000)

Wünsch, Kommentar zum GmbHG (Teillieferungen ab 1987)

C Rechtstexte

Bydlinski F, Österreichische Gesetze: Loseblattsammlung aller wichtigen Privatrechtsgesetze (laufend aktualisiert)

Dittrich/Tades, Das Allgemeine bürgerliche Gesetzbuch^{35} (1999)

Schönherr/Nitsche, Handelsgesetzbuch^{27} (1981)

Einschlägige Rechtstexte der Verlage Manz, Orac/Linde (Kodex des österreichischen Rechts) und des Verlages Österreich

D Entscheidungssammlungen

Entscheidungen des österreichischen Obersten Gerichtshofes in Zivil- (und Justizverwaltungs-)sachen, 1919 bis 1938 und ab 1946 (SZ)

Handelsrechtliche Entscheidungen, hg von *Stanzl/Friedl/Steiner*, seit 1939 (HS)

Sammlung von Civilrechtlichen Entscheidungen des kk Obersten Gerichtshofes, begründet von *Glaser* und *Unger*, 1853 bis 1897 (GIU); als neue Folge 1898 bis 1915 (GIUNF)

E Zeitschriften

Der Gesellschafter (GesRZ)
ecolex, Fachzeitschrift für Wirtschaftsrecht
Europäische Zeitschrift für Wirtschaftsrecht (EuZW)
Gewerblicher Rechtsschutz und Urheberrecht (GRUR)
Juristische Ausbildung und Praxisvorbereitung (JAP)
Juristische Blätter (JBl)
Österreichische Blätter für gewerblichen Rechtsschutz und Urheberrecht (ÖBl)
Österreichische Juristenzeitung (ÖJZ)
Österreichische Notariatszeitung (NZ)
Österreichische Patentrechtliche Blätter (PBl)
Österreichische Richterzeitung (RZ)
Österreichische Zeitschrift für Wirtschaftsrecht (ÖZW)
Österreichisches Anwaltsblatt (AnwBl)
Österreichisches Bankarchiv (ÖBA)
Österreichisches Recht der Wirtschaft (RdW)
Wirtschaftsrechtliche Blätter (wbl)
Zeitschrift für Rechtsvergleichung (ZfRV)

I Einführung

Literatur: *Antoniolli/Koja*, Allgemeines Verwaltungsrecht[3] (1996); *F Bydlinski*, Juristische Methodenlehre und Rechtsbegriff[2] (1991); *P Bydlinski*, Grundzüge des Privatrechts[4] (2000); *P Bydlinski*, Bürgerliches Recht Bd I. Allgemeiner Teil[2] (2002); *Funk*, Einführung in das österreichische Verfassungsrecht[10] (2000); *Koziol/Welser*, Bürgerliches Recht Bd I[12] (2002); *Raschauer*, Allgemeines Verwaltungsrecht (1998); *Thun-Hohenstein/Cede*, Europarecht[3] (1999); *Walter/Mayer*, Grundriss des österreichischen Bundesverfassungsrechts[9] (2000).

A Grundbegriffe

1 Allgemeines

Jeder Mensch (bzw jedes „Rechtssubjekt"; s dazu Rz 40 ff) sieht sich einer Fülle von Normen bzw Verhaltensanordnungen ausgesetzt, die zu beachten sind. Die Summe jener Normen, welche das Zusammenleben der Menschen regeln und mit staatlicher Zwangsgewalt durchsetzbar sind, wird als **Rechtsordnung** bezeichnet.   **1**

Neben den generell zwingenden Verhaltensanordnungen der Rechtsordnung sind weitere – mitunter nicht schriftlich dokumentierte – Regelungen, wie die **Sitten-, Moral-** und auch **Religionsordnung**, wirksam. Diese durch die Evolution (mit)geprägten und mit der Geschichte der Menschheit eng verbundenen Ordnungen haben bisweilen wesentlichen Einfluss auf das menschliche Verhalten. Sie entfalten jedoch regelmäßig keinen staatlichen Zwangscharakter. Gelegentlich können aber auch derartige „außerrechtliche Zugänge" rechtliche Bedeutung erlangen. So gilt etwa kraft ausdrücklicher gesetzlicher Anordnung, dass den „Gewohnheiten und Gebräuchen" im Handelsverkehr (**Handelsbrauch, Handelssitte**) Rechtsverbindlichkeit zukommt (s etwa §§ 346, 359, 380, 393 f HGB sowie Rz 573).   **2**

Damit die Rechtsunterworfenen ihre rechtliche Position erkennen und einschätzen können, ist es erforderlich, dass ihnen die entsprechenden Rechtsquellen zugänglich sind. Dabei versteht man unter **Rechtsquellen** jene Phänomene, aus denen das Recht erwächst bzw erkennbar wird.   **3**

Im Einzelnen kann zwischen **Entstehungsquellen des Rechts** als den staatlichen Rechtsschöpfungsakten (wie zB Gesetz, Verordnung, Gerichtsurteil, Bescheid) bzw den durch die staatliche Autorität anerkannten Rechtsschöpfungsakten (wie zB Vertrag) einerseits und den **Erkenntnisquellen des Rechts**, durch welche der Inhalt des Rechts in Erfahrung   **4** gebracht werden kann (zB Bundesgesetzblatt, Landesgesetzblatt, Amtsblatt der EU, schriftliches Gerichtsurteil, Vertragsurkunde) andererseits unterschieden werden.

5   Des Weiteren ist zwischen generellen und individuellen Rechtsquellen zu unterscheiden. Während sich **generelle Rechtsquellen** (zB Gesetz, Verordnung) idR an die Allgemeinheit oder zumindest an einen unbestimmten Adressatenkreis richten, sind die Adressaten von **individuellen Rechtsquellen** (zB Bescheid, Gerichtsurteil) idR einzelne, konkret benannte Personen.

6   In Österreich und auch den anderen europäischen Staaten entsteht der weitaus größte Teil der Rechtsordnung durch Rechtssetzungsakte des Gesetzgebers (**gesatztes Recht, positives Recht**). Das Verfahren, mit dem auf Bundesebene durch das Parlament und auf Landesebene durch die Landtage Gesetze geschaffen werden, ist in den Verfassungen des Bundes und der Länder geregelt. Grundsätzlich entfaltet das gesatzte Recht seine Wirkung am Tag nach der Veröffentlichung im jeweiligen Kundmachungsorgan (zB Bundesgesetzblatt); es bleibt so lange in Kraft, bis es aufgehoben oder abgeändert wird. Von Bedeutung ist, dass sich „niemand damit entschuldigen kann", ein kundgemachtes Gesetz nicht gekannt zu haben (§ 2 ABGB).

7   Eine weitere Entstehungsquelle des Rechts, der jedoch im Verhältnis zum gesatzten Recht geringere Bedeutung beizumessen ist, ist das **Gewohnheitsrecht**. Grundvoraussetzung für die Entstehung von Gewohnheitsrecht ist eine **langdauernde, allgemeine und gleichmäßige Anwendung** bestimmter Regeln. Die Anwendung der Regeln muss darüber hinaus in der Überzeugung erfolgen, dass diese rechtens bzw rechtmäßig ist; vor allem durch dieses Voraussetzungselement unterscheidet sich das Gewohnheitsrecht von Bräuchen. Zwar besteht nach wie vor keine völlige Übereinstimmung darüber, ob durch die österreichische Rechtsordnung Gewohnheitsrecht anerkannt ist, doch wird dies überwiegend bejaht.

8   Obwohl das österreichische Rechtssystem ein so genanntes **Richterrecht** nicht als Rechtsquelle ausweist, kommt vor allem den höchstgerichtlichen Entscheidungen faktisch große Bedeutung bei der Rechtsfortbildung zu.

9   Die Rechtsordnung besteht aus einer Fülle von **Rechtsnormen**. Dabei handelt es sich um „Sollensanordnungen", welche regelmäßig einerseits eine typische Verhaltensweise bzw Situation abstrakt beschreiben (**Tatbestand**) und andererseits eine entsprechende rechtliche Konsequenz damit verbinden (**Rechtsfolge**).

10 Gebote und Verbote in der Ausformung von Rechtsnormen regeln das gesellschaftliche Zusammenleben aller Rechtssubjekte. Die mitunter als Einschränkung empfundenen Normen sind wesentlicher Bestandteil einer funktionierenden Gesellschaftsordnung in der uns bekannten Form. Ohne ausgeprägte **Rechtssicherheit** ist eine soziale, wirtschaftliche und politi-

sche Entwicklung nur eingeschränkt möglich. Dies mag als wesentliche Begründung dafür gelten, dass die Rechtssubjekte idR nach rechtlicher Absicherung streben. Zusätzlich kommt den Rechtsnormen ein ausgeprägter **Präventivcharakter** zu, weil durch deren Geltung (massive) gesellschaftliche Konflikte bereits im Vorhinein eingedämmt werden. Durch die im Regelfall mit einem Sanktionsmechanismus bei Zuwiderhandeln ausgestalteten Normen sollen die Rechtssubjekte nämlich auch zur „freiwilligen" Einhaltung von Verpflichtungen motiviert werden.

Das (nationale) österreichische Rechtssystem ist durch eine nahezu **11** unüberschaubare Vielzahl unterschiedlicher Rechtsnormen geprägt. Die einzelnen Normen stehen jedoch nicht in einem völlig beziehungslosen System zueinander; vielmehr sind sie – im Grundsätzlichen – durch den „**Stufenbau der Rechtsordnung**" aufeinander abgestimmt. Beim Stufenbau der Rechtsordnung handelt es sich um ein theoretisches Modell, welches in seinen Grundsätzen von den beiden österreichischen Juristen **Kelsen** und **Merkl** entwickelt wurde. Diese beiden Rechtsgelehrten ordneten die Rechtsordnung in ein hierarchisch gegliedertes System von über- und untergeordneten Normen (Baugesetze, Verfassungsgesetze, einfache Gesetze, Verordnungen, Bescheide/Gerichtsurteile/Verträge).

Die obersten Prinzipien, auf denen unsere gesamte Rechtsordnung **12** aufgebaut ist, werden als **Baugesetze** bezeichnet. Das sind die leitenden Grundsätze des Verfassungsrechts, deren Änderung bzw Beseitigung eine Gesamtänderung der Bundesverfassung bewirken würde. Gem Art 44 Abs 3 B-VG ist jede Gesamtänderung der Bundesverfassung einer Abstimmung des gesamten Bundesvolkes zu unterziehen (**obligatorische Volksabstimmung**). Als Baugesetze der Bundesverfassung gelten das demokratische (Art 1 B-VG), das republikanische (Art 1 B-VG), das bundesstaatliche (Art 2 B-VG), das rechtsstaatliche (Art 18 Abs 1 und 2 B-VG) und das gewaltentrennende Prinzip (Art 94 B-VG).

Seit dem Beitritt Österreichs zur Europäischen Union mit Wirksamkeit **13** vom 1.1.1995 ist zwar die Rechtssetzungshoheit der österreichischen Parlamente (auf Bundesebene: Nationalrat im Zusammenwirken mit dem Bundesrat; auf Landesebene: Landtage) eingeschränkt worden, da namentlich die europäischen Normen des **EU-Primärrechts** (ds die Gründungsverträge, wie etwa EGKSV, EGV, EAGV, Vertrag von Maastricht, Vertrag von Amsterdam) und des **EU-Sekundärrechts** (ds Verordnungen, Richtlinien, Entscheidungen) „ohne Rücksicht" auf die Geltung des Stufenbaus der Rechtsordnung im innerstaatlichen Recht vorrangige Wirksamkeit entfalten (**Vorrang des Gemeinschaftsrechts**). Dennoch wird davon auszugehen sein, dass Normen aus dem EU-Bereich nicht mit den Baugesetzen der österreichischen Verfassung in Widerspruch stehen bzw diese nicht „brechen" dürfen.

2 Öffentliches und privates Recht

14 Vor allem aus Gründen einer besseren systematischen Erfassung wird in Österreich seit langem zwischen dem **öffentlichen Recht**, das durch ein Unterordnungsverhältnis des Einzelnen gegenüber dem Staat charakterisiert ist, und dem **Privatrecht** (s dazu Rz 33 ff), bei dem eine (formale) Gleichrangigkeit zwischen den Beteiligten herrscht, unterschieden. Im Einzelfall ist die genaue Trennung zwischen Rechtsnormen des öffentlichen Rechts und solchen des privaten Rechts nicht immer ohne weiteres möglich. Es herrscht diesbezüglich weitgehende Einigkeit darüber, dass immer dann, wenn ein Träger der hoheitlichen Gewalt (zB Bund, Land, Gemeinde) in Ausübung dieser Gewalt tätig wird (zB Enteignung eines Grundstücks), das öffentliche Recht zur Anwendung gelangt; wenn hingegen ein Privater oder ein mit hoheitlicher Gewalt ausgestatteter Rechtsträger wie eine private Person handelt (zB eine Gemeinde kauft ein Grundstück), dann kommen auch die Normen des Privatrechts zur Anwendung.

15 Diese Unterscheidung ist insbesondere deshalb von grundlegender Bedeutung, da abhängig von der Frage, ob in öffentlichrechtlicher oder privatrechtlicher Form gehandelt wird, auch die entsprechenden **Zuständigkeiten** für die Rechtsdurchsetzung gegeben sind: Während für die Durchsetzung öffentlichrechtlicher Ansprüche primär die (weisungsgebundenen) Verwaltungsbehörden zuständig sind, entscheiden in Privatrechtsstreitigkeiten generell die (weisungsfrei gestellten) Gerichte (§ 1 JN). Im Übrigen gilt etwa auch in jenen Fällen, in denen es „in (hoheitlicher) Vollziehung der Gesetze" zu Schädigungen durch die Organe öffentlicher Rechtsträger kommt, das eigens dafür geschaffene **Amtshaftungsgesetz** (AHG).

3 Objektives Recht

16 Unter dem Begriff des **objektiven Rechts** versteht man die Gesamtheit der geltenden Rechtsnormen. Im Einzelnen kann zwischen folgenden Kategorien unterschieden werden:

a Materielles und formelles Recht

17 Das **materielle Recht** lässt sich als die Summe all jener Rechtsnormen, die durch ihren Inhalt das menschliche Zusammenleben ordnen, beschreiben. Zum materiellen Recht zählen ua das ABGB, das HGB, die Normen des Arbeitsrechts und des Strafrechts etc. All diese Gesetze befassen sich mit Umständen und Voraussetzungen der für Rechtssubjekte anwendbaren Rechte und Pflichten.

Für die Durchsetzung materieller Rechtsnormen sind Verfahren zur   **18**
Rechtsdurchsetzung notwendig. Jene Rechtsnormen, die das Verfahren
der Abwicklung des materiellen Rechtsverkehrs vor staatlichen Einrichtungen (Behörden, Gerichte etc) regeln, werden als **formelles Recht**
bezeichnet. Formelle Rechtsquellen sind ua die Strafprozessordnung
(StPO), die Zivilprozessordnung (ZPO), das Allgemeine Verwaltungsver-
fahrensgesetz (AVG) oder etwa auch die Exekutionsordnung (EO).

b   Zwingendes und dispositives Recht

Soweit bestimmte Rechtsnormen durch autonome Rechtsgestaltung   **19**
nicht geändert bzw abbedungen werden können, wird von **zwingendem
Recht** gesprochen. Wird dennoch Abweichendes vereinbart, hat dies
regelmäßig die teilweise oder gänzliche Nichtigkeit (s dazu Rz 259 ff) des
Vereinbarten zur Folge. Dabei kann zwischen absolut und relativ zwingendem Recht unterschieden werden.

Das **zweiseitig absolut zwingende Recht** ermöglicht keine Abwei-   **20**
chung von der zwingenden Rechtsnorm; auch die Vereinbarung einer
günstigeren Regelung ist daher nicht zulässig. Absolut zwingendes Recht
schützt zumeist übergeordnete gesellschaftliche Allgemeininteressen
(Ordnungsprinzipien); es findet sich häufiger im öffentlichen und nur ver-
einzelt auch im privaten Recht.

Bei den **relativ zwingenden Rechten** handelt es sich hingegen um   **21**
einseitig zwingende Rechtsnormen, die einen Freiraum für günstigere
Regelungen gewähren. Rechte dieser Ausprägung sind beispielsweise im
Arbeitsrecht in der Form von Mindestansprüchen des Arbeitnehmers verankert. So hat ein Arbeitnehmer, der unter den Anwendungsbereich des
UrlG fällt, einen gesetzlichen Urlaubsanspruch von 30 (bzw nach 25
Dienstjahren: 36) Werktagen pro Jahr (§ 2 Abs 1 UrlG). Der Dienstgeber
kann aber zusätzliche Urlaubstage, die über das gesetzliche Ausmaß
hinausgehen, gewähren.

Rechtsnormen, die sowohl eine günstigere als auch ungünstigere ab-   **22**
weichende autonome Rechtsgestaltungsbefugnis vorsehen, werden als
dispositives (nachgiebiges) Recht bezeichnet. Die Rechtssubjekte können sich von den durch den Gesetzgeber vorgezeichneten dispositiven
Rechtsnormen so weit entfernen, als es durch die Art des rechtswirksam
zu vereinbarenden Geschäfts sinnvoll erscheint und nicht die Grenzen der
Gesetz- und Sittenwidrigkeit gem § 879 Abs 1 ABGB (s dazu Rz 262 ff)
überschritten werden.

4 Subjektives Recht

23 Das **subjektive Recht** ist die durch die Rechtsordnung in ihrer Gesamtheit verliehene Befugnis, mit der das Rechtssubjekt eigene Interessen verfolgen kann. Die Durchsetzung der Rechte hat aus eigenem Antrieb des Rechtssubjektes zu erfolgen. Eine hoheitliche Automatik der Rechtsverfolgung, wie etwa in weiten Bereichen des Strafrechtes, ist den subjektiven Rechtsmaterien weitgehend unbekannt. Dennoch hat sich der Einzelne zur Durchsetzung seiner Rechte der staatlichen Zwangsgewalt bzw deren Organe (wie zB Gerichte und Verwaltungsbehörden) zu bedienen.

24 Von Bedeutung ist, dass die **absoluten Rechte** gegenüber jedermann durchgesetzt werden können. Jeder, der ein absolutes Recht beeinträchtigt, kann vom Berechtigten zur Einhaltung dieser Rechte rechtlich gezwungen werden. Absolute Rechte sind insbesondere:

- **Herrschaftsrechte**, die idR eine unmittelbare Einwirkung auf bestimmte (Rechts-)Objekte erlauben, wie etwa das „dingliche" Sachenrecht (§§ 285 ff ABGB; dazu Rz 91 ff) und das Recht an „geistigem Eigentum" (Immaterialgüterrecht; dazu Rz 942 und 1033 ff),
- **Persönlichkeitsrechte**, die höchstpersönlich wirken und nicht übertragen werden können, wie etwa das Recht auf Leben und auf körperliche Integrität, der Schutz der Ehre, der Schutz des Hausrechts, der Schutz des Brief- und Fernmeldegeheimnisses,
- **Erbrechte** (vgl §§ 531 ff ABGB),
- bestimmte **Familienrechte** (vgl §§ 15 ff ABGB).

25 Im Gegensatz zu den absoluten Rechten wirken die **relativen Rechte** grundsätzlich nur gegen ein bestimmtes Rechtssubjekt. Häufig sind dies Forderungsrechte bzw Ansprüche aus Schuldverhältnissen. So kann etwa ein Arbeitnehmer für seine geleistete Arbeit ein Entgelt beim Arbeitgeber einfordern oder kann beispielsweise der Vermieter einer Wohnung das vereinbarte Mietentgelt vom Mieter gerichtlich einklagen.

B Auslegungsgrundsätze

26 Damit eine Rechtsnorm sinnvoll angewendet werden kann, muss diese auch richtig verstanden werden. Da sich der Gesetzgeber zur Darlegung seines Willens in Form von gesetzlichen Normen der Sprache bedienen muss, sind Unklarheiten und Mehrdeutigkeiten in den einzelnen Gesetzen nicht immer vermeidbar. Es kann auch nicht vollkommen ausgeschlossen werden, dass einzelne Rechtsnormen eine – zumindest oberflächlich betrachtet – widersprüchliche Struktur aufweisen. Das Vorliegen einer „missverständlichen Norm" erfordert deren **Auslegung** (**Interpretation**). Dabei wird durch Auslegung der Sinngehalt der Norm ermittelt, um eine richtige Rechtsanwendung zu gewährleisten. Als grundsätzliche Methoden zur

Auslegung, die einzeln oder kumulativ in Betracht gezogen werden können, sind die **grammatikalische Auslegung**, die **systematische Auslegung**, die **teleologische Auslegung** sowie die **historische Auslegung** anzuführen.

Trotz aller Unterschiedlichkeit und der Gefahr allfälliger widersprüchlicher Lösungsvorschläge durch die diversen Instrumente der Gesetzesinterpretation verfolgen die dargestellten Auslegungsregeln ein und dasselbe Ziel, das darin besteht, Sinn und Zweck eines Gesetzes zu erkennen, um es in weiterer Folge **richtig anwenden** zu können.   27

1   Grammatikalische Auslegung

Durch die **grammatikalische Interpretationsregel** (Wortinterpretation) wird überprüft, welche Bedeutung einem Wort oder auch einem ganzen Satz in einer konkreten Norm zukommt. Je nach Art des Begriffes oder Satzes ist zu entscheiden, ob der allgemeine oder der fachlich bzw rechtlich spezifische Sprachgebrauch zur Anwendung gelangen soll, um den tatsächlichen Sinn zu ergründen.   28

2   Systematische Auslegung

Die **systematische Auslegung** verfolgt einen ganzheitlichen Ansatz. Es wird nicht nur ein Begriff oder ein Wort interpretiert, sondern es wird darauf geachtet, welchen Stellenwert die auslegungsbedürftige Gesetzesstelle im Gesamtgefüge des gesetzlichen Regelungssystems einnimmt. Mit dieser Auslegungsregel wird dem Umstand Rechnung getragen, dass der Gesetzgeber Gesetze häufig in einer systematischen bzw sachlichen Gliederung erlässt. Durch die Herausnahme einer einzelnen Gesetzesstelle aus dem Gesamtzusammenhang kann dieses Sinngefüge uU verloren gehen. Wenn nun eine Gesetzesstelle richtig verstanden werden soll, wird es daher mitunter notwendig sein, das gesamte gesetzliche Umfeld bzw den systematischen Zusammenhang zu betrachten.   29

3   Teleologische Auslegung

Durch die **teleologische Auslegung** („telos" = Zweck) wird versucht, den Sinn und Zweck einer gesetzlichen Anordnung in objektiver Weise zu ergründen. Der teleologischen Auslegung ist insofern ein besonderer Stellenwert beizumessen, als dadurch die Ordnungsgesichtspunkte und Dogmen einer Gesetzesstelle aufgearbeitet werden können.   30

4 Historische Auslegung

31   Im Gegensatz zur teleologischen Auslegung, bei welcher der Zweck einer Norm in objektiver Weise ergründet werden soll, wird durch die **historische Auslegung** versucht, den eigentlichen subjektiven Willen des Gesetzgebers zu erforschen. Häufig bedient man sich bei dieser Interpretationsmethode ergänzender Gesetzesmaterialien, wie insbesondere der Stenographischen Protokolle des Nationalrates und deren Beilagen (dort finden sich ua Regierungsvorlagen, Initiativanträge sowie Ausschussberichte), in denen Erläuterungen zu den erlassenen Gesetzen schriftlich dokumentiert sind.

5 Gesetzeslücke

32   Dem Grunde nach setzt die Anwendbarkeit der erwähnten Auslegungsregeln eine interpretationsbedürftige Norm voraus. Denkbar ist aber auch, dass das Gesetz überhaupt keine Regelung vorsieht, obwohl eine solche erforderlich wäre (**unbeabsichtigte** bzw **planwidrige Lücke**). In diesem Fall kann mitunter durch **Analogieschluss** eine Lösung erarbeitet werden, indem die wesentlichen Normen eines geregelten Falles auf einen ungeregelten Fall angewendet werden, der mit dem geregelten Fall vergleichbar ist. Die Schließung von unbeabsichtigten Gesetzeslücken durch das Instrument des Analogieschlusses ist jedoch mit Vorsicht zu betreiben, weil dadurch uU der an sich unerwünschten Rechtsunsicherheit „Vorschub geleistet" werden könnte. Aus diesem Grund ist etwa das Strafrecht mit einem Analogieverbot ausgestattet, um insbesondere in diesem Bereich dem Ordnungsanliegen der Rechtssicherheit voll und ganz zu entsprechen.

II   Grundzüge des Privatrechts

Literatur: *Apathy/Riedler*, Bürgerliches Recht Bd III. Schuldrecht/Besonderer Teil[2] (2002); *Böhm*, Sachenrecht, Allgemeiner Teil[3] (2000) und Besonderer Teil[3] (2000); *P. Bydlinski*, Grundzüge des Privatrechts[4] (2000); *P Bydlinski*, Bürgerliches Recht Bd I. Allgemeiner Teil[2] (2002); *Dittrich/Tades*, Das Allgemeine bürgerliche Gesetzbuch[35] (1999); *Dittrich/Tades*, ABGB[20] (2002, mit Nachtrag); *Dullinger*, Bürgerliches Recht Bd II. Schuldrecht/Allgemeiner Teil (2000); *Graf/Gruber*, Schuldrecht[4] (2001) und Gesetzliche Schuldverhältnisse[4] (2001); *Holzhammer/Roth*, Einführung in das Bürgerliche Recht und IPR[5] (2000); *Iro*, Bürgerliches Recht Bd IV. Sachenrecht (2000); *Koziol/Welser*, Bürgerliches Recht Bd I[12] (2002) und Bd II[12] (2001); *Krejci*, Privatrecht[5] (2002); *Mader*, Bürgerliches Recht – Allgemeiner Teil[4] (2001); *Rummel* (Hg), Kommentar zum Allgemeinen bürgerlichen Gesetzbuch Bd I[3] (2000) und Bd II[2] (1992); *Schuhmacher/Haybäck*, Schuldverträge[4] (2002); *Schwimann* (Hg), Praxiskommentar zum ABGB Bd I[2] bis VII[2] (1997).

A   Historischer Abriss

Die Wurzeln des ABGB reichen bis in die Mitte des 18. Jahrhunderts zurück. Die damalige Zeit war geprägt durch eine Vielzahl unterschiedlicher Kodifikationen und Landrechte, mit deren Zusammenfassung im Jahr 1753 begonnen wurde. Das Ergebnis war der **Codex Theresianus** aus dem Jahr 1766, der ein umfangreiches, aber leider auch unübersichtliches Gesetzeswerk darstellte, weshalb rasch der Ruf nach entsprechenden Kürzungen und Vereinfachungen laut wurde. Einer der führenden Rechtsgelehrten der damaligen österreich-ungarischen Monarchie nahm sich der umfangreichen Materie an; der nach ihm benannte „**Entwurf Horten**" wurde schließlich als **Josephinisches Gesetzbuch** im Jahr 1786 kundgemacht.   **33**

Die Leistung **Hortens**, die komplexe Rechtsmaterie in eine logisch anwendbare Form zu gießen, ist unübersehbar; dennoch war das Josephinische Gesetzbuch in Bezug auf die praktische Anwendbarkeit noch unausgereift und dadurch überarbeitungsbedürftig. 1797 trat das reformierte Josephinische Gesetzbuch in dem Entwurf von **Martini** in Westgalizien und kurze Zeit später als Westgalizisches Gesetzbuch in Ostgalizien in Kraft. Die Bearbeitung dieses Gesetzbuches wurde durch eine Kommission fortgesetzt, deren Kommissionsreferent **Zeiler** war, der einen wesentlichen Beitrag an der Endredaktion leistete.   **34**

Das Ergebnis der Kommission wurde schließlich durch Kaiserliches Patent vom 1.6.1811 als **Allgemeines Bürgerliches Gesetzbuch** (ABGB) kundgemacht, das mit 1.1.1812 in Kraft trat.   **35**

36   Mit der Kundmachung des ABGB im Jahr 1811 ist jedoch kein Stillstand in der Entwicklung des Privatrechtes eingetreten; vielmehr erfolgte eine Vielzahl von Novellen und es wurde eine Reihe selbständiger Nebengesetze geschaffen. Obwohl das ABGB seit seiner Kundmachung eine erhebliche Anzahl von Änderungen erfahren hat, trägt es dennoch in weiten Bereichen noch immer die Handschrift der Legisten des frühen 19. Jahrhunderts. In der jüngeren Vergangenheit wurde das ABGB ua durch das Kindschaftsrechtsänderungsgesetz (BGBl I 2000/135) sowie durch das Gewährleistungsrechts-Änderungsgesetz (BGBl I 2001/48), welches auf der Grundlage der EU-Richtlinie 1999/44/EG im Bereich des Gewährleistungsrechts Änderungen mit sich bringt, novelliert.

37   Aus dem ABGB hat sich eine Reihe von **Sonderprivatrechten** entwickelt, die für die rechtliche Organisation des Wirtschaftslebens von wesentlicher Bedeutung sind. Dabei handelt es sich insbesondere um

- das **Handelsrecht** als Sonderprivatrecht der Kaufleute (s dazu Rz 525 ff),
- das **Arbeitsrecht** als Sonderprivatrecht der Arbeitnehmer sowie
- das **Verbraucherrecht** als Sonderprivatrecht der Verbraucher.

38   Diese Sonderprivatrechte bilden im Verhältnis zum ABGB als dem generellen Recht (**lex generalis**) die entsprechenden „Sonderrechte" (**lex specialis**). Dabei ist von Bedeutung, dass spezielle Normen die generellen Normen verdrängen bzw derogieren (lex specialis derogat legi generali). Trotz der Ausformung diverser Sonderprivatrechte gilt das ABGB nach wie vor als eine der tragenden Säulen unseres Rechtssystems. Sofern nämlich die Spezialnormen keine präzisen Regelungen vorsehen, wird auf die Generalnorm des ABGB zurückgegriffen, in der regelmäßig ein rechtlicher Rahmen für ein Tun oder Unterlassen festgelegt ist.

39   Beim **Internationalen Privatrecht** handelt es sich weder um Privatrecht noch um internationales Recht, sondern vielmehr um ein nationales Verweisungsrecht. Dieses ist für jene Fälle von Bedeutung, in denen es bezüglich privatrechtlicher Angelegenheiten zu Auslandsberührungen kommt (zB ein österreichischer Autohändler verkauft ein mangelhaftes Kraftfahrzeug in die BRD). In Österreich gilt auf diesem Gebiet neben dem Gesetz über das internationale Privatrecht (IPRG) seit Ende 1998 auch das Europäische Schuldvertragsübereinkommen (EVÜ). Daneben besteht eine Reihe von bilateralen (zwischenstaatlichen) Vereinbarungen, die dem IPRG in ihrer Rangordnung (ebenso wie das EVÜ) vorgehen.

B Rechtssubjekte

40   **Rechtssubjekte** sind Träger von Rechten und Pflichten. Sie können über Sachen (Rechtsobjekte; vgl Rz 91 ff) verfügen. Bezüglich der Rechtssubjekte wird zwischen natürlichen und juristischen Personen unterschieden.

1   Natürliche Personen

a   Grundsätzliches

Gem § 16 ABGB hat jeder Mensch „angeborene, schon durch die   41
Vernunft einleuchtende Rechte und ist daher als eine Person zu betrach-
ten". Demnach kommt jedem Menschen die **Rechtsfähigkeit** zu, dh er
kann Träger von Rechten und Pflichten sein. Grundsätzlich beginnt die
Rechtsfähigkeit mit der vollendeten Geburt und endet mit dem Tod des
Menschen. In bestimmten Fällen kann aber auch dem Ungeborenen
Rechtsfähigkeit zukommen (§ 22 ABGB).

Von der Rechtsfähigkeit ist die **Handlungsfähigkeit** zu unterscheiden.   42
Diese vermittelt die Fähigkeit, sich einerseits durch eigenes rechtsgeschäftliches Handeln zu berechtigen oder zu verpflichten (**Geschäftsfähigkeit**), und andererseits durch eigenes Verhalten schadenersatzpflichtig
zu werden (**Deliktsfähigkeit**).

b   Geschäftsfähigkeit

Trotz der in § 16 ABGB gesetzlich verankerten Rechtsfähigkeit natürli-   43
cher Personen können diese nicht von Geburt an ihre Interessen hinreichend wahrnehmen. Es ist nahe liegend, dass beispielsweise ein zweijäh-
riges Kind nicht selbst rechtsgeschäftliche Handlungen vornehmen kann.
Der Gesetzgeber hat auf die langsam heranreifende Geschäftsfähigkeit
natürlicher Personen Rücksicht genommen und sie daher nach Altersstu-
fen unterschiedlich ausgestaltet.

Unmündige Minderjährige im Alter bis 7 Jahre („**Kinder**") können gem   44
§ 151 Abs 1 ABGB ohne ausdrückliche oder stillschweigende Einwilligung
des gesetzlichen Vertreters rechtsgeschäftlich weder verfügen noch sich
verpflichten. Personen in dieser Altersstufe sind demnach vollkommen
geschäftsunfähig. Dennoch sieht der Gesetzgeber eine Ausnahme vor: Die
von Minderjährigen dieses Alters üblicherweise geschlossenen Rechtsgeschäfte über geringfügige Angelegenheiten des täglichen Lebens (zB Kauf
einer Tafel Schokolade) können wirksam abgeschlossen werden, sofern
die das Kind treffenden Verpflichtungen sofort erfüllt werden (§ 151 Abs 3
ABGB).

Unmündige Minderjährige im Alter von 7 bis 14 Jahren können für sie   45
vorteilhafte Versprechen, zB in Form eines Schenkungsvertrages, rechtswirksam abschließen. Sonstige verpflichtende Geschäfte des unmündigen
Minderjährigen sind schwebend unwirksam. Ein solcherart mit einem unmündigen Minderjährigen abgeschlossenes Rechtsgeschäft ist nichtig,
sofern nicht gem § 865 ABGB innerhalb angemessener Frist der gesetzliche Vertreter (das ist idR ein Elternteil) diesem Geschäft zustimmt.

46   **Mündigen Minderjährigen** im Alter von 14 bis 18 Jahren kommen alle Rechte, die auch den unmündigen Minderjährigen eingeräumt sind, zu. Überdies können mündige Minderjährige bestimmte Dienstverträge (nicht: Lehr- oder Ausbildungsverträge) abschließen und über ihr Einkommen aus eigenem Erwerb sowie über Sachen, die ihnen überlassen wurden, frei verfügen, sofern dadurch keine Gefährdung in der Befriedigung ihrer Lebensbedürfnisse eintritt (vgl § 151 Abs 2 ABGB).

47   **Volljährige** – das sind Personen ab dem 18. Lebensjahr (§ 21 Abs 2 ABGB) – sind gewöhnlich voll geschäftsfähig, dh sie können alle zulässigen Rechtsgeschäfte tätigen.

48   Volljährigkeit bedeutet aber nicht unbedingt in jedem Fall auch volle Geschäftsfähigkeit. Personen, die „den Gebrauch der Vernunft nicht haben" (zB Geisteskranke), sind – von der Möglichkeit zum Abschluss von kleinen Alltagsgeschäften abgesehen – grundsätzlich geschäftsunfähig (§ 865 iVm § 151 Abs 3 ABGB). In derartigen Fällen kann durch gerichtlichen Beschluss ein **Sachwalter** bestellt werden (§§ 273 ff ABGB). Was den Umfang der Befugnisse des Sachwalters betrifft, so kann dieser – abhängig vom Grad der Behinderung und der zu besorgenden Angelegenheiten – mit der Besorgung **aller rechtlichen Angelegenheiten** oder mit der Besorgung **bestimmter Arten von Rechtshandlungen** (zB mit der Verwaltung eines Vermögensteils) oder auch nur mit der Besorgung **einzelner rechtlicher Angelegenheiten** (zB Abschluss eines Vertrages) betraut werden. Eine solcherart von einem Sachwalter obsorgte natürliche Person ist in Fragen der Geschäftsfähigkeit weitgehend einem unmündigem Minderjährigen gleichgestellt (vgl § 273a ABGB). Allerdings lässt § 273a ABGB zu, dass – abhängig vom Grad der Behinderung – das Gericht der besachwalterten Person hinsichtlich bestimmter Sachen oder ihres Einkommens oder eines Teiles davon die Verfügungsgewalt belässt.

49   Sofern eine Person psychisch krank ist und für sich oder die Umwelt eine ernstliche und erhebliche Bedrohung darstellt, kann gem den Bestimmungen des Unterbringungsgesetzes (BGBl 1990/155) eine **Unterbringung** in einer psychiatrischen Krankenanstalt erfolgen, sofern die Gefährdungslage nicht durch andere Maßnahmen (zB ambulante Behandlung) abgewendet werden kann.

c   Deliktsfähigkeit

50   Gem § 153 ABGB sind natürliche Personen mit dem vollendeten 14. Lebensjahr als **mündige Minderjährige** deliktsfähig. Der Gesetzgeber geht davon aus, dass mit Erreichen dieser Altersstufe ein Jugendlicher sehr genau zwischen Recht und Unrecht im Rahmen der gesetzlichen Schranken unterscheiden kann.

Für **Kinder** und **unmündige Minderjährige** haften grundsätzlich die   51
Aufsichtspersonen. Dies gilt jedoch nur dann, wenn sie ihre Aufsichtspflichten schuldhaft vernachlässigt haben (§ 1309 ABGB). Verursachen unmündige Minderjährige einen Schaden und fehlen die Haftungsvoraussetzungen der Aufsichtspersonen gem § 1309 ABGB, kann uU auch ein Jugendlicher in der Altersstufe zwischen 7 und 14 Jahren ersatzpflichtig werden (§ 1310 ABGB). Die Ersatzpflicht richtet sich in derartigen Fällen nach dem altersabhängigen Bewusstsein des unmündigen Minderjährigen über die Unrechtmäßigkeit der Tat sowie nach seiner Vermögenslage (zB der Minderjährige ist ein reicher Erbe; es besteht eine entsprechende Haftpflichtversicherung). Die Beurteilung, ob dem minderjährigen Schädiger die Unrechtmäßigkeit seiner Handlung bewusst sein musste, sowie die Höhe einer Ersatzleistung liegen im Ermessen des Richters.

2   Juristische Personen

a   Begriff und Arten

Im Gegensatz zu den natürlichen Personen sind juristische Personen   52
keine physischen, sondern **„virtuelle" Subjekte**, denen die Rechtsordnung entsprechende Rechtspersönlichkeit zuerkennt. Das ABGB verwendet den Begriff der juristischen Person nicht, sondern spricht von einer „moralischen Person", einer „erlaubten Gesellschaft" oder von „Gemeinden" (vgl § 26 ABGB).

Ganz allgemein kann in Hinblick auf das **Wesen der juristischen**   53
Person festgehalten werden, dass es sich dabei um ein Gebilde handelt, dem von der Rechtsordnung die Eigenschaft zuerkannt wird, Träger von Rechten und Pflichten sein zu können. Dabei sind die Rechte und Pflichten, welche der juristischen Person zukommen, streng von jenen Rechten und Pflichten zu trennen, welche von jenen physischen Personen getragen werden, aus denen sich die juristische Person zusammensetzt. Weiters ist für das Wesen der juristischen Person charakteristisch, dass ihr Bestand und ihre Tätigkeit von ihren Mitgliedern unabhängig sind und das Vermögen der juristischen Person grundsätzlich in ihrem Volleigentum steht.

Als juristische Personen der österreichischen Rechtsordnung sind zu-   54
nächst die **Personenverbände** anzuführen, die durch Zusammenschluss von natürlichen oder juristischen Personen entstehen und eine entsprechende Organisation aufweisen, wobei die Interessen von Verband und Mitgliedern idR voneinander abgrenzbar sind. Dazu zählen etwa die Körperschaften des öffentlichen Rechts (zB Bund, Länder, Gemeinden, Kammern, Sozialversicherungsträger), Parteien, Vereine, Genossenschaften und Kapitalgesellschaften (zB GmbH, AG). Im Unterschied dazu verfügen die **Vermögensgesamtheiten** über keine Mitglieder; es handelt sich dabei

idR um entsprechende Vermögen, die mit einem bestimmten Widmungszweck versehen sind, der regelmäßig Destinatäre (Begünstigte) aufweist (zB Stiftungen, Fonds und Anstalten).

55   Weiters ist zwischen den **juristischen Personen des privaten Rechts** und den **juristischen Personen des öffentlichen Rechts** zu trennen. Als wesentliches Unterscheidungselement kann zunächst hervorgehoben werden, dass erstere auf freiwilliger Mitgliedschaft beruhen, während bei letzteren in aller Regel eine Zwangsmitgliedschaft festzustellen ist. Juristische Personen des öffentlichen Rechts können in Körperschaften, Anstalten und Fonds eingeteilt werden; sie sind meist mit hoheitlichen Befugnissen ausgestattet und zur Wahrnehmung von Aufgaben der öffentlichen Verwaltung berufen.

b   Entstehung (Gründung)

56   Die Gründung einer **juristischen Person des öffentlichen Rechts** erfolgt idR durch einen staatlichen Gründungsakt (zB durch Gesetz) und wird in entsprechenden Publikationsorganen (zB im BGBl) ausdrücklich verlautbart.

57   Eine **juristische Person des privaten Rechts** entsteht idR in einem zweistufigen Verfahren. Der erste Teil besteht in der Vornahme eines privatrechtlichen Gründungsaktes; bei Kapitalgesellschaften ist das der Abschluss des Gesellschaftsvertrages (Satzung). Der zweite Teil wird durch den öffentlich-rechtlichen Akt der Anerkennung gebildet, der etwa bei einer GmbH oder AG durch die Eintragung in das Firmenbuch dokumentiert wird oder beim Verein durch die behördliche „Nichtuntersagung" (s dazu Rz 742).

c   Geschäftsfähigkeit

58   Juristische Personen sind „künstliche" Subjekte und können dementsprechend nicht unmittelbar selbst handeln; sie müssen sich dazu zwangsläufig natürlicher Personen bedienen, welche die notwendigen Vertretungshandlungen (**organschaftliche Vertretung**, Rz 70) ausführen. In welcher Form und durch welche Organe die juristische Person vertreten wird, bestimmt im Regelfall der Gesellschaftsvertrag. Dieser ist teilweise zwingenden gesetzlichen Regelungen bezüglich der organschaftlichen Vertretung unterworfen.

d   Deliktsfähigkeit

59   Juristische Personen können auch physisch keine Delikte begehen. Dennoch nimmt das ABGB juristische Personen von der Deliktsfähigkeit

nicht aus, sondern es begründen vielmehr die Handlungen der **statuta-risch berufenen Organe** auch eine entsprechende Haftung der juristischen Person. Überdies kann eine Haftung der juristischen Person auch durch Handlungen von leitenden Personen mit größerem eigenständigen Verantwortungsbereich (**Machthaber**; § 337 ABGB) sowie im Wege der **Gehilfenhaftung** (§§ 1313a und 1315 ABGB, s dazu Rz 502 ff) begründet werden.

Bezüglich der **verwaltungsstrafrechtlichen Verantwortlichkeit** gilt, dass grundsätzlich die zur Vertretung der juristischen Person nach außen Berufenen einzustehen haben (§ 9 VStG).   **60**

Die juristische Person kann sich bei unrechtmäßigen bzw unverhältnismäßigen Handlungen ihrer Organe bzw Machthaber grundsätzlich an diesen **regressieren**.   **61**

C   Stellvertretung

1   Grundsatz

Dem allgemeinen **Grundsatz der Privatautonomie** und einem großen **praktischen Bedürfnis** entsprechend können sich Rechtssubjekte bei der Vornahme von Rechtshandlungen (zB dem Abschluss eines Rechtsgeschäftes) vertreten lassen. Ein eingesetzter Stellvertreter handelt in dieser (befugten) Stellvertretungsfunktion rechtswirksam für den Vertretenen, den er im Rahmen der ihm übertragenen Aufgaben bestmöglich zu vertreten hat.   **62**

Im Rahmen der **aktiven Stellvertretung** kann der Stellvertreter für den Vertretenen rechtsverbindlich eine Willenserklärung abgeben; ein solcherart „aktiver" Stellvertreter kann beispielsweise rechtsverbindlich ein Anbot für den Vertretenen abgeben. Die **passive Stellvertretung** bezieht sich hingegen bloß auf die Entgegennahme von Erklärungen; sie bewirkt, dass eine vom Stellvertreter entgegen genommene Erklärung eines Dritten (zB die Kündigung des Vermieters oder die Mängelanzeige des Käufers) als dem Vertretenen zugegangen gilt.   **63**

Voraussetzung für eine wirksame Stellvertretung ist zunächst das **Vorliegen von Vertretungsmacht**; der Vertreter muss also die Befugnis haben, den Vertretenen zu vertreten. Je nach der Grundlage dieser Befugnis unterscheidet man die gesetzliche, organschaftliche und rechtsgeschäftliche Stellvertretung (dazu Rz 68 ff).   **64**

Der Vertreter muss ferner dem Dritten gegenüber deutlich machen, dass er für den Vertretenen agiert. Für eine wirksame Stellvertretung genügt es daher nicht, dass bloß „auf Rechnung" des Vertretenen gehandelt wird; erforderlich ist vielmehr, auch „im Namen" des Vertretenen zu handeln (**Offenlegungsgrundsatz**).   **65**

66   Allerdings können nicht alle Rechtsgeschäfte durch einen Stellvertreter rechtsverbindlich abgeschlossen werden. Diese **stellvertretungsfeindlichen Rechtsgeschäfte**, wie die Eheschließung oder die letztwillige Verfügung (Testament), obliegen der höchstpersönlichen Eigendisposition des jeweiligen Rechtssubjektes.

67   Vom Stellvertreter zu unterscheiden ist der **Bote**, der einem Dritten lediglich eine Willenserklärung eines anderen überbringt. Der **Vermittler** ist ebenfalls kein Vertreter eines anderen; seine Funktion besteht primär darin, potenzielle Vertragspartner zusammenzuführen, die dann gegebenenfalls selbst ein Rechtsgeschäft abschließen. Auch der **Treuhänder**, der grundsätzlich im eigenen Namen im Interesse von Dritten handelt, ist nicht als Stellvertreter zu qualifizieren.

2   Begründungsarten

a   Gesetzliche Stellvertretung

68   Bestimmten Rechtssubjekten wird direkt durch gesetzliche Normen die Vertretungsbefugnis eingeräumt. So sind die Eltern des minderjährigen ehelichen Kindes gleichzeitig auch dessen **gesetzliche Vertreter** (§ 144 ABGB). Wirksam ist hierbei grundsätzlich bereits die Vertretungshandlung eines Elternteiles (§ 154 Abs 1 ABGB; s aber auch § 154 Abs 2 und Abs 3 ABGB).

69   Sind die Eltern nicht mehr vorhanden oder wurde ihnen die Obsorge entzogen, so ist eine **Obsorge durch andere Personen** möglich, denen dann auch die Funktion als Stellvertreter der betroffenen Minderjährigen zukommt (vgl §§ 187 ff ABGB).

b   Organschaftliche Stellvertretung

70   Wie bereits erwähnt, sind juristische Personen, aber auch Gesamthandschaften (s dazu Rz 142 und 617) als „künstliche Gebilde" an sich nicht handlungsfähig und müssen daher durch natürliche Personen vertreten werden. Diese **organschaftliche Vertretung** unterliegt den besonderen gesetzlichen Vorschriften des Gesellschaftsrechts (dazu insbesondere Rz 635 ff und 690).

c   Rechtsgeschäftliche Stellvertretung

71   Eine rechtsgeschäftliche Stellvertretung wird durch ein Rechtsgeschäft begründet. Wesentlich bei der rechtsgeschäftlichen Stellvertretung ist, dass der Stellvertreter vom Vertretenen durch eine entsprechende **Voll-**

machtserteilung (s dazu Rz 73 ff) zur Vornahme der Vertretungshandlung berechtigt wird.

Bemerkenswert ist, dass der Stellvertreter den Vertretenen selbst dann   72
bindet, wenn der Stellvertreter die Kriterien der vollen Geschäftsfähigkeit
nicht erfüllt (§ 1018 ABGB); es ist davon auszugehen, dass der Stellvertreter aber zumindest **beschränkt geschäftsfähig** sein muss. Der Vollmachtgeber muss hingegen jedenfalls ausreichend geschäftsfähig sein.

3   Vollmacht

a   Begriff und Abgrenzung

Unter **Vollmacht** wird regelmäßig die dem Stellvertreter zustehende   73
Rechtsmacht (zur Vertretung) verstanden; gelegentlich ist damit aber auch
jene Urkunde gemeint, in welcher die Stellvertretungsbefugnis festgeschrieben ist (§ 1005 ABGB). Die Einräumung der Vollmacht selbst stellt
sich als **einseitiges Rechtsgeschäft** dar. Auf Grund des besonderen
Vertrauensverhältnisses zwischen Vollmachtsgeber und Vollmachtsnehmer darf letzterer eine weitere Vollmacht bzw Untervollmacht grundsätzlich
nur mit Zustimmung des Vollmachtsgebers erteilen (§ 1010 ABGB).

Bei der Vollmachtserteilung sind grundsätzlich **keine besonderen**   74
Formvorschriften zu beachten (§ 1005 ABGB); es genügt idR der bloße
(mündliche) Hinweis auf das Bestehen einer Vollmacht. Ausnahmen von
dieser Regel bestehen freilich auch hier (zB Erteilung einer Prozessvollmacht).

Nicht zu verwechseln ist eine Vollmacht mit einem Auftrag oder einer   75
Ermächtigung. Ein **Auftrag** wirkt nur im Verhältnis zwischen Auftraggeber
und Auftragnehmer, weshalb der Auftragnehmer den Auftraggeber im
Gegensatz zur Vollmacht nicht im Verhältnis zu einem Dritten unmittelbar
berechtigen oder verpflichten kann. Gleiches wie für den Auftrag gilt auch
für die **Ermächtigung**, wobei der Ermächtigte im Unterschied zum Beauftragten nicht zu einem Tätigwerden verpflichtet ist; er hat bloß die Möglichkeit dazu.

b   Vollmachtsarten

In welchem **Umfang** ein Vollmachtsgeber seinen Stellvertreter bevoll-   76
mächtigen möchte, obliegt seinem eigenen Ermessen. Je nach Art des
Geschäftes können unterschiedliche Arten einer Vollmacht erteilt werden
(vgl §§ 1006 ff ABGB und §§ 48 ff HGB).

Verfolgt der Vollmachtsgeber das Interesse, sich nur in einem konkreten   77
Rechtsgeschäft vertreten zu lassen (zB Kauf einer Wohnung), so kann er

seinen Vertreter mit einer **Einzelvollmacht** ausstatten. Bestimmte Rechtsgeschäfte können in gewissen Fällen trotz einer weiterreichenden Vollmacht nicht ohne eine zusätzliche Einzelvollmacht abgeschlossen werden. So kann etwa ein Bevollmächtigter nur auf Grundlage einer Einzelvollmacht einen Gesellschaftsvertrag für den Vollmachtsgeber abschließen (vgl § 1008 ABGB).

78   Wenn eine Vollmacht auf bestimmte Arten von Geschäften begrenzt werden soll, bedient man sich einer **Gattungsvollmacht** (zB ständiger Einkauf von bestimmten Rohstoffen oder Betriebsmitteln).

79   Soll hingegen der Stellvertreter für alle Geschäfte, die einer Vollmacht zugänglich sind, bevollmächtigt werden, kann dies mit einer **Generalvollmacht** geschehen.

80   Das HGB kennt neben diesen drei Vollmachtsarten die **Handlungsvollmacht** und die **Prokura**. Während sich die Prokura auf grundsätzlich alle Geschäfte und Rechtshandlungen erstreckt, die der Betrieb eines Handelsgewerbes gewöhnlich mit sich bringt, ist die Handlungsvollmacht demgegenüber nicht so weit reichend (s dazu Rz 557 ff).

81   Vollmachten können – wie erwähnt – formfrei erteilt werden. Um Unklarheiten zu vermeiden, ist jedenfalls die schriftliche Erteilung zu empfehlen. Zu beachten ist, dass eine Bevollmächtigung uU auch durch schlüssiges Handeln zustande kommen kann. Ausformungen sind die **Duldungsvollmacht**, bei der durch Duldung bestimmter vollmachtsfähiger Handlungen eine schlüssige Vollmachtserteilung erfolgt. Werden etwa durch einen Angestellten ständig Waren bestellt, die der Geschäftsherr anstandslos bezahlt, kann dieser bei einer gleichartigen Bestellung die Zahlung nicht deshalb verweigern, weil der Angestellte nicht ausdrücklich bevollmächtigt worden war. Ähnliches gilt für die **Anscheinsvollmacht**, bei der ein Vertretener den Anschein einer Bevollmächtigung des scheinbaren Stellvertreters gesetzt hat. Wenn zB dem Geschäftsherrn bekannt ist, dass Briefpapier und Firmenstempel bereits einmal ohne seinen Willen im Umlauf waren, kann sich dieser nicht auf eine fehlende Bevollmächtigung berufen, sofern er Geschäftspapier und Firmenstempel weiterhin unversperrt für jedermann zugänglich liegen lässt, und diese Utensilien zur Vollmachtsfälschung verwendet wurden.

c Erlöschen

82   Bezüglich der **Beendigung einer Vollmacht** sind folgende Möglichkeiten denkbar:
- Befristete Vollmachten enden durch Zeitablauf.
- Sofern die Vollmacht an eine Bedingung geknüpft ist, endet sie durch Eintritt der Bedingung.

- Der Abschluss des Geschäftes, für das die Vollmacht erteilt wurde, bringt diese zum Erlöschen.
- Weiters erlischt die Vollmacht durch Widerruf (einseitige Willenserklärung) des Vollmachtgebers,
- durch Kündigung des Stellvertreters sowie
- grundsätzlich durch den Tod des Vollmachtsgebers oder seines Stellvertreters sowie jedenfalls, wenn der Bevollmächtigte verstirbt.

Ausnahmsweise können bereits **erloschene Vollmachten** fortwirken. Insbesondere geschieht dies bei Geschäften, die nicht aufgeschoben werden können. Wenn sich etwa trotz des Todes des Vollmachtsgebers ein angefangenes Geschäft nicht ohne offenbaren Nachteil der Erben unterbrechen lässt, erstreckt sich die Vollmacht weiter (§ 1022 und § 1025 ABGB). Weiters ist davon auszugehen, dass gegenüber einer gutgläubigen Person, der ohne ihr Verschulden die Vollmachtsaufhebung nicht bekannt geworden ist, die Vollmacht als weiterbestehend anzusehen ist.   **83**

Für **Verbraucher** findet sich im KSchG eine besondere Schutzvorschrift, derzufolge der Verbraucher davon ausgehen kann, dass der Vertreter eines Unternehmers alle Rechtshandlungen setzten darf, die derartige Geschäfte grundsätzlich mit sich bringen (§ 10 Abs 1 KSchG). Auf diesen „gewöhnlichen Vollmachtsumfang" kann sich der Verbraucher allerdings dann nicht berufen, wenn er von einer allfälligen Vertretungsbeschränkung wusste; hat er bloß grob fahrlässig davon nicht Kenntnis genommen, kann der Unternehmer vom Vertrag zurücktreten (§ 10 Abs 2 KSchG). Schließlich ist in § 10 Abs 3 KSchG geregelt, dass der Ausschluss der Rechtswirksamkeit von formlosen (mündlichen) Erklärungen des Vertreters im Namen des Unternehmers unwirksam ist; freilich wird dies nur dann gelten, wenn dem Konsumenten nicht bekannt ist, dass der Vertreter zur Abgabe derartiger Erklärungen nicht befugt ist.   **84**

4   Scheinvertreter

Hat der Stellvertreter entweder überhaupt **keine Vertretungsbefugnis** oder **überschreitet** er die ihm eingeräumten Befugnisse zur Vertretung und ist überdies weder eine Anscheins- oder Duldungsvollmacht (s dazu Rz 81) noch eine Fortwirkung erloschener Vollmachten (s dazu Rz 83) gegeben, kommt das Rechtsgeschäft mit dem angeblich Vertretenen grundsätzlich nicht zustande. Möglich ist allerdings, dass der Scheinvertretene das Geschäft nachträglich genehmigt.   **85**

Sofern der angeblich Vertretene das Geschäft nicht nachträglich genehmigt, haftet der Scheinvertreter dem Dritten, der den Vollmachtsmangel weder kannte noch kennen musste, für den entstanden Vertrauensschaden (**falsus procurator-Haftung**). Er hat daher grundsätzlich all das zu ersetzen, was der Dritte im Glauben an das Bestehen der Vollmacht an   **86**

Schaden erlitten hat. Sofern dem Dritten der Vollmachtsmangel bekannt gewesen ist, hat er keinen Schadenersatzanspruch; wenn ihm der Mangel hätte bekannt sein müssen, wird der Ersatzanspruch im Verhältnis seines Mitverschuldens gemindert (§ 1304 ABGB; zu handelsrechtlichen Besonderheiten vgl unter Rz 573).

5 Missbrauch der Vertretungsmacht

87 **Überschreitet** der Vertreter den ihm im Innenverhältnis erteilten Auftrag und hält sich dabei gleichzeitig an den Umfang der nach außen wirksamen Vollmacht, ist die gesetzte Vertretungshandlung grundsätzlich gültig. Allerdings wird der Stellvertreter seinem Auftraggeber im Innenverhältnis schadenersatzpflichtig.

88 Etwas anderes gilt, wenn der Stellvertreter und der Dritte absichtlich zum Nachteil des Vertretenen zusammenwirken (**Kollusion**); in diesem Fall kann der Vertretene die Ungültigkeit des auftragswidrigen Geschäftes geltend machen.

6 Insichgeschäft

89 Ein Insichgeschäft ist vor allem in zwei Variationen denkbar: Möglich ist zum einen, dass der Vertreter selbst am Geschäftsabschluss mit dem Vertretenen interessiert ist (**Selbstkontrahieren**). Zum anderen ist es denkbar, dass der Vertreter ein Rechtsgeschäft für zwei oder mehrere Vertretene, für die er vertretungsbefugt ist, abschließt (**Doppelvertretung**).

90 Auf Grund der für den bzw die Vertretenen damit verbundenen Gefahren sind Insichgeschäfte **grundsätzlich unzulässig**, soweit nicht eine ausdrückliche Genehmigung zur Vornahme derselben eingeräumt wird oder rechtliche Nachteile für den Vertretenen gänzlich auszuschließen sind. Ein ausdrückliches gesetzliches Verbot besteht für den Bereich der gesetzlichen Stellvertretung; hier ist die Bestellung eines Kollisionskurators durch das Gericht erforderlich (§§ 273 f ABGB).

D Sachenrecht

1 Allgemeines

91 Bei den Rechtssubjekten handelt es sich – wie dargelegt – um Träger von Rechten und Pflichten; sie allein sind in der Lage, über Sachen als Objekte des Rechtsverkehrs (**Rechtsobjekte**) zu verfügen.

92 Gem § 285 ABGB ist alles, was von einer Person zu unterscheiden ist und dem Gebrauch der Menschen dient, im rechtlichen Sinn eine **Sache**.

Auf Grund dieser sehr weit formulierten Bestimmung lassen sich ua auch immaterielle Rechte (wie zB Patentrechte oder Urheberrechte) oder etwa auch Forderungsrechte (zB eine Geldforderung) unter den Sachbegriff des ABGB subsumieren.

Die **dinglichen Rechte** beziehen sich auf körperliche Sachen. Bei den   93
körperlichen Sachen handelt es sich um solche, die „in die Sinne fallen" (§ 292 ABGB). In diese Klassifikation fallen grundsätzlich auch Tiere, die jedoch gem § 285a ABGB keine Sachen sind und durch „besondere Gesetze" geschützt werden; allerdings werden die für Sachen geltenden Regeln grundsätzlich auch auf Tiere angewendet.

Hingegen sind die **unkörperlichen Sachen** dadurch gekennzeichnet,   94
dass sie ohne unmittelbaren Sachbezug sind; sie können nicht mit den Händen „begriffen" werden. Dazu zählen etwa die Forderungsrechte oder auch die Immaterialgüterrechte.

2   Grundsätze des Sachenrechts

Da das Recht an körperlichen Sachen als dingliches Recht gegenüber   95
jedermann durchsetzbar sein soll, muss es auch in seiner Existenz von jedermann erkannt werden können. Für das Sachenrecht gilt daher der Grundsatz der **Publizität**, der darin besteht, dass offenkundig sein muss, wem eine Sache zuzuordnen ist. Dieser Grundsatz wird idR dadurch gewährleistet, dass der Berechtigte die Sache in seiner Verfügungsgewalt hat. Bei unbeweglichen Sachen (Liegenschaften) ergibt sich die rechtliche Zugehörigkeit aus der Eintragung ins Grundbuch (s dazu Rz 179 ff).

Die Begründung eines dinglichen Rechtes an einer Sache bedarf   96
sowohl eines rechtlichen Titels (zB Kaufvertrag) als auch eines rechtlich anerkannten Modus (Übergabe der Sache). Fehlen bzw fehlt **Titel** und/ oder **Modus**, kann ein Recht an einer Sache grundsätzlich nicht begründet werden. Bei der Veräußerung eines Fernsehers bildet beispielsweise der Kaufvertrag den Titel und die körperliche Übergabe den Modus für den Eigentumsübergang.

Die Sachenrechte unterliegen nicht den privatautonomen Gestaltungs-   97
möglichkeiten, sondern dem besonderen sachenrechtlichen **Typenzwang**. Das bedeutet, dass es bloß eine geschlossene Anzahl von Sachenrechten gibt. Die Rechtssubjekte können sich nur jener dinglichen Rechte bedienen, die durch die Rechtsordnung bereitgestellt werden. Zu den dinglichen Rechten zählen das Eigentum, das Pfandrecht, die Dienstbarkeit, die Reallast, das Baurecht und in eingeschränkter Form der Besitz.

Der Grundsatz der **Spezialität** bringt zum Ausdruck, dass ein Recht nur   98
an jeweils einer Sache begründet oder geändert werden kann. Gem § 302 ABGB können jedoch uU mehrere besondere Sachen als eine Sache angesehen und somit als Ganzes betrachtet werden (Gesamtsache).

99   Sachenrechte können nur von demjenigen übertragen werden, der auch eine tatsächliche Berechtigung an der Sache hat. Es gilt der Grundsatz, dass eine Sache nur vom Berechtigten erworben werden kann (**Erwerb vom Berechtigten**). Durchbrochen wird dieser Grundsatz durch die Möglichkeit des gutgläubigen Erwerbs von beweglichen Sachen vom Nichtberechtigten gem § 367 ABGB bzw für den Bereich des Handelsrechts gem § 366 HGB (s dazu Rz 147 bzw Rz 573).

3   Arten von Sachen

100   Vor allem im ABGB ist eine Reihe von unterschiedlichen Arten von Sachen definiert; an die jeweilige Qualifikation einer Sache sind vom Gesetz **unterschiedliche Rechtsfolgen** geknüpft.

a   Öffentliche und private Sachen

101   Die Sachen in einem Staatsgebiet sind entweder Staats- oder Privatgut (§ 286 ABGB). Öffentliche Straßen oder Flüsse etwa sind ein **öffentliches Gut**, da sie sich im Eigentum des Staates befinden; sie dürfen von jedermann bestimmungsgemäß benützt werden. Ein privates Kraftfahrzeug steht hingegen im Eigentum einer Privatperson; der Staat oder andere Privatpersonen können daran (grundsätzlich) kein Eigentumsrecht geltend machen.

b   Herrenlose und nicht herrenlose Sachen

102   Sachen, welche jedermann zur Zueignung überlassen sind (zB weggeworfene Güter), werden als freistehende Sachen (**herrenlose Sachen**) iSv § 287 ABGB bezeichnet. Ein im Müllcontainer befindliches altes Fahrrad hat keinen Eigentümer mehr, weshalb es ohne weiters durch Zueignung in die Einflusssphäre eines neuen Eigentümers übertragen werden kann. Alle anderen Sachen, die nicht herrenlos sind, müssen einen Eigentümer haben. Zu beachten gilt, dass jene Sachen, die **außer Verkehr** stehen, zwar herrenlose Sachen sind, aber gleichzeitig nur beschränkt oder gar nicht der Aneignung zugänglich sind (zB bestimmte geschützte Tierarten; Bodenschätze).

c   Bewegliche und unbewegliche Sachen

103   Sachen, welche ohne Verletzung ihrer Substanz von einer Stelle zur anderen versetzt werden können, sind **beweglich**; im entgegengesetzten

Fall sind sie **unbeweglich** (§ 293 ABGB). Eine Sitzgruppe kann ohne weiteres von einem Ort zum anderen transportiert werden, wohingegen ein Ortswechsel eines Einfamilienhauses nicht ohne Substanzverlust des Objektes abgewickelt werden kann. Als unbeweglich sind gem § 293 letzter Satz ABGB allerdings auch Sachen bzw Gegenstände anzusehen, die das „Zugehör" einer unbeweglichen Sache bilden (zB Tiere eines landwirtschaftlichen Betriebes).

Bemerkenswert ist überdies, dass Bauwerke, die auf fremdem Grund   **104**
in der Absicht errichtet sind, dass sie nicht stets darauf bleiben sollen **(Superädifikate)**, gem § 435 ABGB als beweglich angesehen werden; dies gilt selbst dann, wenn derartige Bauwerke mit dem Grundstück fest verbunden sind.

d   Teilbare und unteilbare Sachen

Sachen, die ohne wesentliche Wertminderung in ihre Einzelteile zerlegt   **105**
werden können, sind **teilbar**; ansonsten sind sie **unteilbar**. Eine aus vier Sesseln bestehende Sitzgruppe kann durchaus auch in Einzelteilen ohne wesentliche Schmälerung des Verkaufserlöses veräußert werden; der Kamin eines Einfamilienhauses hingegen kann nicht ohne das Haus an sich in das Eigentum eines anderen übertragen werden.

Von Bedeutung ist diese Unterscheidung vor allem beim Bestehen von   **106**
Miteigentum (s dazu Rz 137 f); sofern dieses an unteilbaren Sachen besteht, sind im Fall der Auflösung der Miteigentumsgemeinschaft lediglich die Veräußerung und die Verteilung des Erlöses daraus möglich (**Zivilteilung**).

e   Hauptsachen, Nebensachen und Gesamtsachen

Nebensachen sind Sachen, die ohne die Hauptsache nicht gebraucht   **107**
werden können, oder die kraft Gesetzes oder durch den Willen des Eigentümers zum fortdauernden Gebrauch der Hauptsache bestimmt wurden (§ 294 ABGB).

IdR soll der Eigentümer der Hauptsache auch **Eigentümer der Neben-**   **108**
sache sein. Eine Ausnahme bilden Maschinen, die unter der Voraussetzung der Anmerkung der Eigentümerschaft eines anderen als des Liegenschaftseigentümers im Grundbuch als selbständige Sachen qualifiziert werden können. Diese Anmerkung wirkt lediglich drei Jahre ab der Eintragung und überdies nur dann, wenn keine untrennbare Verbindung zwischen Maschine und Liegenschaft besteht (§ 297a ABGB).

Unter einer **Gesamtsache** versteht man den Inbegriff von mehreren   **109**
besonderen Sachen, die als eine angesehen werden und idR mit einem

gemeinschaftlichen Namen bezeichnet werden (§ 302 ABGB). Gesamtsachen bestehen demnach regelmäßig aus einer Vielzahl gleichgeordneter Sachen. Als Beispiele sind etwa eine Werkstätte, eine Bibliothek, ein Warenlager und ein Unternehmen anzuführen.

f Verbrauchbare und unverbrauchbare Sachen

110 Sachen, welche ohne ihre Zerstörung oder Verzehrung den gewöhnlichen Nutzen nicht gewähren, heißen **verbrauchbare**; die von entgegengesetzter Beschaffenheit **unverbrauchbare Sachen** (§ 301 ABGB). So werden etwa alle Arten von Lebensmitteln nach deren Kauf regelmäßig durch deren Verzehr verbraucht. Eine unverbrauchbare Sache ist zB ein Grundstück oder ein Kraftfahrzeug.

g Schätzbare und unschätzbare Sachen

111 **Schätzbare Sachen** sind diejenigen, deren Wert durch Vergleich mit anderen bestimmt werden kann. Sachen, deren Wert durch einen Vergleich mit anderen im Verkehr befindlichen Sachen nicht bestimmt werden kann, sind hingegen **unschätzbare** (§ 303 ABGB).

h Gattungs- und Speziessachen

112 **Gattungssachen** (vertretbare Sachen) sind regelmäßig nur nach Maß, Zahl oder Gewicht bestimmt. So sind etwa Lebensmittel (zB Milch) in abgepackter Form erhältlich, die grundsätzlich in beliebigen Einheiten reproduzierbar sind und in ihrer Gattung keine ausgeprägten Unterschiede der verkehrsüblichen Eigenschaften aufweisen. **Speziessachen** (unvertretbare Sachen) sind durch individuelle Merkmale bestimmt und dementsprechend idR einzigartig und nicht beliebig reproduzierbar (zB ein Gemälde eines Künstlers).

4 Innehabung und Besitz

a Innehabung

113 Wer eine Sache in seiner Macht oder in seinem Gewahrsam hat, ist gem § 309 ABGB ihr **Inhaber**. Von Bedeutung ist bei diesem Begriff demnach der faktische Aspekt der Gewahrsamsausübung.

114 Während der **unmittelbare Inhaber** eine Sache in seinem eigenen Machtbereich hält, ist der **mittelbare Inhaber** durch Vermittlung zur Inne-

habung einer Sache angehalten (zB eine Sache wird für einen anderen aufbewahrt).

b   Besitz

Hat der Inhaber einer Sache den Willen, diese als die seinige zu behalten, ist er deren **Besitzer** (§ 309 ABGB). Maßgeblich für den Besitzbegriff des ABGB ist der Wille, eine Sache zu behalten. Abweichend vom ABGB regelt das HGB den Besitzbegriff in der Form, dass bereits die bloße Innehabung als Besitz anzusehen ist (Art 5 EVHGB; s dazu Rz 573). Im Einzelnen können folgende Arten des Besitzes unterschieden werden: 115

ba   Sachbesitz und Rechtsbesitz

Sachbesitzer ist, wer eine körperliche Sache mit dem Willen innehat, sie für sich zu behalten. Gem § 312 ABGB werden bewegliche Sachen durch physische Ergreifung, Wegführung oder Verwahrung, unbewegliche Sachen durch Betretung, Verrainung, Einzäunung, Bezeichnung oder Bearbeitung in Besitz genommen. 116

Sofern jemand eine körperliche Sache nicht als die seine innehat, sie aber so verwendet, wie es einer bestimmten Berechtigung an der Sache entspricht, ist er **Rechtsbesitzer**. Beispiele: Mieter einer Wohnung; Pächter eines Grundstücks. 117

bb   Rechtmäßiger und unrechtmäßiger Besitz

Der Besitz einer Sache ist dann **rechtmäßig**, wenn er auf einem gültigen Titel (zB Kaufvertrag, Leihvertrag), dh auf einem zum Erwerb des Besitzes tauglichen Rechtsgrund, beruht (§ 316 ABGB). 118

Hat der bloße Inhaber jedoch einen Eigenbesitzwillen, ist er als **unrechtmäßiger Besitzer** anzusehen, da er nur einen Rechtstitel zur Innehabung und nicht auch zur Besitznahme hat (§ 318 ABGB). So ist etwa der Verwahrer einer Sache, dem die Innehabung gestattet ist, als unrechtmäßiger Besitzer anzusehen, wenn er einen entsprechenden Besitzwillen entwickelt. 119

Von Bedeutung ist, dass gem § 323 ABGB der Besitzer einer Sache die rechtliche **Vermutung eines gültigen Titels** für sich hat. 120

bc   Redlicher und unredlicher Besitz

Gem § 326 ABGB ist derjenige, der aus wahrscheinlichen Gründen die Sache, die er besitzt, für die seine hält, ein **redlicher Besitzer**. 121

122   Ein **unredlicher Besitzer** ist hingegen derjenige, der weiß oder auf Grund der Umstände hätte erkennen können, dass die in seinem Besitz befindliche Sache einem anderen gehört. Im Zweifel wird die Redlichkeit des Besitzes vermutet (§ 328 ABGB).

bd   Echter und unechter Besitz

123   Wird die Sache einem anderen gewaltsam oder heimlich entzogen, liegt **unechter Besitz** vor; dies gilt auch dann, wenn derjenige, dem eine Sache mit der Vereinbarung des jederzeitigen Widerrufs zum Gebrauch überlassen wurde (Bittleihe; Rz 406), damit beginnt, einen eigenen Besitzwillen zu bilden (§ 345 ABGB).

124   Sofern eine dieser Einschränkungen nicht gegeben ist, liegt **echter Besitz** vor.

be   Qualifizierter Besitz

125   Obwohl das ABGB den Besitz zu den **dinglichen Rechten** zählt, genießt der Besitzer nicht diejenigen Schutzrechte, die mit dem Bestand eines Eigentumsrechtes verbunden sind.

126   Dennoch ist der **qualifizierte Besitz** (rechtlicher Besitz) vom ABGB mit weit reichenden rechtlichen Konsequenzen ausgestattet worden. Durch § 1466 ABGB ist nämlich sichergestellt, dass derjenige, der eine bewegliche Sache rechtmäßig, redlich und echt besitzt (qualifizierter Besitz), nach Ablauf einer Frist von **drei Jahren** das Eigentumsrecht daran erwerben (bzw ersitzen) kann. Sofern der Besitz lediglich redlich und echt ist, kann ein Eigentumserwerb daran erst nach Ablauf von **30 Jahren** erfolgen; diese so genannte lange Ersitzungsfrist gilt auch bei unbeweglichen Sachen (§ 1468 ABGB).

bf   Besitzerwerb

127   Da zum Besitz der Wille gehört, eine Sache als die seinige zu betrachten, muss beim Erwerb von Besitz die Fähigkeit gegeben sein, einen solchen Willen zu bilden; **geschäftsunfähige Personen** können einen derartigen Willen grundsätzlich nicht bilden.

128   Damit es zum Besitzerwerb kommt, muss der Besitzwille auch nach außen durch eine entsprechende „Besitzergreifungshandlung" in Erscheinung treten. Dabei kann zum einem an eine **eigenmächtige Besitzergreifung** gedacht werden (zB Diebstahl; Aneignung einer herrenlosen Sache). Denkbar ist zum anderen auch der Rückgriff auf eine der gesetzlich

vorgesehenen **Übergabearten** (körperliche Übergabe iSd § 426 ABGB; Übergabe durch Zeichen iSd § 427 ABGB; Übergabe durch Erklärung iSd § 428 ABGB).

bg   Besitzschutz

Die wesentlichste Wirkung sowohl des Sach- als auch des Rechtsbe-   129
sitzes ist durch den gerichtlichen Besitzschutz gegeben. Jeder echte Besitzer einer Sache kann im Wege des **Besitzstörungsverfahrens** (§§ 454 ff ZPO) in einer Streitsituationen rasch Rechtshilfe erlangen.

Gem § 339 ABGB ist nämlich niemand befugt, den Besitz – von welcher   130
Beschaffenheit er auch immer sein möge – eigenmächtig zu stören. Der besondere **Zweck** dieser Bestimmung besteht vor allem darin, dass Störungen, die eine generelle **Gefahr für den allgemeinen Rechtsfrieden** darstellen, möglichst rasch bzw einfach bereinigt werden können. Im Wege des Besitzstörungsverfahrens soll der letzte ruhige Besitzstand wiederhergestellt werden.

Der gestörte Besitzer hat die Klage binnen **30 Tagen** ab Kenntnis von   131
Störung und Störer einzubringen und seinen bisherigen Besitz sowie die Verletzung durch den Beklagten nachzuweisen. Im Zuge des Besitzstörungsverfahrens wird die Rechtmäßigkeit oder Redlichkeit des Besitzers nicht erörtert; von Bedeutung ist vielmehr der **letzte ruhige Besitz**. Sofern der Beklagte nachweisen kann, dass der Kläger ihm gegenüber kein echter Besitzer ist, wird die Besitzstörungsklage jedoch abgewiesen.

Der qualifizierte Besitzer kann sich überdies im Fall der Störung oder   132
Entziehung seines Besitzes der **Klage aus dem rechtlich vermuteten Eigentum** (actio publiciana) bedienen (§ 372 ABGB). Nach dieser Bestimmung wird nämlich derjenige, der den gültigen Titel und die echte Art, wodurch er in den Besitz der Sache gelangt ist, dargetan hat, in Rücksicht auf jeden anderen Besitzer, der keinen oder nur einen schwächeren Titel seines Besitzes angeben kann, für den wahren Eigentümer gehalten. Es obsiegt daher bei derartigen Konstellationen derjenige, der das „relativ bessere" Recht an der Sache hat.

5   Eigentum

a   Allgemeines

Das **Eigentumsrecht** ist das umfassendste aller dinglichen Rechte.   133
Gem § 354 ABGB ist Eigentum eine als ein Recht zu betrachtende Befugnis, mit der Substanz und der Nutzung einer Sache nach Willkür zu schalten und jeden anderen davon auszuschließen. Trotz dieser umfassenden

Formulierung des § 354 ABGB gewährt das Eigentumsrecht keine grenzenlose Rechtsausübung. So wird etwa das Eigentumsrecht durch § 364 Abs 1 ABGB wie folgt eingeschränkt: „Überhaupt findet die Ausübung des Eigentumsrechtes nur insofern statt, als dadurch weder in die Rechte eines Dritten ein Eingriff geschieht, noch die in den Gesetzen zur Erhaltung und Beförderung des allgemeinen Wohles vorgeschriebenen Einschränkungen übertreten werden."

134   Auf dem Gebiet der **privatrechtlichen Beschränkungen** kommt insbesondere dem so genannten **Nachbarrecht** erhebliche Bedeutung zu. In den §§ 364 ff ABGB sind die Rechte und Pflichten von benachbarten Grundstückseigentümern geregelt. Dabei gilt als Grundsatz, dass ortsübliche Immissionen, die von anderen Grundstücken ausgehen, zu dulden sind. Hingegen vermitteln Immissionen, die das gewöhnliche Ausmaß überschreiten und die ortsübliche Nutzung des eigenen Grundstückes wesentlich beeinträchtigen, einen entsprechenden Unterlassungsanspruch (§ 364 Abs 2 ABGB). Für Immissionen von behördlich genehmigten Anlagen gilt, dass diese vom Nachbarn auch dann zu dulden sind, wenn sie das ortsübliche Ausmaß überschreiten, allerdings besteht bei Beeinträchtigungen ein verschuldensunabhängiger Ausgleichsanspruch (**Eingriffshaftung**; § 364a ABGB bzw Rz 517).

135   Daneben besteht auch eine Reihe von **öffentlich-rechtlichen Beschränkungen** des Eigentumsrechts (zB durch das Raumordnungsrecht, das Naturschutz- und Landschaftsschutzrecht).

b   Eigentumsarten

ba   Alleineigentum

136   Steht eine Sache im Eigentum nur eines Rechtssubjektes, ist diese natürliche oder juristische Person **Alleineigentümer**; das Alleineigentum ist der Regelfall im Eigentumsrecht.

bb   Miteigentum

137   Wenn mehrere Rechtssubjekte an einer Sache gemeinsam als Eigentümer berechtigt sind, liegt **Miteigentum** vor. Nach § 825 ABGB bilden die Personen, denen ein und dasselbe Recht ungeteilt zukommt, eine Gemeinschaft. Miteigentümern steht ein ideeller Anteil bzw eine Quote an der gemeinsamen Sache zu. Über die ihm zustehende Quote kann der Miteigentümer selbständig verfügen.

138   Allerdings ist zur Vornahme von **Verwaltungsmaßnahmen** die Bildung einer entsprechenden Mehrheit unter den Miteigentümern erforderlich.

Während bei Angelegenheiten, welche die **ordentliche Verwaltung** und Benützung der Sache betreffen, die nach Miteigentumsanteilen berechnete einfache Mehrheit ausreichend ist (§ 833 ABGB), bedürfen Maßnahmen der **außerordentlichen Verwaltung** (zB Vermietung des gesamten Objekts) grundsätzlich einer einstimmigen Willensbildung. Ist diese nicht zu erreichen, so können zwar Miteigentümer, die zumindest die Hälfte der Anteile bilden, die Durchführung der gewünschten Maßnahme begehren. Die überstimmten Miteigentümer können aber Sicherstellung für künftige Schäden verlangen bzw bei grundloser Verweigerung dieser Sicherstellung aus der Gemeinschaft austreten. Wollen sie nicht austreten oder geschähe dies zur Unzeit, so entscheidet das Los, ein Schiedsrichter, oder – wenn auch hierüber keine Einigung zu erzielen ist – der Richter im Außerstreitverfahren (vgl §§ 834 f ABGB).

Die **Aufhebung der Miteigentumsgemeinschaft** erfolgt im Einver- **139** ständnis aller Miteigentümer; ist ein solches nicht zu erzielen, so kann jeder Miteigentümer bei Gericht eine Teilungsklage (§§ 830 f ABGB) einbringen. Die Teilung vollzieht sich entweder durch natürliche Teilung der Sache („**Realteilung**") oder Veräußerung der Sache und Verteilung des Erlöses („**Zivilteilung**").

bc Wohnungseigentum

Eine besondere Form des Miteigentums ist das **Wohnungseigentum** **140** iSd WEG. Es räumt dem Miteigentümer einer Liegenschaft oder einer Eigentümerpartnerschaft das dingliche Recht ein, eine Wohnungseigentumsobjekt ausschließlich zu nutzen und darüber zu verfügen. Wohnungseigentumsobjekte sind Wohnungen, sonstige selbständige Räumlichkeiten und Abstellplätze für Kraftfahrzeuge (wohnungseigentumstaugliche Objekte), an denen Wohnungseigentum begründet wurde. Das Wohnungseigentum kann entweder **einer einzigen (natürlichen oder juristischen) Person bzw Gesamthandschaft** oder einer **Eigentümerpartnerschaft** (vgl §§ 13 ff WEG) eingeräumt werden; letztere besteht aus zwei natürlichen Personen, die gemeinsam Wohnungseigentümer eines Wohnungseigentumsobjekts sind.

Was die **Nutzungsrechte** betrifft, so stehen diese grundsätzlich jedem **141** Wohnungseigentümer für sein Wohnungseigentumsobjekt selbst zu; bezüglich der Benützung der verfügbaren allgemeinen Teile der Liegenschaft können sämtliche Wohnungseigentümer schriftlich eine Vereinbarung treffen (§§ 16 f WEG). Für die **Verwaltung der Liegenschaft** gelten weitgehend dieselben Regeln wie beim schlichten Miteigentum, wobei als Ausnahme dazu auch über außerordentliche Maßnahmen die Mehrheit entscheidet; überstimmte Wohnungseigentümer können allerdings das Gericht anrufen (vgl §§ 28 f WEG).

bd Gesamthandeigentum

142 Über Sachen, die sich im **Gesamthandeigentum** befinden, kann nur in der Gemeinschaft verfügt werden. Der Gesamthandeigentümer hat keine ideelle Quote, über die er selbständig verfügen könnte, sondern nur ein Mitbestimmungsrecht im Rahmen der gemeinschaftlichen Verfügungen über die Sache im Gesamthandeigentum (so steht zB die OHG im Gesamthandeigentum der Gesellschafter, vgl dazu Rz 617).

c Eigentumserwerb

143 Wie bereits dargelegt, kann ohne Rechtsgrund (zB Kaufvertrag) und ohne rechtliche Erwerbungsart (zB Übergabe der Sache) kein Eigentum erlangt werden (§ 380 ABGB). Somit ist der Eigentumserwerb durch einen zweiaktigen Vorgang gekennzeichnet, der aus **Rechtsgrund bzw Titel** und **rechtlicher Erwerbungsart bzw Modus** besteht. Betreffend den Eigentumserwerb als solchen kann zwischen einer Reihe unterschiedlicher Arten unterschieden werden:

ca Derivativer und originärer Eigentumserwerb

144 Ein **derivativer Eigentumserwerb** liegt vor, wenn das Recht auf Eigentum unmittelbar durch die Übertragung dieses Rechtes vom Vormann abgeleitet wird. Bewegliche Sachen können entweder durch körperliche Übergabe (§ 426 ABGB), durch Zeichen (§ 427 ABGB) oder durch Erklärung (§ 428 ABGB) übertragen werden. Eine Sonderform des Eigentumserwerbes ist die Übergabe durch Versendung. Gem § 429 ABGB wird dem Erwerber dabei das Eigentum an einer beweglichen Sache bereits bei Übergabe der Sache des Veräußerers an den Transporteur übertragen, sofern der Erwerber diese Transportart genehmigt hat; dabei gilt der Versand durch die Post oder die Bahn als „genehmigte Überschickungsart".

145 Für die Übertragung unbeweglicher Sachen muss das Erwerbungsgeschäft in den dazu bestimmten öffentlichen Büchern (Grundbuch) durch die **Einverleibung** (Intabulation) vermerkt werden (§ 431 ABGB; s dazu Rz 188).

146 Beim **originären Eigentumserwerb** entsteht – unabhängig von allfälligen Rechten des Vormannes – das Eigentumsrecht beim Erwerber gänzlich neu. So können herrenlose Sachen (s dazu Rz 102) nicht nur in Besitz genommen werden, sondern durch Zueignung auch in das Eigentum des Erwerbers übergehen (vgl §§ 381 f ABGB).

cb   Eigentumserwerb vom Nichtberechtigten

Das ABGB (zu den handelsrechtlichen Besonderheiten vgl Rz 573) **147**
sieht lediglich unter ganz besonderen Voraussetzungen die Möglichkeit
des Eigentumserwerbes vom Nichtberechtigten (Nichteigentümer) vor:
Wenn ein **redlicher Besitzer** eine **bewegliche Sache** in einer **öffentlichen Versteigerung**, von einem **befugten Gewerbsmann** oder vom
Vertrauensmann des Eigentümers entgeltlich erworben hat, erwirbt er
an der bereits **übergebenen Sache** Eigentum. Der vorige Eigentümer
verliert den Eigentumsanspruch an der Sache und hat nur einen Schadenersatzanspruch an den veräußernden Nichtberechtigten (§ 367 ABGB).
Für den tatsächlichen Eigentumsübergang ist jedoch die Bestimmung des
§ 368 ABGB zu beachten, die wie folgt lautet: „Wird bewiesen, dass der
Besitzer entweder schon aus der Natur der an sich gebrachten Sache, oder
aus dem auffallend zu geringen Preis derselben, oder aus den bekannten
persönlichen Eigenschaften seines Vormannes, aus dessen Gewerbe oder
anderen Verhältnissen einen begründeten Verdacht gegen die Redlichkeit
seines Besitzes hätte schöpfen können, so muss er als unredlicher Besitzer
die Sache dem Eigentümer abtreten."

Ein gutgläubiger Erwerb von **unbeweglichen Sachen** ist zunächst **148**
dann denkbar, wenn ein qualifizierter Besitzer die Sache ersitzt; dabei
beträgt die Ersitzungszeit grundsätzlich 30 Jahre (§§ 1452 ff ABGB). Überdies vermittelt der im Grundbuchsrecht verankerte Vertrauensgrundsatz,
dass ein gutgläubiger Erwerber Eigentum von einer ins Grundbuch eingetragenen Person auch dann erwerben kann, wenn diese gar kein Eigentumsrecht hat und dies im Grundbuch nicht entsprechend vermerkt wurde
(§§ 62 ff GBG; s dazu Rz 192).

cc   Eigentumserwerb durch Zuwachs

Gem § 404 ABGB ist alles, was aus einer Sache entsteht oder zu einer **149**
Sache hinzukommt, ohne dass es dem Eigentümer von jemand anderem
übergeben worden ist, als **Zuwachs** zu bezeichnen. Das ABGB unterscheidet
zwischen natürlichem Zuwachs (§§ 405 ff ABGB), künstlichem Zuwachs
durch Verarbeitung oder Vermengung (§§ 414 ff ABGB), insbesondere bei
Bauführung (§§ 417 ff ABGB), und vermischtem Zuwachs (§§ 420 ff ABGB).

Die Eigentumsverhältnisse bei Zuwachs zu einer Sache lassen sich nur **150**
für den Bereich des **natürlichen Zuwachses** ohne detaillierte Behandlung
des dem jeweiligen Zuwachs zugrunde liegenden Sachverhaltes lösen;
demnach ist etwa der Eigentümer des Muttertieres nach § 405 ABGB auch
gleichzeitig Eigentümer des zugehörigen Wurfes. Sonst erfolgt die Zuordnung der Eigentümereigenschaft – abhängig von der jeweiligen Fallkon-
stellation – nach Maßgabe der Regelungen der §§ 415 ff ABGB.

151   So gilt etwa in dem Fall, in welchem aus schon vorhandenen Sachen eine andere (neue) Sache entsteht (**Verarbeitung**), dass – sofern vertragliche Vereinbarungen nicht bestehen und die Verarbeitung ohne Wertverlust nicht mehr rückgängig gemacht werden kann – zwischen dem Rohstoffeigentümer und dem Verarbeitenden im Verhältnis ihrer Anteile Miteigentum entsteht (§ 415 ABGB). Demjenigen Miteigentümer, den kein Verschulden an der Verarbeitung trifft, wird ein Wahlrecht eingeräumt, demzufolge er darüber entscheiden kann, ob er die gesamte Sache gegen entsprechenden Wertersatz an sich bringen oder ob er für seinen Anteil vom anderen Miteigentümer einen entsprechenden Ersatz erhalten will. Werden hingegen fremde Materialien nur zur **Ausbesserung** einer Sache verwendet, bleibt der Eigentümer der Hauptsache auch deren Alleineigentümer; der Eigentümer der Nebensache, mit welcher die Ausbesserung vorgenommen wurde, erhält einen entsprechenden Wertersatzanspruch (§ 416 ABGB).

152   Sofern es zu einer **Vermischung** von gleichartigen Sachen mehrerer Eigentümer kommt, kann grundsätzlich jeder Miteigentümer verlangen, dass ihm jene Menge ausgehändigt wird, die seinem Anteil entspricht. Zu beachten gilt, dass dann, wenn jemand **fremdes Geld** mit seinem eigenen Geld ununterscheidbar vermengt, er zum Alleineigentümer des Geldes wird (§ 371 ABGB); die Person, welche dadurch ihr Eigentumsrecht verliert, hat freilich einen schuldrechtlichen Anspruch auf Wertersatz.

153   Sofern bei einer **Bauführung** fremde Sachen verwendet werden, gilt der Grundsatz, dass der Grundeigentümer zum Eigentümer der fremden Sachen wird. Jedoch muss der Grundeigentümer dafür Ersatz leisten: Bei Redlichkeit muss der gemeine Wert ersetzt werden, bei Unredlichkeit ist hingegen der Höchstwert sowie ein Ausgleich von allfälligen weiteren Schäden zu ersetzen (§ 417 ABGB).

154   Sofern mit **eigenem Material auf fremdem Grund** gebaut wird, erwirbt der Grundeigentümer das Eigentum am Baumaterial, wenn er von der Bauführung nichts wusste. Dem redlichen Bauführer sind die notwendigen und nützlichen Kosten zu ersetzen, während die Ansprüche des unredlichen Bauführers nach den Grundsätzen der Regeln über die Geschäftsführung ohne Auftrag (Rz 521 ff) behandelt werden. Wenn hingegen der Eigentümer des Grundstückes von der Bauführung gewusst und sie nicht sogleich untersagt hat, erwirbt der Bauführer das Grundeigentum, hat jedoch dem früheren Eigentümer den gemeinen Wert der Liegenschaft zu ersetzen (§ 418 ABGB).

cd   Eigentumserwerb durch Fund oder Schatzfund

155   Wer auf eine verloren gegangene bewegliche Sache stößt und diese an sich nimmt, ist iSd §§ 388 ff ABGB ein Finder. Die verlorene und

gefundene Sache ist der **Fund**. Der Finder ist verpflichtet, den Fund in ortsüblicher Form kundzutun oder der Behörde zu melden, bevor er nach Verstreichen einer Einjahresfrist, in der sich der Eigentümer nicht gemeldet hat, die Sache benutzen darf. Nach weiteren zwei Jahren, in denen sich der Eigentümer nicht gemeldet hat, erlangt der Finder regelmäßig Eigentum an der Sache. Erhebt der Eigentümer innerhalb der Dreijahresfrist seinen rechtmäßigen Eigentumsanspruch, steht dem Finder ein gesetzlicher Finderlohn von 10% für die ersten € 200,– und für den darüber hinausgehenden Wert in Höhe von 5% zu (§ 391 ABGB).

Setzen sich die entdeckten Sachen aus Vermögenswerten in Form von Geld, Schmuck oder anderen Kostbarkeiten, die solange im Verborgenen gelegen haben, dass man den vorigen Eigentümer nicht mehr erfahren kann, zusammen, heißen sie Schatz (§ 398 ABGB). Den **Schatzfund** teilen sich grundsätzlich der Finder und der Eigentümer des Grundes oder der den Schatz bergenden Sache zu gleichen Teilen (§ 399 ABGB). Besondere Vorschriften zum Schatzfund finden sich in den §§ 9 ff DSchG.   **156**

ce   Sonstige Eigentumserwerbsarten

Einen besonderen Eigentumserwerb sieht das ABGB für den hoheitlichen Bereich vor. Wenn es das allgemein Beste gebietet, muss ein Mitglied des Staates das vollständige Eigentum an einer Sache abtreten (§ 365 ABGB). Der Staat ist zu einer angemessenen Entschädigung verpflichtet, erwirbt aber auch ohne das Einverständnis des bisherigen Eigentümers das Eigentumsrecht an der Sache. Diese nicht unumstrittene Form des Eigentumsüberganges wird als **Enteignung** bezeichnet. So kann beispielsweise der Staat die Grundeigentümer jener Grundstücke enteignen, die für den Bau einer Autobahn notwendig sind.   **157**

Weitere Eigentumserwerbsarten sind insbesondere die Übertragung im Fall des rechtmäßigen Erbganges durch die **Einantwortung** und der **Zuschlag** bei einer Zwangsversteigerung. Bei beiden Eigentumserwerbsarten wird bei unbeweglichen Sachen (Liegenschaften) das Eintragungsprinzip durchbrochen, da schon vor Intabulation in das Grundbuch die Eigentümereigenschaft unstrittig dokumentiert ist.   **158**

d   **Eigentumsschutz**

Das ABGB gewährt dem Eigentümer einer Sache einen umfassenden **Eigentumsschutz** gegenüber jedermann. Wesentlich ist es daher, den rechtmäßigen Eigentümer mit Instrumenten auszustatten, die es ihm ermöglichen, seines Eigentums jederzeit habhaft zu werden. Von besonderer Bedeutung sind dabei insbesondere die folgenden Klagsmöglichkeiten: **159**

160   Ein Eigentümer, der seine Sache nicht mehr in seinem Gewahrsam hat, kann die ihm vorenthaltene Sache vom Inhaber durch die **Eigentumsklage** gem § 366 ABGB gerichtlich einfordern. Dabei ist jedoch zu beachten, ob dem Inhaber einer Sache nicht ein Recht zur Innehabung – etwa durch einen Mietvertrag – zusteht. Um die Sache wieder durch Eigentumsklage in Besitz zu nehmen, hat der Eigentümer die Sache hinlänglich zu beschreiben. Überdies ist der tatsächliche Nachweis des Eigentums eine Voraussetzung für das Durchdringen des Eigentumsanspruches gegen den Inhaber bzw Besitzer. Da dies nicht immer einfach sein wird, kommt in derartigen Fällen vor allem auch der oben beschriebenen **Klage aus dem rechtlich vermuteten Eigentum** (§ 372 ABGB; s dazu Rz 132) besondere Bedeutung zu.

161   Zu beachten ist, dass dann, wenn der Inhaber bzw Besitzer **Aufwendungen** zur Erhaltung oder auch Verbesserung der Sache getätigt hat, er diese der Eigentumsklage entgegenhalten kann. Dabei hängt die Höhe des Aufwandersatzes davon ab, ob der Inhaber redlich oder unredlich war. Der redliche Besitzer kann vom Eigentümer den notwendigen und nützlichen Aufwand ersetzt verlangen (§ 331 ABGB); hingegen darf der unredliche Besitzer Ersatz lediglich im Umfang der Grundsätze der Geschäftsführung ohne Auftrag verlangen (§ 336 ABGB; s dazu Rz 521). Gem § 471 ABGB kommt dem auf Herausgabe einer Sache belangten Inhaber ein **Zurückbehaltungsrecht** zu, wenn er für diese Sache Aufwendungen getätigt hat bzw wenn er durch sie zu Schaden gekommen ist; er hat die Sache daher nur Zug um Zug gegen die Befriedigung seiner Forderungen herauszugeben. Ein derartiges Zurückbehaltungsrecht besteht dann nicht, wenn der Inhaber die Sache eigenmächtig oder listig entzogen hat oder wenn sie ihm zur Leihe, zur Verwahrung oder in Bestand gegeben wurde (§ 1440 ABGB). Zu beachten gilt des Weiteren, dass durch § 471 ABGB kein Befriedigungsrecht eingeräumt ist; es darf daher die Herausgabe der Sache lediglich verweigert, die Sache jedoch nicht verwertet werden (zu den weiter reichenden Wirkungen des handelsrechtlichen Zurückbehaltungsrechts s Rz 573).

162   Hat der besitzende Eigentümer die Absicht, Störungen gegen sein Eigentum abzuwehren, steht ihm das Instrument der **Eigentumsfreiheitsklage** („**actio negatoria**") zu. Dabei hat der Kläger sein Eigentum und den Eingriff durch den Beklagten zu beweisen. Mit der Klage können die Wiederherstellung des vorigen Standes (Beseitigung der Störung) sowie die Unterlassung weiterer Störungen erwirkt werden.

6   Beschränkte dingliche Rechte

163   Dingliche Rechte, die a priori keine Eigentumsrechte sind, werden als beschränkte dingliche Rechte bezeichnet. Dazu zählen insbesondere das Pfandrecht, die Dienstbarkeit, die Reallast und das Baurecht.

a Pfandrecht

Durch das **Pfandrecht** wird dem Gläubiger (Pfandgläubiger) das ding-   164
liche Recht eingeräumt, aus einer Sache (Pfand) die (vorzugsweise)
Befriedigung zu erlangen, wenn die Verbindlichkeit zu einer bestimmten
Zeit nicht erfüllt wird (§ 447 ABGB). Verpfändet werden können alle verwertbaren Sachen, also nicht nur körperliche Sachen, sondern auch Forderungen (zB Gehaltsansprüche aus einem Arbeitsverhältnis) oder etwa
auch Immaterialgüterrechte. Das Pfandrecht an beweglichen Sachen wird
Faustpfand, jenes an unbeweglichen Sachen **Hypothek** genannt.

Ebenso, wie etwa beim Erwerb des Eigentumsrechtes, ist auch beim   165
Erwerb des Pfandrechtes grundsätzlich das Vorliegen von **Titel und Modus** erforderlich. Dabei besteht der Titel (Verpflichtungsgeschäft) in aller
Regel im **Pfandbestellungsvertrag**, der zwischen Pfandgeber und Pfand-
nehmer abgeschlossen wird (s dazu Rz 470). Das Verfügungsgeschäft
(Modus) besteht bei beweglichen Pfändern regelmäßig in der **Übergabe
der Pfandsache**; bei unbeweglichen Pfandsachen wird das Pfandrecht
grundsätzlich durch **Eintragung im Grundbuch** begründet. Sofern die
Übergabe von „Hand zu Hand" untunlich sein sollte, kommt eine Übergabe
durch „Zeichen" in Betracht (§ 452 ABGB; zB die Anbringung einer fest-
verschraubten Tafel mit dem entsprechenden Verpfändungshinweis an
einer sehr schweren bzw sperrigen Maschine). Denkbar ist auch ein
gutgläubiger Pfandrechtserwerb. Von einer **gerichtlichen Pfändung**
wird insbesondere dann gesprochen, wenn auf Grund etwa eines rechtskräftigen Urteils ein entsprechender Exekutionstitel vorliegt. Daneben besteht eine Reihe von gesetzlichen Pfandrechten, die unmittelbar auf Grund
der Erfüllung bestimmter gesetzlicher Tatbestände wirksam werden (zB
Pfandrecht des Bestandgebers gem § 1101 ABGB, Pfandrecht des Kommissionärs gem § 397 HGB).

Für das Pfandrecht sind sechs **Grundsätze** zu beachten, durch welche   166
Wesen und Wirkung des Pfandrechts beschrieben werden:

- **Akzessorietät:** Der Bestand des Pfandrechtes hängt vom Bestand
  der besicherten Forderung ab. Wenn die besicherte Forderung
  untergeht, erlischt auch das Pfandrecht; ist die Schuld vollständig
  getilgt, ist auch die Pfandsache an den Schuldner zurückzugeben
  (§§ 467 ff ABGB).
- **Spezialität:** Sowohl die besicherte Forderung als auch die als Pfand
  dienende Sache müssen grundsätzlich dem Umfang oder der Höhe
  (Geldwert) nach bestimmt sein.
- **Publizität:** Einem Dritten muss der Bestand eines Pfandrechtes
  erkennbar sein; bei unbeweglichen Sachen (Liegenschaften) ist die
  Eintragung in das Grundbuch erforderlich, bei beweglichen Sachen
  ist die Pfandsache an den Pfandgläubiger zu übergeben (§ 451
  ABGB).

- **Priorität:** Das ältere Pfandrecht geht dem nachfolgend eingeräumten vor. Eine Liegenschaft kann durch mehrere Pfandrechte (Hypotheken) besichert sein, jedoch geht das im Grundbuch vorrangig (im ersten Rang) eingetragene Pfandrecht den nachfolgenden vor. Der im ersten Rang eingetragene Pfandrechtsgläubiger kann sich als erster in Höhe seiner Forderung aus der Pfandsache befriedigen.
- **Recht an fremder Sache:** Der Pfandgläubiger hat vorerst nur einen Befriedigungsanspruch aus der Pfandsache und keinen Eigentumsanspruch an dem Pfand. Eine Benutzung der Pfandsache durch den Pfandgläubiger ist grundsätzlich nur mit Zustimmung des Pfandbestellers zulässig; sofern die Pfandsache schuldhaft beschädigt wird, hat der Pfandgläubiger dafür Ersatz zu leisten. Erst wenn die besicherte Forderng nicht ordnungsgemäß getilgt wird, kann sich der Pfandgläubiger aus der Pfandsache befriedigen. Die Pfandverwertung erfolgt grundsätzlich unter Mitwirkung des Gerichts (zu den Besonderheiten im Handelsrecht s Rz 573).
- **Ungeteilte Pfandhaftung:** Das gesamte Pfand haftet für die besicherte Forderung, auch wenn der Wert des Pfandes den der Forderung übersteigt.

167 IZm der Besicherung von Krediten ist die **Höchstbetragshypothek** von Bedeutung. Bei dieser wird nicht die Höhe der tatsächlich bestehenden Schuld, sondern ein entsprechender Höchstbetrag eingetragen, so dass Forderungen, die in weiterer Folge bis zu diesem Betrag entstehen, pfandrechtlich abgesichert sind. Hingegen berührt ein zwischenzeitliches Absinken der Schuld die Sicherungsposition des Gläubigers nicht.

168 Sofern für eine einzige Forderung mehrere Liegenschaften haften, liegt eine **Simultanhypothek** vor. Bei dieser kann der Gläubiger grundsätzlich frei wählen, welche der als Sicherheit gegebenen Liegenschaften er für den Fall der Nichtbezahlung der gesicherten Schuld im Zeitpunkt der Fälligkeit verwertet.

169 Dem Pfandrecht verwandte Sicherungsrechte sind das Sicherungseigentum und die Sicherungsabtretung sowie der Eigentumsvorbehalt. Beim **Sicherungseigentum** wird eine Sache nicht verpfändet, sondern dem Gläubiger in sein Eigentum übertragen, der sie nach Tilgung der Schuld wieder an den Schuldner zurück übertragen soll. Dem Sicherungseigentümer wird somit zwar das Eigentum an der Sache eingeräumt, aufgrund der getroffenen Vereinbarung darf dieses Recht aber nur so weit ausgeübt werden, als es zur Sicherung der Forderung notwendig ist.

170 Bei der **Sicherungsabtretung bzw Sicherungszession** wird eine Forderung zur Sicherstellung einer offenen Schuld an den Gläubiger abgetreten. Der Sicherungsnehmer wird damit im Außenverhältnis zum Gläubiger der an ihn abgetretenen Forderung; im Innenverhältnis zu seinem Schuldner unterliegt er aber einer ähnlichen Bindung wie beim Sicherungseigentum.

Größere Bedeutung im Wirtschaftsleben ist dem Instrument des **Eigen-** 171
tumsvorbehaltes beizumessen. Als Anwendungsfall dafür kann etwa der
Kreditkauf angeführt werden. Bei diesem behält sich der Verkäufer einer
Sache – trotz bereits erfolgter Übergabe der Kaufsache – das Eigentumsrecht durch eine entsprechende Vereinbarung mit dem Käufer vor, bis
der Kaufpreis zur Gänze bezahlt ist. Der Käufer verfügt über ein Anwart-
schaftsrecht an der Sache und kann diese überdies für seine Geschäfts-
zwecke benützen, obwohl ihm das Eigentumsrecht noch nicht übertragen
wurde. Wenn der Käufer mit der Bezahlung seiner Schuld säumig wird,
kann der Verkäufer die Sache unter Berufung auf sein Eigentumsrecht
zurückverlangen; im Falle der Insolvenz des Käufers kommt dem Verkäufer
ein Aussonderungsrecht zu (§ 11 AO und § 44 KO).

b   Dienstbarkeit

Durch das Recht der **Dienstbarkeit** (Servitut) wird der Eigentümer einer 172
Sache verpflichtet, zugunsten Dritter etwas zu dulden oder zu unterlassen
(§ 472 ABGB). Das Servitutsrecht verpflichtet somit den Eigentümer grundsätzlich nicht zu einem aktiven Handeln, sondern lediglich zu einer passi-
ven Akzeptanz eines Umstandes.

Auch der **Erwerb von Dienstbarkeiten** setzt das Vorliegen von Titel 173
und Modus voraus, möglich ist aber etwa auch die Begründung durch
Richterspruch gem den Grundsätzen des Notwegegesetzes (RGBl
1896/140 idgF).

Das ABGB unterscheidet zwischen Grunddienstbarkeiten (Realservitu- 174
ten) und persönlichen Dienstbarkeiten (Personalservituten). **Grunddienst-**
barkeiten setzen zwei Grundbesitzer voraus; dem einen als Verpflichtetem
gehört das dienstbare, dem anderen als Berechtigtem das herrschende
Gut (§ 474 ABGB). Grunddienstbarkeiten sind beispielsweise Wege-, Wei-
de- und Wasserrechte (§§ 475 ff ABGB).

Personalservitute sind gem § 478 ABGB der nötige Gebrauch einer 175
Sache, die Fruchtnießung und das Wohnrecht. Dabei sind diese Berechti-
gungen an jeweils eine bzw mehrere bestimmte Personen geknüpft und
erlöschen idR mit dem Tod des Servitutsberechtigten. Die stärkste Ausformung der persönlichen Dienstbarkeit ist das Fruchtgenussrecht (Fruchtnießung), bei dem nicht nur die Nutzung (Gebrauch) einer Sache, sondern
auch das Recht auf den vollen Ertrag an der Sache (§ 509 ABGB) dem
Begünstigten zusteht.

c   Reallast

Die dingliche Belastung eines Grundstücks mit der Haftung des Eigen- 176
tümers für eine bestimmte Leistung wird als **Reallast** bezeichnet. Im

Unterschied zur Dienstbarkeit ist der Eigentümer des belasteten Grundstücks zu einem aktiven Tun verpflichtet. Eine bekannte Form der Reallast ist die Leibrente (s dazu Rz 474 f).

d Baurecht

177   Das **Baurecht** ist das dingliche Recht, auf oder unter der Grundfläche eines fremden Grundstückes ein Bauwerk zu haben. Es muss auf mindestens 10, jedoch nicht länger als auf 100 Jahre begründet werden. Die Einzelheiten sind im BauRG normiert.

178   Vom Baurecht zu unterscheiden ist das bereits erwähnte **Superädifikat** (s dazu Rz 104). Auch beim Superädifikat darf ein Gebäude auf fremdem Boden errichtet werden. Allerdings muss hierbei die Absicht bestehen, das Bauwerk nicht ständig dort zu belassen (§ 435 ABGB).

7 Grundbuch

a Begriff und Aufbau

179   Wie bereits oben ausgeführt, erfordert der Grundsatz der Publizität des Sachenrechts, dass Sachenrechte allgemein erkennbar sein müssen; dies gilt ganz besonders für unbewegliche körperliche Sachen. Für diese ist daher das **Grundbuch** von grundlegender Bedeutung.

180   Beim Grundbuch handelt es sich um ein von den Gerichten geführtes **öffentliches Register**, in welches die Grundstücke (Liegenschaften) und die an ihnen bestehenden dinglichen Rechte eingetragen sind. Das Grundbuch besteht aus dem Hauptbuch, der Urkundensammlung und weiteren Hilfseinrichtungen (§ 1 GBG).

181   Das für jede Katastralgemeinde eingerichtete **Hauptbuch** besteht aus den verschiedenen Grundbuchseinlagen, die für die einzelnen flächenmäßigen Einheiten angelegt sind und eigene Einlagezahlen (EZ) aufweisen. Dabei besteht jede Grundbuchseinlage aus drei Blättern, und zwar aus dem Gutsbestandsblatt (A-Blatt), dem Eigentumsblatt (B-Blatt) und dem Lastenblatt (C-Blatt).

182   Das **Gutsbestandsblatt** weist die jeweilige Liegenschaftsbezeichnung auf und enthält als Abteilung 1 (A1) eine Aufzählung aller Grundstücke (bzw Parzellen) des Grundbuchskörpers mit der jeweiligen Grundstücksnummer (Katastralzahl) und der jeweiligen Widmung (Benützungsart etc). Die Abteilung 2 des Gutsbestandsblattes (A2) weist alle Veränderungen am Grundstückskörper, weiters die allenfalls bestehenden öffentlich-rechtlichen Beschränkungen sowie alle mit dem Eigentum an der jeweiligen Liegenschaft verbundenen Rechte (zB herrschende Grunddienstbarkeiten) aus.

183   Das **Eigentumsblatt** gibt darüber Auskunft, wer (in welchem Ausmaß) Eigentümer an der jeweiligen Liegenschaft ist. Des Weiteren werden im

Eigentumsblatt allenfalls bestehende subjektive Beschränkungen in der Vermögensverwaltung des Eigentümers ersichtlich gemacht.

Aus dem **Lastenblatt** können die mit dem jeweiligen Eigentum an der Liegenschaft verbundenen Belastungen (zB dienende Dienstbarkeiten, Veräußerungs- und Belastungsverbote, Vor- bzw Wiederkaufsrechte, Hypotheken) ersehen werden. **184**

Wie der Name bereits nahe legt, finden sich in der **Urkundensammlung** alle für Eintragungen ins Grundbuch erforderlich gewesenen Urkunden. **185**

Zu den **Hilfsreinrichtungen** zählen ua die Grundbuchsmappe (das ist eine Landkarte, durch welche die örtliche Lage der Grundstücke bzw ihrer Grenzen dokumentiert wird), das Personenverzeichnis (das ist eine Liste der Liegenschaftseigentümer in alphabetischer Reihenfolge) sowie ua das Grundstücksverzeichnis (darin sind die einzelnen Grundstücke in der Reihenfolge ihrer Nummern angeführt). **186**

Was die **Arten der Eintragungen** ins Grundbuch betrifft, so kann zwischen Einverleibungen (Intabulationen), Vormerkungen und Anmerkungen unterschieden werden. **187**

Durch die **Einverleibung** werden unbedingte dingliche Rechte (zB Eigentumsrecht, Pfandrecht) entweder begründet oder aufgehoben. Voraussetzung dafür ist die Vorlage von einverleibungsfähigen Urkunden. Diese müssen eine ausdrückliche Erklärung derjenigen Person enthalten, deren Recht aufgehoben oder beschränkt werden soll (**Aufsandungserklärung**); überdies sind die Unterschriften der Parteien gerichtlich oder notariell zu beglaubigen. **188**

Eine **Vormerkung** wird dann vorgenommen, wenn eine Einverleibung noch nicht möglich ist, weil nicht alle dafür erforderlichen Voraussetzungen erfüllt sind (zB Fehlen der notariellen Beglaubigung einer Unterschrift). Durch das Nachreichen des Fehlenden erfolgt eine rückwirkende Sanierung; die Vormerkung wird zur Einverleibung. **189**

Durch die **Anmerkung** werden idR rechtserhebliche Umstände ersichtlich gemacht. Mit einer Reihe von Anmerkungen treten besonders geregelte Rechtswirkungen ein (zB Anmerkung der Zwangsverwaltung). Besondere Bedeutung kommt der Streitanmerkung zu, durch welche ersichtlich gemacht wird, dass ein Zivilverfahren anhängig ist. **190**

b   Prinzipien

Der **Grundsatz der Öffentlichkeit** (formelle Publizität) besagt, dass grundsätzlich jeder in das Grundbuch Einsicht nehmen und sich über die eingetragenen Rechtsverhältnisse informieren darf. Einschränkungen dieses Grundsatzes gelten etwa betreffend das Personenverzeichnis, aus dem lediglich bei Vorliegen eines rechtlichen Interesses eine entsprechende Auskunft gegeben werden darf. **191**

192   Durch den so genannten **Vertrauensgrundsatz** (materielle Publizität) wird vermittelt, dass prinzipiell jedermann auf die Richtigkeit der einzelnen Grundbuchseintragungen vertrauen darf. Geschützt sind allerdings grundsätzlich nur gutgläubige Personen; wer ganz genau weiß, dass der Grundbuchsstand nicht den Tatsachen entspricht, kann sich auch nicht darauf berufen.

193   Durch den **Eintragungsgrundsatz** (Intabulationsprinzip) ist sichergestellt, dass bücherliche Rechte grundsätzlich nur durch Eintragung ins Grundbuch begründet, abgeändert oder aufgehoben werden können. Durchbrochen wird dieser Grundsatz durch die einzelnen Möglichkeiten des außerbücherlichen Eigentumserwerbes (zB Ersitzung).

194   Besondere Bedeutung kommt dem **Prioritätsprinzip** zu. Dieser Grundsatz vermittelt, dass abhängig vom jeweiligen zeitlichen Einlangen bei Gericht der frühere Antrag vor dem späteren behandelt wird. Sofern demnach etwa eine Liegenschaft mehrmals veräußert werden sollte, wird jene Person als neue bücherliche Eigentümerin eingetragen, die zuerst den Eintragungsantrag bei Gericht gestellt hat.

195   Als weitere Grundsätze sind anzuführen, dass Grundbuchseintragungen idR lediglich auf Antrag und nicht etwa von Amts wegen vorgenommen werden (**Antragsprinzip**). Überdies findet vor der Eintragung ins Grundbuch eine formelle Prüfung der Anträge an Hand des Grundbuchstandes und der vorgelegten Urkunden statt („**Legalitätsprinzip**"); geprüft wird etwa, ob die Unterschriften notariell beglaubigt sind.

E   Vertragsrecht

1   Begriffsgrundlagen

a   Allgemeines

196   Die österreichische Rechtsordnung wird durch das Prinzip der **Vertragsfreiheit** entscheidend geprägt: Dieses stellt sich – generell betrachtet – als eine der wesentlichsten Grundvoraussetzungen für eine liberale Wirtschaftsordnung dar, da auf Grund dieses Prinzips insbesondere die Inhalte von Verträgen grundsätzlich frei vereinbart werden können, solange nicht gegen zwingende Gesetze und Vorschriften oder gegen die guten Sitten iSd § 879 ABGB verstoßen wird. Dem Grunde nach kann jeder selbst darüber entscheiden, ob, wann, mit wem, mit welchem Inhalt bzw zu welchen Bedingungen er einen Vertrag abschließt und wie lange der Vertrag dauern soll („**Privatautonomie**"). Freilich gibt es eine Reihe von Ausnahmen zu diesem Grundsatz. So besteht etwa für Monopol- bzw für monopolartige Betriebe, welche Dienstleistungen bzw Güter anbieten, auf deren Inanspruchnahme der „durchschnittliche" Mensch regelmäßig ange-

wiesen ist (zB öffentliche Verkehrsmittel), die grundsätzliche Verpflichtung, mit jedermann Verträge zu den üblichen Bedingungen abzuschließen (**Kontrahierungszwang**).

Das „Vertragsrecht" und die zugehörigen Rechtsnormen werden im ABGB unter dem Oberbegriff des **Schuldrechtes** zusammengefasst. Dabei werden Verpflichtungen, die aus vertraglichen Vereinbarungen resultieren, als ver**tragliche Schuldverhältnisse** bezeichnet. Diesen vertraglichen Schuldverhältnissen stehen die **gesetzlichen Schuldverhältnisse** (s dazu Rz 477 ff) gegenüber, die nicht durch privatautonom gestaltete Verträge, sondern unmittelbar aus gesetzlichen Tatbeständen (zB die gesetzliche Unterhaltspflicht der Eltern für ihre Kinder; Schadenersatzpflicht) abzuleiten sind. **197**

Zur besseren Erklärung der vielschichtigen Aspekte, welche im Vertragsrecht relevant sind, bietet sich der abstrakte Begriff des **Rechtsgeschäftes** an. Darunter versteht man die von Rechtssubjekten abgegebenen Willenserklärungen, auf Grund derer entsprechende Rechtswirkungen eintreten. **198**

Die **Willenserklärungen** selbst bedürfen eines hinreichend bestimmten Inhalts (**Inhaltswille**), mit dem gleichzeitig die gewünschten Rechtsfolgen verknüpft sein müssen (**Geltungswille**). Sofern bei einer Willenserklärung der Geltungswille fehlt (**mangelnde Ernstlichkeit**), kann sie auch keine Verbindlichkeit entfalten (zB Erklärung im Scherz, die als solche erkennbar ist). Hingegen liegt eine rechtlich verbindliche Willenserklärung vor, wenn jemand zwar (in seinem Inneren) keinen Geltungswillen entwickelt, aber trotzdem außenwirksame Erklärungen abgibt (**geheimer Vorbehalt** bzw **Mentalreservation**). **199**

Sofern Willenserklärungen bloß zum Schein abgegeben werden, liegt ein **Scheingeschäft** vor. Dieses wird als absolutes Scheingeschäft bezeichnet, wenn die beteiligten Vertragsparteien überhaupt nicht rechtsgeschäftlich tätig werden wollen; sofern sie zwar rechtsgeschäftlich handeln wollen, jedoch in Wirklichkeit ein anderes Geschäft gewollt ist, spricht man vom **verdeckten Scheingeschäft**. Gem § 916 Abs 1 ABGB ist eine Willenserklärung, die einem anderen gegenüber mit dessen Einverständnis zum Schein abgegeben wird, nichtig. Das dadurch verdeckte Geschäft ist nach seiner wahren Beschaffenheit zu beurteilen, sofern es gem § 879 ABGB nicht überhaupt ungültig ist. Einem Dritten, der auf die Gültigkeit des Scheingeschäftes vertraut hat, kann hingegen die Scheinnatur des Geschäftes nicht entgegengehalten werden (§ 916 Abs 2 ABGB). Von Scheingeschäften sind **Umgehungsgeschäfte** zu unterscheiden; bei diesen ist zwar der wirtschaftliche Zweck ein anderer als jener, für den der konkrete Vertragstyp gewählt wurde, dennoch ist aber der Abschluss des Geschäftes als solches gewollt (zB Vereinbarung eines Eigentumsvorbehaltes anstelle einer Pfandbestellung). Derartige Umgehungsgeschäfte sind grundsätzlich insoweit gültig, als nicht ihr Inhalt sittenwidrig ist. **200**

201   Willenserklärungen können **ausdrücklich** (zB mündlich oder schriftlich) oder durch **konkludentes Handeln** (schlüssig) abgegeben werden. Bei den schlüssigen Willenserklärungen handelt es sich um solche, die mit Überlegung aller Umstände keinen vernünftigen Grund daran zu zweifeln übrig lassen, dass eine entsprechende Willenserklärung abgegeben werden soll (§ 863 ABGB). Sie sind in aller Regel **zugangsbedürftig**, dh, sie müssen dem Erklärungsempfänger zugegangen sein, damit sie entsprechende Rechtsfolgen herbeiführen können (Ausnahmen: zB Auslobung, Testament).

202   Gem § 914 ABGB ist bei der **Auslegung von Willenserklärungen** (bzw Verträgen) nicht nur der Wortsinn zu beachten, sondern vielmehr die tatsächliche Absicht der Parteien zu erforschen; im Zweifel ist bei der Interpretation die Übung des redlichen Verkehrs ausschlaggebend. Durch § 915 ABGB ist normiert, dass (bei zweiseitig verpflichtenden Verträgen) eine undeutliche Äußerung zum Nachteil desjenigen wirkt, der sich derselben bedient hat.

203   Von der Willenserklärung ist die **Wissenserklärung** zu unterscheiden, die nicht auf die Verwirklichung eines rechtsgeschäftlichen Willens gerichtet ist, sondern sich bloß als eine (richtige oder auch falsche) Nachricht über Tatsachen darstellt.

b   Arten von Rechtsgeschäften

204   Im Folgenden sollen die wichtigsten Arten von Rechtsgeschäften im Überblick dargestellt werden:

ba   Einseitige und mehrseitige Rechtsgeschäfte

205   Verträge kommen regelmäßig nur durch Willensübereinstimmung zustande. Dieser Umstand bedingt es auch, dass regelmäßig zumindest **zwei Parteien** an einem Vertrag beteiligt sein müssen, da sonst eine Willensübereinstimmung nicht möglich ist.

206   Als Beispiele, bei denen bereits durch eine **einseitige Willenserklärung** ein Rechtsgeschäft zustande kommen kann, sind die Bevollmächtigung (s dazu Rz 73 ff) oder die letztwillige Verfügung anzuführen. Gleiches gilt etwa auch für die Auslobung, bei der durch öffentliche Bekanntmachung für die Erbringung einer Leistung oder eines Erfolges eine entsprechende Belohnung in Aussicht gestellt wird (§ 860 ABGB).

bb Einseitig und mehrseitig verpflichtende Rechtsgeschäfte

Auch wenn für das Zustandekommen eines Vertrages regelmäßig die **207**
Willensübereinstimmung der am Vertrag beteiligten Parteien notwendig ist,
sind dadurch noch nicht zwangsläufig alle Beteiligten verpflichtet. So ist
beispielsweise die Schenkung zwar ein zweiseitiges Rechtsgeschäft, das
jedoch nur einseitig verpflichtend wirkt, da lediglich der Schenkende zu
einem aktiven Tun, nämlich der Geschenkübergabe, verpflichtet ist
(§§ 938 ff ABGB). **Einseitig verpflichtende Rechtsgeschäfte** sind im
Rechtsverkehr die Ausnahme; von weitaus größerer praktischer Bedeutung sind **mehrseitig verpflichtende Rechtsgeschäfte**, in denen sich die
Vertragsparteien gegenseitig verpflichten und somit jeder der Vertragspartner zugleich Gläubiger und Schuldner ist (zB Kauf, Tausch, Werkvertrag, Miete).

bc Privat-, Handels- und Verbrauchergeschäfte

Die Zuordnung zu einem dieser drei Geschäftstypen entscheidet über **208**
die Anwendung spezieller Rechtsnormen. Schließen **zwei Private** einen
Vertrag, sind regelmäßig die Vorschriften des ABGB anzuwenden.

Ist zumindest ein Kaufmann iSd HGB (s dazu Rz 526 ff) an einem **209**
Geschäft beteiligt, das zum Betrieb seines Handelsgewerbes gehört, so
liegt ein **Handelsgeschäft** vor und das HGB kommt zur Anwendung (s
dazu Rz 572 ff).

Geschäfte, die zwischen Unternehmern und Nichtunternehmern abge- **210**
schlossen werden, sind hingegen als **Verbrauchergeschäfte** zu bezeichnen, die den speziellen Normen des KSchG unterliegen.

Der Gesetzgeber trägt durch diese Einteilung den unterschiedlichen **211**
Schutzbedürfnissen der am Geschäft beteiligten Personen Rechnung.
Im Besonderen ist dies durch die zwingenden Vorschriften des KSchG
erkennbar, die dem beteiligten Nichtunternehmer besondere Schutzrechte
zugestehen.

bd Verpflichtungs- und Verfügungsgeschäfte

Verpflichtet sich ein Vertragspartner zu einer Leistung im Rahmen eines **212**
Vertrages, handelt es sich primär um ein **Verpflichtungsgeschäft**. Durch
dieses werden Pflichten begründet, die erst in der Folge zu erfüllen sind.

Verfügungsgeschäfte wirken unmittelbar auf ein bestehendes Recht **213**
ein, indem sie es übertragen, aufheben oder beschränken. So bedarf etwa
die Übertragung des Eigentums an einer Sache neben dem Verpflichtungsgeschäft auch einer entsprechenden Übergabe (Verfügungsgeschäft).

be   Kausale und abstrakte Rechtsgeschäfte

214   Regelmäßig können aus einem Vertrag die Forderung und die Grundlage der Forderung abgeleitet werden. Besteht ein direkter Zusammenhang zwischen der Forderung (zB eine Bargeldforderung) und der Verpflichtung (zB eine Sachleistung in Form eines Kraftfahrzeuges), handelt es sich um ein **kausales Rechtsgeschäft**.

215   Kann kein kausaler Zusammenhang hergestellt werden, liegt ein **abstraktes Rechtsgeschäft** vor. Derartige Rechtsgeschäfte sind grundsätzlich als unwirksam anzusehen (vgl § 937 ABGB). Dies vor allem deshalb, da ansonsten auch gesetzeswidrige Rechtsgeschäfte durch Klage durchgesetzt werden könnten (Ausnahme: Wechselbegebung; s dazu Rz 808 ff).

bf   Ziel- und Dauerschuldverhältnisse

216   **Zielschuldverhältnisse** sind auf die Erbringung einer einmaligen Leistung und nicht auf ein dauerndes oder wiederkehrendes Verhalten gerichtet. Mit der vertragsmäßigen Erfüllung der geschuldeten Leistung ist idR die Schuldverpflichtung aus einem Zielschuldverhältnis erloschen (zB Kauf, Tausch oder Schenkung).

217   Bei **Dauerschuldverhältnissen** wird ein andauerndes bzw laufend wiederkehrendes Verhalten geschuldet. Die Leistungserbringung des Schuldners hat bei einem Dauerschuldverhältnis idR nicht die Auflösung des Vertrages zur Folge; der Vertrag läuft solange weiter, bis er etwa durch Zeitablauf, Kündigung oder einvernehmliche Auflösung beendet wird. Zu beachten ist, dass bei Dauerschuldverhältnissen grundsätzlich eine Auflösung aus wichtigem Grund möglich ist (außerordentliches Kündigungsrecht). Typische Dauerschuldverhältnisse werden ua durch Arbeits-, Miet- oder Stromlieferungsverträge begründet. Sofern bei diesen oder anderen Dauerschuldverhältnissen keine Wertsicherungsklauseln vereinbart sind, ist vom Geldschuldner grundsätzlich lediglich der jeweils vereinbarte Nominalbetrag zu erbringen.

2   Vertragsvoraussetzungen

a   Allgemeines

218   Wer einen Vertrag abschließen will, muss dies kundtun. Regelmäßig erfolgt dabei die entsprechende Kundgabe durch ein **Angebot** (Offerte) des Anbietenden (Offerent), das einer **Annahme** durch den Angebotsempfänger (Oblat) bedarf, damit ein Vertrag zustande kommen kann (§ 861

ABGB). Im Übrigen ist zu beachten, dass die an einem Rechtsgeschäft beteiligten Personen einen Geschäftswillen jeweils nur im Rahmen ihrer **Geschäftsfähigkeit** (Rz 43 ff) entwickeln können. Weiters müssen Willenserklärungen, die im Hinblick auf den Abschluss eines Rechtsgeschäfts abgegeben werden, **ernst gemeint** und **frei von Irrtum**, **List** und **Zwang** sein. Überdies hat der Inhalt eines Rechtsgeschäfts **möglich** und **erlaubt** zu sein. Gelegentlich sind schließlich im Einzelfall auch besondere **Formvorschriften** zu beachten.

b   Angebot

Der Inhalt eines Angebotes muss derart gestaltet sein, dass alle wesentlichen Angaben enthalten sind, die es dem Angebotsempfänger ermöglichen, durch die bloße Erklärung des Einverständnisses das Angebot annehmen zu können (**hinreichende inhaltliche Bestimmtheit**). Es müssen also zumindest die Mindestbestandteile der angestrebten Vereinbarung dargelegt sein; idR genügt dafür auch die bloße Bestimmbarkeit der Hauptleistungspflichten (zB würde die Bezugnahme auf einen „Listenpreis" ausreichend sein). **219**

Erforderlich ist überdies das Vorliegen eines entsprechenden **Bindungswillens** des Erklärenden. Mangels eines hinreichenden Bindungswillens sind etwa ein Zeitungsinserat, ein Versandhauskatalog oder ausgestellte Waren in einer Auslage grundsätzlich nicht als Angebote zu qualifizieren; es handelt sich bei diesen und ähnlichen Fällen idR lediglich um bloße Aufforderungen an Dritte, ihrerseits ein entsprechendes Angebot zu stellen. Hingegen entfalten **Realofferte** (zB Zusenden unbestellter Waren) sehr wohl einen entsprechenden Bindungswillen des Offerenten; bei unbestellten Zusendungen ist zu beachten, dass ein bloßes Behalten oder Benutzen noch nicht als Annahme gilt (§ 864 Abs 2 ABGB). **220**

Mit Zugang des Angebotes an den Angebotsempfänger entfaltet das Angebot seine **Bindungswirkung**. Während der Dauer der Bindungswirkung ist es dem Anbietenden nicht möglich, das Angebot zu widerrufen. Dabei ist davon auszugehen, dass die Bindungswirkung – sofern diese vom Anbietenden nicht ausdrücklich zeitlich bestimmt ist – grundsätzlich die Zeitspanne der Übermittlungsdauer an den Angebotsempfänger inklusive einer hinreichenden Überlegungsfrist umfasst; ein unter Anwesenden oder per Ferngespräch gemachtes Angebot bindet nur während der Verhandlungsdauer (§ 862 ABGB). **221**

Wird ein Angebot mit dem Hinweis „freibleibend", „unverbindlich" oder „ohne obligo" gekennzeichnet, handelt es sich nur mehr begrifflich, aber nicht rechtlich um ein Angebot, da es **keine verbindliche Wirkung** hat und dementsprechend keine direkten Rechtsfolgen ableitbar sind. **222**

c Annahme

223 Ist der Empfänger mit dem Angebot einverstanden, kann er durch eine entsprechende Willenserklärung das Angebot annehmen; die Ablehnung eines Angebotes beendet dessen Bindungswirkung, so dass das Angebot erlischt. Von Bedeutung ist, dass sich die Annahme mit dem Angebot vollinhaltlich decken muss (**Konsens**); wenn dies nicht der Fall ist, kommt ein Vertrag nicht zustande (**Dissens**). Wird ein Angebot nicht vollinhaltlich angenommen, sondern mit einer oder mehreren **Änderung(en)** (in den Haupt- oder Nebenpunkten) versehen, gilt das Angebot noch nicht als angenommen. Vielmehr führen derartige Modifizierungen zu einem Gegenangebot, das eine Annahme des ursprünglichen Angebotserstellers erforderlich macht, um ein Vertragsverhältnis entstehen zu lassen.

224 Die Annahme kann – wie grundsätzlich jede Willenserklärung – entweder ausdrücklich durch **mündliche** oder **schriftliche Mitteilung** oder auch durch eine **schlüssige Handlung** des Angebotsempfängers erfolgen (§ 863 ABGB).

225 Eine Sonderform der Annahme ist jene durch **Willensbetätigung**. Hierbei ist keine ausdrückliche Erklärung der Annahme notwendig, vielmehr wird durch eine entsprechende Erfüllungshandlung der Vertrag direkt geschlossen (vgl § 864 Abs 1 ABGB). Diese Form der Annahme hat insbesondere für das Versandgeschäft große praktische Bedeutung, bei welchem der Besteller von Versandwaren grundsätzlich keine gesonderte Annahmeerklärung des Verkäufers, sondern vielmehr die umgehende Lieferung der Bestellung erwartet; durch diese wird das Rechtsgeschäft perfekt.

226 Aus dem **Stillschweigen** des Angebotsempfängers kann grundsätzlich keine für eine rechtsgültige Annahme eines Angebotes notwendige Willenserklärung abgeleitet werden; auch dann nicht, wenn der Angebotsersteller dem Angebot eine diesbezügliche Klausel (zB „bei Stillschweigen gilt das Angebot als angenommen") beigefügt hat.

d Annahme unter Allgemeinen Geschäftsbedingungen

227 Größere Unternehmen legen in ihrem täglichen Geschäftsverkehr eine Vielzahl von Angeboten, für die sie aus Spezialisierungs- und/oder Rationalisierungsgründen einheitliche, aber im Regelfall sehr umfangreiche Regelungsschablonen, **Allgemeine Geschäftsbedingungen** (AGB), entwickeln. Rechtskraft entfalten derartige AGB nur dann, wenn deren Geltung vereinbart wird. Bei Annahme eines Angebotes mit einem Hinweis auf die AGB (zB Aushang im Geschäftslokal) werden diese grundsätzlich zum Vertragsinhalt.

228 Allerdings unterliegen auch AGB den gesetzlichen Vorschriften, weshalb nicht automatisch alle in AGB vereinbarten Klauseln bei Annahme des

Angebotes auch tatsächlich Rechtskraft entfalten. So haben etwa **unge-wöhnliche nachteilige Bestimmungen**, mit deren Geltung nicht zu rechnen ist, gem § 864a ABGB oder **gröblich benachteiligende Nebenabre-den** gem § 879 Abs 3 ABGB keine bindende Wirkung.

Für **Verbrauchergeschäfte** sind im KSchG besondere Vorschriften   229
normiert, die erfüllt sein müssen, damit AGB ihre Wirkung entfalten können (vgl § 6 Abs 1 und Abs 2 KSchG). Im Übrigen normiert § 6 Abs 3 KSchG, dass eine in den AGB enthaltene Vertragsbestimmung unwirksam ist, wenn sie unklar oder unverständlich formuliert ist.

e   Besonderheiten beim Vertragsabschluss im Fernabsatz und auf elektronischem Weg

Auf Verbrauchergeschäfte, die unter ausschließlicher Verwendung ei-   230
nes oder mehrerer Fernkommunikationsmittel (zB durch Katalog, per Telefon, über das Internet) abgeschlossen werden („**Fernabsatz**"), kommen die Sonderbestimmungen der §§ 5a ff KSchG zur Anwendung. Der Verbraucher soll durch diese Bestimmungen zum einen durch **umfassende Informationspflichten** des Unternehmers geschützt werden; so muss der Verbraucher etwa vor Abgabe seiner Willenserklärung ua über den Namen des Unternehmens, die wesentlichen Eigenschaften der Ware bzw Dienstleistung und deren Preis, über allfällige Lieferkosten, über die Kosten für den Einsatz des Fernkommunikationsmittels, über die Gültigkeitsdauer des Angebotes bzw Preises sowie über die Mindestlaufzeit des Vertrages informiert werden (§ 5c Abs 1 KSchG). Diese Informationen sowie Informationen über die Bedingungen der Ausübung des Rücktrittsrechtes gem § 5e KSchG müssen dem Konsumenten schriftlich bestätigt werden.

Zum anderen ist dem Verbraucher als Käufer im Fernabsatz ein gene-   231
relles **Rücktrittsrecht** eingeräumt, das er ohne Angabe von Gründen ausüben kann. Die Rücktrittsfrist beträgt grundsätzlich sieben Werktage und beginnt bei Verträgen über die Lieferung von Waren mit dem Tag ihres Eingangs beim Verbraucher bzw bei Verträgen über die Erbringung von Dienstleistungen mit dem Tag des Vertragsabschlusses (§ 5e Abs 1 und Abs 2 KSchG). Sofern der Unternehmer seinen Informationspflichten nicht ausreichend nachgekommen ist, beträgt die Rücktrittsfrist drei Monate (§ 5e Abs 3 KSchG). Dieses Rücktrittsrecht besteht allerdings zB dann nicht, wenn ein Vertrag über Dienstleistungen abgeschlossen wurde, mit deren Ausführung bereits innerhalb der Rücktrittsfrist von sieben Werktagen ab Vertragsabschluss begonnen wurde (§ 5 f Z 1 KSchG). Von Bedeutung ist schließlich auch, dass gem § 5i KSchG der Unternehmer eine Bestellung des Verbrauchers spätestens 30 Tage nach dem auf die Übermittlung der Bestellung folgenden Tag auszuführen hat, sofern nicht etwas anderes vereinbart ist.

232   Im Rahmen des **E-Commerce-Gesetzes** finden sich besondere Regelungen, die den Risiken und Gefahren der Bestellung über eine Website entgegenwirken sollen. So hat ein Diensteanbieter einen Nutzer vor Abgabe seiner Vertragserklärung über die in § 9 Abs 1 und 2 ECG genannten Belange zum Vertragsabschluss (zB Angaben zum technischen Ablauf des Vertragsabschlusses) zu informieren. Ferner müssen dem Nutzer angemessene, wirksame und zugängliche technische Mittel zur Verfügung gestellt werden, mit denen er Eingabefehler vor Abgabe der Vertragserklärung erkennen und berichtigen kann; der Zugang einer elektronischen Vertragserklärung ist dem Nutzer unverzüglich elektronisch zu bestätigen (§ 10 Abs 1 und 2 ECG). Die genannten Verpflichtungen können zum Nachteil von Verbrauchern nicht abbedungen werden, sie gelten allerdings nicht für Verträge, die ausschließlich im Wege der elektronischen Post oder eines damit vergleichbaren individuellen elektronischen Kommunikationsmittels abgeschlossen werden.

f Willensmängel

233   Wie bereits ausgeführt, besteht eine der wesentlichsten Voraussetzungen für das Zustandekommen eines Vertragsverhältnisses in der Willensübereinstimmung der Vertragsparteien, wobei die Willenserklärungen insbesondere frei von **Irrtum**, **List** und **Zwang** sein müssen. Liegt hingegen ein Willensmangel vor, wird dadurch die Rechtskraft eines Vertrages berührt, was bis zur Beseitigung eines Vertrages führen kann. Zu den Willensmängeln zählen neben Irrtum, List und Zwang auch die „**Überrumpelung**" und die **Verkürzung über die Hälfte.**

fa Irrtum

234   Der in der Praxis am häufigsten vorkommende Willensmangel ist wohl der Irrtum. Unter einem **Irrtum** wird generell das Vorliegen einer falschen Vorstellung von der Wirklichkeit verstanden. Während zur Klärung der Frage, ob Konsens bzw Dissens vorliegt, lediglich die abgegebenen Erklärungen miteinander verglichen werden, ist im Unterschied dazu beim Irrtum zu prüfen, ob die von einer Person abgegebene Erklärung von ihrem wirklichen Willen abweicht oder nicht.

235   Nicht jeder Irrtum führt ohne weiteres zur **Anfechtbarkeit** eines Vertrages. Zunächst ist zwischen dem Motiv-, Erklärungs- und Geschäftsirrtum zu unterscheiden.

236   Beim **Motivirrtum** herrscht eine falsche Vorstellung bezüglich des Beweggrundes, aus dem heraus die Entscheidung zum Vertragsabschluss erfolgte (zB jemand kauft ein Buch, um damit einem Freund eine Freude

zu bereiten, dieser hat das Buch jedoch bereits). Motivirrtümer sind grundsätzlich nicht dazu geeignet, einen Vertrag wegen Irrtums anzufechten. Ausnahmen gelten jedoch insbesondere bei unentgeltlichen Geschäften sowie bei letztwilligen Verfügungen. Unter ganz besonderen Voraussetzungen kann selbst ein Motivirrtum bei entgeltlichen Geschäften beachtlich werden: Sofern sich nämlich die typischen Geschäftsvoraussetzungen, ohne dass dies der Risikosphäre der Vertragsparteien zuzurechnen wäre, in einem Ausmaß geändert haben, mit welchem die Vertragsparteien objektiv nicht rechnen konnten, ist von einem **Fortfall der Geschäftsgrundlage** auszugehen, welche auf den Bestand des Vertrages rückwirkt (zB Ausbruch von Unruhen oder kriegerischen Ereignissen). Des Weiteren ist zu beachten, dass dann, wenn ein Motiv zum Geschäftsinhalt erhoben wird, sich der Irrtum über ein solches Motiv als rechtserheblicher Geschäftsirrtum darstellt (zB jemand kauft einen Ring unter der ausdrücklichen Bedingung, dass er ihn nur behalten wird, wenn er seiner Frau gefällt). Bezüglich der in der Praxis so bezeichneten **Kalkulationsirrtümer** gilt Folgendes: Sofern jemand die von ihm zu tragenden Kosten bzw den von ihm zu tätigenden Aufwand falsch einschätzt, liegt grundsätzlich ein unerheblicher Motivirrtum vor; wenn jedoch die Kalkulationsgrundlagen zum Vertragsinhalt gemacht wurden oder wenn es hinsichtlich des vereinbarten Preises lediglich zu einem Verschreiben, Verrechnen oder Versprechen kommt, liegt ein Geschäfts- bzw Erklärungsirrtum vor.

Ein **Erklärungsirrtum** liegt immer dann vor, wenn der Erklärende   **237** irrtümlich etwas anderes erklärt, als er zu erklären glaubt, oder gar nicht erkennt, dass er eine Erklärung abgegeben hat (zB jemand verspricht oder verschreibt sich). Ein Erklärungsirrtum liegt freilich dann nicht vor, wenn sich die Vertragsparteien lediglich bezüglich der korrekten Bezeichnung täuschen, aber sehr genau wissen, was eigentlich gemeint ist; es liegt dann nur eine Fehlbezeichnung und keine Fehlvorstellung vor.

Ein **Geschäftsirrtum** liegt vor, wenn der Erklärende zwar die richtige   **238** Vorstellung von seiner Äußerung hat, sich aber über die **Natur des Geschäftes** (zB jemand glaubt, es liegt ein unentgeltlicher Leihvertrag vor, in Wirklichkeit ist es jedoch eine entgeltliche Mietvereinbarung), den **Gegenstand des Geschäftes** (zB jemand meint, ein echtes Bild eines berühmten Malers gekauft zu haben, in Wirklichkeit stammt dieses jedoch von einem begabten Volksschüler) oder über eine für das Geschäft **bedeutsame Eigenschaft in der Person des Geschäftspartners** (zB jemand verfügt nicht über die für die Ausübung des Berufes eines Operationsarztes erforderlichen Kenntnisse und Fertigkeiten) irrt.

Voraussetzung für die Irrtumsanfechtung bei Erklärungs- und Ge-   **239** schäftsirrtümern ist, dass der Irrtum entweder **vom Vertragspartner veranlasst** wurde (zB der Vertragspartner hat unrichtige Auskünfte erteilt), der Vertragspartner den Irrtum **hätte erkennen können** (zB jemand bietet für eine vermeintlich echt antike Vase einen auffallend hohen Preis) oder der

Irrtum **rechtzeitig aufgeklärt** wurde (damit ist gemeint, dass der Partner des Irrenden noch keine vermögenswerten Dispositionen im Vertauen auf den Vertragsabschluss vorgenommen hat).

240 Bei Vorliegen einer der genannten Voraussetzungen kann der Irrtum zur Anfechtung bzw zur Anpassung des Vertrages führen. Liegt ein **wesentlicher Irrtum** vor (dh, das Geschäft wäre ohne Irrtum überhaupt nicht zustande gekommen), kann es zu einer Vertragsanfechtung kommen. Ist der Irrtum hingegen **unwesentlich** (dh, der Vertrag wäre ohne Irrtum mit einem anderen Inhalt abgeschlossen worden), ist lediglich eine Adaptierung des Vertrages denkbar.

241 Irrtümer müssen innerhalb von **drei Jahren** ab dem Zeitpunkt des Vertragsabschlusses gerichtlich geltend gemacht werden (§ 1487 ABGB).

fb   List

242 Gem § 870 ABGB ist derjenige, der von einem anderen durch **List** (bewusste Irreführung) zu einem Vertrag veranlasst wurde, an den Vertrag nicht gebunden. Der Überlistete hat dadurch die Möglichkeit, den gesamten Vertrag (und nicht bloß einen Teil) zu beseitigen und kann darüber hinausgehend einen Schadenersatzanspruch gegen den Überlistenden geltend machen (§ 874 ABGB). Selbst dann, wenn das listige Verhalten lediglich die Motivation zum Geschäftsabschluss betreffen sollte, kommt die Rechtsfolge des § 870 ABGB zum Tragen.

243 Das listige **Verhalten eines Dritten** berührt die Gültigkeit des Rechtsgeschäfts grundsätzlich nicht; der Dritte kann jedoch schadenersatzpflichtig werden (§ 875 ABGB).

244 Für die Geltendmachung der List gilt eine Frist von **30 Jahren**.

fc   Zwang

245 Wer unter **Zwang** durch Drohung einen Vertrag abschließt, unterliegt keinem Irrtum, hat aber seinen Entschluss nicht frei gefasst und ist gem § 870 ABGB an den Vertrag nicht gebunden. Die Bedrohung muss dabei eine begründete Furcht auslösen, die nach der Wahrscheinlichkeit der Gefahr sowie nach der Art der Bedrohung zu beurteilen ist. Darüber hinaus muss die Drohung im direkten (kausalen) Zusammenhang zum Vertragsabschluss stehen. Wäre der Vertrag auch ohne Zwang abgeschlossen worden, kann der Bedrohte die Drohung nicht einwenden.

246 Da grundsätzlich nur **widerrechtliche Drohungen** die Rechtswirkung des § 870 ABGB auslösen, stellt sich etwa die Androhung der Einbringung einer Klage gegenüber einem Schädiger, der keinen Ersatz leisten will, als zulässig dar.

Die von einem **Dritten** erfolgte Drohung berührt die Gültigkeit des 247
Rechtsgeschäfts grundsätzlich nicht; der Dritte kann jedoch schadenersatzpflichtig werden (§ 875 ABGB).

Für die Geltendmachung einer Drohung ist eine Frist von **drei Jahren** 248
vorgesehen (§ 1487 ABGB).

fd   Überrumpelung (Haustürgeschäft)

Das KSchG sieht für bestimmte Willenserklärungen, die häufig unbe- 249
dacht (und nicht unbedingt irrtümlich) abgegeben werden, **besondere
Regelungen** vor.

Handelt es sich um ein Verbrauchergeschäft, das nicht in den vom 250
Unternehmer dauernd benutzen Räumlichkeiten (zB „Hausbesuch", „Wer-
befahrt") abgeschlossen wurde, kann der Konsument das von ihm ausge-
sprochene **Kaufangebot**, das noch nicht angenommen wurde, ohne zeitliche Befristung widerrufen.

Sofern bereits ein Vertrag zustande gekommen ist und der Käufer durch 251
eine ihm ausgehändigte **Urkunde** sowohl über seine Rechte als auch über
den Namen und die Anschrift des Vertragspartners sowie über den wesentlichen Vertragsinhalt aufgeklärt wurde, kann der Konsument innerhalb
einer Woche vom Vertrag zurücktreten (§ 3 Abs 1 KSchG). Diese Frist
beginnt ab dem Zeitpunkt der Aushändigung der Urkunde zu laufen.

Hat der Unternehmer eine derartige **Urkunde nicht ausgehändigt**, 252
erlischt das Rücktrittsrecht spätestens **einen Monat** nach der vollständigen
Erfüllung des Vertrags bzw bei Versicherungsverträgen spätestens einen
Monat nach dem Zustandekommen des Vertrages (§ 3 Abs 1 KSchG). Das
Rücktrittsrecht muss jedenfalls **schriftlich** ausgeübt werden; entscheidend
ist die Rechtzeitigkeit der Absendung (§ 3 Abs 4 KSchG).

Diese Rücktrittsmöglichkeit vom Vertrag gem § 3 KSchG kann einzel- 253
vertraglich nicht abbedungen werden (**zwingendes Recht**).

Zu beachten gilt, dass die Ausübung des Rücktrittsrechts dann **nicht in** 254
Frage kommt, wenn der Konsument das Geschäft selbst angebahnt hat
(§ 3 Abs 3 Z 1 KSchG; zB jemand reagiert auf die Anzeige eines Unternehmens und bestellt einen Verkaufsberater zu sich nach Hause). Auch bei
sofort zu erfüllenden Geschäften, die üblicherweise außerhalb von Ge-
schäftsräumen geschlossen werden und bei denen das Entgelt € 15,– nicht
übersteigt, ist ein Rücktritt nicht möglich (zB Zeitungskauf); Gleiches gilt
dann, wenn das Unternehmen seiner Natur nach nicht in ständigen Ge-
schäftsräumen betrieben wird und das Entgelt maximal € 45,– beträgt (§ 3
Abs 3 Z 3 KSchG; zB Beförderungsvertrag mit einem Taxiunternehmen).

Bemerkenswert ist überdies, dass im Fall des **Immobilienkaufes** bzw 255
der **Immobilienmiete**, wenn durch diese Rechtsgeschäfte ein „dringendes
Wohnbedürfnis" befriedigt wird, ein einwöchiges Rücktrittsrecht des Ver-

brauchers besteht, das ohne weitere Voraussetzungen ausgeübt werden kann (§ 30a KSchG).

fe   Verkürzung über die Hälfte (laesio enormis)

256   Wenn bei zweiseitig verbindlichen Geschäften ein Teil nicht einmal die Hälfte dessen, was er dem anderen gegeben hat, von diesem an gemeinem Wert erhalten hat, wird dem verletzten Teil das Recht eingeräumt, die Aufhebung des Vertrages und die Herstellung des vorigen Zustands zu fordern (§ 934 ABGB). Dh, wenn Leistung und Gegenleistung in einem derartigen Missverhältnis zueinander stehen, dass ein Vertragsteil nicht einmal 50% vom gemeinen Wert seiner Leistung als Gegenleistung erhält, kann er das Geschäft wegen **Verkürzung über die Hälfte** anfechten. Der Vertragspartner kann aber dadurch das Geschäft aufrecht erhalten, dass er die Differenz auf den gemeinen Wert aufzahlt. § 934 ABGB stellt zwingendes Recht dar.

257   Der gedankliche Ausgangspunkt bei diesem Rechtsinstitut ist das Vorliegen eines Irrtums betreffend den Wert einer Sache. Ist dem Veräußernden der **Wert der Sache bekannt** oder wird die Sache auf Grund **besonderer Vorliebe** vom Käufer erworben (§ 935 ABGB), so ist Anfechtung wegen Verkürzung über die Hälfte nicht möglich. Auch derjenige, für den das Geschäft ein **Handelsgeschäft** ist, kann sich auf eine Verkürzung über die Hälfte nicht berufen (§ 351a HGB; s dazu Rz 573).

258   Gem § 1487 ABGB besteht für die Geltendmachung der laesio enormis eine Frist von **drei Jahren**.

g   Nichtigkeitsgründe

ga   Allgemeines

259   Unter bestimmten Voraussetzungen können Rechtsgeschäfte **nichtig** sein. Dabei wird generell zwischen den Fällen der absoluten und jenen der relativen Nichtigkeit unterschieden.

260   Als **absolut nichtig** sind Rechtsgeschäfte anzusehen, welche gegen Gesetze verstoßen, die den Zweck haben, Allgemeininteressen bzw die öffentliche Ordnung und Sicherheit zu schützen. Auf die absolute Nichtigkeit kann sich grundsätzlich jedermann berufen, ohne dass dazu eine besondere Anfechtung erforderlich wäre. Eine zeitliche Begrenzung zur Geltendmachung besteht nicht. Absolut nichtig sind etwa Verträge, die von nicht ausreichend Geschäftsfähigen oder von Personen, denen die Vertretungsmacht fehlt, abgeschlossen wurden. Regelmäßig führen darüber hinaus die Verletzung von Formvorschriften sowie dem Grunde nach die

meisten Fälle der Gesetz- und Sittenwidrigkeit iSv § 879 ABGB zur absoluten Nichtigkeit; auch im Fall der ursprünglichen Unmöglichkeit kann eine
wirksame Vereinbarung nicht zustande kommen.

Sofern hingegen gegen Regelungen verstoßen wird, die lediglich zum   **261**
Schutz eines der Vertragspartner erlassen wurden, liegt ein Fall der
relativen Nichtigkeit vor. Die relative Nichtigkeit kann immer nur von
demjenigen geltend gemacht werden, der durch die jeweilige Nichtigkeits-
anordnung geschützt ist. Dazu zählt etwa der Wucher sowie die Unwirksamkeit von grob benachteiligenden Bestimmung in Allgemeinen Geschäftsbedingungen gem § 879 Abs 3 ABGB. Die relative Nichtigkeit eines
Vertrages kann grundsätzlich innerhalb von 30 Jahren geltend gemacht
werden.

gb   Gesetz- und Sittenwidrigkeit

In § 879 Abs 1 ABGB ist normiert, dass ein Vertrag, der gegen ein   **262**
gesetzliches Verbot oder gegen die **guten Sitten** verstößt, nichtig ist.

Allerdings führen nicht alle **Gesetzesverstöße** zwangsläufig zur Nich-   **263**
tigkeit eines Vertrages. Es gilt diesbezüglich zwischen Abschlussverboten
und Inhaltsverboten zu differenzieren. **Abschlussverbote** beziehen sich
auf die Art und Weise des Zustandekommens eines Geschäftes. Sie
bewirken regelmäßig keine Nichtigkeit eines unter Missachtung der entsprechenden Vorschrift abgeschlossenen Vertrages, sondern ziehen allenfalls schadenersatz- oder verwaltungsrechtliche Sanktionen nach sich
(zB Verkauf von Waren nach dem gesetzlichen Geschäftsschluss).

Wird allerdings gegen Verbote verstoßen, die den Inhalt der rechtsge-   **264**
schäftlichen Willenserklärung betreffen (**Inhaltsverbote**), wirkt sich das auf
die Gültigkeit des Gesamtvertrages aus (zB Verkauf von verbotenen
Drogen).

Eine Reihe solcher gegen Inhaltsverbote verstoßender Vereinbarungen   **265**
wird in § 879 Abs 2 Z 1 bis 4 und § 879 Abs 3 ABGB präzisiert. Der in der
Praxis bekannteste dieser ausdrücklich geregelten Fälle ist der des **Wu-
chers**: Ein Vertrag ist gem § 879 Abs 2 ABGB dann nichtig, wenn jemand
den Leichtsinn, die Zwangslage, die Verstandesschwäche, die Unerfah-
renheit oder die Gemütsaufregung eines anderen dadurch ausbeutet, dass
er sich oder einem Dritten für eine Leistung eine Gegenleistung versprechen lässt, deren Vermögenswert zu dem Wert der Leistung in einem
auffallenden Missverhältnis steht. Da der Wuchertatbestand durch seine
Formulierung eine Ähnlichkeit zu den Willensmängeln aufweist, ist davon
auszugehen, dass es vom Bewucherten abhängt, ob er den Vertrag zur
Auflösung bringt oder nicht (relative Nichtigkeit).

Schwerer zu fassen ist hingegen der Begriff der **guten Sitten**. Generell   **266**
gesprochen kann man darunter jene Rechtsnormen verstehen, die im

Gesetz nicht ausdrücklich ausgesprochen sind, sich jedoch aus einer richtigen Betrachtung der rechtlichen Interessen der Vertragspartner ergeben. Als sittenwidrig sind insbesondere vertragliche Bestimmungen anzusehen, durch welche es zu massiven Einschränkungen der persönlichen Freiheit kommt (zB die Verpflichtung, seinen Beruf nie zu wechseln). Als sittenwidrig sind auch **Knebelungsverträge** anzusehen, durch welche etwa ein Vertragspartner den Dispositionen des anderen Teiles mehr oder weniger unbeeinflussbar ausgeliefert ist oder durch welche ein Vertragspartner auf übermäßig lange Dauer an den anderen gebunden wird.

gc   Unmöglichkeit

267   Alles, was geradezu (und ursprünglich) **unmöglich** ist, kann nicht Gegenstand eines gültigen Vertrages werden (zB Verkauf von sprechenden Ameisen). Dieses durchaus logische Prinzip findet in § 878 ABGB seinen Niederschlag. Ist sowohl Mögliches als auch Unmögliches bedungen, sind primär nur jene Teile des Vertrages als nichtig anzusehen, die sich auf das Unmögliche beziehen. Voraussetzung ist jedoch, dass das Mögliche vom Unmöglichen abgegrenzt werden kann.

268   Wer bei Abschluss des Vertrages die Unmöglichkeit kannte oder kennen musste, sieht sich nicht nur mit der Nichtigkeit des Vertrages konfrontiert, sondern hat seinem Vertragspartner den Schaden zu ersetzen, den er durch das Vertrauen auf die Gültigkeit des Vertrages erlitten hat (**Vertrauensschaden**).

gd   Verletzung von Formgeboten

269   Im ABGB ist der **Grundsatz der Formfreiheit** von Verträgen verankert. Gem § 883 ABGB kann ein Vertrag mündlich oder schriftlich, vor Gericht oder außerhalb des Gerichtes, mit oder ohne Zeugen errichtet werden.

270   Die Formfreiheit von Verträgen erfährt jedoch insofern eine **Einschränkung**, als für gewisse Verträge oder Urkunden entweder die einfache oder die gerichtliche bzw notarielle Schriftform notwendig ist.

271   Mit **Schriftlichkeit** ist grundsätzlich die „Unterschriftlichkeit" (Leistung der Unterschrift am Vertrag durch die Parteien) gemeint (§ 886 ABGB). Die Schriftlichkeit iSv § 886 ABGB kann gem § 4 SigG auch durch eine „sichere elektronische Signatur" herbeigeführt werden; ausgenommen davon sind jedoch ua Rechtsgeschäfte des Familien- und Erbrechts sowie Bürgschaftserklärungen (§ 4 Abs 2 SigG). Das SigG selbst dient dem Zweck der möglichst sicheren Zuordnung einer elektronischen Erklärung zu der als Absender bezeichneten Person; dieser Zwecksetzung dient ua die Erlassung einer Reihe von Normen für „Zertifizierungsdiensteanbieter"

(§§ 6 ff SigG) bzw die Installierung der behördlichen Aufsicht über diese durch die Telekom-Kontroll-Kommission (§§ 13 ff SigG).

Bei der **gerichtlichen** bzw **notariellen Schriftform** muss die Unter- 272 schrift der Parteien für die Rechtsgültigkeit des Rechtsgeschäftes gericht- lich oder notariell beglaubigt oder beurkundet werden.

Die Verletzung gesetzlicher Formvorschriften führt regelmäßig dazu, 273 dass das vereinbarte Rechtsgeschäft **nichtig** ist. Allerdings gilt es dabei zu beachten, dass die in einem formungültigen Rechtsgeschäft vereinbarte Verbindlichkeit des Schuldners zwar nicht eingeklagt, sehr wohl aber rechtsgültig erfüllt werden kann; eine Rückforderung nach der Leistungs- erbringung ist ausgeschlossen (**Naturalobligation**; § 1432 ABGB).

Sofern im Zuge der Verhandlung eines Vertrages von den Verhand- 274 lungspartnern darin übereingestimmt wird, eine bestimmte Formvorschrift betreffend den Abschluss oder die Abänderung des in Aussicht genomme- nen Vertrages vorzusehen, so ist ihnen dies unbenommen (**gewillkürte Form**). Von derartigen gewillkürten Formregeln können die Vertrags- partner im Einvernehmen wieder abweichen, wobei davon auszugehen ist, dass ein Abweichen regelmäßig auch lediglich in der mündlichen Form zulässig ist. Zu beachten ist, dass gem § 6 Abs 1 Z 4 KSchG im Verhältnis zwischen Unternehmern und Verbrauchern für Erklärungen bzw Anzeigen des Kunden keine strengere Form als die Schriftform wirksam vereinbart werden kann.

3 Leistungsstörungen

Der Bereich der Willensmängel und Nichtigkeitsgründe bei Verträgen 275 bezieht sich auf das fehlerhafte Zustandekommen eines Vertrages. Hinge- gen nehmen die **Leistungsstörungen** auf jene Fehler und Mängel Bezug, die bei der Erfüllung bzw Abwicklung eines mängelfrei errichteten Ver- trages auftreten. Dabei kann zwischen den folgenden Arten von Leistungs- störungen unterschieden werden:

- Nachträgliche Unmöglichkeit,
- Schuldnerverzug (Leistungsverzug),
- Gläubigerverzug (Annahmeverzug),
- Gewährleistung,
- Positive Vertragsverletzung.

a Nachträgliche Unmöglichkeit

Die **nachträgliche Unmöglichkeit** einer vertraglich zugesicherten 276 Leistung im Sinne einer Leistungsstörung ist nicht mit der Vereinbarung einer (anfänglich) geradezu unmöglichen Leistung, die gem § 878 ABGB regelmäßig zur Nichtigkeit des Vertrages führt (dazu Rz 267 f), zu verwechseln. Vielmehr ist bei der nachträglichen Unmöglichkeit etwas grundsätzlich Mögliches vertraglich vereinbart, jedoch kann der verpflichtete Schuldner die Leistung nach dem Vertragsabschluss – endgültig – nicht erbringen (§§ 918 ff ABGB). Die verschiedenen, nachfolgend beschriebenen Fälle der Unmöglichkeit und deren gesetzliche Regeln beziehen sich nicht auf Geldschulden. Bei Geldschulden, die endgültig nicht mehr getilgt werden können, greifen vor allem die Bestimmungen des Insolvenzrechts ein.

aa Vom Schuldner zu vertretende Unmöglichkeit der Leistungserbringung

277 Wenn die Unmöglichkeit der Leistungserbringung in die Sphäre des Schuldners fällt – etwa in der Form, dass er die Unmöglichkeit verschuldet hat oder die Gefahr tragen musste (zB ein Gehilfe des Schuldners zerstört die Sache) –, hat der Gläubiger gem § 920 ABGB ein Wahlrecht. Zum einen hat er die Möglichkeit, am Vertrag festzuhalten, somit seine eigene Leistung zu erbringen und den Wert der unmöglich gewordenen Gegenleistung einzufordern. Dieser **Austauschanspruch** wird vom Gläubiger insbesondere bei jenen Geschäften gefordert werden, bei denen er sich seiner Gegenleistung in Form einer Ware entledigen möchte (zB beim Tausch).

278 Zum anderen kann der Gläubiger vom Vertrag zurücktreten. In diesem Fall kann der Gläubiger den **Differenzanspruch** geltend machen, der sich aus dem Wert der vereitelten Schuldnerleistung abzüglich seiner nicht erbrachten Gegenleistung errechnet. Der Wertausgleich erfolgt regelmäßig in Form einer Geldleistung.

ab Vom Gläubiger zu vertretende Unmöglichkeit der Leistungserbringung

279 Für den Fall, dass der Gläubiger selbst die Leistung des Schuldners unmöglich macht, hat er seine (Gegen-)Leistung zu erbringen, ohne die geschuldete Leistung vom Schuldner zu erhalten. Dies gilt dann, wenn der Gläubiger die geschuldete Leistung nicht zeitgerecht entgegen nimmt (**Annahmeverzug**) und die Sache zufällig zerstört wird, weiters, wenn der Gläubiger die Sache **selbst zerstört**, und schließlich dann, wenn der Gläubiger den vertraglich geschuldeten **Erfolg selbst herbeiführt**.

ac   Weder vom Schuldner noch vom Gläubiger zu vertretende
Unmöglichkeit der Leistungserbringung

Gem § 1447 ABGB hebt der zufällige gänzliche Untergang einer be-   **280**
stimmten Sache jede Verbindlichkeit, auch die, den Wert der Sache zu
vergüten, auf. Geht daher die geschuldete Sache zufällig unter, **erlischt**
das **Schuldverhältnis**. Noch ausstehende Leistungen müssen nicht mehr
erbracht werden und bereits Geleistetes ist zurückzugeben. Es soll damit
der Zustand vor vertraglicher Verfügung über die zufällig untergegangene
Sache wieder hergestellt werden.

Etwas Besonderes gilt dann, wenn der Leistungsgegenstand zwar   **281**
zerstört, an dessen Stelle jedoch ein vermögenswerter Ersatz getreten ist
(zB für das abgebrannte Holzhaus wird eine Versicherungssumme ausbezahlt). In diesen Fällen soll der Gläubiger die Möglichkeit erhalten, an Stelle
der Vertragsauflösung den entsprechenden Gegenwert als Ersatz des
ursprünglich Geschuldeten zu erlangen (**stellvertretendes commodum**).

b   Schuldnerverzug

ba   Grundsätzliches

Wenn der Schuldner seine geschuldete Leistung zum Fälligkeitszeit-   **282**
punkt überhaupt nicht oder nicht ordnungsgemäß auf die gehörige Art und
Weise anbietet, sie aber grundsätzlich zu einem späteren Zeitpunkt erbringen könnte, liegt ein **Schuldnerverzug** (Leistungsverzug) vor (§ 918
ABGB).

Zum Verzug führt demnach das Anbieten der Leistung in einer anderen   **283**
als der vereinbarten Qualität oder Quantität. Verzug liegt aber ua auch dann
vor, wenn die Leistung am falschen Ort angeboten wird. Dabei gilt, dass
die Festsetzung des **Erfüllungsortes** grundsätzlich der Parteienvereinba-
rung vorbehalten ist. Liegt eine derartige Vereinbarung nicht vor, bestimmt
sich der Erfüllungsort nach der Natur und dem Zweck des Geschäftes.
Wenn auch der Zweck und die Natur des Geschäftes eine sichere Feststellung des Leistungsortes nicht zulassen, gilt, dass jeder Vertragteil die von
ihm zu erbringende Verpflichtung an seinem Wohnort bzw am Ort seiner
geschäftlichen Niederlassung zu erfüllen hat (**Holschuld**; § 905 ABGB);
möglich ist auch die Vereinbarung einer **Bringschuld** oder einer **Schickschuld**. Eine Geldschuld ist – sofern nichts anderes vereinbart ist – grundsätzlich eine **qualifizierte Schickschuld**, dh der Schuldner muss das Geld
an die Adresse des Gläubigers abschicken und trägt überdies die Gefahr
dafür, dass das Geld tatsächlich beim Gläubiger ankommt.

Was den **Fälligkeitszeitpunkt** für die Leistungserbringung betrifft, so   **284**
gilt gem § 904 ABGB, dass dafür primär die vertragliche Vereinbarung und
sekundär die Natur des Geschäftes ausschlaggebend sind; sofern sich der

Zeitpunkt der Leistungserbringung dadurch nicht ermitteln lässt, kann die Gegenleistung sofort gefordert werden. Gem § 1052 ABGB hat der Schuldner seine Leistung – sofern nichts anderes vereinbart ist – grundsätzlich **Zug um Zug** gegen Bewirkung der Gegenleistung zu erbringen. Wenn der Vertragspartner seine Leistung nicht erbringt und gleichzeitig die Bewirkung der Gegenleistung einfordert, kann ihm die Einrede des nicht erfüllten Vertrages entgegengehalten werden. Dies gilt freilich dann nicht, wenn den Vertragspartner eine Vorleistungspflicht (wie zB beim Darlehensvertrag) trifft; gem § 1052 Satz 2 ABGB besteht diesbezüglich lediglich die Möglichkeit einer Unsicherheitseinrede, durch welche im Fall der sich verschlechterten Vermögenslage des Vertragspartners nur geleistet werden muss, wenn der Vertragspartner entweder seine Leistung erbringt oder zumindest eine Sicherstellung für deren Erbringung anbietet.

bb Objektiver Schuldnerverzug

285   Trifft den Schuldner am Verzug der zu erbringenden Leistung kein Verschulden, liegt ein **objektiver Schuldnerverzug** vor. Auch wenn dem Schuldner kein Vorwurf am Verzug zu machen ist, wird er nicht aus der Verpflichtung gegenüber dem Gläubiger entlassen. Der Gläubiger kann bei Verzug nach wie vor auf die Erfüllung des Vertrages bestehen und diesen Erfüllungsanspruch auch gerichtlich durchsetzen. Ist der Gläubiger hingegen an der Erfüllung nicht mehr interessiert, kann er von seiner Wahlmöglichkeit Gebrauch machen und statt der Geltendmachung des Erfüllungsanspruches unter ausdrücklicher Setzung einer angemessenen Nachfrist, in der der Schuldner seine Leistung noch erbringen könnte, vom Vertrag zurücktreten. Nützt der Schuldner die Nachfrist nicht, gilt der Vertrag als aufgelöst. Eine Nachfrist muss dann nicht eingeräumt werden, wenn eine Erfüllung nicht mehr zu erwarten ist (zB der Schuldner verweigert ausdrücklich und nachweislich die spätere Erfüllung).

286   Bei geschuldeten **Geldleistungen** hat der Schuldner für den gesamten Verzugszeitraum **Verzugszinsen** zu bezahlen. Liegen keine gesonderten Vereinbarungen vor, kommen die gesetzlichen Zinssätze zur Anwendung; diese betragen gem § 1000 Abs 1 ABGB idF ZinsRÄG (BGBl I 2002/118) grundsätzlich 4%. Bei der Verzögerung der Zahlung von Geldforderungen zwischen Unternehmern aus unternehmerischen Geschäften beträgt der gesetzliche Zinssatz gem § 1333 Abs 2 ABGB idF ZinsRÄG (BGBl I 2002/118) acht Prozentpunkte über dem von der OeNB verlautbarten so genannten „Basiszinssatz", im Wechsel- und Scheckrecht beträgt er 6% (Art 48 WG bzw Art 45 f SchG).

bc Subjektiver Schuldnerverzug

287   Ist der Schuldner für den Verzug subjektiv (schuldhaft) verantwortlich, treffen diesen zusätzlich zu den Rechtsfolgen des objektiven Schuldner-

verzuges noch Schadenersatzpflichten. Auch beim subjektiven Schuldnerverzug hat der Gläubiger ein Wahlrecht: Wenn er nach wie vor an der Erfüllung des Vertrages interessiert ist, hat ihm der Schuldner den **Verspätungsschaden** zu ersetzen. Der Schuldner muss jenen Nachteil ausgleichen, der dem Gläubiger dadurch entstanden ist, dass die geschuldete Leistung nicht rechtzeitig und ordnungsgemäß erbracht wurde.

Wählt der Gläubiger hingegen den Rücktritt vom Vertrag, hat er Anspruch auf den **Nichterfüllungsschaden**. Der Schuldner hat dem Gläubiger den Nachteil, der ihm aus der Nichterfüllung des Vertrages entstanden ist, zur Gänze zu ersetzen. **288**

bd Fixgeschäft

Ist die Erfüllung zu einer bestimmten Zeit oder binnen einer bestimmten Frist bei sonstigem Rücktritt ausdrücklich bedungen oder ergibt sich aus der Natur des Geschäftes, dass der Gläubiger an einer nachträglichen Erfüllung kein Interesse hat, handelt es sich um ein **Fixgeschäft** (§ 919 ABGB). Hält der Schuldner in einem derartigen Fall den vereinbarten Termin nicht ein, gilt der Vertrag auch ohne Setzung einer Nachfrist und ohne Erklärung eines Rücktrittes grundsätzlich als erloschen. Bei schuldhafter Nichteinhaltung des Termins hat der Schuldner dem Gläubiger Schadenersatz zu leisten. Hat der Gläubiger trotz Nichteinhaltung des Termins den Wunsch an der verspäteten Erbringung der Leistung und damit an der Aufrechterhaltung des Vertrages, hat er dies dem Schuldner unverzüglich mitzuteilen. Dieses nachträgliche Erfüllungsbegehren wird in jenen Fällen von Bedeutung sein, in denen es sich um ein **relatives Fixgeschäft** handelt, dh, dass die Erfüllung grundsätzlich noch möglich ist (zB kann die für den Geburtstag bestellte Geburtstagstorte auch noch am nächsten Tag gegessen werden). Hingegen ist der Vertrag bei einem **absoluten Fixgeschäft** als jedenfalls erloschen anzusehen (zB der für die Taufe des Kindes bestellte Fotograf erscheint nicht). **289**

be Teilverzug

Bei Teilverzug ist entscheidend, ob die geschuldete Leistung nach dem Parteiwillen geteilt werden kann. Sofern die geschuldete Leistung tatsächlich teilbar ist, kann **Teilrücktritt**, ansonsten bei Unteilbarkeit **Gesamtrücktritt** vom Vertrag erklärt werden. **290**

Besonderes gilt für **Teilleistungen**. Dabei hat der Gläubiger das Wahlrecht, ob er nicht nur hinsichtlich der versäumten Teilleistungen, sondern auch bezüglich aller weiteren, noch ausstehenden Teilleistungen vom Vertrag zurücktreten möchte (vgl § 918 Abs 2 ABGB). **291**

c Gläubigerverzug

292   Nimmt der Gläubiger die vom Schuldner vertragsgemäß angebotene Leistung nicht an, liegt ein **Gläubigerverzug** (Annahmeverzug) vor. Im Gegensatz zum Schuldner, der durch eine grundsätzliche Leistungserbringungspflicht gebunden ist, besteht für den Gläubiger grundsätzlich keine Verpflichtung, die Leistung anzunehmen. Etwas anderes gilt freilich dann, wenn (ausnahmsweise) eine Abnahmepflicht des Gläubigers vereinbart sein sollte; in einem derartigen Fall gelten für einen allfälligen Gläubigerverzug die Regelungen des Schuldnerverzuges.

293   Ansonsten gilt für den Fall, dass der Gläubiger mit der Leistungsannahme in Verzug gerät, dass ihn gem § 1419 ABGB die **Preisgefahr** trifft. Das bedeutet, dass der Gläubiger seine Gegenleistung auch dann zu erbringen hat, wenn die Leistung der geschuldeten Sache durch zufälligen Untergang unmöglich geworden ist. Darüber hinaus wird die **Sorgfaltspflicht des Schuldners** herabgesetzt. Dieser haftet regelmäßig nur mehr für vorsätzliche und grob fahrlässige Beschädigung oder Zerstörung der geschuldeten Leistung, nicht jedoch für leichte Fahrlässigkeit.

294   In bestimmten Fällen besteht überdies die Möglichkeit, dass der Schuldner bei Annahmeverzug des Gläubigers den geschuldeten Leistungsgegenstand unter gerichtlicher Mitwirkung bzw bei Gericht **hinterlegen** kann (§ 1425 ABGB; s dazu Rz 359).

d Gewährleistung

da   Allgemeines

295   Durch § 922 Abs 1 ABGB ist geregelt, dass derjenige, der einem anderen eine Sache gegen Entgelt überlässt, dafür **Gewähr** zu leisten hat, dass die Sache dem Vertrag entspricht. Der Übergeber hat demnach dafür einzustehen, dass die Sache die bedungenen oder gewöhnlich vorausgesetzten Eigenschaften aufweist bzw dass sie seiner Beschreibung, einer Probe oder einem Muster entspricht und dass die Sache der Natur des Geschäftes oder der getroffenen Vereinbarung gemäß verwendet werden kann.

296   Die Frage, ob die Sache dem Vertrag entspricht, ist insbesondere danach zu beurteilen, was der Übernehmer (Gläubiger) auf Grund der über die Sache gemachten **öffentlichen Äußerungen des Übergebers** oder auch des **Herstellers** (zB in der Werbung) erwarten kann; das gilt auch für öffentliche Äußerungen einer Person, welche die Sache in den europäischen Wirtschaftsraum eingeführt hat oder die sich durch die Anbringung ihres Namens, ihrer Marke oder eines anderen Kennzeichens an der Sache als Hersteller bezeichnet. Derartige öffentliche Äußerungen binden den

Übergeber jedoch dann nicht, wenn er sie weder kannte noch kennen konnte, weiters, wenn sie beim Abschluss des Vertrages berichtigt worden sind oder wenn sie den Vertragsabschluss nicht beeinflussen konnten (§ 922 Abs 2 ABGB).

Von der **Gewährleistung** sind die Fälle des bereits oben dargestellten **297** **Verzugs** zu unterscheiden. Sofern entweder eine erkennbar mangelhafte Leistung erbracht wird oder überhaupt etwas anderes geliefert wird (Aliudleistung) und der Gläubiger daher die Annahme der Leistung verweigert, liegt Verzug vor. Sofern die geschuldete Leistung hingegen zumindest äußerlich dem vertraglich vereinbarten Leistungsgegenstand entspricht und daher vom Gläubiger entgegen genommen wird, kommen die Regeln des Gewährleistungsrechts zur Anwendung.

db   Arten von Mängeln

Weicht eine gelieferte Sache von den vertraglich vereinbarten oder den **298** gewöhnlich aus der Natur und dem Zweck des Geschäftes voraussetzbaren Eigenschaften ab, liegt ein **Sachmangel** vor.

Sofern der Gläubiger nicht die ihm zugesagte Rechtsposition über den **299** Leistungsgegenstand erlangt, liegt ein **Rechtsmangel** vor (zB Veräußerung einer nicht im Eigentum des Veräußerers befindlichen Liegenschaft). Die Unterscheidung zwischen Sach- und Rechtsmangel ist im Hinblick auf den Beginn der Gewährleistungsfristen (s dazu Rz 306 ff) von Bedeutung.

Kann ein Mangel entweder gar nicht oder nur durch unwirtschaftlichen **300** Ressourceneinsatz beseitigt werden, handelt es sich um einen **unbehebbaren Mangel**. Ein **behebbarer Mangel** ist hingegen mit wirtschaftlich vertretbaren Mitteln zu beseitigen.

dc   Rechtsfolgen

Der Übernehmer kann wegen eines Mangels die **Verbesserung** **301** (Nachbesserung bzw Nachtrag des Fehlenden), den **Austausch** der Sache, eine angemessene Minderung des Entgelts (**Preisminderung**) oder die Aufhebung des Vertrages (**Wandlung**) einfordern (§ 932 Abs 1 ABGB).

Zunächst kann der Übernehmer **nur** die **Verbesserung** oder den **302** **Austausch** der Sache verlangen, es sei denn, dass die Verbesserung oder der Austausch unmöglich ist oder für den Übergeber, verglichen mit der anderen Abhilfe, mit einem unverhältnismäßig hohen Aufwand verbunden wäre. Ob dies der Fall ist, richtet sich auch nach dem Wert der mangelfreien Sache, der Schwere des Mangels und den mit der anderen Abhilfe für den Unternehmer verbundenen Unannehmlichkeiten. Jedenfalls ist die Verbesserung bzw ein allfälliger Austausch in einer **angemessenen Frist** und mit möglichst **geringen Unannehmlichkeiten** für den Übernehmer zu bewirken; dabei sind die Art der Sache und der damit verfolgte Zweck zu berücksichtigen (§ 932 Abs 2 und Abs 3 ABGB).

303 Sofern sowohl die Verbesserung als auch der Austausch **unmöglich** oder für den Übergeber mit einem **unverhältnismäßig hohen Aufwand** verbunden sind, hat der Übernehmer das Recht auf **Preisminderung**. Wenn es sich dabei nicht bloß um einen geringfügigen Mangel handelt, hat der Übernehmer in diesen Fällen wahlweise auch das Recht auf **Wandlung**. Das Recht auf Preisminderung bzw gegebenenfalls das Recht auf Wandlung steht auch dann zu, wenn der Übergeber die Verbesserung oder den Austausch verweigert bzw nicht in angemessener Frist vornimmt, diese Abhilfen für den Übernehmer mit erheblichen Unannehmlichkeiten verbunden wären oder wenn sie ihm aus triftigen, in der Person des Übergebers liegenden Gründen unzumutbar sind (§ 932 Abs 4 ABGB).

304 Sofern ein **Unternehmer einem Verbraucher** Gewähr geleistet hat, kann er bei seinem Vormann, wenn auch dieser ein Unternehmer ist, selbst Gewährleistung geltend machen. Dasselbe gilt für frühere Übergeber im Verhältnis zu ihren Vormännern, wenn sie selbst wegen der Gewährleistungsrechte des letzten Käufers ihrem Nachmann Gewähr geleistet haben. Der jeweilige Anspruch ist mit der Höhe des eigenen Aufwandes beschränkt (§ 933b Abs 1 ABGB). Derartige Ansprüche sind innerhalb von zwei Monaten ab Erfüllung der eigenen Gewährleistungspflicht gerichtlich geltend zu machen; die Haftung eines Rückgriffspflichtigen verjährt jedenfalls innerhalb von fünf Jahren nach Erbringung seiner Leistung (§ 933b Abs 2 ABGB).

305 Ist ein Unternehmer gegenüber einem Verbraucher zur Verbesserung oder zum Austausch einer mangelhaften Sache gem § 932 ABGB verpflichtet, hat er diese Pflicht grundsätzlich an dem **Ort** zu erfüllen, **an dem die Sache dem Verbraucher übergeben** worden ist. Der Verbraucher kann aber auch verlangen, dass die Sache an dem Ort verbessert oder ausgetauscht wird, an dem sie sich gewöhnlich befindet, sofern dieser Ort im Inland gelegen ist und dieser insbesondere für den Unternehmer nicht überraschend sein musste (§ 8 Abs 1 KSchG). Der Unternehmer kann allerdings auch verlangen, dass ihm der Verbraucher, sofern es für diesen tunlich ist, die Sache übersendet; in diesem Fall hat der Unternehmer die Gefahr und Kosten der Übersendung zu tragen (§ 8 Abs 2 KSchG).

dd Gewährleistungsfristen

306 Gem § 933 Abs 1 ABGB müssen Gewährleistungsmängel bei **unbeweglichen Sachen** innerhalb einer Frist von **drei Jahren** und bei **beweglichen Sachen** innerhalb einer Frist von **zwei Jahren** gerichtlich geltend gemacht werden. Zu beachten ist dabei, dass etwa auch Mängel, die bei der Bearbeitung von unbeweglichen Sachen entstehen (zB Einbau eines neuen Kamins), unter die Dreijahresfrist fallen. Bei **Viehmängeln** beträgt die Gewährleistungsfrist lediglich **sechs Wochen** (§ 933 Abs 2 ABGB).

Zwar ist von Gesetzes wegen eine **gerichtliche Geltendmachung** 307 innerhalb der erwähnten Fristen vorzunehmen, doch kommt auch der (außergerichtlichen) Anzeige des Mangels Bedeutung zu; diese bewirkt nämlich gem § 933 Abs 3 ABGB, dass der Übernehmer dem Übergeber die Mangelhaftigkeit im Zuge einer Kaufpreiszahlungsklage entgegenhalten kann.

Die Frist beginnt grundsätzlich mit dem **Tag der Ablieferung** der Sache 308 zu laufen. Bei **Rechtsmängeln** beginnt die Gewährleistungsfrist jedoch erst mit dem Tag, an dem der Mangel dem Übernehmer bekannt geworden ist.

Eine **Verlängerung** oder **Verkürzung** der Gewährleistungsfrist ist 309 grundsätzlich möglich. Dies gilt jedoch nicht bei **Verbrauchergeschäften**; hier kann lediglich bei der Veräußerung gebrauchter beweglicher Sachen die Gewährleistungsfrist auf ein Jahr herabgesetzt werden, sofern dies im Einzelnen ausgehandelt wird (§ 9 Abs 1 KSchG).

In diesem Zusammenhang ist auch darauf zu verweisen, dass beim 310 Kauf einer Sache auf Raten durch einen Konsumenten (**Abzahlungs-geschäft**) der Erwerber bis zur Fälligkeit der letzten Rate die Möglichkeit hat, Gewährleistungsrechte geltend zu machen (§ 23 KSchG; s dazu auch Rz 419).

de   Gewährleistungsausschlüsse

Zu beachten gilt, dass der Übergeber gem § 924 ABGB nur für jene 311 Mängel Gewähr zu leisten hat, die bereits **im Zeitpunkt der Übergabe** vorhanden sind. Sofern der Mangel innerhalb von sechs Monaten nach der Übergabe hervorkommt, wird bis zum Beweis des Gegenteils vermutet, dass der Mangel im Zeitpunkt der Übergabe bereits vorhanden war (**Vermutung der Mangelhaftigkeit**). Diese Vermutung tritt jedoch nicht ein, wenn sie mit der Art der Sache oder des Mangels unvereinbar ist.

Sofern ein Mangel vorliegt, der bei Vertragsabschluss augenfällig war, 312 hat der Übergeber nur dann für einen derartigen Mangel Gewähr zu leisten, wenn er ihn arglistig verschwiegen hat; dh, der Übernehmer hat bei einem **offenkundigen Mangel** regelmäßig das Gewährleistungsrisiko selbst zu tragen (§ 928 ABGB).

Werden Sachen **in Pausch und Bogen** erworben, nämlich so wie sie 313 stehen und liegen (ohne Zahl, Maß und Gewicht etc) übergeben, ist der Übergeber grundsätzlich für die daran bestehenden Fehler nicht verantwortlich (§ 930 ABGB).

314   Zwar handelt es sich bei den Gewährleistungsregeln grundsätzlich um **dispositives (abänderbares) Recht**, doch gilt dabei zu beachten, dass insbesondere der gänzliche Ausschluss des Gewährleistungsrechts beim Erwerb fabriksneuer Waren von der Rechtsprechung als sittenwidrig iSv § 879 ABGB angesehen wird.

315   Besonderes gilt wiederum für **Verbrauchergeschäfte**: Durch § 9 Abs 1 KSchG ist festgelegt, dass die Gewährleistungsrechte des Verbrauchers vor der Kenntnis des Mangels **weder ausgeschlossen noch eingeschränkt** werden können. Überdies ist durch § 9a KSchG sichergestellt, dass dann, wenn der Unternehmer nach dem Vertrag zur Montage verpflichtet ist, er auch für einen dabei durch sein unsachgemäßes Verhalten an der Sache verursachten Mangel zu haften hat. Dasselbe gilt auch dann, wenn die Sache zur Montage durch den Verbraucher bestimmt war und die unsachgemäße Montage auf einem Fehler in der Montageanleitung beruht.

df   Mangel- und Mangelfolgeschaden

316   Sofern der Schuldner schuldhaft Mängel an einer Sache verursacht, kann der Erwerber nicht nur (verschuldensunabhängige) Gewährleistungsansprüche, sondern – bei Vorliegen der gesetzlich geforderten Voraussetzungen (s dazu Rz 488 ff) – auch **Schadenersatzansprüche** geltend machen. Dabei ist zwischen Mangel- und Mangelfolgeschaden zu unterscheiden:

317   Beim **Mangelschaden** haftet der schuldhafte Veräußerer bezüglich jenes Schadens, der durch den Mangel an der Sache selbst entstanden ist. Bei Schäden dieser Art stehen Ansprüche aus dem Titel der Gewährleistung und des Schadenersatzes grundsätzlich in Konkurrenz zueinander.

318   Dies ist durch den durch das GewRÄG (BGBl I 2001/48) neu eingefügten § 933a ABGB nunmehr auch ausdrücklich festgelegt; in § 933a Abs 1 ABGB ist normiert, dass der Übernehmer **auch Schadenersatz** fordern kann, wenn der Übergeber den Mangel verschuldet hat. Allerdings kann der Übernehmer wegen des Mangels selbst **zunächst** nur die **Verbesserung** oder den **Austausch** verlangen. Er kann jedoch **Geld-ersatz** verlangen, wenn sowohl die Verbesserung als auch der Austausch unmöglich sind oder für den Übergeber mit einem unverhältnismäßig hohen Aufwand verbunden wären. Dasselbe gilt, wenn der Übergeber die Verbesserung oder den Austausch verweigert oder nicht in angemessener Frist vornimmt, weiters, wenn diese Abhilfen für den Übernehmer mit erheblichen Unannehmlichkeiten verbunden wären oder wenn sie ihm aus triftigen, in der Person des Übergebers liegenden Gründen unzumutbar sind (§ 933a Abs 2 ABGB).

Schäden, die der Erwerber einer mangelhaften Sache an anderen   **319**
Rechtsobjekten erleidet (**Mangelfolgeschäden**), können bei Verschulden
des Veräußerers ebenfalls vom Erwerber aus dem Titel des Schadenersatzes geltend gemacht werden. Erwirbt zB ein Gärtner für seinen Rasen-
mäher minderwertiges Benzin, muss dieser Mangel vom Veräußerer aus
dem Titel der Gewährleistung behoben werden. Für den auf Grund des
minderwertigen Treibstoffes entstandenen Schaden am Motor des Rasen-
mähers hat der Veräußerer dann aufzukommen, wenn er die Mangelhaftigkeit des Treibstoffes schuldhaft nicht erkannt hat.

Zu beachten ist, dass nach Ablauf von zehn Jahren seit der Übergabe   **320**
der Sache der **Beweis des Verschuldens** in den Fällen der Geltendmachung von Mangel- bzw von Mangelfolgeschäden dem Übernehmer obliegt
(§ 933a Abs 3 ABGB); somit kommt es durch diese Bestimmung zu einer
zeitlichen Beschränkung der Beweislastumkehr des § 1298 ABGB.

e   Positive Vertragsverletzung

Von **positiver Vertragsverletzung** (Schlechterfüllung) wird dann ge-   **321**
sprochen, wenn der Schuldner im Zuge der (mangelhaften oder mangelfreien) Erbringung der vertraglich vereinbarten Hauptleistungspflicht(en)
bestehende vertragliche **Nebenpflichten** (insbesondere Sorgfaltspflichten) vernachlässigt und den Gläubiger dadurch schädigt (Beispiel: durch
unsachgemäßes Hantieren des Elektrikers, der eine kaputte Steckdose
repariert, wird ein Schaden am Sicherungskasten verursacht).

Grundsätzlich hat der schädigende Schuldner für die positiven Ver-   **322**
tragsverletzungen **Schadenersatz** zu leisten. Voraussetzung für eine Leistung aus dem Titel des Schadenersatzes ist dabei regelmäßig, dass der
Schaden durch den Schädiger schuldhaft verursacht wurde (s dazu
Rz 497 ff).

Sofern es im Zuge der Erfüllung von **Dauerschuldverhältnissen** zu   **323**
positiven Vertragsverletzungen kommt, kann dies einen wichtigen Grund
zur vorzeitigen Auflösung des Vertragsverhältnisses bilden.

f   Exkurs: Garantie

Häufig erhält der Erwerber einer noch fabriksneuen Sache vom Ver-   **324**
äußerer oder Hersteller eine Garantiezusage in Form eines Garantieschei-
nes. Stammt die Garantiezusage vom **Veräußerer** (Händler), führt diese
in der Praxis regelmäßig lediglich zu einer **Modifizierung** der gesetzlichen
Gewährleistungsbestimmungen. So werden etwa häufig die Gewährleistungsfristen verlängert oder die Haftungen für alle Arten von auftretenden
Mängeln übernommen.

325   Übernimmt hingegen der **Hersteller** eine Garantieverpflichtung, besteht diese selbständig **neben** den gesetzlichen Gewährleistungspflichten des Veräußerers.

326   Besonderes gilt gem § 9b KSchG für vertragliche Garantien, die gegenüber **Verbrauchern** erklärt werden: Zunächst ist der Garantiegeber dazu verpflichtet, auf die bestehende gesetzliche Gewährleistungspflicht des Übergebers hinzuweisen. Weiters muss die Garantieerklärung den Namen und die Anschrift des Garanten sowie den Inhalt, die Dauer, die räumliche Geltung und die sonstigen, für die Geltungmachung der Garantie nötigen Angaben enthalten. Sofern aus der Erklärung des Garanten die garantierten Eigenschaften nicht (eindeutig) hervorgehen, haftet der Garant dafür, dass die Sache die gewöhnlich vorausgesetzten Eigenschaften hat (§ 9b Abs 2 KSchG). Sofern der Garant gegen eine dieser Bestimmungen verstößt, haftet er für den dadurch verschuldeten Schaden; die Gültigkeit der Garantie ist durch einen derartigen Verstoß jedenfalls nicht berührt (§ 9b Abs 4 KSchG).

4   Änderungen des Vertragsverhältnisses

a   Allgemeines

327   Ein bestehendes Schuldverhältnis kann auf unterschiedliche Arten geändert werden. Denkbar sind zum einen **Änderungen des Schuldinhaltes** (schlichte Schuldänderung, Novation, Vergleich und Anerkenntnis). Möglich ist aber auch, dass der Inhalt des Schuldverhältnisses gleich bleibt und gleichzeitig ein daran **Beteiligter** gegen einen anderen **ausgetauscht** wird (Zession, Schuldübernahme, Vertragsübernahme).

b   Schlichte Schuldänderung

328   Im Rahmen der bestehenden Vertragsautonomie haben die Parteien eines Vertrages die Möglichkeit, den von ihnen festgelegten Vertragsinhalt auch nachträglich wieder abzuändern, sofern diesbezüglich Einvernehmen herrscht. Bei der **schlichten Schuldänderung** werden lediglich solche Änderungen des Vertragsinhaltes vorgenommen, dass sich weder der Rechtsgrund noch der Hauptgegenstand des Schuldverhältnisses ändert (zB die Fälligkeit einer Forderung wird hinausgeschoben). Bürgen und Pfänder haften bei einer schlichten Schuldänderung weiter, allerdings nicht in größerem Umfang als vor der Schuldänderung („**Verschlechterungsverbot**").

c Novation

Im Unterschied zur schlichten Schuldänderung werden bei der **Nova-** **329** **tion** (§§ 1376 ff ABGB) nicht bloß Nebenbestimmungen des Vertragsverhältnisses geändert, sondern es wird vielmehr der Rechtsgrund des Schuldverhältnisses (zB Miete statt Leihe) oder der Hauptgegenstand des Vertrages (zB Kauf eines Mopeds statt eines Fahrrades) abgeändert. Von Bedeutung ist insbesondere, dass die mit der vorigen Hauptverbindlichkeit verknüpften Bürgschafts-, Pfand- und anderen Rechte durch die Novation erlöschen, sofern die Sicherungsgeber nicht auch die Haftung für die Neuverbindlichkeit übernommen haben (§ 1378 ABGB).

d Vergleich

Als Form einer Vertragsänderung anzusehen ist auch der **Vergleich** **330** (§§ 1380 ff ABGB). Das Besondere beim Vergleich besteht darin, dass er strittige bzw zweifelhafte Rechte zum Inhalt hat. Jene Aspekte, die unklar bzw strittig waren, werden im Einvernehmen neu festgelegt. Da der Vergleich konstitutiv wirkt, sind die daran beteiligten Parteien an den Vergleichsinhalt gebunden; so ist etwa die Geltendmachung von Irrtum oder laesio enormis grundsätzlich unzulässig (§§ 1385 f ABGB).

e Anerkenntnis

Auch das **Anerkenntnis** wirkt konstitutiv; im Unterschied zum Vergleich **331** kommt es hierbei jedoch nicht zu einem einvernehmlichen (beiderseitigen) Nachgeben der beteiligten Parteien, sondern es liegt vielmehr lediglich ein einseitiges Nachgeben einer Partei bezüglich eines bezweifelten Rechtes vor.

Vom konstitutiv wirkenden Anerkenntnis zu unterscheiden ist das **332** **deklaratorische Anerkenntnis.** Dabei handelt es sich lediglich um eine Wissenserklärung über das umstrittene Recht; der Schuldner bestätigt hiermit bloß, dass das vom Gläubiger behauptete Recht seines Wissens Bestand hat, ohne dass damit die Herbeiführung von Rechtsfolgen verbunden sein soll.

f Zession

Bei der **Zession** (Abtretung) scheidet eine Forderung aus dem Ver- **333** mögen des bisherigen Gläubigers (Zedent) aus und wird an den Neugläubiger (Zessionar) übertragen (§ 1392 ABGB); es kommt somit zu einem Gläubigerwechsel.

334   Den **Gegenstand** der Zession bilden idR Forderungsrechte; höchstpersönliche Rechte (zB Unterhaltsansprüche) können jedoch grundsätzlich nicht abgetreten werden.

335   Es kann zwischen vertraglicher und gesetzlicher Zession unterschieden werden. In den Fällen der **gesetzlichen Zession** (Legalzession) tritt derjenige, der für eine fremde Schuld haftet (zB ein Bürge), durch die Befriedigung des Gläubigers automatisch in die Gläubigerrechte ein, ohne dass es dazu noch weiterer Erklärungen bedürfte (§ 1358 ABGB).

336   Die **vertragliche Zession** erfordert das Bestehen einer Willensübereinstimmung zwischen Zedenten und Zessionar. Besondere Formvorschriften sind dabei grundsätzlich nicht zu beachten. Abgetreten werden können auch noch nicht fällige oder sogar bedingte Forderungen.

337   Das Vorliegen der **Zustimmung des Schuldners** (debitor zessus) ist für die Zession nicht erforderlich. Eine derartige Zustimmung ist vor allem deshalb nicht erforderlich, weil die Zession den Inhalt der Forderung nicht berührt (§ 1394 ABGB); dh, es stehen dem Schuldner gegenüber dem Zessionar alle Einwendungen zu, die er auch gegen den Zedenten geltend machen konnte.

338   Von Bedeutung ist aber, dass der Schuldner solange **schuldbefreiend** an den Zedenten leisten kann, als er noch keine Kenntnis von der Abtretung hat (§ 1395 ABGB); es ist daher sinnvoll, den Schuldner von der erfolgten Abtretung umgehend in Kenntnis zu setzen, wenn nicht ausnahmsweise eine so genannte **stille Zession** beabsichtigt ist.

339   Gem § 1397 ABGB hat der Zedent dem Zessionar in den Fällen der entgeltlichen Abtretung für die **Richtigkeit** und **Einbringlichkeit** der Forderung bis zur Höhe des erhaltenen Entgelts einzustehen. Von einer unrichtigen Forderung spricht man ua dann, wenn die Forderung gar nicht entstanden ist oder dem Schuldner Einreden zustehen; eine Forderung ist dann uneinbringlich, wenn der Schuldner zahlungsunfähig ist. Sofern der Zedent bei der Zession schuldhaft gehandelt hat, kann er dem Zessionar überdies auch **schadenersatzpflichtig** werden.

g Schuldübernahme

340   Im Unterschied zum Gläubigerwechsel ist der **Wechsel des Schuldners** grundsätzlich nur dann zulässig, wenn der verbleibende Vertragspartner, hier also der Gläubiger, dazu seine Zustimmung erteilt (§ 1405 ABGB). Sofern der Gläubiger seine Zustimmung zum Schuldnerwechsel erteilt, wird der Altschuldner zur Gänze aus der Haftung entlassen. Daraus folgt, dass die Personen, welche für den Altschuldner Sicherheiten bestellt haben (zB Bürgen), nur dann für die Verpflichtung des Neuschuldners einzustehen haben, wenn sie dem ausdrücklich zugestimmt haben.

341   Sofern der Gläubiger seine Zustimmung zum Schuldnerwechsel verweigert, wird der Neuschuldner gegenüber dem Altschuldner im Innenver-

hältnis zur Befriedigung des Gläubigers verpflichtet (§ 1405 ABGB). Wenn von vornherein zwischen Altschuldner und Neuschuldner vereinbart war, dass sich der Neuschuldner zur Bezahlung der Schuld des Altschuldners verpflichtet, ohne dass dies Bedeutung im Verhältnis zum Gläubiger haben soll, spricht man von einer **Erfüllungsübernahme** (§ 1404 ABGB); dem Gläubiger erwächst daraus unmittelbar kein Recht.

Besonders geregelt ist auch der Fall der **Hypothekenübernahme**. 342 Sofern jemand eine mit einer Hypothek belastete Liegenschaft erwirbt, ist eine ausdrückliche Zustimmung zum Schuldnerwechsel grundsätzlich nicht erforderlich. Es genügt gem § 1408 ABGB vielmehr, dass der Gläubiger nach dem Eigentumswechsel zur Annahme des neuen Schuldners aufgefordert wird und sich dazu innerhalb einer Frist von sechs Monaten nicht ablehnend äußert.

Sofern neben den bisherigen Schuldner ein weiterer Schuldner tritt, liegt 343 ein Fall des **Schuldbeitrittes** vor. Eine Zustimmung des Gläubigers ist dazu nicht erforderlich, da seine Position nicht verschlechtert wird. Von besonderer Bedeutung sind dabei insbesondere die Fälle des gesetzlichen Schuldbeitrittes im Falle der Übernahme eines Vermögens bzw eines Unternehmens (§ 1409 ABGB und § 25 HGB; s dazu Rz 550 ff).

Zu erwähnen bleibt noch, dass eine **Personenmehrheit auf Schuld-** 344 **nerseite** (Schuldnermehrheit) auch dadurch zustande kommen kann, dass zwei oder mehrere Personen gemeinsam einen Vertrag mit einer anderen Person abschließen (zB eine Eigentumswohnung wird durch Ehegatten erworben). Sofern die Schuld, zu der sich zwei oder mehrere Personen gemeinsam verpflichtet haben, teilbar ist, ist im Zweifel vom Bestehen einer **Teilschuld** auszugehen (§ 889 ABGB). Häufig wird jedoch vertraglich in derartigen Fällen eine **Solidarschuld** (Gesamtschuld) vereinbart; dies bedeutet, dass jeder Gesamtschuldner die ganze Leistung schuldet. Der Gläubiger kann sich grundsätzlich aussuchen, welchen der Gesamtschuldner er in Anspruch nehmen will. Sofern ein Schuldner die Leistung erbringt, sind die übrigen Gesamtschuldner von der Verpflichtung zur Leistungserbringung gegenüber dem Gläubiger befreit. Allerdings hat jener Gesamtschuldner, der die Leistung erbracht hat, einen Rückgriffsanspruch gegenüber den übrigen Gesamtschuldnern. Dieser Regressanspruch richtet sich nach dem Innenverhältnis der Gesamtschuldner; sofern nichts anderes geregelt ist, wird nach Köpfen geteilt (§ 896 ABGB).

h Vertragsübernahme

Zwar finden sich im ABGB keine Bestimmungen zur Übertragung der 345 **gesamten Vertragspartnerposition**; diese ist jedoch im Rahmen der dargestellten Bedingungen iZm dem Gläubiger- und Schuldnerwechsel als grundsätzlich zulässig anzusehen.

99

346   In bestimmten Fällen bedarf es keines eigenen Rechtsgeschäftes, um eine Vertragsübernahme zu bewirken (**gesetzliche Vertragsübernahme**); so gehen zB gem § 12a MRG im Fall der Unternehmensveräußerung bestehende Mietverträge auf den Unternehmenserwerber über.

5 Vertragsende

347   Im Folgenden sollen die wichtigsten Aspekte dargestellt werden, die zu einer Beendigung von Vertragsverhältnissen führen können; nicht behandelt werden die bereits oben (Rz 233 ff) dargestellten Fälle der Mängel beim Vertragsabschluss bzw bei der Vertragsabwicklung, die im Einzelfall zur Vertragsauflösung berechtigen.

a Erfüllung

348   Die in der Praxis wohl häufigste Form, eine vertragliche Verpflichtung zu beenden, ist die **Erfüllung**. Gem § 1412 ABGB gilt eine Verbindlichkeit als erfüllt, wenn man leistet, was geschuldet ist. Voraussetzung für die schuldbefreiende Wirkung der Leistung des Schuldners ist, dass diese von ihm entsprechend der vertraglichen Vereinbarung (am richtigen Ort, zur vereinbarten Zeit, in der gehörigen Form etc) angeboten wird und der Gläubiger die Leistung annimmt.

349   Als Grundsatz gilt, dass die geschuldete Leistung **vom Schuldner** (persönlich oder durch Gehilfen) zu erbringen ist. Sofern aber keine höchstpersönliche Leistung geschuldet ist, kann sie auch von einem Dritten erbracht werden; wenn in einem derartigen Fall der Gläubiger zustimmt, kann der Dritte sogar gegen den Willen des Schuldners die Erfüllungshandlung setzen (§ 1423 ABGB).

350   Eine Verpflichtung zur Annahme von **Teilleistungen** besteht für den Gläubiger nicht (§ 1415 ABGB).

351   Bestehen **mehrere Verbindlichkeiten** und tilgt die vom Schuldner erbrachte Leistung die Schuld nicht zur Gänze, ist von den Vertragsparteien zu klären, welche Schuld als beglichen anzusehen ist. Kommt keine Einigung zustande, wird gem § 1416 ABGB die Leistung des Schuldners auf jene Schuld angerechnet, die dem Schuldner am beschwerlichsten fällt. Darüber hinausgehend ist gesetzlich vorgesehen, dass die ältere Schuld vor der jüngeren bezahlt wird (vgl § 1429 ABGB), was insbesondere für allfällige Verjährungstatbestände von Bedeutung ist.

352   Wenn eine Leistung als erfüllt angesehen werden kann, hat der Schuldner Anspruch auf Ausstellung einer **Quittung** bzw der Gläubiger hat den Schuldschein an den Schuldner zurückzugeben (vgl §§ 1426 bis 1430 ABGB).

b   Einvernehmliche Auflösung

Die Vertragsparteien haben regelmäßig die Möglichkeit, ein bestehen-   353
des Vertragsverhältnis **einvernehmlich** vor der Erfüllung des Vertrages
aufzulösen. Ausschlaggebend ist der gemeinsame Wille beider Parteien.

Hingegen ist der einzelne Vertragspartner zum **einseitigen Vertrags-**   354
rücktritt grundsätzlich nur dann berechtigt, wenn diese Möglichkeit vorweg
vertraglich vereinbart wurde bzw von Gesetzes wegen eingeräumt ist (zB
beim Haustürgeschäft gem § 3 KSchG, dazu Rz 249 ff). Der Rücktritt vom
Vertrag beseitigt den Vertrag regelmäßig zur Gänze. Es ist somit grundsätzlich jener Zustand wiederherzustellen, der vor Abschluss des Vertrages vorgelegen ist; alle einseitigen oder gegenseitigen Leistungen sind,
soweit dies möglich ist, dem jeweiligen Vertragspartner zurückzuerstatten.

c   Kündigung

Obwohl das ABGB **keine allgemeinen Regeln** über die Kündigung von   355
auf unbestimmte Zeit abgeschlossenen Verträgen kennt, finden sich in
einer Reihe von Sondergesetzen – wie etwa im Arbeitsrecht, Mietrecht
oder Gesellschaftsrecht – eindeutige gesetzliche Normen hierzu.

Generell kann zwischen ordentlicher und außerordentlicher Kündigung   356
unterschieden werden. Eine **ordentliche Kündigung** erfolgt ohne Angabe
eines Auflösungsgrundes und ist idR mit einer Kündigungsfrist (Zeitspanne
zwischen Zugang des Kündigungsausspruches und tatsächlicher Wirksamkeit) verbunden und zu bestimmten, teilweise gesetzlichen oder uU
vertraglich vereinbarten Kündigungsterminen (Zeitpunkt der Beendigung
des Vertragsverhältnisses) wirksam. So sind etwa in den §§ 20 bis 22
AngG genaue Kündigungstermine und -fristen für auf ohne Zeitbestim-
mung eingegangene Dienstverhältnisse normiert.

Außerordentliche Kündigungen bedürfen zu ihrer Wirksamkeit eines   357
wichtigen Grundes. Liegt ein wichtiger Grund vor, wirkt eine solcherart
deklarierte, außerordentliche Kündigung ohne Fristen und Termine sofort.
Als wichtig wird ein Grund dann angesehen, wenn die Fortsetzung des
Vertrages für den Kündigenden nicht mehr zumutbar ist, weil das gegenseitige Vertrauensverhältnis (zu) stark belastet wurde. Ein gänzlicher Ausschluss des Rechts, Dauerschuldverhältnisse aus wichtigem Grund aufzulösen, wird als unwirksam angesehen. Im Bereich des AngG wird die
außerordentliche Kündigung, die von der Arbeitgeberseite ausgeht, als
Entlassung bezeichnet. Geht sie von der Arbeitnehmerseite aus, handelt
es sich um einen vorzeitigen Austritt (vgl §§ 25 bis 32 AngG).

Für **Verbraucher** gelten Besonderheiten bezüglich des Rechts zur   358
Kündigung: Verträge, durch die sich der Unternehmer zur wiederholten
Lieferung beweglicher körperlicher Sachen (einschließlich Energie) oder

zu wiederholten Werkleistungen und der Verbraucher zu wiederholten Geldzahlungen verpflichten und die für eine unbestimmte oder eine ein Jahr übersteigende Zeit abgeschlossen wurden, kann der Verbraucher unter Einhaltung einer zweimonatigen Frist zum Ablauf des ersten Jahres und danach zum Ablauf jedes halben Jahres kündigen (§ 15 Abs 1 KSchG). Weiters wird eine Kündigung des Verbrauchers, die nicht fristgerecht ausgesprochen wurde, zum nächsten, nach Ablauf der Kündigungsfrist liegenden Kündigungstermin wirksam (§ 15 Abs 4 KSchG).

d   Hinterlegung

359   Bietet der Schuldner seine Leistung gehörig an und wird diese durch Umstände, die in der Sphäre des Gläubigers liegen (zB Gläubigerverzug, Abwesenheit des Gläubigers), nicht angenommen, kann er bei Gericht oder bei einem vom Gericht bestellten Verwahrer seine Leistung **hinterlegen** (vgl § 1425 ABGB). Voraussetzung ist jedoch, dass sich die geschuldete Leistung zur Hinterlegung eignet. So können etwa verderbliche Waren (zB Lebensmittel) regelmäßig nicht hinterlegt werden. Für den Schuldner **schuldbefreiend** wirkt die Hinterlegung aber nur dann, wenn sie rechtmäßig ist, dem Gläubiger bekannt gemacht wurde und beim Gericht des Erfüllungsortes erfolgt ist.

e   Aufrechnung (Kompensation)

360   Treffen gegenseitige, fällige, gültige und gleichartige Forderungen so zusammen, dass sie sich ausgleichen, kommt es zu einer gegenseitigen **Aufhebung der Verbindlichkeit** (vgl §§ 1438 bis 1443 ABGB). In diesem Fall wird eine Forderung des Gläubigers durch eine Gegenforderung des Schuldners an den Gläubiger aufgehoben. Schuldet zB Werner seinem Freund Peter € 1.000,–, der wiederum Schulden in Höhe von € 800,– bei Werner hat, können die beiden Forderungen in der Form kompensiert werden, dass Werner an Peter € 200,– schuldbefreiend leistet.

361   Der Aufrechnung kommt im Wirtschaftsverkehr, insbesondere bei Geldgeschäften, eine nicht unbedeutende Rolle zu, weil sie vier wesentlichen **Zwecken** dienlich ist. Dazu zählen

- der **Befreiungszweck** (die eigene Verbindlichkeit wird durch Kompensation ganz oder teilweise gelöscht),
- der **Befriedigungszweck** (durch die in der Aufrechnung liegende Erfüllung durch den Schuldner kommt es zur Befriedigung des Gläubigers),
- der **Verrechnungszweck** (der Austausch der gegenseitigen Leistungen – also deren „Hin- und Herschieben" – ist nicht erforderlich),

- der **Sicherungszweck** (die eigene Forderung wird durch eine Gegenforderung abgesichert).

Sind die Forderungen **gegenseitig, fällig, gültig** und **gleichartig**, kann **einseitig** kompensiert werden (§§ 1438 ff ABGB); dh auch ohne den Willen des einen Vertragspartners kann der andere die Forderungen aufrechnen.   **362**

- Die **Gegenseitigkeit** bezeichnet das Verhältnis der beiden Vertragspartner. Die Aufrechnenden müssen beide im Verhältnis zueinander Gläubiger und Schuldner zugleich sein.
- Die **Fälligkeit** der Forderungen bedeutet, dass die gegenseitigen Forderungen bereits vom Termin her bestehen müssen. So darf zB am 1. Juli die Forderung, die am 1. Jänner bereits bezahlt werden hätte müssen, nicht mit jener einseitig kompensiert werden, die erst in drei Monaten am 1. Oktober zur Zahlung fällig wäre.
- Die **Gültigkeit** der Forderungen bezieht sich auf zweierlei: Die Forderungen müssen gültig (rechtmäßig) zustande gekommen und auch klagbar sein; mit einer Naturalobligation (s dazu Rz 373) kann daher nicht aufgerechnet werden.
- Um das Kriterium der **Gleichartigkeit** zu erfüllen, müssen die Forderungen von gleicher Art und Güte sein; bei Geldforderungen kann dies vermutet werden.

Im Gegensatz zur einseitigen muss bei der **einvernehmlichen Kompensation** lediglich das Merkmal der Gegenseitigkeit erfüllt sein, damit den Vertragsparteien die Aufrechnung ihrer gegenseitigen Forderungen auf freiwilliger Basis möglich ist.   **363**

Zur Kompensation ist die Abgabe einer **Aufrechungserklärung** erforderlich; diese wirkt grundsätzlich auf den Zeitpunkt zurück, zu welchem sich die Forderungen erstmals kompensierbar gegenüberstanden.   **364**

Regelmäßig unmöglich sind Kompensationsgeschäfte dann, wenn **gesetzliche Aufrechnungsverbote** vorliegen. Neben den Aufrechnungsverboten des ABGB (§§ 1440 f ABGB; zB listig entzogene Sachen) sind auch in anderen Gesetzen, wie zB der Exekutionsordnung (EO), Beschränkungen vorgesehen.   **365**

f Leistung an Zahlungs statt

Kann der Schuldner die von ihm geschuldete Leistung nicht erbringen, so kann gem § 1414 ABGB mit Zustimmung des Gläubigers auch eine andere Leistung mit schuldbefreiender Wirkung erfolgen. Die andere Leistung ist dann jene, die **an Zahlungs statt** vom Schuldner an den Gläubiger gegeben wird.   **366**

Zu unterscheiden gilt jedoch die Leistung an Zahlungs statt von der **Leistung zahlungshalber**. Die Leistung zahlungshalber wird auf die geschuldete Leistung lediglich angerechnet, wodurch die Forderung bis zu   **367** ihrer vollständigen Tilgung aufrecht ist. Schuldbefreiend wirkt die Leistung nur dann, wenn sie an Zahlungs statt erfolgt und vom Gläubiger akzeptiert wird.

368 **Im Zweifel** werden körperliche Sachen grundsätzlich an Zahlungs statt gegeben; hingegen wird ein Wechsel oder ein Scheck im Zweifel bloß zahlungshalber gegeben.

g Vereinigung (Konfusion)

369 In § 1445 ABGB ist als Grundsatz verankert, dass keiner **gegen sich selbst Forderungen** geltend machen kann. Fällt die Position des Schuldners mit jener des Gläubigers zusammen, so erlischt das vorher zwischen mehreren Personen bestandene Schuldverhältnis. Praktische Bedeutung hat diese Regelung insbesondere im Erbrecht. Wenn etwa der Erbe im Erbwege ua die beim Erblasser ihm selbst gegenüber bestandene Forderung erbt, kann diese Forderung durch Konfusion als erloschen angesehen werden.

h Verzicht (Entsagung)

370 Dem Gläubiger steht es frei, auf die Leistung des Schuldners zu **verzichten**, um dadurch die Verbindlichkeit des Schuldners aufzuheben. § 1444 ABGB schränkt die Möglichkeiten des privatautonomen Verzichts jedoch auf jene Bereiche ein, „in welchen der Gläubiger berechtigt ist". So hat etwa ein Angestellter (Gläubiger) gem § 23 AngG einen Anspruch auf Abfertigung vom Unternehmer (Schuldner), auf den er nicht rechtmäßig verzichten kann.

371 Zu beachten ist, dass ein Verzicht grundsätzlich nur dann **rechtswirksam** wird, wenn eine Zustimmung des Schuldners vorliegt, weil kein Zwang zur Annahme einer Schenkung besteht.

i Zeitablauf

372 Ist der Vertrag von vornherein befristet bzw mit einem Endtermin versehen, endet er grundsätzlich durch **Zeitablauf** (§ 1449 ABGB).

j Verjährung

373 Ansprüche aus Verträgen können auch durch Verjährung eine zeitliche Endigungsgrenze finden. Dabei ist unter **Verjährung** der Verlust eines

Rechts auf Geltendmachung eines Anspruches durch Zeitablauf zu verstehen. Zu beachten gilt, dass grundsätzlich das verjährte Recht lediglich nicht mehr gerichtlich geltend gemacht werden kann; es bleibt jedoch als **Naturalobligation** bestehen. Das bedeutet, dass dann, wenn eine bereits verjährte Schuld erfüllt wird, die Leistung nicht bereicherungsrechtlich wegen fehlender Rechtsgrundlage (s dazu Rz 519) zurückgefordert werden kann (§ 1432 ABGB).

Weiters gilt zu beachten, dass nicht alle Rechte der Verjährung zugänglich sind; zu den **unverjährbaren Rechten** zählen etwa Persönlichkeitsrechte, das Eigentumsrecht sowie ua staatliche Hoheitsrechte.   374

Die Rechtsordnung kennt eine Reihe von unterschiedlichen Verjährungsvorschriften. Von grundsätzlicher Bedeutung ist die Unterscheidung zwischen der **kurzen Verjährungsfrist**, welche drei Jahre, und der **langen Verjährungsfrist**, welche im Grundfall dreißig Jahre beträgt. Von der kurzen Verjährungsfrist sind insbesondere (Geld-)Forderungen des täglichen Lebens (vgl § 1486 ABGB) sowie Schadenersatzansprüche umfasst. Das Recht, ein rechtskräftiges Gerichtsurteil zwangsweise durchsetzen zu können (Judikatschuld), verjährt hingegen regelmäßig erst nach Ablauf der langen Verjährungsfrist.   375

Die Verjährung **beginnt** im Regelfall mit jenem Zeitpunkt, in welchem das Recht zuerst hätte ausgeübt werden können.   376

Durch die **Verjährungshemmung** wird der Beginn bzw der Fortlauf der Verjährungsfrist hinausgeschoben (zB Stundung einer fälligen Forderung; ernsthaft geführte Vergleichsverhandlungen).   377

Hingegen führt eine **Unterbrechung der Verjährung** dazu, dass nach Wegfall des Unterbrechungsgrundes die Frist wiederum gänzlich neu zu laufen beginnt (zB Anerkennung einer Forderung durch den Schuldner; klagsweise Geltendmachung eines Rechtes).   378

k   Bedingungseintritt

Vertragsverhältnisse können an **Bedingungen** geknüpft sein, die für den Bestand des Vertrages von wesentlicher Bedeutung sind. Im Regelfall handelt es sich bei Bedingungen um Ereignisse, deren Eintritt oder Nichteintritt bei Vertragsabschluss nicht definitiv bekannt sind. Bedingungen können suspensiv oder resolutiv sowie potestativ oder von einem Zufall abhängig sein.   379

Suspensivbedingungen haben aufschiebenden Charakter. Bis zum Eintritt der Suspensivbedingung hat der Berechtigte lediglich eine Anwartschaft auf den Vertragsgegenstand, erst danach wird die Anwartschaft zu einem vollwertigen Recht.   380

Resolutivbedingungen hingegen haben auflösenden Charakter. Bis zum Eintritt der Resolutivbedingung steht das vereinbarte Recht zu, nach   381 dem Eintritt erlischt es. Tritt die Resolutivbedingung gar nicht ein, steht das Recht auf Dauer zu.

382   Kann der Eintritt vom Willen einer Vertragspartei beeinflusst werden, handelt es sich um eine **Potestativbedingung.**

383   Im Gegensatz dazu stehen **Zufallsbedingungen**, die ausschließlich von Umständen abhängen, die durch die Vertragsparteien nicht beeinflusst werden können.

l   Tod

384   Durch den **Tod** einer Vertragspartei endet nicht zwangsläufig das Vertragsverhältnis. Vielmehr gehen die Forderungen bzw Schulden auf die Erben des Gläubigers bzw des Schuldners im Wege der Gesamtrechts-nachfolge über. Dies gilt nicht für höchstpersönliche Schuldverhältnisse, die ausschließlich durch den Verpflichteten erfüllt werden können; diese enden grundsätzlich mit dem Tod des Verpflichteten. So kann etwa das in Auftrag gegebene, aber durch den Tod des Künstlers unvollendete Werk regelmäßig nicht durch dessen Erben vollendet werden.

6   Die wichtigsten Vertragsarten im Überblick

a   Grundsätzliches

385   Wie bereits dargelegt, kommt die überwiegende Anzahl der einzelnen Vertragsarten allein durch entsprechende Willensübereinstimmung der am Vertrag beteiligten Partner zustande; die durch Willensübereinstimmung geschlossenen Verträge werden unter dem Begriff der **Konsensualver-träge** zusammengefasst.

386   Gelegentlich kommt es vor, dass zum Zustandekommen eines Vertra-ges neben der Willensübereinstimmung auch noch eine zusätzliche fakti-sche Leistung erforderlich ist (zB ist bei einem Leihvertrag neben dem Vorliegen der entsprechenden Willensübereinstimmung zwischen Ver-leiher und Leiher auch die Übergabe der Leihsache an den Leiher notwen-dig, damit der Vertrag tatsächlich zustande kommen kann); derartige Verträge bezeichnet man als **Realverträge.**

387   Der Gesetzgeber hat das Vertragsrecht am Grundsatz der **Inhaltsfrei-heit** ausgerichtet. Demgemäß können die Vertragsparteien innerhalb der weiten gesetzlichen Grenzen vertragliche Vereinbarungen nach freiem Belieben abschließen. Gleichzeitig hat der Gesetzgeber die im praktischen Leben wichtigsten Vertragstypen mehr oder weniger detailliert geregelt. Bei diesen Regelungen handelt es sich in der Mehrzahl um **dispositive**

Normen, deren Abänderbarkeit im freien Ermessen der Vertragspartner liegt. Zulässig ist ua die Kreation von neuen „Mischformen", welche aus zwei oder mehreren gesetzlich geregelten Vertragstypen bestehen; zulässig wäre aber auch die Etablierung von gänzlich neuen Vertragstypen.

Zu den **gesetzlich geregelten Vertragstypen** zählen insbesondere die   388
Gebrauchsüberlassungsverträge, die Veräußerungsverträge, die Gesellschaftsverträge, die Dienstleistungsverträge, die Sicherungsverträge sowie die Glücksverträge.

Sofern – aus welchen Gründen auch immer – ein Hauptvertrag (noch)   389
nicht abgeschlossen werden soll, kann auch auf das Rechtsinstitut des **Vorvertrages** zurückgegriffen werden. Mittels eines Vorvertrages verpflichten sich die Vertragspartner zum Abschluss des Hauptvertrages. Den Leistungsgegenstand des Vorvertrages bildet somit der Abschluss des Hauptvertrages; aus einem Vorvertrag kann demgemäß nicht auf die Erfüllung des Gegenstandes des Hauptvertrages geklagt werden, da dieser erst abgeschlossen werden muss. Damit der Vorvertrag gültig ist, müssen zumindest die notwendigen Mindestbestandteile des in Aussicht genommenen Vertragstypus vorhanden und der Abschlusszeitpunkt des Hauptvertrages festgelegt sein. Gem § 936 ABGB muss längstens innerhalb eines Jahres nach dem vorgesehenen Abschlusszeitpunkt der Abschluss des Hauptvertrages erfolgen bzw dieser eingeklagt werden, da andernfalls das Recht aus dem Vorvertrag erlischt. Weiters entfällt die Verpflichtung zum späteren Abschluss des Hauptvertrages auch dann, wenn die maßgeblichen Vertragspunkte durch eine wesentliche Änderung der Umstände nicht mehr erreicht werden können oder wenn ein Vertragspartner aus berechtigten Gründen das Vertrauen in den anderen verliert („clausula rebus sic stantibus").

Möglich ist es auch, in den Hauptvertrag **Vertragsbestandteile** aufzu-   390
nehmen, durch welche die vertraglich übernommenen Hauptpflichten abgesichert oder auch abgeschwächt werden sollen. Dazu zählen insbesondere das Angeld, das Reugeld, die Vertragsstrafe sowie die Vereinbarung eines Terminsverlustes.

Das **Angeld** wird bei der Abschließung eines Vertrages übergeben   391
(§ 908 ABGB). Sofern das Vertragsverhältnis durch die Schuld desjenigen, der das Angeld geleistet hat, wiederum aufgelöst werden sollte, verliert dieser das hingegebene Angeld. Wenn es hingegen durch die Schuld des Angeldnehmers zur Auflösung des Vertragsverhältnisses kommt, muss dieser die doppelte Summe an den Angeldgeber zurückerstatten. Zu beachten ist, dass eine bloße **Anzahlung** des Kaufpreises grundsätzlich nicht als Angeld interpretiert werden kann.

Das **Reugeld** wird für den Fall der Ausübung eines vertraglich ver-   392
einbarten Rücktrittsrechts versprochen (§ 909 ABGB). In der Praxis des täglichen Geschäftslebens wird das Reugeld häufig als Stornogebühr bezeichnet.

393   Das von einem **Verbraucher** versprochene Angeld bzw Reugeld unterliegt gem § 7 KSchG einem richterlichen Mäßigungsrecht.

394   Durch eine **Vertragsstrafe** (Konventionalstrafe) verpflichtet sich der Schuldner dazu, für den Fall des Unterbleibens der ordnungsgemäßen Vertragserfüllung eine bestimmte Geldsumme zu bezahlen (§ 1336 ABGB). Bei der Vertragsstrafe handelt es sich um einen pauschalierten Schadenersatz; im Zweifel ist somit nur im Falle des Verschuldens eine Vertragsstrafe zu leisten. Der Nachweis eines entstandenen Schadens ist hingegen keine Voraussetzung für den Anspruch auf Bezahlung der Vertragsstrafe. Sofern der eingetretene Schaden die Höhe der Vertragsstrafe überschreitet, ist grundsätzlich nur die Erbringung der Vertragsstrafe geschuldet. Ist die vereinbarte Vertragsstrafe im Verhältnis zum wirklich eingetretenen Schaden als übermäßig anzusehen, besteht ein richterliches Mäßigungsrecht; dabei handelt es sich um zwingendes Recht (§ 1336 Abs 2 ABGB; zu Besonderheiten im Handelsrecht vgl Rz 573).

395   Vor allem bei Ratengeschäften wird häufig vereinbart, dass der Schuldner alle noch offenen Raten sofort zu bezahlen hat, wenn er mit einer oder mehreren Ratenzahlung(en) in Verzug gerät (**Terminsverlust**). Durch § 13 KSchG ist normiert, dass bei Ratengeschäften mit Verbrauchern der Gläubiger einen Terminsverlust nur dann geltend machen kann, wenn seine Leistungen bereits erbracht wurden, weiters mindestens eine Rate des Verbrauchers seit sechs Wochen fällig ist und überdies der Verbraucher unter ausdrücklicher Androhung des Terminsverlustes und unter Setzung einer Nachfrist von mindestens zwei Wochen erfolglos gemahnt wurde.

396   Zu erwähnen ist noch, dass uU bereits im Zuge der Anbahnung geschäftlicher Kontakte vor**vertragliche Pflichten** entstehen können, deren Verletzung regelmäßig Schadenersatzpflichten auslösen. Zu diesen vorvertraglichen Verpflichtungen zählen etwa Aufklärungs-, Schutz- und Sorgfaltspflichten.

b   Gebrauchsüberlassungsverträge

397   Durch einen **Gebrauchsüberlassungsvertrag** wird jemandem die Nutzung einer Sache ermöglicht, ohne dass gleichzeitig das Eigentum der zum Gebrauch überlassenen Sache übertragen wird. Zu den Gebrauchsüberlassungsverträgen können insbesondere Bestandverträge, Leihverträge, Darlehensverträge sowie Leasing- und Franchiseverträge gezählt werden.

ba Bestandverträge

Ein Vertrag, wodurch jemand den Gebrauch einer unverbrauchbaren **398** Sache auf eine gewisse Zeit und gegen einen bestimmten Preis erhält, heißt **Bestandvertrag** (§ 1090 ABGB). Zu den Bestandverträgen zählen Miete und Pacht.

Durch den **Mietvertrag** wird eine bewegliche oder unbewegliche Sache **399** auf eine bestimmte Zeit zum Gebrauch überlassen. Die regelmäßig dispositiven Regelungen des ABGB zum Mietrecht (§§ 1091 ff ABGB) wurden in Bezug auf die Anmietung von Wohn- und Geschäftsräumlichkeiten weitgehend durch zwingende Sonderregelungen, insbesondere durch das Mietrechtsgesetz (MRG), ersetzt.

So wurden beispielsweise für die meisten Bestandsobjekte je nach **400** Ausstattungskategorien (A bis D) Mietzinsobergrenzen definiert (§ 15a MRG). Für Mietverträge, die nach dem 1.3.1994 abgeschlossen wurden, gilt jedoch (mit Ausnahme für Wohnungen der Kategorie D) das **Richtwertsystem**. Dieses basiert darauf, dass eine „abstrakte Mietwohnung" definiert wird (guter Wohnungszustand mit gutem Ausstattungsstandard in durchschnittlicher Lage etc; vgl dazu im Detail § 2 Abs 1 RichtWG), der durch eigene Verordnung ein je nach Bundesland unterschiedlicher Richtwertmietzins zugeordnet ist. Ausgehend vom jeweiligen Richtwertmietzins wird durch Zuschläge für positive Abweichungen (zB sehr gute Lage, Garten) bzw durch Abschläge für negative Abweichungen (zB schlechte Lage, mangelhafte Ausstattung) der höchstzulässige Mietzins ermittelt (§ 16 Abs 2 MRG). Abschläge sind auch dann vorgesehen, wenn der Mietvertrag befristet abgeschlossen wird (§ 16 Abs 7 MRG). Weitere Schutzbestimmungen für den Mieter finden sich etwa in § 27 MRG, worin normiert ist, dass die Ablöse eines Mieters, der keine tatsächliche Leistung gegenübersteht, verboten ist; eine tatsächlich geleistete, verbotene Ablöse kann zurückverlangt werden.

Von grundlegender Bedeutung im Verhältnis zwischen Vermieter und **401** Mieter sind auch die im MRG enthaltenen Regeln iZm der **Beendigung des Mietverhältnisses**. Diesbezüglich ist vor allem darauf zu verweisen, dass Befristungen von Mietverhältnissen bei Wohnungen regelmäßig nur im Ausmaß von mindestens drei Jahren zulässig sind. Dem Mieter steht jedoch das Recht zu, bereits nach Ablauf des ersten Jahres unter Einhaltung einer Kündigungsfrist von drei Monaten jeweils zum Monatsende das Mietverhältnis durch gerichtliche Kündigung zur Auflösung zu bringen (§ 29 Abs 1 und 2 MRG). Außerdem ist von besonderer Bedeutung, dass befristete und unbefristete Mietverträge vom Vermieter grundsätzlich nur aus wichtigem Grund (zB Nichtzahlung des Mietzinses) und überdies nur unter gerichtlicher Mitwirkung gekündigt werden können (vgl §§ 30, 33 MRG).

Zu erwähnen ist noch, dass grundsätzlich der Vermieter das Risiko für **402** die **mangelnde Benützbarkeit des Mietgegenstandes** zu tragen hat;

wenn etwa der Mietgegenstand ohne Verschulden des Mieters unbenützbar wird, muss dieser auch keinen Mietzins bezahlen. Auch die Kosten für Erhaltungsmaßnahmen hat grundsätzlich der Vermieter aus den Mietzinseinnahmen zu tragen; sofern diese nicht ausreichen, kann es unter bestimmten Voraussetzungen zur Erhöhung des Mietzinses (§ 18 MRG) bzw zur Einhebung eines Erhaltungs- und Verbesserungsbeitrages (§ 45 MRG) kommen. Unabhängig davon ist der Vermieter dazu verpflichtet, den Mietgegenstand in einem vertragsgemäßen und brauchbaren Zustand zu erhalten (§ 1096 ABGB bzw § 3 MRG).

403   Im Unterschied zur Miete wird bei der **Pacht** die Sache nicht nur gebraucht, sondern zur wirtschaftlichen Nutzung eingesetzt; die Regeln des MRG finden auf Pachtverträge keine Anwendung. Dem Pächter wird durch einen Pachtvertrag auf eine bestimmte Zeit gegen entgeltliche Überlassung das Recht des Fruchtgenusses an der Sache eingeräumt. So wird etwa eine Jagd gepachtet, da auch der Wildbestand gejagt und erlegt (Fruchtgenuss) wird, wohingegen ein PKW idR zum reinen Gebrauch überlassen und dementsprechend gemietet wird.

404   Zum **Schutz von Nutzungsberechtigten** an Gebäuden oder Wohnungen, die erst zu errichten oder durchgreifend zu sanieren sind, findet sich im Bauträgervertragsgesetz (BGBl I 1997/7) eine Reihe von besonderen Normen. Einen ähnlichen Schutzcharakter verfolgt auch das Teilzeitnutzungsgesetz (BGBl I 1997/32), welches auf Verträge zur Anwendung kommt, durch welche für mindestens drei Jahre ein dingliches oder obligatorisches Nutzungsrecht an Wohnungen oder Häusern begründet wird (**Time-sharing-Verträge**).

bb   Leihverträge

405   Wenn jemandem eine unverbrauchbare Sache bloß zum unentgeltlichen Gebrauch auf eine bestimmte Zeit übergeben wird, entsteht gem § 971 ABGB ein **Leihvertrag**. Die wesentlichen Kriterien des Leihvertrages sind demnach die Unentgeltlichkeit und die Übergabe einer Sache auf Zeit. Da für das Zustandekommen des Leihvertrages die Übergabe der Leihsache notwendig ist (§ 971 Satz 2 ABGB), wird dieser Vertragstypus den Realverträgen (s dazu Rz 386) zugeordnet. Wird die geliehene Sache durch das Verschulden des Leihers beschädigt oder zerstört, hat dieser dafür einzustehen; zufällige Beschädigungen treffen hingegen den Verleiher (§§ 978 ff ABGB).

406   Eine Sonderform des Leihvertrages ist die Bittleihe (**Prekarium**; vgl § 974 ABGB); anders als bei der Leihe besteht beim Prekarium eine jederzeitige Rückgabepflicht der Sache durch den Entleiher bei Aufforderung durch den Leihgeber.

bc   Darlehensverträge

Wenn jemandem verbrauchbare Sachen unter der Bedingung überge-   **407**
ben werden, dass er zwar willkürlich darüber verfügen kann, aber nach
einer gewissen Zeit ebenso viel von derselben Gattung und Güte der Sache
zurückgeben soll, so entsteht ein **Darlehensvertrag** (§ 983 ABGB). Der
Darlehensvertrag ist ein Realvertrag (s dazu Rz 386) und kommt erst durch
die Zuzählung (Übergabe) der Darlehenssumme zustande. Hingegen ist
die Erklärung des Darlehensgebers, dem Darlehensnehmer ein Darlehen
einzuräumen (Darlehensversprechen; **Kreditvertrag**), als Vorvertrag (s
dazu Rz 389) anzusehen und auch als solcher gem § 936 ABGB zu
behandeln.

Der Darlehensvertrag bedingt **grundsätzlich keine Entgeltlichkeit**,   **408**
jedoch ist im Wirtschaftsverkehr insbesondere das entgeltliche Gelddarle-
hen von Bedeutung, bei dem ein bestimmter Prozentsatz der Darlehenssumme als **Zinsen** geschuldet wird.

Im KSchG sind Besonderheiten iZm dem Kreditvertrag, der von einem   **409**
Verbraucher abgeschlossen wird, normiert: Sofern ein **Verbraucherkredit**
nicht durch eine Hypothek gesichert ist oder die Kreditsumme von
€ 25.000,– übersteigt, besteht das unabdingbare Recht des Verbrauchers,
seine Verbindlichkeiten aus dem Kreditvertrag vorzeitig zu erfüllen. In
diesem Fall hat der Verbraucher Anspruch auf Ermäßigung der Kreditkos-
ten (§ 12a KSchG). Daneben finden sich auch im BWG gesetzliche Bestimmungen, welche bei Verbraucherkrediten zur Anwendung gelangen
(§§ 33 ff BWG).

bd   Leasing- und Franchiseverträge

Obwohl sowohl Leasing- als auch Franchiseverträge zu den **gesetzlich**   **410**
nicht ausgeformten Vertragstypen gehören, können sie zu den Gebrauchsüberlassungsverträgen gezählt werden. Im Wirtschaftsprozess ist
diesen beiden Vertragstypen eine immer größere Bedeutung beizumessen, weshalb in der Folge ihre Charakteristika in ihren wesentlichsten
Ausprägungen erklärt werden sollen.

Der **Leasingvertrag** hat sich in der Praxis primär aus steuerrechtlichen   **411**
Erwägungen, nämlich um Vorteile für den Unternehmer nutzbar zu machen, etabliert. Dem Leasingnehmer wird eine Sache – ähnlich wie bei
einem Mietvertrag – gegen ein monatliches oder auch jährliches Leasing-
entgelt zum Gebrauch überlassen. Die entsprechenden Aufwendungen
können dabei regelmäßig als Betriebsausgabe gewinnmindernd geltend
gemacht werden, während im Gegenzug beim Kauf der Gewinnminde-
rungseffekt über das Instrument der Abschreibung, jedoch in Abhängigkeit
von den Eigenschaften und der Beschaffenheit der Sache, über mehrere

Jahre hinweg erfolgt. Denkbar ist auch, dass das Leasinggeschäft einen ausgeprägten Finanzierungscharakter aufweist; dies ist insbesondere dann der Fall, wenn der Leasinggeber nach den Vorstellungen des Leasingnehmers zunächst eine Sache erst erwirbt und sie in der Folge dem Leasingnehmer überlässt. In derartigen Fällen kommt dem Leasinggeber die Funktion eines vorfinanzierenden Geldgebers zu.

412   Für den Leasingvertrag ist charakteristisch, dass der Leasingnehmer im Unterschied etwa zum Mieter die Gefahr des teilweisen oder vollständigen **Untergangs des Leasinggegenstandes** während der Vertragsdauer zu tragen hat. Darüber hinaus werden häufig diverse Gewährleistungsrechte ausgeschlossen; der Leasingnehmer erhält dafür im Gegenzug regelmäßig jene Rechtsposition eingeräumt, welche dem Leasinggeber gegenüber dem Lieferanten des Leasingobjekts zukommt.

413   Ein **Franchisevertrag** liegt dann vor, wenn ein Franchisegeber dem Franchisenehmer das Recht und die Pflicht einräumt, genau festgelegte Waren oder Dienstleistungen unter Nutzung der gewerblichen Schutzrechte (Marken, Namen, Firmenzeichen, Patente etc) sowie seines betriebswirtschaftlichen Know-hows am – häufig gebietsmäßig genau definierten – Markt abzusetzen. Im Gegenzug verpflichtet sich der Franchisenehmer zur aktiven Nutzung der Franchise-Leistungen des Franchisegebers, zur Bereitstellung von Arbeitskraft und Kapital, zur Einhaltung der Systemvereinbarungen sowie zur Zahlung von Gebühren als Entgelt für die vom Franchisegeber erbrachten Leistungen. Das charakteristische Wesensmerkmal von Franchiseverträgen ist darin zu sehen, dass der Franchisenehmer trotz der Abhängigkeit vom Franchisegeber eigenverantwortlicher, selbständiger Unternehmer bleibt. Die Zunahme von Franchisekonzepten und damit Franchiseverträgen lässt sich vor allem durch die gegenseitigen Vorteile für den Franchisenehmer und -geber erklären. Der Franchisenehmer kann in aller Regel von der Erfahrung, einem ausgereiften Konzept sowie ua einer bereits am Markt etablierten Marke profitieren, wohingegen der Franchisegeber eine größere Marktdurchdringung seiner Produkte erreichen und sich durch vereinbarte Entgelte für Konzepte, Waren und Werbemaßnahmen regelmäßige Einnahmen sichern kann.

c Veräußerungsverträge

414   Mit Veräußerungsverträgen sollen **Sachen** in das Eigentum anderer **übertragen** werden. Zu Verträgen dieses Typs zählen insbesondere Kaufverträge, Tauschverträge sowie Schenkungsverträge.

ca Kaufverträge

415   Durch einen **Kaufvertrag** wird eine Sache um einen bestimmten Geldbetrag (Kaufpreis) einem anderen überlassen (§ 1053 ABGB). Wesentli-

che Merkmale beim Kaufvertrag sind, dass der Käufer den vereinbarten Kaufpreis leistet und der Verkäufer dem Erwerber Eigentum an der Sache verschafft. Kaufobjekte können nicht nur körperliche Sachen bzw Gesamtsachen (§ 302 ABGB) sein, sondern auch immaterielle Vermögenswerte bzw -rechte in Form von Patenten, Marken, Forderungen, Werknutzungsrechten, Mustern etc.

Je nach Vereinbarung kann der geschuldete Geldbetrag **in bar** oder in Form von **Buchgeld** (das ist die Zurverfügungstellung des geschuldeten Geldbetrages am Konto des Gläubigers) entrichtet werden.   **416**

Ist nichts anderes vereinbart, wird gem § 1062 ABGB die Kaufsache Zug um Zug gegen Barzahlung geschuldet; bei dieser Form handelt es sich um den **Handkauf**, bei dem Sache und Geld sofort ausgetauscht werden.   **417**

Wird die Sache zwar gleich übergeben, aber der Kaufpreis nicht gleich entrichtet, handelt es sich um einen **Kreditkauf**. Gem § 1063 ABGB geht die Sache beim Kreditkauf regelmäßig mit ihrer Übergabe auch in das Eigentum des Käufers über (Ausnahme: Eigentumsvorbehalt, s dazu Rz 171), obwohl dieser den Kaufpreis noch nicht entrichtet hat.   **418**

Besonderheiten gelten für **Abzahlungsgeschäfte** (Ratenkauf), die von Verbrauchern eingegangen werden (§§ 16 ff KSchG). Dabei liegt ein Abzahlungsgeschäft iSd KSchG dann vor, wenn es sich um den Kauf von beweglichen körperlichen Sachen handelt und der Kaufpreis € 25.000,– nicht übersteigt. Gleichzeitig muss die gekaufte Sache dem Verbraucher vom Unternehmer noch vor der vollständigen Kaufpreiszahlung übergeben werden und es müssen eine Anzahlung sowie mindestens zwei Teilzahlungen vereinbart sein. Sofern diese Voraussetzungen gegeben sind, muss vom Konsumenten eine Mindestanzahlung geleistet werden, die bei einem Kaufpreis von bis zu € 220,– 10% und darüber hinausgehend 20% vom Gesamtpreis betragen muss; sofern eine derartige Anzahlung nicht geleistet wird, verliert der Unternehmer den diesbezüglichen Zahlungsanspruch gegenüber dem Verbraucher (§ 20 KSchG). Weiters darf die Tilgungsfrist fünf Jahre nicht übersteigen; sofern längere Fristen vereinbart werden, kommen gesetzliche Zinsnachteile für den Unternehmer zu tragen (§ 21 KSchG). Schließlich sieht § 23 KSchG vor, dass dem Verbraucher ein Recht auf Gewährleistung bis zur Bezahlung der letzten Kaufpreisrate zusteht. All diese Konsumentenrechte sind vom Unternehmer in einem eigenen Ratenbrief, welcher dem Verbraucher auszuhändigen ist, festzuhalten (§ 24 KSchG); sofern der Ratenbrief nicht ausgestellt wird, kann der Unternehmer mit Verwaltungsstrafen belegt werden (§ 32 Abs 1 Z 1 und Z 2 KSchG).   **419**

Sofern beim **drittfinanzierten Kauf**, bei welchem Verkäufer und Kreditgeber zwei voneinander verschiedene Personen sind, der Kaufvertrag und der Kreditvertrag eine wirtschaftliche Einheit bilden (zB der Verkäufer vermittelt den Kredit), stehen dem Verbraucher grundsätzlich die gleichen Rechte wie im Rahmen des zweipersonalen Abzahlungsgeschäftes zu (§ 18 KSchG).   **420**

421   Wird in einem Vertrag der systematische Ankauf von Forderungen vereinbart, spricht man vom **Factoring** (s Rz 589). Dabei kommt es regelmäßig zur Übertragung der Forderungen durch Zession (s zur Zession bereits oben Rz 333 ff).

422   Vor allem im Wirtschaftsprozess sieht man sich häufig mit speziellen **Nebenvereinbarungen** zu den einzelnen Kaufverträgen konfrontiert. Von Bedeutung sind dabei insbesondere folgende Sonderformen:

423   Der **Kauf auf Probe** (§§ 1080 ff ABGB) wird unter der im Belieben des Käufers stehenden Bedingung geschlossen, dass er die Ware genehmigt. Der Käufer kann nach seinem eigenen Ermessen die Ware annehmen oder auch ablehnen; vor der Genehmigung ist der Käufer an den Kauf nicht gebunden. Ist die Probezeit nicht näher bestimmt, beträgt sie bei beweglichen Sachen drei Tage und bei unbeweglichen ein Jahr (§ 1082 ABGB).

424   Beim **Kauf nach Probe** muss die Qualität der Ware jener eines bereits vorher begutachteten oder schon gekauften Probeexemplares entsprechen.

425   Der **Kauf zur Probe** bezeichnet die unverbindliche Absicht des Käufers, nach erfolgter Prüfung der bereits erstandenen Ware eine größere Quantität derselben zu erwerben.

426   Beim **Vorkaufsrecht** muss der Eigentümer eine Sache, die er weiterverkaufen will, jenem zum Kauf anbieten, der mit einem Vorkaufsrecht an der Sache ausgestattet ist. Der Berechtigte muss, sofern vertraglich nicht etwas anderes vereinbart ist, den vollständigen Preis, der von einem Dritten angeboten wurde, entrichten, wenn er die Sache tatsächlich erwerben möchte (§ 1077 ABGB). Der Berechtigte muss bei beweglichen Sachen innerhalb von 24 Stunden und bei unbeweglichen innerhalb von 30 Tagen über die Einlösung seines Vorkaufsrechtes entscheiden (§ 1075 ABGB). Vorkaufsrechte sind idR persönliche Rechte und wirken daher nur gegenüber dem Vertragspartner; ihre Missachtung macht allenfalls schadenersatzpflichtig. Sie können aber bei unbeweglichen Gütern gem § 1073 ABGB durch Eintragung in das Grundbuch in dingliche Rechte verwandelt werden, die dann gegenüber jedermann wirken.

427   Durch das **Wiederkaufsrecht** wird dem Verkäufer einer Sache das Recht eingeräumt, diese zu einem bestimmten Preis zurückzukaufen (§ 1068 ABGB). Allerdings ist ein Wiederkaufsrecht grundsätzlich nur bei unbeweglichen Sachen zulässig und besteht überdies nur für die Dauer der Lebenszeit der Verkäufers (§ 1070 ABGB).

428   Sofern dem Käufer das Recht eingeräumt wird, die Sache dem Verkäufer wieder zurückzuverkaufen, liegt ein **Rückverkaufsrecht** vor (§ 1071 ABGB).

429   Zu beachten gilt, dass ein **Umtauschrecht** des Käufers grundsätzlich nur dann besteht, wenn es ausdrücklich vereinbart wurde; etwas anderes gilt freilich, sofern im Fall von Mängeln das Gewährleistungsrecht zur Anwendung gelangt.

cb   Tauschverträge

Beim **Tausch** handelt es sich gem § 1045 ABGB um einen Vertrag, **430** durch den eine Sache gegen eine andere Sache überlassen wird. Die Urform des Handels ist der Tausch; er stellt auch im Vergleich zum Kauf die weitaus ältere Handelsform dar. Auch wenn der Kaufvertrag im täglichen Geschäftsverkehr den Tauschvertrag mehr und mehr zurückgedrängt hat, haben Tauschgeschäfte jüngst im Rahmen so genannter „**Tauschbörsen**" wieder Bedeutung erlangt. Auch im internationalen Warenverkehr spielt der Tausch eine beachtliche Rolle; so werden etwa beim **Bartergeschäft** die gewünschten Waren nicht mit Geld, sondern mit Waren bezahlt. Diese Form des Warenaustausches hat mitunter steuerliche Vorteile und ermöglicht auch Ländern ohne größere Devisenreserven, am Weltmarkt Handel zu treiben.

cc   Schenkungsverträge

In einem **Schenkungsvertrag** verpflichtet sich der Schenkende, dem **431** Beschenkten eine Sache unentgeltlich in dessen Eigentum zu übertragen (§ 938 ABGB). Der Schenkungsvertrag bedarf zu seiner Gültigkeit entweder der **Übergabe des Schenkungsgegenstandes** oder eines **Notariatsaktes** (§ 943 ABGB). Ist eine Schenkung auf Grundlage eines Notariatsaktes erfolgt, geht der Schenkungsgegenstand in das Eigentum des Beschenkten nach Errichtung des Notariatsaktes über. Schenkungsverträge sind zwar mit den Realverträgen nahe verwandt, können aber nicht zu ihnen gezählt werden, da die Schenkung durch Notariatsakt auch ohne Übergabe des Schenkungsgegenstandes gültig ist. Ein Schenkungsvertrag kann gem § 946 ABGB grundsätzlich **nicht widerrufen** werden; etwas anders gilt allerdings insbesondere dann, wenn sich der Beschenkte eines groben Undankes gegen den Schenkenden schuldig macht (§ 948 ABGB). Zu beachten ist weiters, dass bei einer Schenkung auch **Motivirrtümer** zur Vertragsanfechtung berechtigen (§ 901 ABGB; s dazu Rz 236).

d   Gesellschaftsverträge

Das wesentliche Kennzeichen eines **Gesellschaftsvertrages** besteht **432** darin, dass sich idR zwei oder mehrere Rechtssubjekte als Gesellschafter zur Verfolgung eines gemeinsamen Gesellschaftszweckes zusammenschließen und dies auch vertraglich dokumentieren wollen bzw müssen. Darüber hinaus bringen die Gesellschafter auch regelmäßig ihre persönlichen Fähigkeiten und/oder ihr Kapital in die Gesellschaft ein. Das primäre Ziel der Gesellschafter besteht gewöhnlich darin, sich mit vereinten Kräften erfolgreich am Markt zu positionieren. Im Gegensatz zu Dienstleistungs-verträgen beruhen Gesellschaftsverträge auf dem Prinzip der Gleichord-nung und nicht auf einem Verhältnis der Über- und Unterordnung (zum Gesellschaftsrecht s im Detail Rz 592 ff).

e Dienstleistungsverträge

433   Den Vertragsgegenstand von **Dienstleistungsverträgen** bilden nicht Sachen, sondern er wird vielmehr durch den Einsatz von Arbeitskraft natürlicher Personen gebildet. Der Schuldner erbringt die in einem Dienst-leistungsvertrag definierten Leistungen entweder persönlich oder unter Beiziehung von ihn unterstützenden Hilfspersonen.

ea Arbeitsverträge (Dienstverträge)

434   Wenn sich jemand auf eine gewisse Zeit zur Dienstleistung für einen anderen verpflichtet, liegt gem § 1151 Abs 1 ABGB ein **Arbeits- bzw Dienstvertrag** vor. Wesentlichstes Merkmal des Arbeitsverhältnisses im Rahmen eines Arbeitsvertrages ist die **persönliche Abhängigkeit** des Arbeitnehmers, der die versprochene Arbeit in eigener Person und ohne den Arbeitsort, die Arbeitszeit sowie das arbeitsbezogene Verhalten frei bestimmen zu können, zu erbringen hat. Darüber hinaus ist der Arbeitneh-mer regelmäßig an die Weisungen des Arbeitgebers gebunden und unter-liegt einer ständigen Kontrolle seiner Arbeitsleistung.

435   Der Arbeitsvertrag verpflichtet (als zweiseitig verpflichtendes Rechts-geschäft) jedoch nicht nur den Arbeitnehmer, sondern auch den Arbeitge-ber. So steht etwa der **Dienstpflicht** des Arbeitnehmers die **Entgeltpflicht** des Arbeitgebers gegenüber; oder aber die **Treuepflicht** des Arbeitneh-mers (zB § 7 AngG für angestellte Arbeitnehmer) entspricht grundsätzlich der **Fürsorgepflicht** des Arbeitgebers (vgl zB MSchG und ASchG).

eb Freie Dienstverträge

436   Ein **freier Dienstvertrag** liegt dann vor, wenn sich jemand verpflichtet, ohne Eingehung eines Abhängigkeitsverhältnisses auf bestimmte oder unbestimmte Zeit für einen anderen eine Arbeit zu leisten. Während bei einem Arbeitsvertrag der Arbeitnehmer dem Weisungsrecht des Arbeitge-bers unterworfen ist, kann er bei einem freien Dienstvertrag seine Arbeits-leistung weitgehend selbständig und frei von persönlichen Beschränkun-gen erbringen. Beispiele für freie Dienstverträge sind etwa Verträge, die mit Vorstandsmitgliedern einer AG abgeschlossen werden oder die

Beschäftigung eines Steuerberaters als Konsulent. Auf freie Dienstverträ-ge finden grundsätzlich nur jene arbeitsrechtlichen Normen Anwendung, die nicht an die persönliche Abhängigkeit des Arbeitnehmers anknüpfen bzw sich nicht als spezifische Bestimmungen zum Schutz des sozial Schwächern darstellen (zB kein Anspruch auf Sonderzahlungen).

ec Werkverträge

In Abgrenzung zum Arbeitsvertrag und freien Dienstvertrag liegt ein **437** **Werkvertrag** gem § 1151 Abs 1 ABGB dann vor, wenn jemand die Herstel-lung eines Werkes gegen Entgelt übernimmt. Wesentlich für den Werkver-trag ist somit das Ergebnis der Dienstleistung, weil der Werkvertragsneh-mer ein Werk, dh einen Erfolg, und nicht das reine „Wirken" schuldet. Der Werkvertragsnehmer („Unternehmer") hat daher – anders als der Arbeit-nehmer – das Unternehmerrisiko zu tragen. Erst mit Fertigstellung des Werkes gilt der Werkvertrag als erfüllt.

Sofern nichts anders vereinbart ist, kann sich der Werkvertragsnehmer **438** bei der Erstellung des Werkes eines (oder mehrerer) **Gehilfen** bedienen.

Der Werkbesteller hat mangels detaillierter Vereinbarung ein **angemes-** **439** **senes Entgelt** zu leisten, das grundsätzlich erst mit Fertigstellung des Werkes fällig wird. Durch Vereinbarung können jedoch Vorschüsse oder anteilsmäßige Zahlungen bei Vertragsabschluss, bei Beginn der Arbeiten oder zu sonstigen Zeitpunkten vorgesehen werden.

Häufig werden dem Werkbesteller die mit der Ausführung des Werkes **440** verbundenen Kosten durch eine Aufstellung in Form eines **Kostenvor-** **anschlages** durch den Werkvertragsnehmer bekannt gegeben. Mit einem Kostenvoranschlag ist aber nicht notwendig das Angebot verbunden, das Werk um die berechnete Preissumme herzustellen. Bei einem Ver-brauchergeschäft kann der Werkvertragsnehmer für die Erstellung des Kostenvoranschlages nur dann ein Entgelt verlangen, wenn der Ver-braucher vom Unternehmer vorher auf die Zahlungspflicht ausdrücklich hingewiesen wurde (§ 5 Abs 1 KSchG). In allen anderen Fällen ist im Zweifel ein Entgelt zu leisten, wenn vorausgesetzt werden kann, dass mit der Erstellung des Kostenvoranschlages ein Aufwand verbunden war.

Hat der Werkvertragsnehmer die Richtigkeit des Kostenvoranschlages **441** ausdrücklich garantiert (**„Kostenvoranschlag mit Gewähr"**), kann er auch bei unvorhergesehenem erhöhten Kostenaufwand der angebotenen Leis-tungen kein höheres Entgelt fordern (§ 1170a Abs 1 ABGB); im Zweifel ist jedoch anzunehmen, dass der **Kostenvoranschlag ohne Gewähr** gege-ben wurde. Etwas anderes gilt wiederum beim Verbrauchergeschäft, bei dem in Ermangelung einer anders gelagerten Erklärung generell die Richtigkeit des Kostenvoranschlages als gewährleistet gilt (§ 5 Abs 2 KSchG).

117

442   Ist ein Kostenvoranschlag ohne Gewähr zugrunde gelegt und erweist sich eine **beträchtliche Überschreitung** als unvermeidlich, so kann der Werkbesteller unter angemessener Vergütung der vom Unternehmer geleisteten Arbeit vom Vertrag zurücktreten. Der Unternehmer hat jedoch die Verpflichtung, die Überschreitung der Kosten unverzüglich anzuzeigen, widrigenfalls er jeden Anspruch wegen der Mehrarbeiten verliert (§ 1170a Abs 2 ABGB).

443   Zu beachten ist, dass den Werkvertragsnehmer die Verpflichtung trifft, den Werkbesteller aufzuklären, sofern der zu bearbeitende Stoff untauglich oder die einschlägigen Anweisungen des Werkbestellers unrichtig sein sollten. Sofern der Werkvertragnehmer dieser **Warnpflicht** nicht nachkommt, wird er für den Schaden, der daraus entsteht, verantwortlich; dies gilt jedoch dann nicht, wenn die Untauglichkeit des Werkstoffes bzw die Unrichtigkeit der Anweisungen nicht erkennbar war (§ 1168a ABGB).

444   Besonderheiten für **Reiseveranstaltungsverträge** finden sich in den §§ 31b bis 31 f KSchG.

445   Dem Werkvertrag können auch der **Speditionsvertrag** bzw der **Frachtvertrag** (s dazu Rz 580 ff) und der Verlagsvertrag zugeordnet werden, da bei diesen Vertragsarten generell ein Werk bzw ein Erfolg und kein „Wirken" geschuldet wird. Durch einen **Verlagsvertrag** übernimmt der Urheber eines Werkes der Literatur, der Tonkunst oder der bildenden Künste die Verpflichtung, das Werk einem Verleger zur Vervielfältigung und Verbreitung zu überlassen (§ 1172 ABGB).

ed   Aufträge (Bevollmächtigungsverträge)

446   Ein Vertrag, wodurch jemand ein ihm aufgetragenes Geschäft im Namen eines anderen zur Besorgung übernimmt, ist gem § 1002 ABGB ein **Bevollmächtigungsvertrag.** Anders als bei einem Arbeitsvertrag bzw Werkvertrag, durch welchen sich jemand zur Verrichtung einer Arbeit bzw zur Errichtung eines Werkes verpflichtet, wird beim Auftrag die Durchführung eines Rechtsgeschäftes bzw einer Rechtshandlung geschuldet.

447   Der Auftrag kann **entgeltlich oder unentgeltlich** sein (§ 1004 ABGB); jedenfalls wird aber damit eine Pflicht des Auftragnehmers zur Besorgung eines ihm übertragenen Geschäftes begründet (§ 1009 ABGB). Der Beauftragte hat sich genau an seinen **Auftrag zu halten** und bei Unklarheiten beim Auftraggeber rückzufragen. Grundsätzlich hat er den Auftrag persönlich durchzuführen, wobei die Beiziehung von **Erfüllungsgehilfen** möglich ist.

448   Der Auftragnehmer ist verpflichtet, dem Auftraggeber über alle abgewickelten Geschäfte **Rechnung** zu legen; sofern durch das schuldhafte Verhalten des Auftragnehmers dem Auftraggeber ein **Schaden** erwächst, ist dieser vom Auftragnehmer zu ersetzen (§ 1012 ABGB).

Unabhängig davon, ob Entgeltlichkeit oder Unentgeltlichkeit vereinbart **449** wurde, hat der Auftraggeber dem Auftragnehmer alle von ihm getätigten **Aufwendungen** bzw **Auslagen** zu ersetzen (§ 1014 ABGB).

Mit dem Auftrag bzw Bevollmächtigungsvertrag verwandt sind der **450** Handelsvertretervertrag, der Maklervertrag, der Trödelvertrag sowie der Kommissionsvertrag.

Durch einen **Handelsvertretervertrag** wird ein Handelsvertreter als **451** selbständiger Gewerbetreibender damit betraut (beauftragt), auf Rechnung und im Namen seines Geschäftsherrn auf Grundlage einer ständigen Rechtsbeziehung zu diesem Rechtsgeschäfte zu vermitteln oder auch abzuschließen. Die diesbezüglichen Regelungen finden sich im HVertrG (s dazu Rz 565 ff).

Hingegen vermittelt ein Makler gewerbsmäßig Geschäfte für andere **452** Personen, ohne von ihnen auf Grund eines Vertrages ständig damit betraut zu sein (§ 1 MaklerG; s dazu Rz 571). Der **Maklervertrag** regelt daher jeweils nur ein in sich geschlossenes Geschäft und nicht eine ständige Geschäftsbeziehung. So ist etwa für einen zum Verkauf einer Wohnung beauftragten Wohnungsmakler nach erfolgreicher Veräußerung der Wohnung die Geschäftsbeziehung zum Auftraggeber beendet.

Der **Trödelvertrag** ist in den §§ 1086 ff ABGB geregelt; er liegt dann **453** vor, wenn jemand eine bewegliche Sache einem anderen für einen gewissen Preis zum Verkauf übergibt, mit der Bedingung, dass innerhalb einer gesetzten Frist entweder der vereinbarte Kaufpreis geleistet oder die Sache zurückgestellt wird. Dem Trödelvertrag ähnlich ist der **Kommissionsvertrag**, auf Grund dessen ein Kommissionär (Beauftragter) gewerbsmäßig im eigenen Namen für Rechnung des Kommittenten (Auftraggeber) Waren oder Wertpapiere erwirbt oder veräußert (§§ 383 ff HGB; s dazu Rz 576 ff).

ee Verwahrungsverträge

Ein **Verwahrungsvertrag** ist gem § 957 ABGB dadurch gekennzeich- **454** net, dass jemand eine fremde Sache in seine Obsorge (Verwahrung) übernimmt. Der Verwahrer, der die Sache zur Aufbewahrung übernimmt, stellt nicht nur den Raum für die Lagerung zur Verfügung, sondern ist auch zu bestimmten Obsorgeleistungen verpflichtet; insbesondere sind die anvertrauten Sachen nach Ablauf der vereinbarten Zeit in dem Zustand, in dem sie übernommen wurden, zurückzustellen (§ 961 ABGB). Durch den Verwahrungsvertrag erwirbt der Übernehmer weder Eigentum noch Besitz noch ein Gebrauchsrecht; er ist bloßer Inhaber mit der Pflicht, die anvertraute Sache vor Schäden zu sichern (§ 958 ABGB).

Der Verwahrungsvertrag kommt erst durch die Übergabe der Sache **455** zustande (**Realvertrag**; s dazu Rz 386).

Besonderheiten gelten kraft gesetzlicher Anordnung für die **Gastwirte- 456 haftung**. Gem § 970 Abs 1 ABGB haften Gastwirte, welche Fremde beherbergen (nicht: Restaurant oder bloßes Wirtshaus), als Verwahrer für die von den aufgenommenen Gästen eingebrachten Sachen. Dabei handelt es sich um eine zwingende Haftung; lediglich wenn der Beherberger nachweisen kann, dass der Schaden weder durch ihn selbst noch durch einen seiner Leute verschuldet und auch nicht durch fremde, im Haus aus- und eingehende Personen verursacht wurde, entfällt seine Haftung.

457   Beim **Lagergeschäft** (§§ 416 ff HGB) handelt es sich um ein mit dem Verwahrungsvertrag verwandtes Handelsgeschäft (s dazu Rz 587).

458   Praktische Bedeutung haben Verwahrungsverträge im **Bankgeschäft**. So schließt etwa der Bankkunde bei Eröffnung eines Depots für Aktien oder Anleihen einen Verwahrungsvertrag mit seiner Hausbank. Ausführliche Regelungen für die Verwahrung von Wertpapieren enthält das DepG (dazu Rz 900).

f Sicherungsverträge

459   Dient ein Vertrag ausschließlich der Sicherung des Gläubigers gegenüber dem Schuldner, liegt ein **Sicherungsvertrag** vor. Zu den Sicherungsverträgen zählen insbesondere der Bürgschaftsvertrag sowie der Pfandbestellungsvertrag.

fa Bürgschaftsverträge

460   Gem § 1346 Abs 1 ABGB ist derjenige, der sich zur Befriedigung des Gläubigers für den Fall verpflichtet, dass der (erste) Schuldner die Verbindlichkeit nicht erfüllt, ein Bürge. Das Übereinkommen, das zwischen dem Bürgen und dem Schuldner getroffen wird, ist der **Bürgschaftsvertrag**, der für den Anwendungsbereich des ABGB **schriftlich** abgefasst sein muss (§ 1346 Abs 2 ABGB); hingegen unterliegt eine Bürgschaft, die ein Kaufmann im Betrieb seines Vollhandelsgewerbes abgibt, nicht dem Formerfordernis der Schriftlichkeit (§ 350 HGB; vgl dazu Rz 573).

461   Wesentliche Merkmale der Bürgschaft sind die **Akzessorietät** sowie die **Subsidiarität**. Diese Grundsätze vermitteln zum einen, dass die Bürgschaft vom Bestehen der Hauptschuld abhängig ist und zum anderen, dass der Bürge grundsätzlich erst dann in Anspruch genommen werden kann, wenn der Gläubiger den Hauptschuldner erfolglos gemahnt hat (§ 1355 ABGB). Eine Mahnung ist aber nicht erforderlich, wenn der Hauptschuldner in Konkurs gegangen oder sein Aufenthalt nicht bekannt ist (§ 1356 ABGB).

462   Zu beachten ist, dass gewissermaßen als Ausnahme vom Grundsatz der Akzessorietät der Bürge auch dann haftet, wenn die Hauptschuld wegen der **Geschäftsunfähigkeit** des Schuldners nicht wirksam entstehen konnte (§ 1352 ABGB).

Sofern der Bürge Zahlung an den Gläubiger **geleistet** hat, erwirbt er die **463** Rechte des Gläubigers gegenüber dem Hauptschuldner im Rahmen einer **Legalzession** (§ 1358 ABGB).

Sonderformen der Bürgschaft sind die Haftung als Bürge und Zahler, **464** Nachbürge und Rückbürge sowie die Ausfallsbürgschaft. Wer als **Bürge und Zahler** für die Forderung des Schuldners einsteht, haftet mit dem Schuldner solidarisch, dh der Gläubiger kann die Schuld bei Zahlungsverzug ohne Mahnung des Hauptschuldners beim Bürgen eintreiben.

Ein **Nachbürge** haftet dem Gläubiger für jenen Fall, dass der Haupt- **465** bürge seiner Verpflichtung nicht nachkommt, wohingegen der **Rückbürge** dem in Anspruch genommenen Bürgen haftet – bei der Rückbürgschaft ist somit der Hauptbürge der Begünstigte.

Bei der **Ausfallsbürgschaft** haftet der Bürge nur insoweit, als die **466** Zwangsvollstreckung gegen den Schuldner fruchtlos verlaufen ist.

Besonderheiten gelten wiederum bei **Verbrauchergeschäften**: Sofern **467** nämlich ein Verbraucher eine Bürgschaft übernommen hat, welche in einem unbilligen Missverhältnis zu seiner Leistungsfähigkeit steht, kann der Richter die Haftung des Bürgen auf Antrag mäßigen bzw uU sogar ganz erlassen. Bei der Entscheidung des Richters sind insbesondere eine allenfalls bestehende Zwangslage des Bürgen bei der Übernahme der Haftung, das Interesse des Gläubigers an der Haftung, weiters der Nutzen des Bürgen aus dem besicherten Kredit sowie sein allfälliges Verschulden am Leistungsunvermögen angemessen zu berücksichtigen. In allen Fällen kommt eine Kürzung der übernommenen Bürgenhaftung jedoch grundsätzlich nur dann in Betracht, wenn dem Gläubiger bereits bei Abschluss des Bürgschaftsvertrages das „unbillige Missverhältnis" bekannt war (§ 25d KSchG).

Besondere Regelungen gelten überdies für **Ehegattenbürgschaften** **468** (§ 31a KSchG).

Der Bürgschaft dem Wesen nach ähnlich, jedoch von dieser zu unter- **469** scheiden, ist der **Garantievertrag**. Auf Grundlage eines Garantievertrages übernimmt der Garant gegenüber dem Begünstigten die Haftung für einen ungewissen Erfolg (§ 880a ABGB). Eine insbesondere im grenzüberschreitenden Handelsverkehr gebräuchliche Ausformung des Garantievertrages ist die **Bankgarantie**, bei welcher der Garant (Bank) dem Gläubiger einen bestimmten Geldbetrag garantiert. Wesentlichstes Unterscheidungsmerkmal zur Bürgschaft ist, dass die Bankgarantie und regelmäßig alle Arten von Garantieverträgen nicht akzessorisch wirken und daher vom Grundgeschäft losgelöst zu betrachten sind. Häufig werden Bankgarantien mit der Klausel „auf erste Anforderung" versehen, wodurch der Begünstigte auch dann Anspruch auf den garantierten Geldbetrag hat, wenn mangelhafte Ware geleistet wurde oder das Grundgeschäft (zB ein Kaufvertrag) überhaupt nicht zustande gekommen ist. Die Einwände des Schuldners gegen den Begünstigten aus dem Grundgeschäft sind bei Bankgarantien, die mit der oben genannten Klausel versehen sind, für den Garanten bedeutungslos, da dieser grundsätzlich auf Verlangen des Begünstigten den vereinbarten Geldbetrag zu leisten hat.

fb Pfandbestellungsverträge

470   Für den Pfandrechtserwerb ist regelmäßig ein zwischen dem Gläubiger und dem Sacheigentümer abzuschließender **Pfandbestellungsvertrag** notwendig (§ 1368 ABGB). Der Pfandbestellungsvertrag zielt auf die Absicht ab, ein Pfand als Sicherheit bestellen zu wollen, wohingegen der Pfandvertrag erst durch die Übergabe des Pfandes wirksam wird. Häufig wird der Pfandbestellungsvertrag (die Absicht zur Pfandübergabe) mit dem Pfandvertrag (tatsächliche Übergabe des Pfandes) zusammenfallen. Für beide Vertragsarten gilt kein gesetzliches Schriftlichkeitsgebot.

g Glücksverträge

471   **Glücksverträge** weisen ein stark vom Zufall bzw von unbestimmten Ereignissen beeinflusstes Element auf. Neben dem Hoffnungskauf (§§ 1275 f ABGB) und dem Erbschaftskauf (§§ 1278 ff ABGB) sind Wette und Spiel, der Leibrentenvertrag und der Versicherungsvertrag als die wichtigsten Ausprägungen von Glücksverträgen zu nennen.

ga Wette und Spiel

472   Der Abschluss von **Wetten** oder auch die Teilnahme an **Spielen** (zB Lotto, Toto) ist idR nicht wirtschaftlich motiviert, sondern wird in der Hoffnung auf den im Verhältnis zum gemachten Einsatz überproportional hohen Gewinn eingegangen. Der Spieler erwartet den Eintritt eines unbekannten zukünftigen Ereignisses und schließt mit seinem Gegenspieler (zB beim Spiel „6 aus 45" mit der Österreichischen Lotterien GmbH) einen Vertrag ab.

473   Grundsätzlich begründen erlaubte Spiele und Wetten nur **Naturalobligationen**, somit zwar zahlbare, aber keine einklagbaren Forderungen (§ 1271 ABGB; vgl dazu auch Rz 373). Ausgenommen sind jene Spiele, die unter das GlSpG fallen, wie auch das Spiel „6 aus 45", dessen Gewinne auch einklagbar sind. Verbotene Spiele begründen hingegen keine Naturalobligation; bereits geleistete Zahlungen können bei verbotenen Spielen daher zurückgefordert werden.

gb Leibrentenverträge

Wird jemandem für Geld oder gegen eine für Geld geschätzte Sache **474** auf Lebensdauer einer gewissen Person eine bestimmte jährliche Leistung (Rente) versprochen, so liegt gem § 1284 ABGB ein **Leibrentenvertrag** vor. Beim Leibrentenvertrag kann auch eine verstärkte wirtschaftliche Komponente vermutet werden, da der Erwerber nicht unbedingt den gesamten Gegenwert beispielsweise für eine Liegenschaft erlegen muss. Der Eigentümer eines Grundstückes (Leibrentennehmer) überträgt sein Eigentumsrecht an den Leibrentengeber. Der Leibrentengeber verpflichtet sich im Gegenzug, zumeist bis an das Lebensende des Leibrentennehmers, zu einer monatlichen Zahlung, welche durch eine im Grundbuch eingetragene Reallast (s dazu Rz 176) besichert ist. Über die auf Leibrente erworbene Liegenschaft kann der Erwerber jedoch grundsätzlich verfügen.

Die Einordnung des Leibrentenvertrages unter die Glücksverträge ist **475** insofern begründet, als das Ende der Zahlungsfrist durch den unbestimmten Zeitpunkt des Ablebens des Begünstigten ungewiss ist und daher der „Glückscharakter" bei dieser Art des Geschäftes unübersehbar wird.

gc Versicherungsverträge

Das ABGB enthält nur rudimentäre Regelungen über den **Versiche-** **476** **rungsvertrag** (§§ 1288 ff ABGB); allerdings bestehen mehrere Sondergesetze, wie etwa das VersVG und das VAG. Von Teilen der Lehre wird die Einordnung der Versicherungsverträge in die Kategorie der Glücksverträge abgelehnt; dies wird insbesondere damit begründet, dass der Versicherungsnehmer bereits durch die Übernahme des Versicherungsrisikos durch den Versicherungsgeber mit der Bezahlung der Versicherungsprämie eine einen Wert repräsentierende Leistung erhält und nicht erst dann, wenn der entsprechende Versicherungsfall eintritt. Andererseits gilt zu bedenken, dass ein Vertrag über die Absicherung bezüglich eines zufälligen und nicht vorhersehbaren Ereignisses geschlossen wird, wodurch auch bei Versicherungsverträgen ein Zufallsmoment nicht geleugnet werden kann. Letztlich ist wohl die im ABGB getroffene und bis dato nicht geänderte Zuordnung maßgeblich, die den Versicherungsvertrag als Glücksvertrag ausweist.

F Gesetzliche Schuldverhältnisse

1 Begriff

477 Schuldverhältnisse können entweder durch Vertrag oder durch die **Erfüllung gesetzlicher Tatbestände** entstehen. Zu den gesetzlichen Schuldverhältnissen zählen ua das Schadenersatzrecht, das Bereicherungsrecht sowie das Recht der Geschäftsführung ohne Auftrag.

2 Schadenersatzrecht

a Grundsätzliches

478 Grundsätzlich trifft der Schaden denjenigen, in dessen Person oder Vermögen er sich ereignet hat (§ 1311 ABGB). Dieser **Grundsatz** gilt allerdings dann nicht, wenn ein Dritter schadenersatzpflichtig wird.

479 Die wesentlichsten Zwecke des Schadenersatzrechts bestehen zum einen in der Ausgleichsfunktion und zum anderen in der Präventivfunktion. Durch die **Ausgleichsfunktion** des Schadenersatzrechts soll der Geschädigte bei Vorliegen entsprechender Zurechnungsgründe einen Ausgleich für den erlittenen Schaden erhalten. Die Schadenersatzpflicht ist jedoch auf den entstandenen Schaden begrenzt; wenn ein Schädiger also zwar schuldhaft einen Schaden herbeiführen wollte, aber keiner entstanden ist, besteht auch kein Schadenersatzanspruch.

480 Mit der Androhung von Ersatzpflichten, die den schuldhaften Schädiger treffen, verfolgt das Schadenersatzrecht auch eine **Präventivfunktion**. Es ist nahe liegend, dass Verhaltensweisen, die geeignet sind, Schäden zu verursachen, durch entsprechende gesetzlich normierte Schadenersatzleistungen eingeschränkt werden können.

b Schadensbegriffe

481 Im Schadenersatzrecht finden im Wesentlichen **drei Schadensbegriffe** Verwendung. Zu unterscheiden gilt es zwischen dem realen Schaden, dem Vermögensschaden und dem ideellen Schaden.

ba Realer Schaden

482 Der **reale Schaden** ist der tatsächliche Nachteil, mit dem ein Rechtssubjekt durch ein schadensauslösendes Ereignis konfrontiert ist. Diesem Schadensbegriff ist in jenen Fällen eine wesentliche Bedeutung beizumes-

sen, in denen der Schädiger zur Wiederherstellung des früheren Zustandes angehalten ist (Verpflichtung zur **Naturalrestitution**); eine Naturalrestitution ist jedoch nur dann zu leisten, wenn dies tunlich ist (§ 1323 ABGB).

bb   Vermögensschaden

Der **Vermögensschaden** ist der entstandene Nachteil an einer in   **483**
Geldwerten definierten Sache. Ausschlaggebend ist dabei die Minderung des Vermögens des Geschädigten.

Bei Vermögensschäden ist insbesondere zwischen dem positiven   **484**
Schaden und dem entgangenen Gewinn zu unterscheiden: Wurde ein bestehendes Vermögensgut oder auch ein Recht beeinträchtigt, liegt ein **positiver Schaden** vor. So kann etwa derjenige, dessen PKW in Form eines Totalschadens beschädigt wurde, den Geldwert des Wagens vor dem schädigenden Ereignis geltend machen; der reale Schaden ist in diesem Fall hingegen nicht ersetzbar, da durch den Totalschaden des PKW der ursprüngliche Zustand regelmäßig nicht mehr hergestellt werden kann.

Ein **entgangener Gewinn** wird zusätzlich zum positiven Schaden er-   **485**
setzt, wenn der Schädiger vorsätzlich oder grob fahrlässig (s dazu Rz 497 f) gehandelt hat (**volle Genugtuung**; § 1324 ABGB). Der entgangene Gewinn berücksichtigt die eingeschränkte oder gänzlich unmögliche Erwerbschance, die durch das nachteilige Ereignis verursacht wurde. Wird etwa der Taxiwagen eines selbständigen Taxilenkers vorsätzlich zerstört, steht ihm neben dem Ersatz des PKW auch der durch Einnahmenverlust verursachte Schaden zu.

bc   Ideeller Schaden

Im Unterschied zu Vermögensschäden bestehen **ideelle (immateriel-   **486**
le) Schäden** nicht in einer Verminderung des Vermögenswertes; es handelt sich dabei um nicht direkt in Geld messbare Nachteile eines Schadens. Ideelle Schäden entstehen zB durch psychische Qualen, Kränkungen und insbesondere durch Schmerzen. Sie werden nur in gesetzlich besonders geregelten Ausnahmefällen (zB § 1325 ABGB) ersetzt, wobei allerdings in jüngerer Zeit in der Judikatur eine Tendenz zu einer Ausweitung der von der Ersatzfähigkeit erfassten ideellen Schäden bemerkbar ist.

c   Haftung im Schadenersatzrecht

Je nach Art und Umstand des schädigenden Sachverhalts kann der   **487**
Schädiger zur Haftung herangezogen und zum Ersatz des Schadens

verpflichtet werden. In der österreichischen Rechtsordnung werden dabei generell **drei Haftungsarten** und damit einhergehende Ersatzpflichten unterschieden: Anzuführen sind die Verschuldenshaftung, die Gefährdungshaftung sowie die Eingriffshaftung. Zu beachten gilt dabei, dass sämtliche Haftungstypen vom selben Schadensbegriff determiniert sind.

ca   Verschuldenshaftung

488   Um einen Schädiger im Rahmen der **Verschuldenshaftung** zum Schadenersatz heranzuziehen, müssen folgende vier Kriterien kumulativ erfüllt sein:
- Eintritt eines Schadens
- Verursachung durch den Schädiger
- Rechtswidrigkeit der schädigenden Handlung
- Verschulden des Schädigers

489   Zu beachten gilt, dass das Vorliegen dieser vier Schadenersatzvoraussetzungen grundsätzlich **vom Geschädigten zu beweisen** ist (vgl § 1296 ABGB). Bezüglich dieser Beweislastregel ist jedoch durch § 1298 ABGB eine Ausnahme normiert: Sofern nämlich den Schädiger gegenüber dem Geschädigten spezielle Pflichten treffen, muss der Schädiger beweisen, dass er schuldlos war (**Umkehr der Beweislast**). Dies ist insbesondere dann von großer praktischer Bedeutung, wenn zwischen Schädiger und Geschädigtem eine vertragliche Beziehung besteht; in diesem Fall spricht man von der **Vertragshaftung** – im Unterschied zur **deliktischen Haftung**, bei welcher kein Vertragsverhältnis zwischen Schädiger und Geschädigtem besteht.

490   Der Eintritt eines für den Geschädigten nachteiligen Ereignisses (**Schaden**) lässt sich regelmäßig anhand der geschädigten Person oder der beschädigten Sache beweisen. Für die Höhe des Schadenersatzes und die Schadensberechnung ist die jeweilige Schadensart (der Schadensbegriff) maßgeblich.

491   Zum Schadenersatz kann nur derjenige verpflichtet werden, der den Schaden auch verursacht hat (**Verursachungs- bzw Kausalitätsprinzip**). Die wesentlichen Fragen, die es zu stellen gilt, bestehen zum einen darin, ob der Schaden auch dann eingetreten wäre, wenn der Schädiger jene Handlung, die für das nachteilige Ereignis maßgeblich ist, unterlassen hätte. Zum anderen ist zu prüfen, ob der Schaden uU ausgeblieben wäre, wenn der Schädiger pflichtbewusst gehandelt hätte. Es lässt sich somit erkennen, dass nicht nur ein aktives Tun zu einer Schadenersatzpflicht führen kann, sondern auch das Unterlassen einer Handlung.

492   Ist der Schaden bei einer **Mehrzahl von Schädigern** nicht direkt einem Schädiger zuzuordnen (oder ist die Schädigung durch mehrere Personen vorsätzlich erfolgt), haften dennoch alle daran beteiligten Personen solidarisch (§ 1302 ABGB). Derjenige, der den Schaden ersetzt hat, kann von den übrigen Schädigern anteiligen Rückersatz fordern; sofern sich dabei die Schadensteile nicht bestimmen lassen, haften alle zu gleichen Teilen (§ 896 ABGB).

Schadenersatzpflichtig wird weiters nur derjenige, der rechtswidrig **493** gehandelt hat (**Rechtswidrigkeit**). Wer sich rechtsrichtig bzw korrekt verhält, muss idR auch keinen Schadenersatz leisten. Ein rechtswidriges Verhalten liegt insbesondere dann vor, wenn gegen gesetzliche Verhaltensanordnungen bzw Schutzgesetze (Gebote und Verbote), gegen absolut geschützte Rechtspositionen (zB Persönlichkeitsrechte), gegen Verkehrssicherungspflichten (zB Absicherung einer Baustelle), gegen die guten Sitten sowie gegen rechtsgeschäftliche Pflichten (zB Verträge) verstoßen wird.

Zu beachten ist, dass nicht jedes rechtswidrige Verhalten automatisch **494** bereits zu einer Schadenersatzpflicht führt. Diesbezüglich ist zu prüfen, ob der entstandene Schaden vom konkreten Schutzzweck der verletzten Norm erfasst ist; wesentlich ist also der **Rechtswidrigkeitszusammenhang** zwischen der Verbotsverletzung und dem verursachten Schaden.

Hat jemand zwar rechtswidrig gehandelt, wäre der dadurch verursachte **495** Schaden aber auch im Falle eines rechtmäßigen Verhaltens eingetreten, tritt eine Haftung des Schädigers grundsätzlich nicht ein (**rechtmäßiges Alternativverhalten**). Den rechtswidrig Handelnden trifft in diesen Fällen die Beweislast dafür, dass durch sein rechtswidriges Verhalten die Gefahr des Schadenseintrittes nicht erhöht worden ist.

Ausnahmsweise kann auch ein an sich rechtswidriges Verhalten ge- **496** rechtfertigt sein und keinen schadenersatzrechtlich erheblichen Tatbestand darstellen. So ist es etwa im Fall der **Notwehr** bei einem rechtswidrigen Angriff eines Dritten dem Angegriffenen erlaubt, unter Einsatz angemessener Mittel die Rechtsposition des Angreifers zu verletzen, ohne schadenersatzpflichtig zu werden. Das ABGB normiert auch den Tatbestand des **Notstandes** (§ 1306a ABGB). Durch diese Regelung kann jemand, der in einem Notstand einen Schaden verursacht, von der Schadenersatzpflicht ganz oder teilweise ausgenommen werden, sofern die Interessen des Gefährdeten jene des Geschädigten überwiegen. Freilich gilt dies dann nicht, wenn sich jemand schuldhaft in den Notstand (oder auch einen Zustand der mangelnden Zurechnungsfähigkeit) versetzt hat (§ 1307 ABGB).

Ist das rechtswidrige Verhalten subjektiv verwerfbar, hätte also der **497** Schädiger auf Grund seiner Anlagen, Fähigkeiten und Möglichkeiten den Schaden vermeiden können, so liegt **Verschulden** vor. Die stärkste Verschuldensform ist die des **Vorsatzes**. Der Schädiger handelt bewusst rechtswidrig und sieht das schädigende Ereignis voraus. Wer etwa den Lack eines PKW mit einem spitzen Gegenstand mit Absicht beschädigt, handelt vorsätzlich.

498   Lässt hingegen ein Schädiger bei seiner Handlung lediglich die notwendige Sorgfalt vermissen, liegt Fahrlässigkeit vor. Je nachdem, ob die Sorglosigkeit eine Intensität erreicht, die einem durchschnittlich ordentlichen bzw gewissenhaften Menschen in der gegebenen Situation keinesfalls unterläuft, oder ob der Fehler auch einem an sich sorgfältigen Menschen passieren kann, liegt **grobe** bzw **leichte Fahrlässigkeit** vor.

499   Eine Sonderform des Verschuldens kennt das **Dienstnehmerhaftpflichtrecht**. Wenn kein nennenswertes Verschulden bzw lediglich ein geringfügiges Versehen eines Dienstnehmers vorliegt, spricht man von einer **entschuldbaren Fehlleistung**, die keinerlei Schadenersatzpflichten auslöst; hinzuweisen ist überdies darauf, dass das Gericht den Ersatz bei leichter oder grober Fahrlässigkeit des Dienstnehmers mäßigen kann (vgl § 2 DHG).

500   Zu beachten gilt, dass bei **Verbraucherverträgen** die Haftung des Unternehmers für grobes Verschulden nicht ausgeschlossen werden kann (§ 6 Abs 1 Z 9 KSchG). Sofern in sonstigen Verträgen die Haftung für leichte Fahrlässigkeit ausgeschlossen wird, trifft den Schädiger die Beweislast dafür, dass im Einzelfall keine grobe Fahrlässigkeit zum Schadenseintritt geführt hat (§ 1298 Satz 2 ABGB).

501   Sofern den Geschädigten ein **Mitverschulden** am Schadenseintritt trifft, ist eine Schadensteilung zwischen Geschädigtem und Schädiger vorgesehen. Dabei richten sich die Teile grundsätzlich nach dem Ausmaß des Verschuldens von Schädiger und Geschädigtem; sofern sich das Verhältnis des Verschuldens nicht bestimmen lässt, haften Schädiger und Geschädigter zu gleichen Teilen (§ 1304 ABGB).

502   Grundsätzlich wird im Rahmen der Verschuldenshaftung darauf abgestellt, dass der Schädiger selbst die schuldhafte Handlung setzt. Mitunter kann aber auch für fremdes Verhalten gehaftet werden. Der wichtigste Anwendungsfall ist jener der **Gehilfenhaftung**.

503   Bedient sich ein Geschäftsherr (Unternehmer) zur Erfüllung bestehender Schuldverhältnisse einer Hilfsperson, insbesondere im Rahmen eines bestehenden Vertragsverhältnisses, wird diese Hilfsperson als **Erfüllungsgehilfe** bezeichnet. Für den verschuldeten Schaden des Erfüllungsgehilfen haftet der Geschäftsherr, wie wenn er ihn selbst verursacht hätte. Zerstört zB der Malerlehrling während der Malerarbeiten schuldhaft den Kronleuchter des Auftraggebers, hat der Malermeister für den Schaden aufzukommen (§ 1313a ABGB).

504   Schädigt hingegen eine Hilfsperson einen Dritten, mit welchem den Geschäftsherrn kein aufrechtes Schuldverhältnis verbindet, wird diese Person als **Besorgungsgehilfe** tätig. Für den verschuldeten Schaden eines Besorgungsgehilfen hat der Geschäftsherr nur dann einzustehen, wenn er sich einer untüchtigen oder wissentlich einer gefährlichen Person bedient hat (§ 1315 ABGB).

505   Bemerkenswert ist, dass der **Wegehalter**, der für den ordnungsgemäßen Zustand eines Weges verantwortlich ist, unabhängig davon, ob

eine vertragliche Beziehung zum Geschädigten besteht oder nicht, jeden-falls für das Verhalten seiner „Leute" einzustehen hat (**Leutehaftung**); allerdings ist eine Haftung für leichte Fahrlässigkeit ausgeschlossen (§ 1319a ABGB).

Sofern ein (staatliches) Organ in Vollziehung der Gesetze dritten Per-   506
sonen rechtswidrig und schuldhaft einen Schaden zugefügt hat, kommt das **Amtshaftungsgesetz** (AHG) zur Anwendung. Dieses bewirkt, dass nicht das Organ selbst zur unmittelbaren Haftung herangezogen wird, sondern vielmehr grundsätzlich der jeweilige Rechtsträger für das Organverhalten einzustehen hat. Sofern der Rechtsträger einem Dritten Ersatz geleistet hat, kann er diesbezüglich vom handelnden Organ Rückersatz begehren; dabei gelten jedoch weitgehend die gleichen Mäßigungsregeln, wie sie im DHG (s dazu Rz 499) normiert sind. Fügt hingegen das Organ in Vollziehung der Gesetze einem (hoheitlichen) Rechtsträger einen Schaden zu, kommen die Bestim-mungen des **Organhaftpflichtgesetzes** (OrgHG) zur Anwendung.

Gem § 1489 ABGB müssen Schadenersatzansprüche innerhalb von   507
drei Jahren ab Kenntnis von Schaden und Schädiger geltend gemacht werden; innerhalb einer Frist von 30 Jahren ab dem Schadenseintritt ist die Geltendmachung von Schadenersatzansprüchen jedenfalls verjährt (**ab-solute Frist**).

cb   Gefährdungshaftung

Bei der **Gefährdungshaftung** berücksichtigt der Gesetzgeber, dass   508
gewisse Tätigkeiten, welche einen integralen Bestandteil des modernen Lebens bilden, Gefahren in sich bergen bzw die Benützung bestimmter Sachen an sich gefährlich ist. Das wesentliche Merkmal der Gefährdungs-haftung besteht darin, dass – im Gegensatz zur Verschuldenshaftung – weder rechtswidriges noch schuldhaftes Verhalten eine Voraussetzung für eine eventuelle Schadenersatzpflicht bildet.

Gefährdungshaftungstatbestände sind in **diversen Sondergesetzen**   509
für die einzelnen Bereiche geregelt: So sieht etwa das EKHG eine Haftung für Eisenbahnen und Kraftfahrzeuge, das LuftVG eine Haftung für den Betrieb von Luftfahrzeugen und das AtomHG eine Haftung für Kernanlagen und Kernmaterialien vor.

Dem Bereich der Gefährdungshaftung ist des Weiteren auch das **Pro-**   510
dukthaftungsgesetz (PHG) hinzuzuzählen. Dieses Gesetz macht Her-steller, Importeure und – ausnahmsweise – auch den Händler (nämlich dann, wenn er nicht innerhalb einer „angemessenen Frist" den Hersteller oder Importeur benennt) für fehlerhafte Produkte, die einen Menschen töten, am Körper verletzen oder die allgemein die Gesundheit schädigen sowie auf eine andere Sache nachteilig einwirken, für den entstandenen Schaden haftbar (§ 1 Abs 1 PHG).

511   Unter dem Begriff „**Produkt**" iSd des PHG wird jede körperliche Sache einschließlich Energie verstanden (§ 4 PHG). **Ersatzberechtigt** sind auch jene Personen, die als außenstehende Dritte von einem fehlerhaften Produkt in Mitleidenschaft gezogen werden. Welche Voraussetzungen gegeben sein müssen, damit ein Produkt als fehlerhaft einzustufen ist, regelt § 5 PHG. Entscheidend ist dabei die **berechtigte Sicherheitserwartung**, die man in ein Produkt zum Zeitpunkt seines erstmaligen Inverkehrbringens legen kann. Die Fehlerhaftigkeit kann auf Grund eines **Konstruktionsmangels** oder etwa durch eine unzureichende **Bedienungsanleitung** gegeben sein; auch eine faktische **Wirkungslosigkeit** des Produkts kann im Einzelfall als Fehler qualifizierbar sein.

512   Für **Schäden am Produkt** an sich sieht das PHG keine Haftung vor, da für diesen Schaden andere Regelungen, insbesondere das Gewährleistungsrecht, in Betracht zu ziehen sind. Das PHG regelt vielmehr die Schadenersatzpflicht für den Folgeschaden des fehlerhaften Produktes, welcher wesentlich umfangreicher sein kann als die Kosten des reinen Ersatzes oder der Reparatur der Sache. Eine Haftung des Produzenten tritt dann nicht ein, wenn der eingetretene Fehler aus der **Einhaltung einer Rechtsvorschrift** resultiert, weiters, wenn die Eigenschaften des Produktes nach dem **Stand von Wissenschaft und Technik** nicht als fehlerhaft qualifiziert werden konnten und schließlich, wenn der Produzent ein fehlerloses Grund- oder Teilprodukt hergestellt hat und der Fehler in weiterer Folge erst durch die Konstruktion des (Gesamt-)Produkts bzw durch eine (Bedienungs-)Anleitung des Herstellers herbeigeführt wurde (§ 8 PHG).

513   Um Produzenten, Importeure oder auch Händler nicht mit einer Flut von Haftungstatbeständen auf der Grundlage des PHG zu konfrontieren, wurde ein **Selbstbehalt** in Höhe von € 500,– normiert. Liegt ein Schaden vor, der unter die Regelungen des PHG fällt, ist nur der diesen Betrag übersteigende Teil durch den Schädiger zu ersetzen.

514   Die dargestellten Haftungsbestimmungen gem PHG sind als **zwingendes Recht** ausgestaltet (§ 9 PHG). Ersatzansprüche gem PHG erlöschen innerhalb von zehn Jahren ab dem Zeitpunkt, zu dem das Produkt vom Schadenersatzpflichtigen in Verkehr gebracht wurde (§ 13 PHG).

515   Im Nahebereich der Gefährdungshaftung ist auch die **Haftung für Tiere** angesiedelt. Gem § 1320 ABGB ist der Halter eines Tieres für alle Schäden, die dieses verursacht, verantwortlich, sofern er nicht beweisen kann, dass er für die erforderliche Verwahrung bzw Beaufsichtigung gesorgt hat.

516   Auch die **Haftung für Bauwerke** ist gem § 1319 ABGB wesentlich mit der Gefährlichkeit eines Gebäudes verknüpft.

cc   Eingriffshaftung

Bei der **Eingriffshaftung** ist regelmäßig ein Eingriff in eine fremde   517
Rechtssphäre zwar grundsätzlich erlaubt, löst dafür jedoch bei Vorliegen
von bestimmten Voraussetzungen zumindest Schadenersatzpflichten aus.
So hat beispielsweise der Eigentümer eines Grundstückes die Immissionen, welche von einer behördlich genehmigten Anlage ausgehen, zu
erdulden; wenn dabei jedoch ein Schaden entsteht, ist dieser – unabhängig
vom Vorliegen einer schuldhaften Handlung bzw eines gefährlichen Sachverhalts – jedenfalls zu ersetzen (§ 364a ABGB; vgl dazu bereits Rz 134).

3   Bereicherungsrecht

Der im Eigentum einer Person befindliche Vermögensgegenstand kann   518
von dieser, wenn es ihr Wille ist, auch an ein anderes Rechtssubjekt
übertragen werden. Eine Vermögensverschiebung kann etwa durch Kauf-
oder Schenkungsvertrag erfolgen und soll regelmäßig endgültigen Bestand
haben. Hat hingegen jemand einen Vermögenswert ohne Rechtsgrund
erhalten, liegt der Tatbestand der **ungerechtfertigten Bereicherung** vor,
der durch das Bereicherungsrecht geregelt ist. Dabei kann insbesondere
zwischen der Leistungskondiktion und dem Verwendungsanspruch unterschieden werden. Zu beachten ist, dass Bereicherungsansprüche ver-
schuldensunabhängig sind und grundsätzlich erst nach 30 Jahren verjähren.

a   Leistungskondiktion

Sofern jemand einem anderen bewusst einen Vermögensgegenstand   519
zuwendet, dieser aber über **keinen Rechtsgrund** verfügt, den Vermögensgegenstand zu behalten, kann der dadurch Verkürzte gegenüber dem
ungerechtfertigt Bereicherten mit **Leistungskondiktion** vorgehen. Wenn
somit die Leistung ihren Zweck verfehlt (Fehlen des Rechtsgrundes), kann
der Verkürzte die Rückforderung verlangen. Durch das Recht der Leistungskondiktion hat der Gesetzgeber die Art und Weise, wie der Verkürzte
seinen Vermögenswert wieder erhält bzw – wenn dies nicht mehr möglich
ist – einen entsprechenden Ersatz fordern kann, geregelt (vgl §§ 1431 ff
ABGB). Begleicht beispielsweise Werner bei seinem Freund Peter eine
Schuld in Höhe von € 500,–, die jedoch nicht bei Peter, sondern bei Ilse
besteht, ist Peter ungerechtfertigt bereichert. Werner kann in diesem Fall
durch eine Leistungskondiktion seinen Bereicherungsanspruch gegen Peter durchsetzen.

b Verwendungsanspruch

520   Wenn die Vermögensverschiebung nicht auf der Grundlage einer bewussten Zuwendung durch den Eigentümer beruht, der Bereicherte aber dennoch ohne Rechtsgrund einen Vorteil aus der fremden Sache gezogen hat, kommt dem Verkürzten ein **Verwendungsanspruch** zu (vgl § 1041 ABGB). In derartigen Fällen hat der ungerechtfertigt Bereicherte nicht nur den rechtsgrundlos akquirierten Vermögensgegenstand herauszugeben, sondern überdies – sofern die Sache benützt wurde – ein Benützungsentgelt zu leisten. Benützt etwa Werner den Traktor von Peter ohne dessen Genehmigung, hat Werner den Traktor an Peter zurückzugeben und für die Benützung ein angemessenes Entgelt zu entrichten.

4 Geschäftsführung ohne Auftrag

521   Im Regelfall wird jemand für einen anderen nur auf dessen ausdrücklichen Wunsch im Rahmen einer Vollmacht bzw eines Auftrages oder einer Ermächtigung hin tätig. Wird hingegen ein eigenmächtig Handelnder ohne bestehende vertragliche Vereinbarung für einen anderen tätig, liegt der Tatbestand der **Geschäftsführung ohne Auftrag** vor (§ 1035 ABGB). Entscheidend ist das Merkmal der eigenmächtigen Besorgung von Angelegenheiten mit der Absicht, die Interessen das anderen – nicht die eigenen – zu fördern. Bei der Geschäftsführung ohne Auftrag kann zwischen der Geschäftsführung im Notfall, der nützlichen Geschäftsführung und der unnützen Geschäftsführung unterschieden werden.

a Geschäftsführung im Notfall

522   Versucht jemand, den bevorstehenden Schaden eines anderen durch sein Tätigwerden abzuwenden, ohne die Zustimmung des Geschäftsherrn vorher einholen zu können, handelt er **ohne Auftrag auf Grund eines Notfalles**. Das Gesetz sieht die Möglichkeit des Eingreifens im Zuge von Notfallsituationen ausdrücklich vor (§ 1036 ABGB) und normiert, dass der im Notfall handelnde Geschäftsführer einen Anspruch auf Ersatz der gemachten Aufwendungen hat, der auch dann gebührt, wenn die notwendigen und zweckmäßigen Aufwendungen nicht zum Erfolg geführt haben.

b Nützliche Geschäftsführung

523   Die **nützliche Geschäftsführung** erfolgt nicht auf der Grundlage eines Notfalles. Sie liegt dann vor, wenn die Geschäftsführung zum klaren und

überwiegenden Vorteil des Geschäftsherrn geführt hat (§ 1037 ABGB). In diesem Fall hat der Geschäftsführer Anspruch auf den Ersatz der Aufwendungen in Höhe des objektiv und subjektiv zu beurteilenden Vorteils seiner Handlung für den Geschäftsherrn.

c   Unnütze Geschäftsführung

Erfolgt eine Geschäftsführung ohne den Willen des Geschäftsherrn bzw   **524** führt diese zu **keinem klaren oder überwiegenden Vorteil**, steht dem Geschäftsführer auch kein Aufwandersatz zu. Vielmehr hat der Geschäftsführer auf Verlangen des Geschäftsherrn den vorherigen Zustand wiederherzustellen und ihm einen allfälligen Schaden zu ersetzen (§ 1038 ABGB).

III   Grundzüge des Allgemeinen Handelsrechts

A   Allgemeines

Literatur: *Hämmerle/Wünsch*, Handelsrecht Bd I[4] (1991); *Holzhammer*, Allgemeines Handelsrecht und Wertpapierrecht[8] (1998); *Kalss/Schauer*, Allgemeines Handelsrecht (2002); *Krejci*, Handelsrecht[2] (2001); *Roth/Fitz*, Handels- und Gesellschaftsrecht (2000).

Das Handelsrecht iwS wird traditionellerweise in das Allgemeine Han-   **525**
delsrecht, das Gesellschaftsrecht, das Wertpapierrecht und den gewerblichen Rechtsschutz unter Einschluss des Kartellrechts und des Urheberrechts untergliedert. Zentrale Rechtsquelle des **Allgemeinen Handelsrechts** ist das in fünf Bücher gegliederte HGB, und zwar konkret das erste
Buch über den Handelsstand und das vierte Buch über die Handelsgeschäfte. Daneben finden sich einschlägige Regelungen auch in einer
Vielzahl von Sondergesetzen, wie etwa dem FBG, dem HVertrG oder dem
MaklerG.

B   Handelsstand

Literatur: wie oben III/A und *Danzl*, Das neue Firmenbuch (1991); *Eisels-
berg/Schenk/Weißmann*, Firmenbuchgesetz (1991); *Fromherz*, Kommentar zum Maklergesetz (1997); *Jabornegg* (Hg), Kommentar zum HGB
(1997); *Jabornegg*, HVG – Handelsvertreterrecht und Maklerrecht (1997);
Schummer, Handelsstand[3] (2000); *Straube* (Hg), Kommentar zum Handelsgesetzbuch Bd I[2] (1995).

1   Kaufmann

a   Grundsätzliches

Das Handelsrecht ist das **Sonderprivatrecht der Kaufleute**. Handels-   **526**
rechtliche Vorschriften kommen nur dann zur Anwendung, wenn zumindest
einer der am Geschäft Beteiligten Kaufmann ist. Aus diesem Grund ist der
Kaufmannsbegriff für das Handelsrecht von zentraler Bedeutung. Grundlage dieses Begriffes ist der **Betrieb eines Handelsgewerbes** (§ 1 Abs 1
HGB). Dieses setzt wiederum voraus, dass ein Gewerbe vorliegt, das vom
Gesetz als Handelsgewerbe anerkannt ist.

527   Unter **Gewerbe** versteht man eine nach außen in Erscheinung tretende, planmäßig und in Ertragserzielungsabsicht betriebene, selbständige und erlaubte Tätigkeit mit Ausnahme der freien Berufe.

- Die Tätigkeit tritt **nach außen in Erscheinung**, wenn sie für die Allgemeinheit erkennbar ist; die einem Dritten nicht erkennbare innere Absicht reicht nicht aus.
- Die Tätigkeit ist **planmäßig**, wenn sie auf relative Dauer angelegt ist. Beabsichtigt sein muss der Abschluss einer unbestimmten Vielzahl von Geschäften, selbst wenn dies innerhalb einer von vornherein begrenzten Zeit erfolgen sollte.
- Die Tätigkeit wird in **Ertragserzielungsabsicht** betrieben, wenn die Erzielung eines über dem Aufwand liegenden Ertrages angestrebt wird. Maßgeblich ist die Absicht der Erwirtschaftung eines Ertrages, nicht dessen tatsächliches Vorliegen.
- Die Tätigkeit erfolgt **selbständig**, wenn rechtlich unabhängig und eigenverantwortlich gehandelt wird. Entscheidend ist, dass der Handelnde selbst das Unternehmerwagnis trägt.
- Die Tätigkeit ist **erlaubt**, wenn sie nicht gegen gesetzliche Verbote oder die guten Sitten verstößt. Auf die öffentlich-rechtliche Erlaubtheit, namentlich das Vorliegen einer einschlägigen Gewerbeberechtigung, kommt es hingegen nicht an (vgl § 7 HGB).
- Die Tätigkeit darf **nicht den freien Berufen** zuzurechnen sein. Zu den freien Berufen zählen vor allem rechtsberatende (Rechtsanwälte, Notare, Wirtschaftstreuhänder, Patentanwälte), heilende (Ärzte, Tierärzte) und künstlerische (Schriftsteller, Komponisten, Bildhauer) Berufe. Die Herausnahme dieser Berufsgruppen aus dem Gewerbebegriff hat vor allem historische Gründe.

528   Zum **Handelsgewerbe** wird eine gewerbliche Tätigkeit in zwei Fällen: § 1 HGB stellt auf den Gegenstand der gewerblichen Tätigkeit ab. Erfüllt diese Tätigkeit einen der in § 1 Abs 2 HGB angeführten Tatbestände, so liegt ein „**eigentliches Handelsgewerbe**" bzw „**Grundhandelsgewerbe**" vor; damit verbunden ist die Eigenschaft als „**Musskaufmann**". Die §§ 2 und 3 HGB stellen hingegen auf die Anlage der gewerblichen Tätigkeit und die Eintragung im Firmenbuch ab; erfordert das Gewerbe einen nach Art und Umfang in kaufmännischer Weise eingerichteten Geschäftsbetrieb und wurde die Firma des Unternehmers in das Firmenbuch eingetragen, so liegt ein „**uneigentliches Handelsgewerbe**" vor, durch dessen Betrieb man entweder zum „**Sollkaufmann**" oder „**Kannkaufmann**" wird. Daneben kennt das Gesetz noch den „**Formkaufmann**", bei dem die Kaufmannseigenschaft unabhängig vom Vorliegen eines Gewerbebetriebes allein auf Grund der Rechtsform des Unternehmensträgers begründet wird. Von Bedeutung sind schließlich noch die im Interesse des Verkehrsschutzes und der Rechtssicherheit vorgesehenen Fälle des „**Scheinkaufmanns**".

b Musskaufmann

Wer ein **Grundhandelsgewerbe** betreibt, ist **Musskaufmann** (§ 1 Abs 2 HGB). Die Kaufmannseigenschaft entsteht mit der Aufnahme des Gewerbebetriebes, ohne dass es weiterer Voraussetzungen bedürfte. Insbesondere kommt es nicht auf die **Eintragung im Firmenbuch** an. Diese Eintragung ist zwar bei Vollkaufleuten (dazu sogleich Rz 531 f) zwingend zu veranlassen und wird allenfalls durch Zwangsstrafen iSd § 24 FBG betrieben; sie hat aber nur **rechtsbekundende (deklarative) Wirkung**. 529

Die Grundhandelsgewerbe sind in § 1 Abs 2 Z 1 bis 9 HGB **taxativ (abschließend)** – historisch erklärbar allerdings etwas antiquiert – aufgezählt: 530

- die Anschaffung und Weiterveräußerung von beweglichen Sachen (Waren) oder Wertpapieren, ohne Unterschied, ob die Waren unverändert oder nach einer Bearbeitung oder Verarbeitung weiterveräußert werden (Z 1, „**Umsatzgeschäfte**"),
- die Be- oder Verarbeitung von Waren für andere, sofern der Betrieb über den Umfang des Handwerks hinausgeht (Z 2, „**Lohnfabrikation**"),
- die Übernahme von Versicherungen gegen Prämie (Z 3),
- die Bankier- und Geldwechslergeschäfte (Z 4),
- die Übernahme der Beförderung von Gütern oder Reisenden zur See, die Geschäfte der Frachtführer oder der zur Beförderung von Personen zu Lande oder auf Binnengewässern bestimmten Anstalten sowie die Geschäfte der Schleppschifffahrtsunternehmer (Z 5),
- die Geschäfte der Kommissionäre, der Spediteure und der Lagerhalter (Z 6),
- die Geschäfte der Handelsvertreter und der Handelsmakler (Z 7),
- die Verlagsgeschäfte sowie die sonstigen Geschäfte des Buch- oder Kunsthandels (Z 8),
- die Geschäfte der Druckereien, sofern ihr Betrieb über den Umfang des Handwerks hinausgeht (Z 9).

c Voll- und Minderkaufmann

IZm dem Musskaufmann – nicht hingegen bei den übrigen Kaufmannstypen – von Bedeutung ist die Unterscheidung in den **Voll- und Minderkaufmann.** Sie beruht auf der Einschätzung, dass Kleingewerbetreibende bestimmte Einrichtungen des Handelsrechts nicht nötig haben, manche strenge Vorschriften des HGB auf sie keine Anwendung finden sollen und auch ihre Geschäftspartner und die Allgemeinheit weniger schutzbedürftig sind. Für Gewerbebetriebe, die nach Art und Umfang einen in kaufmänni- 531 scher Weise eingerichteten Geschäftsbetrieb nicht erfordern, sieht das Gesetz daher eine Reihe von **Besonderheiten** vor:

- Die **Vorschriften über die Firma, die Prokura und die (handels-rechtliche) Rechnungslegung** sind auf solche Gewerbebetriebe **nicht anzuwenden** (§ 4 Abs 1 HGB).
- Die **Gründung einer OHG oder KG** – wohl aber jene einer einge-tragenen Erwerbsgesellschaft (vgl § 1 EGG) – ist zum Betrieb der-artiger Gewerbe **nicht möglich** (§ 4 Abs 2, §§ 105, 161 HGB).
- Eine im Rahmen eines solchen Gewerbebetriebes versprochene **Konventionalstrafe** unterliegt dem **richterlichen Mäßigungs-recht**, eine **Bürgschaft** ist **formgebunden und subsidiär** (§ 351 HGB; vgl dazu Rz 573).
- Der **Erwerber** eines derartigen kleingewerblichen **Unternehmens haftet nicht nach den §§ 25 bis 27 HGB**, sondern nur gem § 1409 ABGB (vgl dazu Rz 549 ff).

532   Für das Vorliegen eines minderkaufmännischen Gewerbebetriebes ist es erforderlich, dass dieser Betrieb „**nach Art oder Umfang einen in kaufmännischer Weise eingerichteten Geschäftsbetrieb nicht erfor-dert**". Maßgebend ist dabei zwar an sich das **Gesamtbild des gewöhnli-chen Geschäftsablaufes**, in der Praxis werden aber vor allem der Arbeit-nehmerzahl und dem Umsatz – wobei man sich hier gerne an den Umsatz-grenzen des § 125 BAO orientiert – eine große Bedeutung eingeräumt. In Zweifelsfällen kann das Firmenbuchgericht ein Gutachten der zuständigen Interessenvertretung einholen (vgl § 14 Abs 1 FBG). Minderkaufmänni-schen Umfang haben etwa Kleinhändler oder Kleingastwirte. Überhaupt ist im gegebenen Zusammenhang darauf hinzuweisen, dass die zahlenmäßi-ge Bedeutung der Vollkaufleute nicht überschätzt werden sollte: Von sämtlichen, in Österreich tätigen Einzelunternehmern waren zum Stichtag 2.1.2002 lediglich 8.739 als Vollkaufleute im Firmenbuch registriert; der bei weitem überwiegende Teil gehörte dem Kreis der Minder- bzw Nichtkauf-leute an.

d Sollkaufmann

533   Wer ein Gewerbe betreibt, das sich nicht in der in § 1 Abs 2 HGB enthaltenen Aufzählung der Grundhandelsgewerbe findet, wird bei Vor-liegen weiterer Voraussetzungen zum **Sollkaufmann** iSd § 2 HGB. Not-wendig ist zum einen ein gewerbliches Unternehmen, das nach Art und Umfang einen in kaufmännischer Weise eingerichteten Geschäftsbetrieb erfordert, mit anderen Worten also **vollkaufmännischer Geschäftsum-fang** (s dazu Rz 531 f). Außerdem muss die **Firma** des Unternehmers **in das Firmenbuch eingetragen** worden sein, wobei diese Eintragung eben-falls durch Zwangsstrafen iSd § 24 FBG erzwingbar ist. Zum Sollkaufmann wird man aber erst mit der erwähnten Eintragung; hier hat diese Eintragung daher **rechtsbegründende (konstitutive) Wirkung**. Beispiele für sollkaufmännische Unternehmen finden sich vor allem im Dienstleistungssektor (zB Bauunternehmer, Kinos, Reisebüros) und im Bereich der so genannten „Urproduktion" außer der Land- und Forstwirtschaft (zB Gewinnung von Mineralwasser, Steinbrüche).

e   Kannkaufmann

Ein **Betrieb der Land- und Forstwirtschaft** begründet **niemals** die   534
Kaufmannseigenschaft nach den §§ 1 bzw 2 HGB (§ 3 Abs 1 HGB). Der Inhaber eines **Nebengewerbes des land- und forstwirtschaftlichen Hauptbetriebes** ist allerdings berechtigt – nicht jedoch verpflichtet –, sich ins Firmenbuch eintragen zu lassen und dadurch zum **Kannkaufmann** zu werden (§ 3 Abs 2 HGB). Voraussetzung für die Begründung der Kannkaufmannseigenschaft ist, dass der Nebenbetrieb **gewerblich** ist, in einem **persönlichen und sachlichen Zusammenhang** mit dem land- und forstwirtschaftlichen Hauptbetrieb steht, dennoch aber eine **gewisse Selbständigkeit** aufweist, einen **vollkaufmännischen Umfang** hat und, wie erwähnt, die **Firma in das Firmenbuch eingetragen** wurde. Zu denken ist dabei etwa an Gastwirtschaften, Sägewerke oder Schottergruben, wiewohl darauf hinzuweisen ist, dass dem Kannkaufmann **kaum praktische Bedeutung** zukommt.

f   Formkaufmann

Ein Verein, dem das Gesetz ohne Rücksicht auf den Gegenstand des   535
Unternehmens die Eigenschaft eines Kaufmanns beilegt („**Formkaufmann**"), ist unabhängig von der konkret entfalteten – gewerblichen oder nichtgewerblichen – Tätigkeit immer **Vollkaufmann** (§ 6 Abs 2 HGB). Zu diesen Vereinen zählen die AG (vgl § 3 AktG), die GmbH (vgl § 61 Abs 3 GmbHG), die aufsichtsratspflichtige Genossenschaft (§ 1 Abs 3 GenG), die Sparkasse (§ 1 Abs 1 SpG), der große Versicherungsverein auf Gegenseitigkeit (§ 27 VAG) und die EWIV (§ 1 Abs 2 EWIV-G).

g   Scheinkaufmann

IZm dem Begriff des „**Scheinkaufmanns**" werden gewöhnlich drei   536
Fallgruppen unterschieden:
- Im **Firmenbuch eingetragene Gewerbetreibende** gelten für die Dauer der Eintragung als **Vollkaufmann** (vgl § 5 HGB). Diese

Vorschrift betrifft zu Unrecht eingetragene Gewerbetreibende und dient der Wahrung der Rechtssicherheit; wer im Firmenbuch eingetragen ist, soll sich nicht darauf berufen können, dass das von ihm betriebene Gewerbe kein Grundhandelsgewerbe ist bzw keine kaufmännischen Einrichtung iSd §§ 2, 4 Abs 1 HGB benötigt. Geknüpft ist diese Fiktion an zwei Voraussetzungen, und zwar das **Vorliegen eines Gewerbebetriebes** und die **Eintragung der Firma im Firmenbuch**. Liegen diese Voraussetzungen vor, so besteht die **unwiderlegbare Rechtsvermutung** der Vollkaufmannseigenschaft, auf die sich jedermann – auch der zu Unrecht Eingetragene – berufen kann.

- Wird kein Gewerbe betrieben, so ist § 5 HGB nicht anwendbar. Die Scheinkaufmannseigenschaft kann sich dann aber nach allgemeinen Grundsätzen aus der **negativen Publizität des Firmenbuchs** (vgl § 15 Abs 1 HGB; dazu Rz 541) ergeben: Veranlasst der Eingetragene bei tatsächlichem Wegfall der Kaufmannseigenschaft nicht seine Löschung im Firmenbuch, so kann er sich grundsätzlich nicht auf die fehlende Kaufmannseigenschaft berufen. § 15 Abs 1 HGB begründet allerdings bloß eine **widerlegbare Rechtsvermutung**; er kommt nicht zur Anwendung, wenn dem Dritten das Fehlen der Kaufmannseigenschaft bekannt war.

- Als **Scheinkaufmann kraft eigenen Verhaltens** (vgl §§ 863, 869 ABGB) muss sich behandeln lassen, wer im kaufmännischen Verkehr wie ein Kaufmann auftritt oder diese Eigenschaft vortäuscht, ohne jedoch Kaufmann zu sein. War sein Verhalten für das eines gutgläubigen Dritten ursächlich, so wird der Scheinkaufmann nach Handelsrecht verpflichtet, nicht aber berechtigt.

2   Firmenbuch

a   Grundsätzliches

537   Das EDV-mäßig verwaltete **Firmenbuch** dient der **Offenlegung von wichtigen Rechtsverhältnissen**, die für den rechtsgeschäftlichen Verkehr unter Kaufleuten und zwischen Kaufleuten und Dritten von Interesse sind. Für seine Führung **sachlich zuständig** sind die mit Handelssachen betrauten Gerichtshöfe erster Instanz, **örtlich zuständig** ist jener Gerichtshof, in dessen Sprengel sich die Hauptniederlassung oder der Sitz des Unternehmens befindet (§ 120 JN). Seine wesentlichen – auch durch europarechtliche Vorgaben (vor allem die Publizitäts-RL und die Zweigniederlassungs-RL) beeinflussten – **Rechtsgrundlagen** finden sich im FBG, den §§ 8 bis 16 HGB, im AußStrG und im RPflG sowie teilweise im AktG, GmbHG und in anderen Sondergesetzen.

Gegliedert ist das Firmenbuch in das **Hauptbuch** und die **Urkunden-** 538
sammlung (§ 1 Abs 1 FBG). In das Hauptbuch werden die in § 2 FBG
aufgezählten Rechtsträger, die ihnen allen gemeinsamen (vgl § 3 FBG
sowie Rz 540) und die jeweiligen besonderen Tatsachen (vgl §§ 4 ff FBG
sowie Rz 540) eingetragen. Die Urkundensammlung enthält jene Urkunden, auf Grund derer eine Eintragung im Hauptbuch vorgenommen wird
oder für die die Aufbewahrung bei Gericht angeordnet ist (§ 12 FBG).

Das Firmenbuch ist ein **öffentliches Verzeichnis**. Die Einsichtnahme 539
in das Firmenbuch und in die eingereichten Schriftstücke ist daher für jeden
ohne Angabe des Verwendungszweckes und ohne Nachweis eines berechtigten Interesses möglich (§ 9 Abs 1 HGB). Die Einsicht in das Hauptbuch ist durch kostenpflichtige – für je 850 angefangene Zeilen € 8,– (vgl
TP 10 Z III GGG idF Art I Z 28 lit d EGN) – Ausdrucke (**Firmenbuchaus-**
züge) zu gewähren (§ 33 Abs 1 FBG). In die in die Urkundensammlung
aufgenommenen Urkunden ist in der Geschäftsstelle des Gerichtes Einsicht zu gewähren; falls sie in der Datenbank gespeichert sind, können
auch diese Urkunden auf Verlangen ausgedruckt werden (§ 33 Abs 2
FBG). Möglich ist die Einsichtnahme bei den **Firmenbuchgerichten** selbst
sowie nach Maßgabe der technischen Möglichkeiten auch bei **Bezirksge-**
richten (§ 33 Abs 3 FBG). Weiters haben **Notare** in ihrer Amtskanzlei die
technischen Voraussetzungen für die Firmenbuchabfrage zu schaffen
(§ 35 FBG). Schließlich ist jedermann nach Maßgabe der technischen und
personellen Möglichkeiten befugt, einen **Einzelanschluss** herstellen zu
lassen (§ 34 Abs 1 FBG); von dieser Berechtigung haben vor allem
Rechtsanwälte, Banken und Versicherungen Gebrauch gemacht.

b Eintragungen und deren Wirkungen

Eine Aufzählung der in das Hauptbuch **einzutragenden Rechtsträger** 540
findet sich in § 2 FBG. Angeführt sind dort Einzelkaufleute, die OHG, die
KG, die OEG, die KEG, die AG, die GmbH, Erwerbs- und Wirtschaftsge-
nossenschaften, Versicherungsvereine auf Gegenseitigkeit, Sparkassen,
Privatstiftungen, die EWIV sowie sonstige Rechtsträger, deren Eintragung
gesetzlich vorgesehen ist. Die in § 3 FBG in sechzehn Ziffern angeführten
allgemeinen Eintragungen sind bei allen Rechtsträgern vorzunehmen.
Hierzu gehören beispielsweise die Angabe der Firmenbuchnummer, der
Firma, der Rechtsform und des Sitzes, eine kurze Bezeichnung des
Geschäftszweiges, allfällige Zweigniederlassungen, personenbezogene
Daten des Einzelkaufmannes bzw vertretungsbefugter Personen und
Prokuristen sowie Angaben iZm der Abwicklung oder Insolvenz des Unternehmens. In den §§ 4 bis 9 FBG finden sich schließlich nach der Rechts-
form des jeweiligen Rechtsträgers differenzierende **besondere Eintra-**
gungen. So sind etwa bei einer KG bzw KEG die Kommanditisten und die

Höhe ihrer Vermögenseinlage (vgl § 4 Z 6 FBG) oder bei einer GmbH die Gesellschafter sowie ihre Stammeinlagen und die darauf geleisteten Einzahlungen (vgl § 5 Z 6 FBG) einzutragen.

541   Damit das Firmenbuch seiner Funktion als öffentliches Register gerecht werden kann, müssen die dort vorzunehmenden Eintragungen mit **besonderen Publizitätswirkungen** ausgestattet werden. Vorgesehen ist demnach zum einen, dass eine in das Firmenbuch einzutragende Tatsache einem Dritten nicht entgegengesetzt werden kann, solange sie nicht eingetragen und bekannt gemacht ist, es sei denn, dass sie dem Dritten bekannt war (§ 15 Abs 1 HGB; „**negative Publizität**"). Eine in Wahrheit nicht bestehende Rechtslage wird damit als bestehend behandelt und so das Vertrauen Dritter auf die Richtigkeit des Firmenbuches geschützt. Umgekehrt muss aber auch ein Dritter im Interesse des Eintragungspflichtigen eine eingetragene und bekannt gemachte Tatsache gegen sich gelten lassen. Etwas anderes gilt ausnahmsweise nur bei Rechtshandlungen, die innerhalb von 15 Tagen nach der letzten Bekanntmachung vorgenommen werden, sofern der Dritte beweist, dass er die Tatsache weder kannte noch kennen musste (§ 15 Abs 2 HGB; „**positive Publizität**").

c Verfahren

542   Eintragungen in das Firmenbuch werden grundsätzlich nur auf Grund der **Anmeldung** einer Partei vorgenommen, zu deren Vornahme der Anmeldungspflichtige auch durch gerichtliche Zwangsstrafen gem § 24 FBG angehalten werden kann. Die Anmeldung hat entweder **persönlich** oder durch einen mit einer **öffentlich beglaubigten Vollmacht ausgestatteten Bevollmächtigten** zu erfolgen (§ 12 HGB). Anderes gilt hinsichtlich des zuletzt genannten Formerfordernisses allerdings für einige praktisch durchaus wichtige Änderungsanmeldungen wie etwa die Änderung der Geschäftsanschrift oder der Gesellschafter einer GmbH, bei denen die Unterfertigung namens des Rechtsträgers durch vertretungsbefugte Personen genügt (vgl § 11 FBG). Die Anmeldung ist grundsätzlich **beim örtlich zuständigen Firmenbuchgericht** vorzunehmen, sie kann dort nach Maßgabe des § 35a FBG aber auch unter Einschaltung eines **Rechtsanwaltes bzw Notars** bewirkt werden.

543   Das Gericht nimmt sodann eine **Prüfung der Anmeldung** jedenfalls in formeller Hinsicht vor, in materieller Hinsicht bei begründetem Verdacht einer wahrheitswidrigen Anmeldung. In Zweifelsfällen kann es ein **Gutachten der zuständigen Interessenvertretung** einholen (§ 14 FBG), bei allfälligen Mängeln den Antragsteller zur **Verbesserung** auffordern (§ 17 FBG). Eintragungen im Firmenbuch und sonstige, vom Firmenbuchgericht vorzunehmende Veröffentlichungen sind in der Ediktsdatei (vgl § 89j GOG) und im „Amtsblatt zur Wiener Zeitung" **bekannt zu machen**; mit der Aufnahme der Daten der Bekanntmachung in die Ediktsdatei gilt die Bekanntmachung als vorgenommen (§ 10 Abs 1 HGB). Die Veröffentlichungen im „Amtsblatt zur Wiener Zeitung" sind tunlichst innerhalb eines Zeitraums von zwei Monaten nach Erteilung der Druckgenehmigung vorzunehmen; sie können in einer Beilage zum Blatt zusammengefasst werden (§ 10 Abs 2 HGB). Eintragungen über Einzelkaufleute, Personengesellschaften des Handelsrechts und eingetragene Erwerbsgesellschaften, die in die Datenbank des Firmenbuchs vorgenommen wurden, gelten allerdings als bekannt gemacht und müssen nicht veröffentlicht werden (Art XXIII Abs 15 FBG).

3 Firma

a Grundsätzliches

Die **Firma** eines Kaufmannes ist der Name, unter dem er im Handel **544** seine Geschäfte betreibt und die Unterschrift abgibt (§ 17 Abs 1 HGB). Entgegen dem allgemeinen Sprachgebrauch bezeichnet sie also den **Unternehmensträger**, nicht aber das Unternehmen selbst. Wie sich aus § 4 Abs 1 HGB ergibt, ist sie grundsätzlich dem Vollkaufmann vorbehalten; sie ist daher der **Handelsname des Vollkaufmanns**. Eine Ausnahme von diesem Grundsatz bildet die nicht vollkaufmännische, aber dennoch firmenfähige eingetragene Erwerbsgesellschaft. Ansonsten steht dem Minder- bzw Nichtkaufmann allenfalls die Führung einer **Geschäftsbezeichnung** zur Kennzeichnung seines Unternehmens zu (vgl dazu Rz 1036).

b Firmenbildung

Die **Bildung der Firma** ist nicht völlig frei möglich. Man hat sich dabei **545** vielmehr an die nach der Rechtsform des Unternehmensträgers differenzierenden gesetzlichen Rahmenbestimmungen zu halten. Die Firma besteht demnach

- beim **Einzelkaufmann** aus seinem Familiennamen und mindestens einem ausgeschriebenen Vornamen (§ 18 Abs 1 HGB),
- bei der **OHG** aus dem Namen wenigstens eines der Gesellschafter mit einem das Vorhandensein einer Gesellschaft andeutenden Zusatz oder den Namen aller Gesellschafter (§ 19 Abs 1 HGB),
- bei der **KG** aus dem Namen wenigstens eines persönlich haftenden Gesellschafters mit einem das Vorhandensein einer Gesellschaft andeutenden Zusatz (§ 19 Abs 2 HGB),

- bei der **OEG und KEG** grundsätzlich aus denselben Bestandteilen wie bei der OHG und KG, wobei allerdings der Zusatz „offene Erwerbsgesellschaft" bzw „OEG" oder „Kommandit-Erwerbsgesellschaft" bzw „KEG" zwingend ist; Besonderheiten gelten außerdem bei der Ausübung eines freien Berufes, bei der als Gesellschaftszusatz auch die Bezeichnungen „Partnerschaft" bzw „Kommandit-Partnerschaft" in Betracht kommen (§ 2 Abs 1, § 4 Abs 1, § 6 EEG),
- bei der **AG** aus einem Hinweis auf den Gegenstand des Unternehmens und der abkürzbaren Bezeichnung „Aktiengesellschaft" (§ 4 Abs 1 AktG),
- bei der **GmbH** aus einem Hinweis auf den Gegenstand des Unternehmens oder dem Namen wenigstens eines oder aller Gesellschafter sowie dem abkürzbaren Zusatz „Gesellschaft mit beschränkter Haftung" (§ 5 Abs 1 und 2 GmbHG),
- bei der **Genossenschaft** aus einem Hinweis auf den Gegenstand des Unternehmens und der Bezeichnung „registrierte Genossenschaft" mit einem auf die Haftung hinweisenden Zusatz (§ 4 Abs 1 GenG),
- bei der **EWIV** aus einem Hinweis auf den Gegenstand der Vereinigung oder den Namen aller Mitglieder oder wenigstens eines derselben sowie dem Zusatz „Europäische wirtschaftliche Interessenvereinigung" bzw „EWIV" (§ 5 EWIV-G).

546   Diese den **Firmenkern** bildenden Bestandteile können durch **Firmenzusätze** persönlicher, geographischer oder auf die Art des Unternehmens hinweisender Natur, aber auch durch Phantasiebezeichnungen oder Abkürzungen ergänzt werden.

c   Firmengrundsätze

547   Bei der Bildung und Führung von Firmen sind im Interesse des Rechtsverkehrs bestimmte Richtlinien zu beachten, die als **Firmengrundsätze** bezeichnet werden.

- Das Prinzip der **Firmenwahrheit** besagt, dass die Angaben der Firma über die Art und Person des Unternehmensträgers und über das von ihm betriebene Unternehmen zutreffen müssen, die Firma also die Öffentlichkeit nicht irreführen darf. Umfasst von diesem Gebot sind nicht nur der Firmenkern, sondern auch Firmenzusätze (vgl § 18 Abs 2 HGB). Allerdings gilt dieser Grundsatz uneingeschränkt nur für neu zu bildende („**ursprüngliche**") Firmen, während er bei fortgeführten („**abgeleiteten**") Firmen durchbrochen wird durch
- das Prinzip der **Firmenbeständigkeit**. Dieses ermöglicht es in bestimmten Fällen aus Gründen kaufmännischer Tradition und zur

Erhaltung des Firmenwertes („**goodwill**"), eine bestehende Firma trotz des damit verbundenen Verstoßes gegen das Prinzip der Firmenwahrheit fortzuführen. Das Gesetz gestattet diese Durchbrechung in den Fällen der **Namensänderung** (§ 21 HGB), des **Erwerbes eines Handelsgeschäftes unter Lebenden oder von Todes wegen** (§ 22 HGB) und der **Aufnahme eines Gesellschafters in ein Unternehmen bzw des Eintrittes in bzw des Ausscheidens aus einer Handelsgesellschaft** (§ 24 HGB).

- Das Prinzip der **Firmenöffentlichkeit** bedeutet, dass die Führung einer zulässig gebildeten Firma allein nicht ausreicht, sondern die Firma auch öffentlich kundgemacht werden muss. Der Kaufmann hat daher seine Firma zur Eintragung in das Firmenbuch anzumelden (§ 29 HGB).
- Das Prinzip der **Firmenausschließlichkeit** schreibt vor, dass sich jede neue Firma von allen an demselben Ort oder in derselben Gemeinde bereits bestehenden und in das Firmenbuch eingetragenen Firmen deutlich unterscheiden muss; allenfalls ist der neuen Firma ein Zusatz beizufügen, der diese Unterscheidbarkeit bewirkt (§ 30 Abs 1 und 2 HGB).
- Auf Grund des Prinzips der **Firmeneinheit** darf für ein und dasselbe Unternehmen nur eine Firma geführt werden; bei völlig getrennten Unternehmen kann allerdings zumindest der Einzelkaufmann für jedes eine eigene Firma führen.

d   Firmenschutz

Die Führung korrekter Firmen soll durch einen doppelten Schutz   **548** gewährleistet werden. Zum einen sieht das Gesetz einen **öffentlich-rechtlichen Schutz** in der Weise vor, dass der Gebrauch einer nicht zustehenden Firma mit vom Firmenbuch zu verhängenden Zwangsstrafen von bis zu € 3.600,– bedroht ist; bei fortdauerndem unrechtmäßigen Gebrauch kann die Zwangsstrafe auf bis zu € 7.260,– erhöht werden (§ 24 FBG). Zum anderen bestehen auch verschiedene Arten eines **privatrechtlichen Schutzes**: Wer in seinen Rechten durch den unbefugten Gebrauch einer Firma verletzt wird, kann auf Unterlassung klagen (§ 37 HGB). Daneben kommen der Namensschutz nach bürgerlichem Recht (§ 43 ABGB, s dazu Rz 1034), der wettbewerbsrechtliche Schutz von Unternehmenskennzeichen (§ 9 UWG, s dazu Rz 999 ff) und der markenrechtliche Schutz (§ 12 MarkSchG, s dazu Rz 1065 f) in Betracht.

4   Haftung beim Unternehmenserwerb

a   Grundsätzliches

549   Ein Unternehmen kann durch Rechtsgeschäft unter Lebenden – vor allem im Rahmen eines Unternehmenskaufes – oder von Todes wegen übertragen werden. Das Gesetz sieht hierfür im Interesse der Vertragspartner besondere **Haftungsfolgen** vor, um zu verhindern, dass diese durch den Inhaberwechsel Nachteile erleiden. Das Grundprinzip sowohl der allgemeinen bürgerlichrechtlichen Vorschriften wie auch der besonderen handelsrechtlichen Bestimmungen lautet dabei, dass auch der Erwerber des Unternehmens für die zum Unternehmen gehörigen Schulden haften soll.

b   Unternehmenserwerb unter Lebenden

ba   Zivilrechtliche Haftung

550   Übernimmt jemand ein Unternehmen, so haftet er unbeschadet der fortdauernden Haftung des Veräußerers für die zum Unternehmen gehörigen Schulden, die er bei der Übergabe kannte oder kennen musste. Er wird aber von der Haftung insoweit frei, als er an solchen Schulden schon so viel berichtigt hat, wie der Wert des übernommenen Unternehmens beträgt (§ 1409 Abs 1 ABGB). Die wesentlichen Inhalte dieses **allgemeinen Haftungstatbestandes** sind daher:

- § 1409 ABGB begründet einen **gesetzlichen Schuldbeitritt**; der Erwerber haftet neben dem Veräußerer unmittelbar und persönlich für die zum Unternehmen gehörenden Schulden.
- Der Erwerber haftet aber nur für die Schulden, die er **kannte oder kennen musste**; die Beweislast hierfür trifft – außer beim Erwerb durch nahe Angehörige (vgl § 1409 Abs 2 ABGB) – den Gläubiger.
- Die Haftung besteht nur bis zum **Wert der übernommenen Aktiven**; entscheidend ist hierfür der gemeine Wert des Unternehmens im Zeitpunkt der Übergabe, nicht etwa der vereinbarte Kaufpreis.
- Ein **Entfall der Haftung** tritt insoweit ein, als der Kaufpreis vom Erwerber oder auch vom Veräußerer zur Bezahlung von Gläubigerforderungen verwendet wird.
- Die Haftung ist – mit Ausnahme der Sonderfälle des § 1409a ABGB – **zwingend**; entgegenstehende Vereinbarungen zwischen dem Veräußerer und dem Übernehmer zum Nachteil der Gläubiger sind diesen gegenüber unwirksam (§ 1409 Abs 3 ABGB).

146

bb Handelsrechtliche Haftung

Beim Erwerb eines **vollkaufmännischen Unternehmens** wird dieser   **551**
allgemeine Haftungstatbestand durch **besondere handelsrechtliche
Normen** überlagert. Diese knüpfen an das Vorliegen bzw Nichtvorliegen
einer Firmenfortführung an und differenzieren wie folgt:

*   **Führt der Erwerber die bisherige Firma fort**, so haftet er für alle
    im Betrieb des Geschäftes begründeten Verbindlichkeiten (§ 25
    Abs 1 HGB). Auch hier kommt es zu einem **gesetzlichen Schuld-
    beitritt** des Erwerbers, der überdies **unbeschränkt** und **ohne be-
    sondere subjektive Voraussetzungen** (Kennen bzw Kennenmüs-
    sen) mit seinem ganzen Vermögen haftet. Allerdings kann die stren-
    ge handelsrechtliche Haftung mit Wirksamkeit gegenüber Dritten
    beschränkt oder ausgeschlossen werden, wenn eine diesbezügliche
    abweichende Vereinbarung im Firmenbuch eingetragen und be-
    kannt gemacht worden oder vom Erwerber oder Veräußerer dem
    Dritten mitgeteilt worden ist (§ 25 Abs 2 HGB). Ein völliger Haftungs-
    ausschluss ist im Außenverhältnis jedoch insofern nicht möglich, als
    die Grenze des § 1409 ABGB durch Parteienvereinbarung nicht
    beseitigt werden kann (vgl § 25 Abs 5 HGB). Hinzuweisen ist noch
    darauf, dass die im Betrieb begründeten **Forderungen** den Schuld-
    nern gegenüber als auf den Erwerber übergegangen gelten.
*   **Führt der Erwerber die bisherige Firma nicht fort**, so trifft ihn die
    strenge handelsrechtliche Haftung nur, wenn ein **besonderer Ver-
    pflichtungsgrund** vorliegt, insbesondere wenn die Übernahme der
    Verbindlichkeiten in handelsüblicher Weise vom Erwerber bekannt
    gemacht worden ist (§ 25 Abs 3 HGB). Praktische Bedeutung hat
    diese Variante einer Haftungsbegründung allerdings nicht erlangt.
    Regelmäßig bleibt es daher bei Unterbleiben der Firmenfortführung
    bei der Haftung nach Maßgabe des § 1409 ABGB.
*   In beiden Fällen tritt die **Verjährung der Haftung** des früheren
    Inhabers bereits nach fünf Jahren – bzw einer nach sonstigen Vor-
    schriften allenfalls kürzeren Frist – ein, wenn der Erwerber nach den
    strengen handelsrechtlichen Vorschriften haftet, während anson-
    sten die allgemeine bürgerlichrechtliche Verjährung (s dazu Rz 375)
    zum Tragen kommt (§ 26 HGB).

Hinzuweisen ist schließlich noch darauf, dass sich in einer Reihe   **552**
sondergesetzlicher Vorschriften weitere Haftungsanordnungen für bestimmte Verbindlichkeiten finden (vgl § 6 AVRAG, § 14 BAO, § 67 Abs 4
ASVG).

c Unternehmenserwerb von Todes wegen

ca Zivilrechtliche Haftung

553   Die Haftung des Erben eines Unternehmens für die damit verbundenen Verbindlichkeiten unterliegt bei alleiniger **Anwendung bürgerlichrechtlicher Vorschriften** keinen Besonderheiten gegenüber **allgemeinen erbrechtlichen Grundsätzen**. Ihr Umfang hängt daher davon ab, ob der Erbe eine **unbedingte oder bedingte Erbserklärung** abgegeben hat und ein **Inventar** errichtet wurde: Mit der unbedingten Erbserklärung übernimmt der Erbe die Haftung für alle Nachlasschulden, eine bedingte Erbserklärung führt in Verbindung mit der Inventarerrichtung zu einer auf die Nachlassaktiven beschränkten Erbenhaftung.

cb Handelsrechtliche Haftung

554   Im **Handelsrecht**, also beim Übergang eines **vollkaufmännischen Unternehmens**, tritt hingegen eine dem § 25 HGB entsprechende Haftung ein (§ 27 Abs 1 HGB). Auch hier ist daher nach Maßgabe der bereits erörterten Grundsätze danach zu differenzieren, ob sich der Erbe für eine **Firmenfortführung** entschieden hat oder nicht bzw ob ein **besonderer Verpflichtungsgrund** vorliegt. Trotz Fortführung der Firma haftet der Erbe allerdings nicht, wenn es zur **Einstellung der Fortführung des Geschäfts vor Ablauf von drei Monaten** seit der Einantwortung bzw Übertragung der Nachlassverwaltung gem § 810 ABGB kommt (§ 27 Abs 2 HGB). Entfällt die strenge handelsrechtliche Haftung wegen Unterbleibens der Firmenfortführung bzw rechtzeitiger Einstellung des Unternehmens oder Fehlens eines besonderen Verpflichtungsgrundes, so trifft den Erben nur die Haftung nach Erbrecht.

d Vergesellschaftung

555   Auch der Fall, dass jemand als persönlich haftender Gesellschafter oder als Kommanditist in das Geschäft eines Einzelkaufmanns eintritt und dadurch eine Personengesellschaft entsteht („**Vergesellschaftung**"), kann als Form eines Unternehmenserwerbs angesehen werden. Das Gesetz sieht für diesen Vorgang ebenfalls besondere Haftungsfolgen vor:

556   Die **Gesellschaft** haftet auch **ohne Firmenfortführung** für alle im Betriebe des Geschäfts entstandenen Verbindlichkeiten des früheren Geschäftsinhabers (§ 28 Abs 1 HGB). Aus der Haftung der Gesellschaft für diese Verbindlichkeiten folgt in weiterer Folge auch die Haftung des **neu Eintretenden** nach Maßgabe seiner gesellschaftsrechtlichen Stellung, also als persönlich haftender Gesellschafter (s dazu Rz 638 ff) bzw Kommanditist (s dazu Rz 655 ff). Unberührt bleibt daneben überdies die Haftung des **früheren Alleininhabers**, dem wegen seines Verbleibes im Unternehmen insbesondere keine dem § 26 HGB entsprechende Begünstigung im Hinblick auf die Verjährung seiner Haftung zuteil wird. Wie bei den §§ 25 und 27 HGB ist allerdings auch diese Haftung keine zwingende; eine **abweichende Vereinbarung** ist aber nur wirksam, wenn sie in das Firmenbuch eingetragen oder bekannt gemacht oder von einem Gesellschafter dem Dritten mitgeteilt worden ist (§ 28 Abs 2 HGB).

5 Prokura und Handlungsvollmacht

a Grundsätzliches

Gerade im kaufmännischen Geschäftsverkehr besteht die wirtschaftliche Notwendigkeit, Rechtshandlungen durch Stellvertreter vornehmen zu lassen. Das HGB trägt diesen Bedürfnissen durch die besondere Regelung zweier **spezifischer Formen der Vertretung** Rechnung, nämlich der **Prokura** (§§ 48 bis 53 HGB) und der **Handlungsvollmacht** (§§ 54 bis 58 HGB, Art 6 Nr 10 und 11 EVHGB). Beide sind Formen einer rechtsgeschäftlichen Vertretung, also einer **Bevollmächtigung** (dazu Rz 71 ff); ihre wesentlichen Unterschiede liegen in der Erteilung und im Umfang. **557**

b Prokura

Die Erteilung einer **Prokura** ist dem **Vollkaufmann** vorbehalten; Minder- bzw Nichtkaufleute sind hierzu nicht befähigt (§ 4 Abs 1 HGB). Sie muss vom **Inhaber des Handelsgeschäfts persönlich** oder von seinem **gesetzlichen Vertreter** erteilt werden; nicht zulässig ist daher die Erteilung durch einen rechtsgeschäftlichen Vertreter, etwa einen anderen Prokuristen. Die Prokura ist **ausdrücklich** zu erteilen, so dass eine bloß konkludente Erteilung nicht in Betracht kommt (§ 48 Abs 1 HGB); eine bestimmte Form ist aber nicht vorgeschrieben. Je nachdem, ob die Prokura einer einzelnen Person zur alleinigen Vertretung oder mehreren Personen zur gemeinschaftlichen Vertretung erteilt wurde, unterscheidet man zwischen **Einzelprokura** und **Gesamtprokura** (vgl § 48 Abs 2 HGB). Die Erteilung der Prokura wie auch ihre konkrete Ausgestaltung als Einzel- oder Gesamtprokura sind vom Inhaber des Handelsgeschäfts zur **Eintragung in das Firmenbuch** anzumelden (§ 53 Abs 1 HGB); diese Eintragung wirkt zwar nur **deklarativ**, sie ist aber **zwingend** vorzunehmen. **558**

Die Prokura ist eine besonders umfassende kaufmännische Vollmacht. Sie ermächtigt zu **allen Arten von gerichtlichen und außergerichtlichen** **559**

Geschäften und Rechtshandlungen, die der **Betrieb eines Handelsgewerbes** mit sich bringt (§ 49 Abs 1 HGB). Sie deckt insbesondere auch Geschäfte, die im Betrieb des Inhabers nicht üblich sind. **Nicht gedeckt** vom gesetzlichen Umfang sind aber **nichthandelsgewerbliche Rechtshandlungen** (zB familien- oder erbrechtliche Geschäfte), **nichtbetriebliche Handlungen** (zB die Veräußerung oder Einstellung des Unternehmens), die dem Inhaber des Handelsgeschäfts vorbehaltenen **Prinzipalgeschäfte** (zB Anmeldungen zum Firmenbuch) sowie bei Fehlen einer entsprechenden besonderen Befugnis die **Veräußerung und Belastung von Grundstücken** (§ 49 Abs 2 HGB). **Interne Beschränkungen** der Prokura sind Dritten gegenüber unwirksam, aber im Innenverhältnis zu beachten; ihre Verletzung macht den Prokuristen uU schadenersatzpflichtig.

560   Die Prokura **endet** durch den jederzeitigen, auch formlos möglichen **Widerruf** seitens des Vertretenen (§ 52 Abs 1 HGB); dieses Recht des Geschäftsherrn ist unverzichtbar und kann durch Vertrag nicht ausgeschlossen werden. **Weitere Endigungsgründe** sind insbesondere die Kündigung durch den Prokuristen, der Konkurs des Prokuristen bzw des Geschäftsherrn und der Tod des Prokuristen; hingegen endet die Prokura namentlich nicht durch den Tod des Geschäftsherrn (§ 52 Abs 3 HGB). Das Erlöschen der Prokura ist in gleicher Weise wie die Erteilung zur **Eintragung in das Firmenbuch** anzumelden (§ 53 Abs 3 HGB).

c Handlungsvollmacht

561   Anders als die Prokura kann die **Handlungsvollmacht** durch **jeden Kaufmann**, also auch durch einen Minderkaufmann, ja sogar durch **rechtsgeschäftliche Vertreter** eines Kaufmanns, wie zB Prokuristen, erteilt werden. Die Handlungsvollmacht kann auch durch **konkludentes Verhalten** erteilt werden; für sie ist **keine Eintragung in das Firmenbuch** vorgesehen.

562   Die Handlungsvollmacht umfasst prinzipiell alle Geschäfte und Rechtshandlungen, die der Betrieb eines derartigen Handelsgewerbes oder die Vornahme derartiger Geschäfte gewöhnlich mit sich bringt. Wesentlich ist somit die **Beschränkung auf Geschäfte der betreffenden Branche** und auf **gewöhnliche Geschäfte**. Im Übrigen unterscheidet das Gesetz je nach Umfang der Handlungsvollmacht zwischen der **General-**, **Art-** und **Spezialhandlungsvollmacht** (§ 54 Abs 1 HGB). **Beschränkungen der Handlungsvollmacht** bestehen ferner in Bezug auf die Veräußerung oder Belastung von Grundstücken, die Eingehung von Wechselverbindlichkeiten, die Aufnahme von Darlehen und die Prozessführung; hierzu ist der Handlungsbevollmächtigte nur ermächtigt, wenn ihm eine solche Befugnis besonders erteilt worden ist (§ 54 Abs 2 HGB). **Sonstige Beschränkungen** sind ebenfalls zulässig; ein Dritter braucht sie aber nur dann gegen

sich gelten lassen, wenn er sie kannte oder kennen musste (§ 54 Abs 3 HGB).

Die Handlungsvollmacht **endet** grundsätzlich aus denselben Gründen **563** wie die Prokura (vgl dazu oben Rz 560); allerdings ist hier ein Verzicht auf die jederzeitige Widerrufsmöglichkeit grundsätzlich zulässig (Art 6 Nr 11 EVHGB).

6   Handelsvertreter und Handelsmakler

a   Grundsätzliches

IZm dem Handelsstand werden regelmäßig der **Handelsvertreter** und **564** der **Handelsmakler** mit erörtert. Der Grund dafür liegt darin, dass diese **selbständigen kaufmännischen Hilfspersonen** ursprünglich im ersten Buch des HGB über den Handelsstand in zwei eigenen Abschnitten geregelt waren. Nunmehr finden sich die Rechtsgrundlagen allerdings in Sondergesetzen, und zwar für den Handelsvertreter im – durch die Handelsvertreter-RL der Europäischen Gemeinschaft mitgeprägten – HVertrG 1993 und für den Handelsmakler im MaklerG 1996.

b   Handelsvertreter

Handelsvertreter ist, wer von einem anderen (dem „**Unternehmer**") **565** mit der **Vermittlung oder dem Abschluss von Geschäften**, ausgenommen über unbewegliche Sachen, in **dessen Namen** und für **dessen Rechnung ständig betraut** ist und diese Tätigkeit **selbständig** und **gewerbsmäßig** ausübt (§ 1 Abs 1 HVertrG). Dem Handelsvertreter kommt also die Funktion als **Absatz- bzw Umsatzmittler** im Rahmen des Vertriebes der Waren des Unternehmers zu. Während der **Vermittlungsvertreter** Rechtsgeschäfte zwischen Geschäftsherrn und Dritten bloß vorbereitet, ist der **Abschlussvertreter** unmittelbarer Stellvertreter des Unternehmers und als solcher zum Abschluss von Rechtsgeschäften in dessen Namen befugt.

Mit dem Handelsvertreter funktional verwandt ist der **Vertragshändler**. **566** Dabei handelt es sich um einen Unternehmer, der in die Vertriebsorganisation eines Herstellers von Markenwaren eingegliedert ist und die Vertragswaren im Vertragsgebiet vertreibt. Als Sonderform des Vertragshändlers stellt sich der besonders stark in die Vertriebsorganisation eingebundene **Franchisenehmer** dar (dazu oben Rz 413). Beiden ist gemeinsam, dass sie – im Unterschied zum Handelsvertreter – **im eigenen Namen und für eigene Rechnung** tätig werden. Eine ausdrückliche gesetzliche Regelung haben sie bislang nicht erfahren, allerdings werden insbesondere die **Schutzvorschriften des HVertrG** auf sie **analog** angewendet.

567   Die Stellung als Handelsvertreter beruht auf dem grundsätzlich **formfreien Handelsvertreter(Agentur-)vertrag**, wobei allerdings jeder Vertragspartner eine schriftliche Vertragsausfertigung verlangen kann (§ 4 HVertrG). Aus diesem Vertragsverhältnis entspringen folgende wesentliche **Rechte** und **Pflichten** des Handelsvertreters:

568   Das zentrale Recht des Handelsvertreters besteht im **Anspruch auf Provision** (§§ 8 bis 11 HVertrG). Dieser Anspruch beruht grundsätzlich auf dem „**Verdienstlichkeitsprinzip**". Er entsteht – mit Ausnahme der Fälle der **Nachweisprovision** (vgl § 8 Abs 2 Satz 2 HVertrG) und der so genannten „**Direktgeschäfte**" (vgl § 8 Abs 3 und 4 HVertrG) – daher nur dann, wenn die Tätigkeit des Handelsvertreters ihrer Art nach geeignet war, für den Auftraggeber Vertragspartner aufzufinden und zum Vertragsabschluss zu bewegen. Unter dieser Voraussetzung gebührt eine Provision auch noch für Geschäfte, die **nach Beendigung des Vertragsverhältnisses** zustande kommen, wenn dies überwiegend auf die Tätigkeit des Handelsvertreters während des Vertragsverhältnisses zurückzuführen ist und der Abschluss innerhalb einer angemessenen Frist nach Vertragsbeendigung erfolgt oder die verbindliche Erklärung des Dritten, das Geschäft schließen zu wollen, noch vor Beendigung des Vertrages dem Handelsvertreter oder Unternehmer zugegangen ist (§ 11 Abs 1 HVertrG). Von besonderer Bedeutung ist ferner der **Ausgleichsanspruch** des Handelsvertreters (§ 24 HVertrG). Dieser Anspruch dient der Abgeltung jener Vorteile, die dem Unternehmer aus der Vertretertätigkeit noch nach Ende des Handelsvertretervertrages zukommen. Er setzt voraus, dass der Handelsvertreter dem Unternehmer **neue Kunden zugeführt** oder bereits **bestehende Geschäftsverbindungen wesentlich erweitert** hat, daraus **erhebliche Vorteile für den Unternehmer** auch nach der Vertragsauflösung zu erwarten sind und die Ausgleichszahlung der **Billigkeit** entspricht. **Kein Ausgleichsanspruch** besteht allerdings insbesondere bei grundloser Kündigung oder vorzeitiger Auflösung des Vertragsverhältnisses durch den Handelsvertreter sowie bei einer Kündigung oder vorzeitigen Auflösung durch den Unternehmer wegen eines vom Handelsvertreter verschuldeten wichtigen Grundes. Der Ausgleich hat **angemessen** zu sein; mangels anderer Vereinbarung beträgt er **höchstens eine Jahresvergütung**, berechnet nach dem Durchschnitt der letzten fünf Jahre. Weitere Rechte des Handelsvertreters bestehen im **Anspruch auf Unterstützung** durch den Unternehmer (§ 6 HVertrG), im **Ersatz von besonderen Auslagen** (§ 13 Abs 2 HVertrG), im **Recht auf Einsicht in die Bücher** zur Prüfung der Richtigkeit der Provisionsabrechnung (§ 16 HVertrG) und im **Zurückbehaltungsrecht** an den ihm vom Unternehmer übergebenen Mustern (§ 19 HVertrG).

569   Als wesentliche **Pflicht** des Handelsvertreters ist auf die **Bemühungspflicht** zu verweisen (§ 5 HVertrG): Der Handelsvertreter hat sich um die

Vermittlung bzw den Abschluss der Geschäfte zu bemühen und dabei die **Sorgfaltspflicht** eines ordentlichen Kaufmannes wahrzunehmen. Er hat dem Unternehmer die erforderlichen Mitteilungen zu machen, wobei ihn insbesondere eine **Benachrichtigungspflicht** über die für ihn geschlossenen Geschäfte trifft. Weiters ist dem Handelsvertreter bei Fehlen eines abweichenden Handelsbrauchs ohne Einwilligung des Unternehmers die **Annahme von Belohnungen** seitens des Dritten, mit dem er für den Unternehmer Geschäfte schließt oder vermittelt, **verboten** (§ 7 HVertrG).

Abgesehen von der einvernehmlichen Auflösung **endet** der Handels-   570
vertretervertrag durch **Fristablauf** (§ 20 HVertrG), **Kündigung** (§ 21 HVertrG), **vorzeitige Auflösung** (§ 22 HVertrG) und **Konkurs des Unternehmers** (§ 26 HVertrG).

c Handelsmakler

Makler ist, wer auf Grund einer privatrechtlichen Vereinbarung (**Mak-**   571
lervertrag) für einen Auftraggeber **Geschäfte** mit einem Dritten **vermittelt**, **ohne ständig** damit **betraut** zu sein (§ 1 MaklerG). **Handelsmakler** im Besonderen ist, wer als Makler gewerbsmäßig Geschäfte über **Gegenstände des Handelsverkehrs** vermittelt (§ 19 Abs 1 MaklerG). Auch dem Handelsmakler kommt somit **Absatz- bzw Umsatzmittlerfunktion** zu; im Unterschied zum Handelsvertreter ist er aber **nicht ständig** vom selben Auftraggeber **betraut**, hat grundsätzlich **die Interessen beider Seiten zu wahren**, ist **nicht zum Tätigwerden verpflichtet** und bloß als **Vermittlungsvertreter** in Bezug auf Verträge über **Gegenstände des Handelsverkehrs** tätig. Eine praktisch besonders wichtige Form des Handelsmaklers ist der gesetzlich auch durch einige Sondervorschriften geregelte **Versicherungsmakler** (vgl §§ 26 bis 32 MaklerG).

B Handelsgeschäfte

Literatur: wie oben III/A und *Csoklich*, Einführung in das Transportrecht (1990); *Gruber*, Handelsgeschäfte[5] (2002); *Hämmerle/Wünsch*, Handelsrecht Bd III[3] (1979); *Harrer*, Neue Vertragstypen im Handelsrecht (2001); *Jabornegg* (Hg), Kommentar zum HGB (1997); *Mohr*, Der Franchisevertrag (1999); *Straube* (Hg), Kommentar zum Handelsgesetzbuch Bd I[2] (1995).

1 Begriff und Bedeutung

Handelsgeschäfte sind alle Geschäfte eines Kaufmannes, die zum   572
Betrieb seines Handelsgewerbes gehören (§ 343 Abs 1 HGB). Erfasst werden damit alle ein-, zwei- oder mehrseitigen, auch unentgeltlichen

Rechtsgeschäfte und Rechtshandlungen, an denen **mindestens ein Kaufmann beteiligt** ist, sofern dieser **im Betrieb seines Handelsgewerbes** tätig wird. Um Abgrenzungsschwierigkeiten zwischen dem betrieblichen und dem privaten Bereich des Kaufmannes zu vermeiden, ist dabei vorgesehen, dass die von einem Kaufmann vorgenommenen Rechtsgeschäfte **im Zweifel als zum Betrieb seines Handelsgewerbes gehörig** gelten (§ 344 Abs 1 HGB). **Einseitige Handelsgeschäfte** sind nur für einen der Beteiligten ein Handelsgeschäft, während **beiderseitige Handelsgeschäfte** für beide Parteien ein Handelsgeschäft darstellen.

573   Von **Bedeutung** ist der Begriff des Handelsgeschäftes vor allem insofern, als das HGB in seinem vierten Buch für diese Geschäfte eine Reihe von **Besonderheiten gegenüber dem allgemeinen bürgerlichen Recht** vorsieht. Damit soll auf die spezifischen Anforderungen des kaufmännischen Geschäftsverkehrs Rücksicht genommen werden, der durch das Erfordernis besonderer Raschheit, erhöhten Gutglaubensschutzes und weitgehender Formfreiheit gekennzeichnet ist. Folgende Besonderheiten schuld- wie auch sachenrechtlicher Natur seien hier im Überblick kurz erwähnt:

- Unter Kaufleuten, also bei beiderseitigen Handelsgeschäften, ist in Ansehung der Bedeutung und Wirkung von Handlungen und Unterlassungen auf die im Handelsverkehr geltenden Gewohnheiten und Gebräuche („**Handelsbrauch**") Rücksicht zu nehmen (§ 346 HGB). Von Bedeutung ist der Handelsbrauch zum einen als Auslegungshilfe, indem bestimmte Erklärungen oder Verhaltensweisen in handelsverkehrsüblicher Weise interpretiert werden („**interpretierender Handelsbrauch**"). Zum anderen hat der Handelsbrauch auch vertragsergänzende Funktion, insoweit er Regelungen betrifft, die im konkreten Vertrag nicht enthalten, bei derartigen Verträgen aber üblich sind („**ergänzender Handelsbrauch**").

- **Vertragsstrafen** (dazu bereits Rz 394), die von einem Vollkaufmann versprochen wurden, unterliegen nicht dem richterlichen Mäßigungsrecht des § 1336 Abs 2 ABGB; außerdem kann, anders als nach bürgerlichem Recht, auch ein die Vertragsstrafe übersteigender Schaden geltend gemacht werden (§§ 348, 351 HGB, Art 8 Nr 3 EVHGB).

- Die im Rahmen des Handelsgeschäfts von einem Vollkaufmann erklärte **Bürgschaft** (dazu bereits Rz 460 ff) ist auch mündlich wirksam; außerdem haftet der Vollkaufmann aus einer solchen Bürgschaft auch ohne besondere Vereinbarung als Bürge und Zahler iSd § 1357 ABGB (§§ 349 ff HGB).

- Derjenige, für den der Vertrag ein Handelsgeschäft ist, kann ihn nicht nach § 934 ABGB wegen **Verkürzung über die Hälfte** (dazu bereits Rz 256 ff) anfechten (§ 351a HGB). Bei einseitigen Handelsgeschäften kann sich also zwar der daran beteiligte Nichtkaufmann, nicht hingegen der Kaufmann auf dieses Rechtsinstitut berufen; bei beiderseitigen Handelsgeschäften kann keiner der Beteiligten von der Verkürzung über die Hälfte Gebrauch machen.

- Bringt der Gewerbebetrieb eines Kaufmannes die Besorgung von Geschäften mit sich („**Geschäftsbesorgungskaufmann**") und steht er mit dem Antragsteller in Geschäftsverbindung oder hat er sich zur Besorgung solcher Geschäfte angeboten, so muss er auf einen Antrag unverzüglich antworten, ansonsten kommt der Vertrag – und darin liegt die entscheidende Besonderheit – durch Schweigen antragsgemäß zustande (§ 362 HGB). Das Handelsrecht normiert hier also eine Ausnahme vom allgemeinen Grundsatz, wonach dem bloßen Schweigen kein rechtsgeschäftlicher Erklärungswert zukommt (vgl dazu oben Rz 226). Will der Geschäftsbesorgungskaufmann in den beschriebenen Fällen den Vertrag also nicht zustande kommen lassen, so trifft ihn eine Antwortpflicht; das Schweigen des Kaufmannes gilt als anbotsgemäße Annahme des Vertrages.

- Die Schuldner aus einem dem Bereich der Handelsgeschäfte zuzurechnenden Vertrag haften auch bei teilbaren Leistungen entgegen § 889 ABGB im Zweifel als **Gesamt- bzw Solidarschuldner** (Art 8 Nr 1 EVHGB; zum bürgerlichen Recht vgl oben Rz 344). Das bedeutet, dass bei einer Personenmehrheit auf Schuldnerseite jeder der Schuldner nicht nur auf einen Teil der Gesamtverpflichtung, sondern in Höhe der vollen Schuld haftet. Leistet einer der Gesamtschuldner den vollen Forderungsbetrag an den Gläubiger, so kann er im Regelfall gegenüber dem Mitschuldner Rückgriff bzw Regress nehmen. Die handelsrechtliche Sonderregel gilt übrigens auch für einseitige Handelsgeschäfte, so dass auch ein am Geschäft beteiligter Nichtkaufmann solidarisch haftet, wenn auf Seiten seines Vertragspartners ein Handelsgeschäft vorliegt.

- Bei Handelsgeschäften umfasst der **Schadenersatz** auch bei leichter Fahrlässigkeit den entgangenen Gewinn (Art 8 Nr 2 EVHGB; zum Umfang der Ersatzpflicht nach bürgerlichem Recht vgl bereits Rz 484 f). Die handelsrechtliche Sonderregel gilt nur für vertragliche Schadenersatzansprüche aus Handelsgeschäften, nicht hingegen für die deliktische Haftung; die Antwort auf die Frage, ob sie bei einseitigen Handelsgeschäften auch zu Lasten des Nichtkaufmannes zum Tragen kommt, ist umstritten.

- **Aufträge und Vollmachten** (dazu bereits Rz 73 ff und 446 ff), die von einem Kaufmann im Betrieb seines Handelsgewerbes erteilt werden, erlöschen entgegen § 1022 ABGB im Zweifel nicht durch seinen Tod (Art 8 Nr 10 EVHGB). Die Rechtslage entspricht insoweit jener bei der Prokura (dazu oben Rz 560); Bedeutung hat Art 8 Nr 10 EVHGB vor allem für die Handlungsvollmacht.

- Die **Haftung des Vertreters ohne Vertretungsmacht** („falsus procurator"; dazu bereits Rz 85 f) ist besonders geregelt, wenn das Geschäft bei bestehender Vertretungsbefugnis ein Handelsgeschäft geworden wäre (vgl Art 8 Nr 11 EVHGB). Sie richtet sich im Grundsatz danach, ob der falsus procurator den Mangel seiner Vertretungsmacht kannte bzw ob der Dritte diesen Mangel kannte oder kennen musste. Kannte der Dritte den Mangel bzw hätte er ihn kennen müssen, so haftet der falsus procurator nicht; kannte der falsus procurator das Fehlen der Vertretungsmacht und ist dem Dritten die Unkenntnis betreffend die fehlende Vertretungsmacht mangels Verschuldens nicht vorwerfbar, so hat der Dritte Anspruch auf Erfüllung bzw das Erfüllungsinteresse; kannte der falsus procurator das Fehlen der Vertretungsmacht nicht und ist dem Dritten die Unkenntnis betreffend die fehlende Vertretungsmacht mangels Verschuldens nicht vorwerfbar, so haftet der falsus procurator auf Ersatz des Vertrauensschadens (zum Begriff vgl oben Rz 268).
- Während für den **Besitz** nach bürgerlich-rechtlichen Grundsätzen neben der körperlichen Innehabung auch der Besitzwille erforderlich ist (dazu oben Rz 115), ist der handelsrechtliche Besitz der bloßen Innehabung gleichgestellt (Art 5 EVHGB).
- Der **gutgläubige Eigentumserwerb** (dazu bereits Rz 147 f) einer beweglichen Sache vom nichtberechtigten Kaufmann im Betrieb seines Handelsgewerbes unterliegt einerseits einem weitergehenden Schutz (§ 366 HGB): Der Erwerber muss den Veräußerer für den Eigentümer oder – und darin liegt eine Erweiterung des Gutglaubensschutzes – auch nur für den Verfügungsberechtigten halten. Außerdem ist der gute Glaube im Handelsrecht erst bei grober Fahrlässigkeit des Erwerbers ausgeschlossen, während dem Eigentumserwerb nach bürgerlichem Recht bereits leichte Fahrlässigkeit entgegensteht. Andererseits lässt das Handelsrecht den gutgläubigen Eigentumserwerb an gestohlenen Sachen grundsätzlich nicht zu.
- Die **Pfandverwertung** (zum Pfandrecht s bereits Rz 164 ff) ist erleichtert; insbesondere kann das Pfand auch im Rahmen eines außergerichtlichen Verkaufs, also ohne Erwirkung eines Exekutionstitels, verwertet werden (zu Voraussetzungen und Verfahren vgl im Einzelnen § 368 HGB, Art 8 Nr 14, 15 EVHGB).
- Das kaufmännische **Zurückbehaltungsrecht bzw Retentionsrecht** gewährt über bürgerlichrechtliche Grundsätze (dazu oben Rz 161) hinausgehend kein bloßes Sicherungs-, sondern auch ein pfandähnliches Befriedigungsrecht (zu Voraussetzungen und Verfahren vgl im Einzelnen §§ 369 ff HGB).

2   Die wichtigsten Handelsgeschäfte

a   Handelskauf

Wie die Bezeichnung „Kaufmann" schon indiziert, gehört der Abschluss   **574**
von Kaufverträgen zu den wichtigsten Rechtsgeschäften des Handelsverkehrs. Dieser Bedeutung trägt das Handelsrecht dadurch Rechnung, dass es für den **Handelskauf** in einem eigenen Abschnitt des HGB eine Reihe von **Sondervorschriften** (§§ 373 bis 382 HGB, Art 8 Nr 7 bis 23 EVHGB) vorgesehen hat, die vor allem der raschen Abwicklung dienen sollen. Im Übrigen finden auf den Handelskauf allerdings die **allgemeinen Vorschriften des bürgerlichen Rechts** über den Kauf (§§ 1053 ff ABGB, dazu Rz 415 ff) Anwendung.

Damit ein Kaufvertrag zum Handelskauf wird, müssen einige **Voraus-**   **575**
setzungen erfüllt sein. Zum Ersten muss es sich beim **Kaufgegenstand** um **Waren**, also bewegliche körperliche Sachen, oder **Wertpapiere** handeln. Weiters muss wenigstens einer der **Vertragspartner Voll- oder Minderkaufmann** sein. Außerdem muss der Kauf für wenigstens einen beteiligten Kaufmann **betriebszugehörig** sein. Sind diese Voraussetzungen erfüllt, so unterliegt der Vertrag insbesondere den folgenden **Besonderheiten**:

* Gerät der Käufer mit der Abnahme der Ware in Verzug (**Gläubiger-verzug des Käufers**), so stehen dem Verkäufer ein gegenüber dem bürgerlichen Recht (s dazu Rz 292 ff) **erweitertes Hinterlegungsrecht** ohne gerichtliche Genehmigung und das **Recht auf Selbsthilfeverkauf** der Ware zu (§§ 373 f HGB).
* Gerät der Käufer mit der Zahlung der Ware in Verzug (**Schuldnerverzug des Käufers**), so kommt es beim **Kreditkauf** – also wenn der Verkäufer dem Käufer die Ware bereits übergeben und den Kaufpreis gestundet hat – zum **Entfall des Rücktrittsrechts** des Verkäufers iSd § 918 ABGB (s dazu Rz 285); er kann nur Erfüllung fordern (Art 8 Nr 21 EVHGB).
* Ist dem Käufer einer beweglichen Sache bei einem Kaufvertrag die nähere Bestimmung über Form, Maß oder ähnliche Verhältnisse vorbehalten (**Spezifikationskauf bzw Bestimmungskauf**) und gerät er mit der Vornahme dieser Bestimmung in Verzug (**Spezifikationsverzug des Käufers**), so hat der **Verkäufer** das **Wahlrecht** zwischen der Vornahme einer **Selbstspezifikation** – also einer nach billigem Ermessen vorzunehmenden Bestimmung anstelle des Käufers – und dem **Rücktritt vom Vertrag** (§ 375 HGB).
* Soll die Leistung eines Vertragsteiles genau zu einer festbestimmten Zeit oder innerhalb einer festbestimmten Frist bewirkt werden und wird die Leistung nicht fristgemäß erbracht (**Verzug beim Fixhandelskauf**), so kann der andere Vertragsteil **ohne Nachfristsetzung**

vom Vertrag zurücktreten und bei Verschulden **Schadenersatz wegen Nichterfüllung** verlangen. Ein **Bestehen auf Erfüllung** ist von ihm sofort nach Zeit- oder Fristablauf **anzuzeigen**; das Fixgeschäft wird dadurch zu einem gewöhnlichem Zeitgeschäft, bei Verschulden kann der **Verspätungsschaden** verlangt werden (§ 376 HGB).

- Die Geltendmachung von Gewährleistungs- und Schadenersatzansprüchen ist bei **beiderseitigen Handelskäufen** – also wenn sowohl Käufer als auch Verkäufer jeweils zumindest Minderkaufmann sind – von der Beachtung der **kaufmännischen Rügeobliegenheit** abhängig. Der Käufer hat demnach die Ware unverzüglich nach der Ablieferung durch den Verkäufer zu untersuchen, soweit dies nach dem ordentlichen Geschäftsgang tunlich ist (**Untersuchungsobliegenheit**). Werden dabei Mängel festgestellt, so sind diese dem Verkäufer unverzüglich anzuzeigen (**Mängelanzeige**). Für diese Anzeige bestehen von Gesetzes wegen zwar keine besonderen Formvorschriften, die festgestellten Mängel sind aber genau zu bezeichnen. Tritt der Mangel trotz sachgemäßer Untersuchung erst später hervor (**verborgener Mangel**), so ist er unverzüglich nach Entdeckung zu rügen. Diese Erfordernisse bestehen uneingeschränkt bei **Qualitätsmängeln**; **Quantitätsmängel** und **Falschlieferungen** sind hingegen nur dann zu rügen, wenn die gelieferte Ware nicht offensichtlich von der Bestellung so erheblich abweicht, dass der Verkäufer eine Genehmigung durch den Käufer als ausgeschlossen betrachten musste (§§ 377 f HGB).

b   Kommissionsgeschäft

576   **Kommissionär** ist, wer es gewerbsmäßig übernimmt, **Waren oder Wertpapiere** für **Rechnung eines anderen** (des **Kommittenten**) im **eigenen Namen** zu **kaufen** oder zu **verkaufen** (§ 383 HGB). Das Kommissionsgeschäft schafft für den Kommittenten die Möglichkeit, die Geschäftsorganisation und die Marktkenntnisse des Kommissionärs zu nutzen und/ oder anonym zu bleiben. **Praktische Bedeutung** hat es vor allem im Wertpapier-, Kunst-, Antiquitäten-, Gebrauchtwagen- oder Möbelhandel.

577   Das Kommissionsgeschäft gründet sich auf den zwischen dem Kommissionär und dem Kommittenten abgeschlossenen **formfreien Kommissionsvertrag**. Darauf beruhend schließt der Kommissionär zunächst im eigenen Namen, aber für fremde Rechnung – also als **mittelbarer Stellvertreter** – mit dem Dritten das **Ausführungsgeschäft** über den Kauf bzw Verkauf von Waren oder Wertpapieren ab. Die Zuwendung des Ergebnisses des Ausführungsgeschäftes an den Kommittenten erfolgt schließlich im Rahmen des **Abwicklungsgeschäfts**.

Im Gesetz angeordnet ist eine Reihe von **Rechten** des Kommissionärs. **578** Sein zentrales Recht besteht im Anspruch auf **Provision** (§ 396 Abs 1 HGB); ihre Höhe wird regelmäßig mit einem bestimmtem Prozentsatz vom Kaufpreis festgelegt. Weiters hat der Kommissionär Anspruch auf **Ersatz der Aufwendungen**, die er zum Zweck der Ausführung des Auftrags gemacht hat und den Umständen nach für erforderlich halten durfte (§ 396 Abs 2 HGB). Ferner hat er am Kommissionsgut ein **gesetzliches Pfandrecht** wegen der Forderungen aus dem betreffenden Kommissionsgeschäft und wegen aller Forderungen aus laufender Rechnung in Kommissionsgeschäften. Außerdem steht ihm ein **Befriedigungsrecht** aus dem Kommissionsgut bzw den Forderungen aus dem Ausführungsgeschäft gegenüber dem Dritten zu (§§ 397 ff HGB). Besondere Bedeutung kommt schließlich dem **Selbsteintrittsrecht** zu. Der Kommissionär kann demnach bei einer Einkaufskommission das Gut selbst liefern bzw bei einer Verkaufskommission das Gut selbst übernehmen, wenn es sich dabei um eine Ware mit einem Börsen- oder Marktpreis bzw ein Wertpapier mit einem amtlich festgestellten Börsen- oder Marktpreis handelt, keine gegenteilige Bestimmung durch Kommittenten erfolgt ist und die Erklärung des Selbsteintrittes spätestens mit der Ausführungsanzeige vorgenommen wird (§§ 400 ff HGB).

An **Pflichten** vorgegeben ist für den Kommissionär zunächst, dass er **579** das übernommene Geschäft mit der **Sorgfalt eines ordentlichen Kaufmanns** auszuführen hat; er muss insbesondere die Interessen des Kommittenten wahrnehmen – also möglichst billig kaufen bzw teuer verkaufen – und seine Weisungen – etwa in Bezug auf Limits – befolgen (§ 384 Abs 1 HGB). Ferner trifft ihn eine **Benachrichtigungspflicht** in der Weise, dass er die **Ausführung** der Kommission unverzüglich **anzuzeigen** hat und in diesem Zusammenhang den **Dritten nennen** muss (§ 384 Abs 2 und 3 HGB). Weiters muss der Kommissionär über das Geschäft **Rechenschaft ablegen** und seiner **Herausgabepflicht** über das aus der Geschäftsbesorgung Erlangte und das zur Ausführung der Kommission Erhaltene, aber nicht Verwendete nachkommen (§ 384 Abs 2 HGB). Schließlich trifft den Kommissionär in bestimmten Fällen trotz seiner Rolle als mittelbarer Stellvertreter des Kommittenten eine **Haftung für die Erfüllung des Ausführungsgeschäftes** durch den Dritten, und zwar bei unterbliebener Namhaftmachung des Dritten mit der Ausführungsanzeige (§ 384 Abs 3 HGB), bei Vorschuss- oder Kreditgewährung an den Dritten ohne Zustimmung des Kommittenten (§ 393 Abs 1 HGB) und bei vertraglicher Haftungsübernahme bzw entsprechendem Handelsbrauch (§ 394 HGB; „**Delkrederehaftung**", verbunden mit dem Anspruch auf „**Delkredereprovision**")

c Speditionsgeschäft

580   **Spediteur** ist, wer es gewerbsmäßig übernimmt, **Güterversendungen durch Frachtführer** oder durch Verfrachter von Seeschiffen für **Rechnung eines anderen** (des **Versenders**) im **eigenen Namen** zu besorgen (§ 407 Abs 1 HGB). Die Ausgestaltung von Güterversendungen als eigener Geschäftstyp beruht darauf, dass die Komplexität des modernen Güterverkehrs (Reiseweg, Beförderungsmittel und -bedingungen, Zollvorschriften) die Betrauung eines sachkundigen Vermittlers nahe legt. Diese Komplexität hat überdies auch dazu geführt, dass die einschlägigen gesetzlichen Rechtsgrundlagen (§§ 407 bis 415 HGB sowie die subsidiär geltenden §§ 383 bis 406 HGB über den Kommissionär) in der Praxis nicht ausreichen und durch **Allgemeine Geschäftsbedingungen** – vor allem die **AÖSp** (Allgemeine Österreichische Spediteurbedingungen) mit ihren Anlagen – überlagert werden.

581   Das Speditionsgeschäft ist grundsätzlich durch ein **Vierpersonenverhältnis** gekennzeichnet: Beteiligt daran sind zunächst der **Versender** als Auftraggeber und der **Spediteur** als Beauftragter; diese schließen den **formfreien Speditionsvertrag**, durch den sich der Spediteur zur Besorgung der Güterversendung verpflichtet. Auf Grundlage des Speditionsvertrages schließt der Spediteur sodann mit dem **Frachtführer** den **Frachtvertrag** ab, und zwar im eigenen Namen, aber für fremde Rechnung; der Spediteur ist also gewissermaßen der „Kommissionär des Transportgeschäftes". Wenngleich der Spediteur somit nach dem rechtlichen Grundkonzept – und entgegen dem allgemeinen Sprachgebrauch – den Gütertransport grundsätzlich nicht selbst durchführt, sondern sich eines Frachtführers bedient, werden Spediteure in der Praxis meist doch zugleich als Frachtführer und überdies noch als Lagerhalter tätig. Als weitere Person ist am Speditionsgeschäft schließlich der **Empfänger** des Gutes beteiligt; dabei kann es sich um einen Dritten, aber auch um den Versender selbst handeln.

582   In Bezug auf die **Rechte und Pflichten** des Spediteurs kommen kraft Verweises **die für den Kommissionär geltenden Vorschriften** zur Anwendung (vgl § 407 Abs 2 HGB). Ergänzend zu den obigen Ausführungen (vgl Rz 578 f) ist diesbezüglich auf folgende **Besonderheiten** hinzuweisen: Der Spediteur hat ein **gesetzliches Pfandrecht** am Speditionsgut wegen der Fracht, der Provision, der Auslagen und Verwendungen sowie etwaiger Vorschüsse auf das Gut (§ 410 HGB). Anders als beim Kommissionsgeschäft besteht dieses Pfandrecht aber **nur wegen konnexer Forderungen**, also wegen Forderungen aus dem betreffenden Speditionsgeschäft. Das **vertragliche Pfandrecht** nach § 50 AÖSp besteht hingegen wegen aller Ansprüche aus Speditionsgeschäften mit dem Versender, also **auch zugunsten nicht konnexer Forderungen**. Der Spediteur darf die Beförderung des Gutes und somit die Funktion als

Frachtführer bei Fehlen einer entgegenstehenden Vereinbarung selbst übernehmen (§ 412 HGB); im Unterschied zum Kommissionsgeschäft bedarf dieser **Selbsteintritt** hier aber keiner ausdrücklichen Erklärung, sondern er kann **auch stillschweigend** erfolgen. IZm der **Haftung des Spediteurs** ist schließlich darauf hinzuweisen, dass der Spediteur nach Maßgabe des Gesetzes bei Verschulden an sich grundsätzlich für Verlust, Minderung, Beschädigung und verspätete Ablieferung des Speditionsgutes haftet (§ 414 HGB). In den AÖSp findet sich eine Reihe haftungsbeschränkender bzw haftungsausschließender Vereinbarungen, bezüglich derer allerdings die Zulässigkeitsgrenzen vertraglicher Haftungsausschlüsse zu beachten sind.

d Frachtgeschäft

Frachtführer ist, wer es gewerbsmäßig übernimmt, die **Beförderung** 583 **von Gütern** zu Lande oder auf Flüssen oder sonstigen Binnengewässern **auszuführen** (§ 425 HGB). **Rechtsquellen** des Frachtgeschäftes sind zunächst die §§ 425 bis 451 HGB, subsidiär die §§ 1165 bis 1171 ABGB über den Werkvertrag. Daneben ist das Frachtgeschäft seiner enormen praktischen Bedeutung wie auch seinen unterschiedlichen tatsächlichen Ausprägungen entsprechend in zahlreichen **Sondergesetzen** (zB GüterbefG, CMR, LuftVG, Warschauer Abkommen über Luftfrachtgeschäft, EisenbahnbefG, PostG) geregelt, die ihrerseits zum Teil wiederum durch **Einzelvertrag** oder **AGB** ergänzt werden können.

Am Frachtgeschäft beteiligt sind grundsätzlich drei Personen: Der 584 **Absender** schließt im eigenen Namen und – sofern er nicht für einen Versender tätig wird – auf eigene Rechnung mit dem **Frachtführer** den **formfreien Frachtvertrag**. Durch diesen Vertrag verpflichtet sich der Frachtführer, die Beförderung des Gutes zu übernehmen und dieses beim **Empfänger** – der wiederum mit dem Absender oder allenfalls dem Versender identisch sein kann – abzuliefern.

Besonderer Erwähnung bedürfen die **Urkunden des Frachtvertrages** 585 (vgl dazu auch Rz 803 ff). Der **Frachtbrief** wird vom Absender auf Verlangen des Frachtführers ausgestellt (§ 426 Abs 1 HGB). Er dient als **Beweisurkunde** über den Frachtvertrag, ist aber **kein Wertpapier**. Der Frachtbrief hat die Funktion als „Garantieschein" für den Frachtführer, da der Absender für Vollständigkeit und Richtigkeit der darin enthaltenen Angaben haftet. Er reist mit dem Gut und wird nach Ankunft des Gutes dem Empfänger übergeben. Bis zur Übergabe des Frachtbriefs an den Empfänger bzw bis zur Klage des Empfängers gegen den Frachtführer hat der Absender einen Anspruch auf Herausgabe des Gutes (§ 433 Abs 2 HGB). Der **Ladeschein** wird hingegen vom Frachtführer auf Verlangen des Absenders ausgestellt (§ 444 HGB). Er enthält die Verpflichtung zur Ausfolgung des Gutes gegen Rückgabe des Ladescheines und Zahlung der Frachtgebühr. Der Ladeschein ist ein **Wertpapier** und ermöglicht als solches die Verfügung über das Gut schon vor dessen Ankunft am Ablieferungsort. In der Praxis des Landfrachtgeschäftes ist die Ausstellung von Ladescheinen allerdings nicht üblich, dem Absender wird vielmehr nur ein „**Frachtbriefdoppel**" als bloße **Beweisurkunde** übergeben.

586   An **Rechten** des Frachtführers lassen sich dem Gesetz der Anspruch auf **Zahlung des Werklohnes** (der „**Fracht**") und auf **Ersatz der Beförderungsspesen** entnehmen. Außerdem hat der Frachtführer ein **gesetzliches Pfandrecht** wegen konnexer Forderungen (§ 440 Abs 1 HGB), das durch § 50 AÖSp wiederum auf nicht konnexe Forderungen erweitert wird. Das gesetzliche Pfandrecht ist mit einem **dreitägigen Folgerecht** verbunden (§ 440 Abs 3 HGB): Der Frachtführer kann dieses Pfandrecht – entgegen dem allgemeinen Faustpfandprinzip – auch noch drei Tage nach der Ablieferung gerichtlich geltend machen, wenn das Gut noch im Besitz des Empfängers ist. IZm den **Pflichten** des Frachtführers sieht das Gesetz neben der allgemeinen **Sorgfaltspflicht** vor allem **besondere Haftungsbestimmungen** – namentlich über die **Höhe eines** von ihm zu leistenden **Schadenersatzes** (§ 430 HGB), über die „**erweiterte Leutehaftung**" (§ 431 HGB), über das **Erlöschen seiner Haftung** (§ 438 HGB) und über die **Verjährung** von gegen ihn gerichteten Ansprüchen (§ 439 HGB) – vor.

e   Lagergeschäft

587   **Lagerhalter** ist, wer gewerbsmäßig die **Lagerung und Aufbewahrung von Gütern** übernimmt (§ 416 HGB). Vertragspartner des Lagergeschäftes bzw des diesem zugrunde liegenden **formfreien Lagervertrages** sind der **Lagerhalter** und der **Einlagerer**. Auf das Lagergeschäft kommen neben den §§ 416 bis 424 HGB subsidiär die §§ 388 bis 390 HGB über die Kommission (vgl § 417 Abs 1 HGB) und die §§ 957 ff ABGB über den Verwahrungsvertrag (dazu bereits Rz 454) zur Anwendung. Die **Verwahrung von Wertpapieren** ist im DepG geregelt. Das **Orderlagerscheingeschäft** ist dadurch gekennzeichnet, dass der vom Lagerhalter ausgestellte Orderlagerschein (dazu auch Rz 806 f) ein Orderpapier ist und durch Indossament übertragen werden kann; damit wird eine Verfügung über das eingelagerte Gut ermöglicht.

f   Neue handelsrechtliche Vertragstypen

588   In der **Praxis des Wirtschaftslebens** haben sich im Laufe der letzten Jahre und Jahrzehnte etliche neue Vertragstypen herausgebildet, die im täglichen Geschäftsverkehr überragende Bedeutung erlangt haben. Diese

Vertragstypen beziehen sich auf neue Finanzierungs-, Sicherungs- und Beratungsmodelle und sind im Einzelfall in unterschiedlichster Weise ausgestaltet. Eine gesetzliche Ausformung haben sie bislang überwiegend noch nicht erfahren, so dass zur Klärung offener Rechtsfragen nicht selten auf allgemeine handels- bzw bürgerlich-rechtliche Grundlagen – etwa die Regeln über die Forderungsabtretung, die Miete oder den Auftrag – zurückgegriffen werden muss.

Als Beispiele für neue **Finanzierungsmodelle** können das Factoring, die Fortfaitierung und das Leasing angeführt werden. Unter **Factoring** versteht man den rahmenvertraglich vereinbarten Ankauf von Forderungen. Die typische Vorgangsweise besteht dabei darin, dass ein auf dieses Geschäft spezialisiertes Kreditinstitut seinen Kunden Forderungen abkauft, die diese auf Grund von Warenlieferungen oder Dienstleistungen bereits erworben haben oder künftig erwerben werden. Der Finanzierungseffekt dieses Geschäftes liegt vor allem im Erwerb noch nicht fälliger Forderungen, die seitens des Factorunternehmens vorfinanziert werden. Im Regelfall übernimmt der Erwerber der Forderungen auch das Risiko der Zahlungsunfähigkeit des Schuldners (**echtes Factoring**); unterbleibt eine derartige Übernahme des Ausfallsrisikos, so wird von **unechtem Factoring** gesprochen. Bei der häufig anzutreffenden Sonderform des **Internationalen Factoring** treten grenzüberschreitende Bezüge hinzu, namentlich dann, wenn der Factorkunde ausländische Abnehmer beliefert und seine Ansprüche in einem Rahmenvertrag an eine Factorbank abtritt. Das Vorliegen eines Rahmenvertrages beim Factoringgeschäft stellt auch den wesentlichen Unterschied zur **Fortfaitierung** von Forderungen dar; diese bezieht sich stets auf einzelne (Export-)Geschäfte, bei denen der Fortfaiteur die Forderung seines Kunden gegen einen ausländischen Unternehmer erwirbt. Der Rückgriff auf den Verkäufer der Forderung wird auch bei diesem Finanzierungsinstrument zumeist vertraglich ausgeschlossen; das Risiko der Nichtbezahlung durch den Schuldner liegt also ebenfalls beim Erwerber der Forderung. Das Wesen des **Leasing** (s dazu Rz 411 ff) besteht schließlich darin, dass die als Finanzierer auftretende Leasinggesellschaft ein von ihrem Kunden – dem Leasingnehmer – benötigtes Wirtschaftsgut erwirbt und es diesem gegen ein laufend zu entrichtendes Entgelt für einem bestimmten Zeitraum zur Nutzung überlässt.

Aus dem Bereich neuer **Sicherungsmodelle** sind insbesondere die Bankgarantie, die Vinkulierung und die Patronatserklärung zu erwähnen. Bei der **Bankgarantie** (s dazu Rz 469) wird eine Bank von ihrem Kunden beauftragt, einem Dritten eine bestimmte Leistung – häufig eine Geldzahlung – zu garantieren. Die Verpflichtung der Bank ist dabei im Unterschied zur Bürgschaft nicht akzessorisch, sondern abstrakt, also grundsätzlich von einem bestehenden Grundverhältnis unabhängig. Die **Vinkulierung** ist im gegebenen Zusammenhang vor allem im Versicherungsrecht von Bedeutung (zur Vinkulierung von Gesellschaftsanteilen vgl unten Rz 706).

589

590

Man versteht darunter eine – regelmäßig zu Sicherungszwecken getroffene – Vereinbarung, nach der dem Versicherungsnehmer eine Versicherungsleistung nur mit Zustimmung des begünstigten Gläubigers ausbezahlt werden darf. **Patronatserklärungen** wiederum sind vor allem in Konzernverhältnissen anzutreffen. Häufig werden solche Erklärungen von Muttergesellschaften abgegeben, um damit Verbindlichkeiten von Tochter- oder Enkelgesellschaften zu besichern. Je nach rechtlicher Ausgestaltung reicht die Bindungswirkung derartiger Erklärungen von bloßen Absichtserklärungen („weiche" Patronatserklärung) bis hin zu bürgschaftsähnlichen Verpflichtungen („harte" Patronatserklärung).

591   Zu den neuen **Beratungsmodellen** zählen insbesondere das Consulting und die Managementverträge. **Consulting** ist die Beratung von Unternehmen durch externe Fachleute (Unternehmensberater bzw „Consultants"), die Lösungsvorschläge für bestimmte Aufgaben oder Aufgabengebiete – etwa die Budgeterstellung oder komplexe technische Probleme – erarbeiten sollen. Bei einem **Managementvertrag** übernimmt der Managementgeber die Verpflichtung, das Unternehmen des Managementnehmers zu führen. Regelmäßig stellt der Managementgeber eigene personelle Ressourcen zur Verfügung, mit deren Hilfe er das Unternehmen im eigenen oder fremden Namen, grundsätzlich aber auf Rechnung des Managementnehmers, führt.

IV Grundzüge des Gesellschaftsrechts

A Allgemeines

Literatur: *Grünwald*, Europäisches Gesellschaftsrecht (1999); *Hämmerle/Wünsch*, Handelsrecht Bd II[4] (1993); *Holzhammer/Roth*, Gesellschaftsrecht[2] (1997); *Kastner/Doralt/Nowotny*, Grundriß des österreichischen Gesellschaftsrechts[5] (1990); *Roth/Fitz*, Handels- und Gesellschaftsrecht (2000).

Das **Gesellschaftsrecht** stellt einen weiteren Teilbereich des Handelsrechts iwS dar. Gekennzeichnet ist es durch die Existenz einer Reihe von Sondergesetzen, die sich gewöhnlich der näheren Regelung jeweils einer bestimmten Rechtsform widmen. Zu denken ist hier etwa an das GmbHG, das AktG, das GenG oder das EGG. Gesellschaftsrechtliche Vorschriften finden sich aber auch im ABGB und im HGB. **592**

Es gibt eine Reihe von **Beweggründen**, die Anlass dafür sein können, ein bestimmtes Ziel nicht alleine, sondern im Zusammenwirken mit anderen durch **Gründung einer Gesellschaft** in Angriff zu nehmen: Persönliche Fähigkeiten sollen einander ergänzen, Kapital soll gemeinsam aufgebracht werden, das unternehmerische Risiko soll begrenzt werden, ein geschaffenes Unternehmen soll erhalten bleiben. Das **Gesellschaftsrecht** regelt die für die gemeinschaftliche Zielverfolgung zulässigen Organisationsformen, die Gründung und Beendigung von Gesellschaften, ihre innere Struktur, die Beziehungen der Gesellschaft und der Gesellschafter zu Dritten. **593**

Üblich ist eine Unterscheidung zwischen jenen Gesellschaftsformen, die – zumindest in ihrer gesetzestypischen Ausgestaltung – durch die Individualität ihrer Gesellschafter geprägt sind („**Personengesellschaften**"), und jenen Gesellschaftsformen, bei denen nicht die einzelnen Gesellschafter, sondern das von ihnen aufgebrachte Kapital im Vordergrund steht („**Kapitalgesellschaften**"). Zu den Personengesellschaften zählen die **Gesellschaft bürgerlichen Rechts**, weiters die **OHG** und die **KG** als so genannte „Personenhandelsgesellschaften", die **eingetragenen Erwerbsgesellschaften**, die **stille Gesellschaft** sowie die **EWIV**; als Kapitalgesellschaften sind die **GmbH**, die **AG** sowie neuerdings auch die **Europäische Gesellschaft**, zu nennen. Die Kapitalgesellschaften bilden ihrerseits wiederum eine Unterform der **Körperschaften**, die als juristische Personen ganz grundsätzlich durch die überindividuelle Verselbständigung des betreffenden Rechtsträgers gekennzeichnet sind. Weitere Körperschaften sind etwa die **Genossenschaft** und die **Vereine** nach dem VerG bzw Vereinspatent. Mangels personellen Substrats keine Körperschaft ieS, **594** dieser aber in mancher Hinsicht zumindest verwandt, ist die **Privatstiftung**. Als Träger wirtschaftlicher Unternehmen zu erwähnen sind schließlich noch neben den im gegebenen Zusammenhang nicht weiter erörterten **Sparkassen** und **Versicherungsvereinen auf Gegenseitigkeit** mit Einschränkungen auch die auf der Basis des Bundes-Stiftungs- und FondsG gegründeten **gemeinnützigen Stiftungen und Fonds**.

595   Hinzuweisen ist im gegebenen Zusammenhang schließlich vorweg noch auf die im Grundsätzlichen (dazu oben Rz 13) bereits angesprochene Bedeutung gemeinschaftsrechtlicher Regelungen. Tatsächlich hat der üblicherweise mit „**Europäisches Gesellschaftsrecht**" umschriebene Regelungskomplex in den letzten Jahren einschneidende Auswirkungen auf das innerstaatliche Recht gehabt: Zahlreiche **Richtlinien** – beispielsweise die Kapital-RL, die Einpersonengesellschafts-RL, die Verschmelzungs- und die Spaltungs-RL oder die den Bereich der Rechnungslegung betreffenden Jahresabschluss- und Konzernabschluss-RL – mussten umgesetzt werden, noch nicht verabschiedete Richtlinien, wie etwa die Übernahme-RL, beeinflussen schon jetzt das innerstaatliche Recht. **Verordnungen**, wie namentlich die EWIV-VO (s dazu noch unten in Rz 674 f) oder die Verordnung über eine Europäische Gesellschaft („Societas Europaea" bzw SE; s dazu noch unten in Rz 733a ff), entfalten ab ihrem Inkrafttreten sogar ohne besondere Umsetzungsmaßnahmen unmittelbare Wirkung in sämtlichen Mitgliedstaaten der Europäischen Union.

B   Personengesellschaften

Literatur: wie oben IV/A und *Fritz*, Die Europäische Wirtschaftliche Interessenvereinigung – Praxiskommentar (1997); *Hausmaninger/Feyl*, Europäische Wirtschaftliche Interessenvereinigung (EWIV) (1995); *Jabornegg* (Hg), Kommentar zum HGB (1997); *Krejci*, Erwerbsgesellschaftengesetz (1991); *Löffler*, Die EWIV – Die Europäische Wirtschaftliche Interessenvereinigung in Österreich (1998); *Müller/Rief/Thiery*, Die Eingetragene Erwerbsgesellschaft (1994); *Rummel* (Hg), Kommentar zum ABGB Bd II^2 (1992); *Schummer*, Personengesellschaften^4 (2002); *Schwimann* (Hg), Praxiskommentar zum ABGB Bd VI^2 (1997); *Straube* (Hg), Kommentar zum Handelsgesetzbuch Bd I^2 (1995).

1   Gesellschaft bürgerlichen Rechts

a   Grundsätzliches

596   Die **Gesellschaft bürgerlichen Rechts** (**GesbR**) kann als **Grundform aller anderen Gesellschaftsformen** angesehen werden. Ihre **gesetzliche Regelung** findet sich in den §§ 1175 bis 1216 ABGB. Diese Bestim-

mungen genügen den heutigen praktischen Bedürfnissen freilich in weiten Bereichen nicht mehr; insoweit es sich dabei um **dispositives, also nicht zwingendes Recht** handelt – was vor allem für das Innenverhältnis der Gesellschafter untereinander der Fall ist – werden sie daher häufig durch andere vertragliche Vereinbarungen ersetzt. Der **Zweck** der GesbR ist in aller Regel ein wirtschaftlicher, es kommen aber auch ideelle Zwecke in Betracht. Die tatsächliche Bedeutung der GesbR ist dementsprechend durchaus beträchtlich; verlässliche Schätzungen zur absoluten Zahl solcher Gesellschaften in Österreich existieren allerdings nicht. Ihr **Anwendungsbereich** erstreckt sich etwa auf Minderhandelsgewerbe, Gelegenheitsgesellschaften wie Arbeitsgemeinschaften bzw ARGES, Kredit- und Emissionskonsortien (s dazu Rz 919), Vorgründungsgesellschaften, Zusammenschlüsse von Freiberuflern, Ehegatten oder Lebensgefährten sowie Syndikatsverträge.

Die GesbR besitzt **keine eigene Rechtspersönlichkeit**, sie ist also **keine juristische Person**. Träger des Gesellschaftsvermögens sind die Gesellschafter selbst; diese werden etwa als Berechtigte im Grundbuch, Marken- oder Patentregister eingetragen, sie werden Vertragspartner eines zur Gesellschaft in Beziehung tretenden Dritten, können geklagt werden oder als Kläger auftreten. Trotz der fehlenden Rechtspersönlichkeit kann die GesbR im Rechtsverkehr aber dennoch als **Außengesellschaft** in Erscheinung treten, sie kann umgekehrt nach dem Willen der Gesellschafter aber auch als bloße **Innengesellschaft** konzipiert sein. Eine **Eintragung** der Gesellschaft **im Firmenbuch** ist allerdings **in keinem Fall** vorgesehen.   597

b Gründung

Abgesehen vom praktisch kaum relevanten Fall des § 1178 ABGB   598 unterliegt der **Gesellschaftsvertrag** der GesbR **keinen besonderen Formvorschriften**. Er kann daher schriftlich, aber auch mündlich oder bloß schlüssig abgeschlossen werden. Mit dem Abschluss des Vertrages bzw dem dort vorgesehenen Zeitpunkt entsteht die Gesellschaft.

c Innenverhältnis

ca Beitragspflicht und Kapital

Mangels besonderer Abreden haben die Gesellschafter zur Erreichung   599 des Gesellschaftszwecks gleich große Anteile (**Beiträge**) zu leisten (§ 1184 ABGB). Die Leistung der vereinbarten Beiträge kann dabei von jedem Mitgesellschafter durch die so genannte „**actio pro socio**" begehrt werden, bei der der Mitgesellschafter als Kläger die Leistung des ausstehenden Beitrages an die Gesellschaft verlangt. Eine gesetzliche **Nachschusspflicht**, also eine Verpflichtung zur Erhöhung der vereinbarten Einlage, **besteht nicht**; ist die Leistung eines Nachschusses zur Erreichung des Gesellschaftszweckes aber notwendig, so kann das ablehnende Mitglied aus der Gesellschaft **austreten** oder **ausgeschlossen** werden (§ 1189 ABGB; s dazu auch Rz 609 f).

600   Das Anfangsvermögen der Gesellschaft als Summe von Geld- und Sachleistungen der Gesellschafter bildet das „**Kapital**" oder den „**Hauptstamm**" der Gesellschaft; zwingend vorgesehen ist dessen Bildung aber nicht (vgl §§ 1182 f ABGB). Vom Hauptstamm zu unterscheiden ist das **Gesellschaftsvermögen**, das als Summe aller der Gesellschaft zuzuordnenden Vermögenswerte ständigen Schwankungen unterworfen ist. Das Gesellschaftsvermögen stellt ein vom Privatvermögen der Gesellschafter zu trennendes **Sondervermögen** dar, das im gebundenen Miteigentum der Gesellschafter steht. Das bedeutet, dass jeder Gesellschafter zwar an sich rechtswirksam über seinen ideellen Anteil verfügen kann, dies aber auf Grund der internen gesellschaftsrechtlichen Bindung nicht darf (vgl §§ 1183, 1202, 1203 ABGB).

cb   Geschäftsführung

601   Bezüglich der Verwaltung der Gesellschaft im Innenverhältnis (**Geschäftsführung**) verweist das Gesetz auf die Regeln über die Miteigentumsgemeinschaft (§ 1188 iVm §§ 833 bis 842 ABGB; vgl dazu Rz 138). Demnach besteht **Gesamtgeschäftsführung mit Mehrstimmigkeitsprinzip nach Kapitalanteilen**. Das bedeutet, dass grundsätzlich alle Gesellschafter – auch reine Arbeitsgesellschafter ohne Kapitalanteil – zur Teilnahme an der Beratung berechtigt und verpflichtet sind. Entscheidungen werden aber von der Mehrheit getroffen, die sich nach Kapitalanteilen richtet, so dass reine Arbeitsgesellschafter ohne Kapitalanteil kein Stimmrecht haben. Bei **Stimmengleichheit** hat die geplante Maßnahme zu unterbleiben.

602   Diese Grundsätze gelten an sich auch für **außergewöhnliche Geschäfte** bzw „wichtige Veränderungen". Hier ist aber zusätzlich vorgesehen, dass überstimmte Gesellschafter **Sicherstellung** für künftigen Schaden verlangen oder bei Verweigerung der Sicherstellung aus der Gesellschaft **austreten** können (s dazu Rz 609). Will ein überstimmter Gesellschafter nicht aus der Gesellschaft austreten oder ist er wegen „Unzeit" daran gehindert, so kann die Entscheidung über die wichtige Veränderung bzw die Sicherheitsleistung dem **Los**, einem **Schiedsmann** oder dem **Richter** überlassen werden; die Entscheidung durch Los oder Schiedsmann bedarf dabei der Zustimmung aller Gesellschafter, während

zur daher praktisch allein relevanten Anrufung des Gerichts jeder Gesellschafter befugt ist (§ 1188 iVm §§ 834 f ABGB).

cc   Ergebnisbeteiligung

Einen weiteren wichtigen Aspekt des Innenverhältnisses stellt die **603** **Ergebnisbeteiligung** dar. Diesbezüglich ist im Gesetz vorgesehen, dass ein **Gewinn** „nach dem Verhältnis der Kapitalsbeiträge" verteilt wird; Arbeitsleistungen der Gesellschafter heben sich grundsätzlich auf. Bei reinen Arbeitsgesellschaftern oder Gesellschaftern, die nicht mitarbeiten, wird die Gewinnverteilung mangels Einigung vom Gericht „mit Rücksicht auf die Wichtigkeit des Geschäftes, die angewendete Mühe und den verschafften Nutzen" bestimmt (§ 1193 ABGB). Der **Verlust** wird gleich verteilt wie der Gewinn; ein reiner Arbeitsgesellschafter nimmt daran nicht teil, sondern „büßt seine Bemühungen ein" (§ 1197 ABGB). Die Verteilung des Ergebnisses erfolgt bei Gelegenheitsgesellschaften nach Abschluss des Geschäftes, bei Dauergesellschaften hingegen jährlich (§ 1199 ABGB).

cd   Rechnungslegung und Einsichtsrecht

IZm der **Rechnungslegung** ist zunächst eine entsprechende Verpflich- **604** tung der geschäftsführenden Gesellschafter vorgesehen (§ 1198 ABGB). Weiters hat jeder Gesellschafter ein jederzeitiges **Einsichtsrecht** in die Unterlagen der Gesellschaft, das durch Klage auf Rechnungslegung („**Manifestationsklage**") durchgesetzt werden kann (§ 1199 ABGB). Ein an sich zulässiger vertraglicher **Verzicht** auf dieses Einsichtsrecht ist bei nachgewiesenem Betrug unwirksam (§ 1200 ABGB).

ce   Sonstige Regelungen

Weitere gesetzliche Bestimmungen über das Innenverhältnis sehen ein **605** **Wettbewerbsverbot** der Gesellschafter (§ 1186 ABGB) und ihre **Haftung** für einen von ihnen der Gesellschaft verursachten Schaden (§ 1191 ABGB) vor.

d   Außenverhältnis

da   Vertretung

Bezüglich der **Vertretung der Gesellschaft**, also des Tätigwerdens der **606** Gesellschafter für die Gesellschaft im Außenverhältnis, enthält das Gesetz nur eine rudimentäre und unklare Regelung (vgl § 1201 ABGB). Nach überwiegender Auffassung gelten **die für die Geschäftsführung beste-**

henden Grundsätze auch für die Vertretung. Mangels besonderer vertraglicher Vereinbarung kann die Gesellschaft daher durch die **Kapitalmehrheit** vertreten werden. Bei der Vertretung im Rahmen außergewöhnlicher Geschäfte ist überdies uU die Einhaltung der Schutzvorschriften der §§ 834 f ABGB (s dazu Rz 602) erforderlich. Wegen der sich uU ändernden Mehrheitsverhältnisse ist die Vertretungsregelung damit freilich für außenstehende Dritte schwer kontrollierbar; diese sind aber nach den Vorschriften über die Duldungsvollmacht (§§ 1026 ff ABGB; vgl dazu auch Rz 81) bzw die Haftung des falsus procurator (§ 1009 ABGB bzw Art 8 Nr 11 EVHGB; vgl dazu auch Rz 85 f, 573) geschützt.

607   Die **Geltendmachung von Gesellschaftsforderungen** im Besonderen hat nach dem Gesetz **an sich anteilig** durch jeden Gesellschafter zu erfolgen (§ 1203 ABGB). Dennoch geht die überwiegende Auffassung davon aus, dass es sich dabei um **Gesamthandforderungen** handelt, die nach Maßgabe des § 848 ABGB nur von allen Gesellschaftern gemeinsam bzw einem dazu befugten Vertreter geltend gemacht werden können.

db   Haftung

608   Bezüglich der **Haftung für Gesellschaftsschulden** ist vorgesehen, dass neben dem gesamten **Gesellschaftsvermögen** auch die **Gesellschafter** mit ihrem Privatvermögen haften, und zwar nach dem gesetzlichen Grundmodell **anteilsmäßig** nach Maßgabe ihrer Beteiligung am Hauptstamm (§ 1203 ABGB). Faktisch besteht aber regelmäßig eine **unmittelbare und unbeschränkte Solidarhaftung** der Gesellschafter, die nämlich dann zum Tragen kommt, wenn entweder die Gesellschafter „**Handelsleute**" – also Kaufleute iSd HGB – sind (§ 1203 letzter Satz ABGB) oder die Verpflichtung aus einem (auch einseitigen) **Handelsgeschäft** herrührt (Art 8 Nr 1 EVHGB; s dazu Rz 573) oder die geschuldete **Leistung unteilbar** ist (§ 890 ABGB; s dazu Rz 344) oder – so jedenfalls die Auffassung der Rechtsprechung – eine auch teilbare Leistung auf Grund eines **einheitlichen Vertrages** geschuldet wird.

e   Gesellschafterwechsel

ea   Ausscheiden von Gesellschaftern

609   Ein durch Erklärung des Austretenden an die übrigen Gesellschafter auszuübendes **Austrittsrecht** aus wichtigem Grund steht einem Gesellschafter zu, wenn er einen notwendigen Nachschuss nicht leisten will (§ 1189 ABGB; s dazu Rz 599) oder wenn er wichtige Veränderung ablehnt (§ 1188 iVm § 834 ABGB; s dazu Rz 602). Zulässig ist der Austritt ferner

immer dann, wenn die verbleibenden Gesellschafter diesem zustimmen; die Zustimmung kann auch vorweg im Gesellschaftsvertrag durch Einräumung eines entsprechenden Kündigungsrechtes erteilt werden. Unklar ist die Rechtslage bezüglich der in den §§ 1211 f ABGB vorgesehenen Kündigung der befristeten Gesellschaft, wenn dasjenige Mitglied, von welchem der Betrieb des Geschäftes vorzüglich abhing, gestorben oder ausgetreten ist sowie bezüglich der Kündigung der unbefristeten Gesellschaft: Hier ist umstritten, ob es sich ebenfalls um bloße Austrittskündigungen handelt, die den Bestand der Gesellschaft nicht berühren, oder aber um Auflösungskündigungen, die zur Auflösung der Gesellschaft führen. Bei **befristeter bzw auflösend bedingter Mitgliedschaft** endet das Gesellschaftsverhältnis übrigens mit Ablauf der Frist bzw Eintritt der Bedingung von selbst, also ohne dass es einer besonderen Erklärung bedürfte.

Im Gesetz ausdrücklich angeführt sind ferner einige Fälle, die zum **Ausschluss** eines Gesellschafters berechtigen, also zu dessen zwangsweisen Ausscheiden führen. Hierzu zählen die Nichterfüllung wesentlicher Vertragsbedingungen, der Konkurs des Gesellschafters und der Vertrauensverlust infolge besonders qualifizierter gerichtlich strafbarer Handlungen (§ 1210 ABGB) sowie die Verweigerung eines zur Erreichung des Gesellschaftszwecks notwendigen Nachschusses (§ 1189 ABGB; s dazu Rz 599). Darüber hinaus ist ein Ausschluss nach allgemeinen Grundsätzen immer dann möglich, wenn dafür in der Person des betreffenden Gesellschafters ein wichtiger Grund vorliegt. Der Ausschluss erfolgt mangels abweichender vertraglicher Vereinbarung durch einstimmige Erklärung aller übrigen Gesellschafter und kann vom betroffenen Gesellschafter durch Klage angefochten werden.

610

Für den **Tod** eines Gesellschafters ist vorgesehen, dass die Mitgliedschaft grundsätzlich nicht auf seine Erben übergeht (§ 1206 ABGB). Beim Tod eines von zwei Gesellschaftern erlischt die Gesellschaft daher; es gibt keine „Einpersonen-GesbR". Stirbt hingegen einer von mehr als zwei Gesellschaftern, so wird die Gesellschaft unter den übrigen Gesellschaftern fortgesetzt. Etwas anders gilt allerdings dann, wenn der Verstorbene dem Kreis der „Handelsleute" angehörte. Hier wird – und zwar auch beim Tod eines von zwei Gesellschaftern – angenommen, dass die Gesellschaft mit den Erben fortgesetzt wird, so dass die Gesellschafterstellung bei Kaufleuten grundsätzlich vererblich ist (§ 1207 ABGB). Möglich ist es schließlich, die Gesellschafterstellung auch bei Nichtkaufleuten vererblich zu stellen (vgl § 1208 ABGB).

611

In allen genannten Fällen ist der Ausscheidende (bzw allenfalls sein nicht in die Gesellschaft eintretender Erbe) **vermögensrechtlich abzufinden**. Fehlen hierfür besondere vertragliche Vereinbarungen, so ist der Abfindungsbetrag auf Grund einer Schätzung seines Vermögensanteils zu ermitteln, wobei grundsätzlich auch der Unternehmenswert (goodwill) zu berücksichtigen ist.

612

eb   Eintritt von Gesellschaftern

613   Der **Eintritt** eines Gesellschafters bedarf als Änderung des Gesellschaftsvertrages eines einstimmigen Beschlusses (vgl § 1186 ABGB). Ein solcher Eintritt ist auch im Rahmen einer **Übertragung der Mitgliedschaft** – also verbunden mit dem gleichzeitigen Ausscheiden eines Gesellschafters – möglich.

f   Beendigung der Gesellschaft

614   Das Gesetz enthält folgende **Auflösungsgründe**, die zu einer **Beendigung des Gesellschaftsverhältnisses** führen: Die Erreichung bzw Vereitelung des Gesellschaftszwecks, der Verlust des ganzen Hauptstamms, der Zeitablauf (§ 1205 ABGB) und der Tod eines Gesellschafters bei einer zweigliedrigen Gesellschaft (§ 1207 ABGB; s dazu Rz 611). Daneben führen auch der Eintritt einer entsprechenden auflösenden Bedingung und die einvernehmlich – nach Auffassung mancher auch ohne entsprechende Vereinbarung schon die bloß mehrheitlich – beschlossene Auflösung durch Beschluss der Gesellschafter diese Rechtsfolge herbei. Ein die Auflösung bewirkendes Kündigungsrecht besteht darüber hinaus nach überwiegender Auffassung immer dann, wenn ein entsprechender wichtiger Grund vorliegt. Umstritten ist, wie erwähnt (vgl dazu Rz 609), ob die Ausübung der in den §§ 1211 f ABGB vorgesehenen Kündigungsrechte zur Auflösung der Gesellschaft oder lediglich zum Ausscheiden des kündigenden Gesellschafters führt.

615   Ein **besonderes Liquidationsverfahren** ist im Anschluss an die Auflösung der GesbR **nicht vorgesehen**. Die Gesellschaft wird daher automatisch zur schlichten Miteigentumsgemeinschaft, die Verwaltungsrechte der Gesellschafter oder Dritter sowie besondere Kontrollrechte etc enden, das Gesellschaftsvermögen ist nach Maßgabe der Grundsätze über die Aufhebung des Miteigentums primär in natura bzw zivil zu verteilen (vgl § 1215 iVm §§ 841 ff ABGB sowie Rz 139).

2   Offene Handelsgesellschaft

a   Grundsätzliches

616   Eine **offene Handelsgesellschaft** (**OHG**) ist eine Gesellschaft, deren Zweck auf den Betrieb eines **vollkaufmännischen Handelsgewerbes** unter **gemeinschaftlicher Firma** gerichtet ist und bei der **bei keinem Gesellschafter** die **Haftung** gegenüber den Gesellschaftsgläubigern **beschränkt** ist (§ 105 iVm § 4 Abs 1 HGB). Geregelt ist sie in den §§ 105 bis

160 HGB und in Art 7 Nr 1 bis 20 EVHGB; auch hier gilt, dass vor allem die das <u>Innenverhältnis</u> betreffenden <u>Vorschriften</u> überwiegend **dispositiver Natur** sind und daher <u>durch</u> den <u>Gesellschaftsvertrag abgeändert</u>, werden <u>können,</u> wovon in der Praxis durchaus häufig Gebrauch gemacht wird. **Anwendung** findet die OHG vor allem für vollkaufmännische Klein- und Mittelunternehmen, häufig handelt es sich dabei um Familienbetriebe. Während ihre Zahl in der Vergangenheit beständig zu Lasten der GmbH abnahm, stagniert sie nunmehr nicht zuletzt infolge des Umstandes, dass die OHG, anders als die GmbH, keiner Belastung durch die so genannte „Mindest-KöSt" (vgl § 24 Abs 4 KStG) unterliegt; zum Stichtag 2.1.2002 waren im österreichischen Firmenbuch 1.898 offene Handelsgesellschaften eingetragen.

Die OHG ist eine **Gesamthandschaft** (s dazu Rz 142). Das <u>Gesellschaftsvermögen gehört den Gesellschaftern als ungeteiltes und unteilbares Ganzes,</u> über das sie, anders als beim Miteigentum, nicht anteilsmäßig, sondern <u>nur gemeinsam verfügen</u> können. Nicht die Gesellschaft, sondern die Gesellschafter in ihrer Gesamtheit sind Eigentümer des Gesellschaftsvermögens und Träger der zum Gesellschaftsvermögen gehörenden sonstigen Rechte. Die OHG ist dementsprechend auch **keine juristische Person**. Allerdings ist die <u>OHG</u> den juristischen Personen insofern nahe stehend, als sie unter ihrer Firma <u>Rechte erwerben, Verbindlichkeiten eingehen</u> sowie <u>vor Gericht klagen und geklagt werden</u> kann. Als **Außengesellschaft** ist sie in das <u>Firmenbuch einzutragen;</u> die entsprechende Anmeldung ist von sämtlichen Gesellschaftern bei dem Gericht vorzunehmen, in dessen Sprengel die OHG ihren Sitz hat (§§ 106, 108 HGB).

b Gründung

Die **Entstehung** der OHG richtet sich im Innenverhältnis nach dem Abschluss des **formfreien Gesellschaftsvertrages** bzw den dort vorgesehenen Zeitpunkt. Im Außenverhältnis entsteht die Gesellschaft spätestens mit der Eintragung im Firmenbuch; betreibt sie schon davor ein Grundhandelsgewerbe iSd § 1 Abs 2 HGB, so entsteht sie bereits mit der Aufnahme des Geschäftsbetriebes (vgl § 123 HGB bzw Rz 529).

c Innenverhältnis

ca Beitragspflicht und Kapitalanteil

Die **Beitragspflicht** der einzelnen Gesellschafter richtet sich grundsätzlich <u>nach</u> dem <u>Gesellschaftsvertrag,</u> im Zweifel sind gleich große Beiträge zu leisten; eine **Nachschusspflicht besteht nicht** (Art 7 Nr 2 EVHGB).

617

618

619

173

620   Der **Kapitalanteil** des einzelnen Gesellschafters wird buchmäßig als „Kapitalkonto" geführt. Es handelt sich dabei um eine **Rechnungsziffer**, die die wirtschaftliche Beteiligung des Gesellschafters am Gesellschaftsvermögen im Verhältnis zur Beteiligung der anderen Gesellschafter angibt. Diese Rechnungsziffer hat insbesondere bei der Ermittlung der Gewinnbeteiligung, des Entnahmerechtes und des Auseinandersetzungsguthabens sowie allenfalls iZm vertraglichen Regelungen, wie zB dem Stimmrecht, Bedeutung. Das Gesetz geht von **beweglichen Kapitalkonten** aus, denen ausgehend von den anfänglich als Einlagen geleisteten Beiträgen spätere Gewinne zugebucht sowie Verluste und Entnahmen abgebucht werden (vgl § 120 Abs 2 HGB). Dem daraus resultierenden Problem sich laufend ändernder Beteiligungsquoten und der Gefahr des Entstehens eines so genannten „negativen Kapitalkontos" begegnet die Praxis durch die Vereinbarung eines **festen bzw starren Kapitalkontos**, das sich nur durch „Kapitalerhöhungen bzw -herabsetzungen" ändert und durch ein **bewegliches „Privatkonto" bzw „Kapitalkonto II"** ergänzt wird, auf dem Gewinne, Verluste und Entnahmen verbucht werden.

cb   Geschäftsführung

621   In Bezug auf die **Geschäftsführung** (vgl §§ 114 ff HGB) ist in Maßnahmen des „gewöhnlichen Betriebes des Handelsgewerbes der Gesellschaft" und in jene, „die darüber hinausgehen", zu unterscheiden:

622   Für Erstere – die **ordentlichen Geschäftsführungsmaßnahmen** – sieht das Gesetz **Einzelgeschäftsführung** vor. Jeder Gesellschafter ist demnach allein zur Führung der Geschäfte berechtigt und auch verpflichtet, wobei aber die übrigen geschäftsführenden Gesellschafter ein **Widerspruchsrecht** haben, bei dessen Ausübung die betreffende Handlung unterbleiben muss. Zulässig ist es auch, durch den Gesellschaftsvertrag einzelne Gesellschafter von vornherein von der Geschäftsführungsbefugnis auszuschließen oder Gesamtgeschäftsführung – also das Erfordernis des Zusammenwirkens mehrerer oder aller Gesellschafter – vorzusehen; im zuletzt genannten Fall besteht aber dennoch bei Gefahr im Verzug Einzelgeschäftsführung.

623   **Außerordentliche Geschäftsführungsmaßnahmen**, zu denen etwa besonders riskante oder kapitalintensive Geschäfte gehören, bedürfen nach dem gesetzlichen Grundmodell der im Rahmen eines Gesellschafterbeschlusses zu erteilenden Zustimmung aller – auch der von der ordentlichen Geschäftsführung ausgeschlossenen – Gesellschafter. IZm der **Erteilung und dem Widerruf der Prokura** ist schließlich Besonderes vorgesehen: Die Erteilung hat durch alle geschäftsführungsbefugten Gesellschafter gemeinsam zu erfolgen, der Widerruf kann hingegen durch jeden dieser Gesellschafter allein vorgenommen werden.

Bei Vorliegen eines wichtigen Grundes ist die **Entziehung der Ge-**   624
schäftsführungsbefugnis möglich (vgl § 117 HGB). Sie erfolgt grundsätzlich durch eine gerichtliche Entscheidung, zu deren Herbeiführung eine
Klage aller übrigen Gesellschafter erforderlich ist. Nicht zur Klagsführung
bereite Gesellschafter sind als Mitbeklagte in den Prozess einzubeziehen
und auf Duldung der geltend gemachten Rechtsgestaltung in Anspruch zu
nehmen. Wirksam wird die Entziehung der Geschäftsführungsbefugnis
sodann mit der Rechtskraft des stattgebenden Urteiles. Sieht der Gesellschaftsvertrag die Möglichkeit einer außergerichtlichen Entziehung dieser
Befugnis – etwa durch Beschluss der Gesellschafter, die Entscheidung
eines anderen Gesellschafters oder eines Schiedsgerichtes – vor, so kann
der betroffene Gesellschafter den Entziehungsbeschluss mit einer so
genannten „negativen Feststellungsklage" bekämpfen.

Hinzuweisen ist schließlich darauf, dass ein Gesellschafter die   625
Geschäftsführung zwar **kündigen** kann, wenn ein wichtiger Grund vorliegt (Art 7 Nr 7 EVHGB); eine **Übertragung auf Dritte** ist ihm im Zweifel
aber nicht gestattet (Art 7 Nr 5 EVHGB).

cc Gesellschafterbeschlüsse

Für die Änderung des Gesellschaftsvertrages, die Auflösung der Ge-   626
sellschaft und die Entscheidung über außergewöhnliche Geschäftsführungsmaßnahmen ist von Gesetzes wegen die Fassung eines **Gesell-**
schafterbeschlusses erforderlich; der Gesellschaftsvertrag kann weitere
Beschlussgegenstände vorsehen. In Ermangelung abweichender Vereinbarungen bedarf ein solcher Beschluss der **Zustimmung aller Gesell-**
schafter (§ 119 Abs 1 HGB). Hat nach dem Gesellschaftsvertrag die
Mehrheit der Stimmen zu entscheiden, so ist die **Mehrheit im Zweifel** nach
der Zahl der Gesellschafter zu berechnen, sie richtet sich also **nach**
Köpfen (§ 119 Abs 2 HGB).

IZm der Auslegung einer Mehrheitsklausel von Bedeutung sind der so   627
genannte „**Bestimmtheitsgrundsatz**" und die „**Kernbereichslehre**", die
beide auf den Schutz des einzelnen Gesellschafters bzw der Minderheit
bei der Vereinbarung des Mehrheitsprinzips abzielen. Gültigkeit, Reichwei-
te und konkreter Inhalt der damit aufgestellten Grenzen sind im Detail
allerdings umstritten. Auf das Wesentliche reduziert besagt der Bestimmtheitsgrundsatz, dass eine allgemeine Mehrheitsklausel im Zweifel
nur für laufende Geschäfte, nicht aber für Änderungen des Gesellschaftsvertrages zur Anwendung kommt; selbst wenn die Mehrheitsklausel ausdrücklich auch derartige Änderungen umfassen sollte, bezieht sie sich aber
dennoch nicht auf Vertragsänderungen ungewöhnlicher Art. Die Kernbereichslehre wiederum sieht vor, dass die dem Kernbereich der Mitgliedschaft angehörenden Rechte – dazu sollen etwa das Stimmrecht, die

Ergebnisbeteiligung und Sonderrechte gehören – nur mit Zustimmung des betroffenen Gesellschafters beschränkt bzw entzogen werden können.

cd Wettbewerbsverbot

628   Die Gesellschafter einer OHG unterliegen einem **Wettbewerbsverbot**. Sie dürfen ohne Einwilligung der anderen Gesellschafter **weder Geschäfte im Handelszweig der Gesellschaft** machen **noch an einer anderen gleichartigen Handelsgesellschaft als persönlich haftender Gesellschafter beteiligt** sein. Die Mitgesellschafter können allerdings in eine Wettbewerbshandlung ausdrücklich oder stillschweigend einwilligen; insbesondere gilt ihre Zustimmung zur Beteiligung an einer anderen Gesellschaft dann als erteilt, wenn ihnen diese Beteiligung bei Eingehung der Gesellschaft bekannt war und deren Aufgabe nicht ausdrücklich bedungen wurde (§ 112 HGB).

629   Bei einer **Verletzung des Wettbewerbsverbotes** kann die Gesellschaft Schadenersatz verlangen oder vom so genannten „Eintrittsrecht" Gebrauch machen; im zweitgenannten Fall gelten die vom betroffenen Gesellschafter für eigene Rechnung gemachten Geschäfte als für Rechnung der Gesellschaft eingegangen, bei Geschäften für fremde Rechnung muss der Gesellschafter die bezogene Vergütung herausgeben bzw seinen Anspruch darauf abtreten. Die genannten Ansprüche werden im Wege der **actio pro socio** geltend gemacht, sie verjähren in drei Monaten ab Kenntnis aller Mitgesellschafter bzw absolut – also ohne Rücksicht auf diese Kenntnis – in fünf Jahren von ihrer Entstehung an.

ce Ergebnisbeteiligung und Entnahmerecht

630   Am Schluss jedes Geschäftsjahres wird auf Grund des Jahresabschlusses das Ergebnis ermittelt und für jeden Gesellschafter der Anteil daran berechnet (§ 120 Abs 1 HGB). In der Praxis sehen Gesellschaftsverträge für die damit angesprochene **Ergebnisbeteiligung** regelmäßig besondere Bestimmungen vor. Fehlen solche, so gebührt jedem Gesellschafter vom **Gewinn** des Geschäftsjahres eine „Vordividende" von 4% seines Kapitalanteiles; bei zu geringem Gewinn wird dieser Prozentsatz entsprechend gekürzt, ein darüber hinausgehender Gewinn wird – so wie auch der gesamte **Verlust** – nach Köpfen verteilt. Hat der betreffende Gesellschafter im Laufe des Geschäftsjahres Einlagen oder Entnahmen getätigt, so werden diese aliquot berücksichtigt (§ 121 HGB).

631   Das nach der Vorstellung des Gesetzgebers der Sicherung des laufenden Unterhaltes dienende gesetzliche **Entnahmerecht** gestattet es jedem Gesellschafter, unabhängig vom Vorliegen eines Gewinnes aus der Ge-

sellschaftskasse bis zu 4% seines für das letzte Geschäftsjahr festgestellten Kapitalanteiles zu entnehmen. Einen darüber hinausgehenden Gewinnanteil kann er dann entnehmen, soweit dies nicht zum offenbaren Schaden der Gesellschaft gereicht. Weitere Entnahmen sind dem Gesellschafter ohne Einwilligung der anderen Gesellschafter nicht gestattet (§ 122 HGB).

cf   Aufwendungsersatz

In zwei Bestimmungen gedenkt das Gesetz des **Ersatzes von Aufwendungen in Gesellschaftsangelegenheiten**: Für Aufwendungen, die zur Erledigung dieser Angelegenheiten nötig sind, kann der Gesellschafter von der Gesellschaft einen Vorschuss verlangen (Art 7 Nr 4 EVHGB). Hat er solche Aufwendungen gemacht und durfte er diese den Umständen nach für erforderlich halten oder sind ihm aus der Geschäftsführungstätigkeit oder aus damit untrennbar verbundenen Gefahren Verluste erwachsen, so ist ihm die Gesellschaft zum Ersatz verpflichtet (§ 110 HGB).

632

cg   Kontrollrechte

Jeder Gesellschafter, namentlich und gerade auch ein von der Geschäftsführung ausgeschlossener Gesellschafter, hat Anspruch darauf, sich von den Angelegenheiten der Gesellschaft persönlich zu unterrichten, in die Handelsbücher und Papiere der Gesellschaft einzusehen und sich aus ihnen einen Jahresabschluss anzufertigen. Eine dieses **Kontrollrecht** ausschließende oder beschränkende Vereinbarung ist wirkungslos, wenn, Grund zur Annahme unredlicher Geschäftsführung besteht (§ 118 HGB). Das Kontrollrecht ist übrigens an sich ein höchstpersönliches Recht, kann also nicht ohne weiteres auf Dritte übertragen werden; die Beiziehung eines Buchsachverständigen wird allerdings dann ausnahmsweise für zulässig erachtet, wenn der betreffende Gesellschafter nicht selbst die zur interessengerechten Einsicht erforderlichen Fähigkeiten aufweist.

633

ch   Sorgfaltspflicht

Was die **Sorgfaltspflicht** der Gesellschafter betrifft, so sieht das Gesetz hier lediglich eine Haftung für die Sorgfalt wie in eigenen Angelegenheiten (**diligentia quam in suis**), jedenfalls aber eine Haftung bei grober Fahrlässigkeit – und natürlich auch bei Vorsatz – vor (Art 7 Nr 3 EVHGB). Damit wird der Haftungsmaßstab gegenüber allgemeinen Grundsätzen, die ja an objektive Kriterien anknüpfen (vgl §§ 1294, 1297 ABGB), uU

634

erheblich eingeschränkt. Nicht zuletzt deshalb ist hier vertraglich häufig eine Haftung für die Sorgfalt eines ordentlichen Kaufmannes iSd § 347 HGB vereinbart.

d   Außenverhältnis

da   Vertretung

635   Die gesetzliche Regelung der **Vertretung** der OHG (§§ 125 ff HGB) ist durch das „**Prinzip der Selbstorganschaft**" gekennzeichnet: Die Gesellschafter selbst berechtigen und verpflichten die Gesellschaft ohne das Erfordernis eines besonderen Bestellungsaktes kraft ihrer Mitgliedschaft, Nichtgesellschafter können die Gesellschaft grundsätzlich nur auf Grund einer rechtsgeschäftlichen Vollmacht vertreten. Folgende **Formen der Vertretung** sind möglich:

- Fehlt eine besondere vertragliche Regelung, so ist jeder Gesellschafter zur Vertretung der Gesellschaft ermächtigt (§ 125 Abs 1 HGB, **Einzelvertretung**). **Abweichungen** von diesem Grundsatz bedürfen einer Grundlage im Gesellschaftsvertrag und müssen im Firmenbuch eingetragen bzw dem Dritten bekannt gemacht sein, damit sie diesem entgegengehalten werden können (vgl § 15 HGB). Abweichungen sind in folgender Form denkbar:
- Einzelne – nicht aber alle – Gesellschafter können **von der Vertretung ausgeschlossen** werden (§ 125 Abs 1 HGB). Dem betreffenden Gesellschafter kann aber rechtsgeschäftliche Vertretungsbefugnis – etwa die Prokura – eingeräumt werden.
- Es kann **Gesamtvertretung** in der Form vorgesehen sein, dass alle oder mehrere Gesellschafter nur in Gemeinschaft zur Vertretung der Gesellschaft ermächtigt sind. Ist der Gesellschaft gegenüber eine Willenserklärung abzugeben, so genügt aber auch hier die Abgabe gegenüber einem zur Mitwirkung bei der Vertretung befugten Gesellschafter; passiv bleibt es also bei der Einzelvertretung (§ 125 Abs 2 HGB).
- Bei der **gemischten bzw unechten Gesamtvertretung** ist bestimmt, dass die Gesellschafter, wenn nicht mehrere zusammen handeln, nur in Gemeinschaft mit einem Prokuristen zur Vertretung der Gesellschaft ermächtigt sind (§ 125 Abs 3 HGB). Sinn dieser Regelung ist es, im Rahmen der Vertretung den Ersatz eines Gesellschafters durch einen Prokuristen zu ermöglichen. Der Prokurist wird damit insoweit zum verfassungsmäßigen Vertreter der OHG; die sonst bestehenden Beschränkungen der Prokura (dazu oben Rz 559) gelten hier daher nicht. Eine Vertretung durch Gesellschafter ohne Mitwirkung des Prokuristen muss aber jedenfalls möglich

bleiben, so dass die gemischte Gesamtvertretung als alleinige Vertretungsvariante nicht in Betracht kommt.

Bezüglich des **Umfanges** der Vertretungsmacht ist vom **Grundsatz der**   636
Unbeschränktheit und Unbeschränkbarkeit auszugehen (§ 126 HGB).
Unbeschränktheit bedeutet, dass sich die Vertretungsmacht der Gesellschafter auf alle gerichtlichen und außergerichtlichen Geschäfte und Rechtshandlungen einschließlich der Veräußerung und Belastung von Grundstücken sowie der Erteilung und des Widerrufs einer Prokura erstreckt. **Nicht umfasst** von der Vertretungsbefugnis sind allerdings die das Grundverhältnis der Gesellschafter untereinander betreffenden **Grundlagengeschäfte**, zu denen namentlich die Änderung des Gesellschaftsvertrages gehört. Mit Unbeschränkbarkeit ist gemeint, dass eine Beschränkung des Umfanges der Vertretungsmacht Dritten gegenüber unwirksam ist. Ein Dritter braucht derartige Beschränkungen auch dann nicht gegen sich gelten zu lassen, wenn er davon wusste. Eine Ausnahme hiervon gilt lediglich im Fall der **Kollusion** (vgl dazu auch oben Rz 88), also wenn ein Gesellschafter und der Dritte vorsätzlich zum Nachteil der Gesellschaft zusammenwirken oder es sich dem Dritten förmlich aufdrängt, dass der Gesellschafter bewusst zum Nachteil der Gesellschaft handelt. Die Unbeschränkbarkeit besteht im Übrigen nur im Außenverhältnis; im Innenverhältnis ist die Vertretungsbefugnis beschränkbar, eine Missachtung allfälliger Beschränkungen kann schadenersatzpflichtig machen und zum Entzug der Vertretungsbefugnis führen. Bei der **Filialvertretung** wird die Vertretungsmacht auf eine von mehreren Niederlassungen beschränkt; Voraussetzung hierfür ist, dass die Niederlassungen unter verschiedenen Firmen geführt werden (§ 126 Abs 3 iVm § 50 Abs 3 HGB).

Im Hinblick auf die **Entziehung der Vertretungsbefugnis** kommen   637
dieselben Grundsätze zur Anwendung wie bei der Entziehung der Geschäftsführungsbefugnis (§ 127 HGB; vgl dazu Rz 624); die Entziehung der Vertretungsbefugnis ist allerdings zusätzlich zur Eintragung in das Firmenbuch anzumelden.

db   Haftung

Der zweite wichtige Fragenbereich iZm dem Außenverhältnis betrifft die   638
Haftung für Schulden der Gesellschaft. Für diese Schulden haftet nicht nur die OHG mit dem Gesellschaftsvermögen, den Gesellschaftsgläubigern haften vielmehr auch die Gesellschafter (§ 128 HGB). Inhaltlich ist diese Haftung

- **unbeschränkt**; es besteht keine betragsmäßige Beschränkung wie etwa beim Kommanditisten (s dazu Rz 665);
- **unbeschränkbar**: die Haftung ist durch Vereinbarungen der Gesellschafter nur für das Innenverhältnis, nicht aber für das Außenver-

hältnis beschränkbar. Haftungsbeschränkende oder -ausschließende vertragliche Vereinbarungen einzelner oder aller Gesellschafter mit dem Gläubiger sind aber zulässig;

- **unmittelbar**: der Gesellschafter kann direkt – also ohne Zwischenschaltung der Gesellschaft – in Anspruch genommen werden, es trifft ihn keine bloße Nachschusspflicht gegenüber der Gesellschaft;
- **primär**: es liegt keine bloß subsidiäre Haftung für den Ausfall bei der Gesellschaft vor, eine Vorausklage oder Mahnung, wie etwa bei der Bürgschaft, ist nicht notwendig;
- **persönlich**: die Gesellschafter haften mit ihrem gesamtem Privatvermögen;
- **solidarisch**: die Gesellschafter haften als Gesamtschuldner, also jeder für die ganze Schuld und nicht bloß für seinen im Innenverhältnis zu tragenden Anteil.

639   Die Haftung der Gesellschafter umfasst grundsätzlich **alle Verbindlichkeiten der OHG**, also sowohl solche aus Vertrag als auch solche aus Delikt. Sie verpflichtet ihn prinzipiell zur **Erfüllung** und nicht bloß zum Geldersatz, außer die geschuldete Leistung kann nur von der Gesellschaft erbracht werden oder die Erfüllungspflicht wurde auf diese beschränkt. Der **Beginn der Haftung** fällt bei Neugründung einer OHG mit deren Entstehen im Außenverhältnis zusammen (dazu Rz 618). Beim Eintritt in eine bestehende OHG haftet der neu eintretende Gesellschafter nicht nur für die ab dem Eintritt begründeten Verbindlichkeiten, sondern auch für die zur Zeit des Eintritts bestehenden Altschulden der Gesellschaft. Diese Haftung trifft ihn auch dann, wenn die Firma nicht fortgeführt wird; entgegenstehende Vereinbarungen sind Dritten gegenüber unwirksam (§ 130 HGB; zur Haftung bei Entstehung einer OHG durch Vergesellschaftung vgl oben Rz 556).

640   Der vom Gesellschaftsgläubiger in Anspruch genommene Gesellschafter kann gegen den erhobenen Anspruch zum einen alle **Einwendungen** erheben, die der Gesellschaft zustehen, sofern sie auch von dieser erhoben werden könnten. Außerdem kommen persönliche Einwendungen in Betracht, also Einwendungen, die – etwa auf Grund einer besonderen Vereinbarung mit dem Gläubiger – nur dem Gesellschafter, nicht aber der Gesellschaft zustehen. Weil im Prozess gegen die Gesellschaft allein aber die persönlichen Einwendungen des Gesellschafters gar nicht geprüft werden, ist vorgesehen, dass ein gegen die OHG gerichtetes Urteil nicht zur Zwangsvollstreckung in das Privatvermögen der Gesellschafter berechtigt (vgl § 129 Abs 4 HGB). In der Praxis werden daher regelmäßig die Gesellschaft und die Gesellschafter durch so genannte „Parteihäufung" gemeinsam geklagt.

641   Einer besonderen Betrachtung bedarf der Fall, bei dem ein **Gesellschafter** seiner Gesellschaft **als Gläubiger** gegenübersteht. Diesem haftet zunächst jedenfalls das Vermögen der Gesellschaft; er ist sogar gehalten, zunächst daraus Befriedigung seiner Ansprüche zu suchen. In Bezug auf die Haftung der Mitgesellschafter ist nach der jeweiligen Anspruchsgrundlage zu unterscheiden:

- Bei Ansprüchen aus dem Gesellschaftsverhältnis (**Sozialverpflichtungen**, zB dem Recht auf Entnahme oder Ersatz von Aufwendungen) besteht grundsätzlich keine Haftung der übrigen Gesellschafter, da diese ansonsten mittelbar die Kosten der Geschäftsführung über ihre Beitragspflicht hinaus tragen müssten; der Ausgleich erfolgt hier erst nach der Auflösung der Gesellschaft. Eine Ausnahme stellt der Ausgleichsanspruch bei Tilgung einer Gesellschaftsschuld dar. Dieser kann sofort gegen die Mitgesellschafter geltend gemacht werden, wenn keine Befriedigung im Gesellschaftsvermögen erlangt werden kann; der betreibende Gesellschafter hat aber seinen eigenen Verlustanteil sowie – bei der Inanspruchnahme der Mitgesellschafter – den internen Verlustverteilungsschlüssel zu berücksichtigen.

- Außergesellschaftliche Ansprüche (**Drittgläubigeransprüche**, zB aus einem mit der Gesellschaft geschlossenen Kauf- oder Darlehensvertrag) begründen grundsätzlich eine schon vor der Auflösung schlagend werdende Haftung der Mitgesellschafter iSd § 128 HGB. Die Treuepflicht erfordert hier aber eine Vorausklage der Gesellschaft, so dass die Haftung der Mitgesellschafter daher faktisch eine subsidiäre ist. Außerdem hat der betreibende Gesellschafter seinen eigenen Verlustanteil zu berücksichtigen; umstritten ist, ob er auch hier überdies zur Beachtung des internen Verlustverteilungsschlüssels gehalten ist.

Mit dem **Ausscheiden eines Gesellschafters** soll dessen persönliche **642** Haftung für Verbindlichkeiten der Gesellschaft beschränkt werden. Der ausgeschiedene Gesellschafter haftet daher nur für jene Verbindlichkeiten, die bis zu seinem Ausscheiden begründet wurden; die Haftung für die zwischen diesem Zeitpunkt und der Eintragung des Ausscheidens in das Firmenbuch begründeten Verbindlichkeiten richtet sich nach § 15 Abs 1 HGB (dazu oben Rz 541). Die **Verjährung** der Ansprüche gegen einen Gesellschafter aus Verbindlichkeiten der Gesellschaft tritt in fünf Jahren nach dem Ausscheiden des Gesellschafters – bzw auch nach der Auflösung der Gesellschaft – ein, sofern nicht der Anspruch gegen die Gesellschaft einer kürzeren Verjährung unterliegt (§ 159 Abs 1 HGB). Die Verjährung beginnt mit dem Ende des Tages, an welchem das Ausscheiden des Gesellschafters oder die Auflösung der Gesellschaft in das Firmenbuch eingetragen wird (§ 159 Abs 2 HGB). Wird der Anspruch des Gläubigers gegen die Gesellschaft erst nach dieser Eintragung fällig, so beginnt die Verjährung mit der späteren Fälligkeit (§ 159 Abs 3 HGB). Gerade die zuletzt genannte Bestimmung wirft Probleme bei **Dauerschuldverhältnissen** auf, bei denen die Ansprüche auf die Teilleistungen ja laufend auch nach dem Ausscheiden aus der Gesellschaft entstehen und fällig werden, so dass es gleichsam zu einer **„Endloshaftung"** des ausgeschiedenen Gesellschafters kommt. Lehre und Rechtsprechung versuchen, dieses unbefriedigende Ergebnis auf verschiedenste Arten zu lösen („Kündigungstheorie", „Fristentheorie", „Stammrechtstheorie"); als herrschend kann Erstere angesehen werden, wonach sich die Haftung des ausgeschiedenen Gesellschafters nur auf die bis zum ersten, auf das Ausscheiden folgenden, dem Gesellschaftsgläubiger zur Verfügung stehenden Kündigungstermin begründeten Teilleistungen erstreckt.

e Gesellschafterwechsel

ea Ausscheiden von Gesellschaftern

643   Der **Austritt** eines Gesellschafters in Form einer **Austrittskündigung**, also sein freiwilliges Ausscheiden unter Fortbestand der Gesellschaft, ist im Gesetz nicht vorgesehen; ein solches Recht kann aber besonders vereinbart werden. Fehlt eine entsprechende Vereinbarung, so bleibt nur die Kündigung mit der Folge der Auflösung der Gesellschaft (**Auflösungskündigung**). Das Gesetz unterscheidet dabei zwei Arten:

* Die **ordentliche Kündigung** einer unbefristeten Gesellschaft kann für den Schluss eines Geschäftsjahres unter Einhaltung einer **sechsmonatigen Kündigungsfrist** erfolgen. Dieses Kündigungsrecht kann nicht ausgeschlossen werden, nur eine Verlängerung der Kündigungsfrist ist möglich (§ 131 Z 6, § 132 HGB, Art 7 Nr 14 EVHGB). Um den Zweck der Vorschrift nicht hintergehen zu können, wird allerdings eine ungebührliche Verlängerung, die mit Sinn und Zweck einer Kündigungsfrist nichts mehr zu tun hat, als unzulässig angesehen.

* Die **Auflösungsklage** (§ 133 HGB) hat die Funktion einer außerordentlichen Kündigung, bedarf aber der gerichtlichen Mitwirkung. Auf Antrag eines Gesellschafters kann so die Auflösung der unbefristeten Gesellschaft bzw der befristeten Gesellschaft vor Ablauf der für ihre Dauer bestimmten Zeit auch ohne Einhaltung einer Kündigungsfrist herbeigeführt werden, wenn ein **wichtiger Grund** vorliegt. Als solche Gründe führt das Gesetz beispielsweise die schuldhafte Verletzung wesentlicher Vertragspflichten durch einen anderen Gesellschafter oder die Unmöglichkeit der Erfüllung einer solchen Verpflichtung an. Die Auflösungsklage kann von jedem Gesellschafter eingebracht werden; das Klagerecht kann nicht ausgeschlossen oder beschränkt werden, wohl aber sind Erleichterungen – etwa der Verzicht auf die gerichtliche Geltendmachung des außerordentlichen Kündigungsrechtes – möglich.

Der **Ausschluss** eines Gesellschafters als dessen zwangsweises Aus-   **644**
scheiden auf Betreiben der übrigen Gesellschafter ist im Gesetz wie folgt
geregelt:

- Eine **Ausschließungsklage** (§ 140 HGB) kann eingebracht werden, wenn in der Person eines Gesellschafters ein Umstand eintritt,
der für die übrigen Gesellschafter das Recht begründet, die Auflösung der Gesellschaft zu verlangen; erforderlich ist also ein in
dessen Person liegender, nicht unbedingt verschuldeter **wichtiger
Grund**. Die Klage ist durch alle übrigen Gesellschafter einzubringen,
nicht zustimmende Gesellschafter sind als Mitbeklagte in den Prozess einzubeziehen (vgl dazu bereits oben Rz 624). Der Ausschluss
eines Gesellschafters stellt aber immer das **äußerste Mittel** dar,
zuvor muss versucht werden, den Missstand durch gelindere Sanktionen – etwa die Entziehung der Geschäftsführungs- und Vertretungsbefugnis – zu beseitigen. Wirksam wird der Ausschluss mit der
Rechtskraft des stattgebenden Urteiles, als **Auseinandersetzungs-
stichtag** sieht das Gesetz aber den Tag der Klageerhebung vor, um
so einer Beeinflussung des Abfindungsguthabens durch die unbestimmte Prozessdauer und Prozessverschleppungen vorzubeugen.
Diese Form der Ausschließung kann vertraglich erleichtert, er-
schwert oder ausgeschlossen werden, der betroffene Gesellschafter
muss aber immer die Möglichkeit haben, die Ausschließung gerichtlich anzufechten.
- Die Ausschließung iZm einem **Fortsetzungsbeschluss** ist möglich
bei der **Kündigung** der OHG **durch Privatgläubiger** eines Gesellschafters bzw bei der **Konkurseröffnung** über sein **Privatvermögen** (§ 141 HGB). An sich führen diese Vorgänge zur Auflösung der
Gesellschaft (§ 131 Z 5 und 6 HGB); die übrigen Gesellschafter
können aber einen Fortsetzungsbeschluss mit der Wirkung fassen,
dass der betroffene Gesellschafter aus der OHG ausscheidet. Sein
Abfindungsanspruch ist in diesem Fall zur Befriedigung des Gläubigers zu verwenden bzw in die Konkursmasse zu leisten. Die Kündigung der Gesellschaft durch den Privatgläubiger eines Gesellschafters ist übrigens dann möglich, wenn der Gläubiger innerhalb der
letzten sechs Monate eine Zwangsvollstreckung in das bewegliche
Vermögen des Gesellschafters ohne Erfolg versucht und auf Grund
eines nicht bloß vorläufig vollstreckbaren Exekutionstitels die Pfändung und Überweisung des Auseinandersetzungsguthabens erwirkt
hat (§ 135 HGB).
- Liegen bei einer zweigliedrigen OHG – bzw analog bei einer mehr-
gliedrigen OHG, wenn nur ein Gesellschafter übrigbleibt – in der
Person eines Gesellschafters Gründe vor, die seinen Ausschluss
zulassen, so kann der andere Gesellschafter die so genannte **Über-
nahmeklage** erheben (§ 142 HGB). Die Gesellschaft wird durch

eine solche „**Geschäftsübernahme**" aufgelöst und beendet, das von ihr betriebene Unternehmen geht in Gesamtrechtsnachfolge auf den übernehmenden Gesellschafter über und wird von diesem als Einzelunternehmen fortgeführt. Entsprechendes gilt bei der Kündigung eines Privatgläubigers oder dem Konkurs eines Gesellschafters in einer zweigliedrigen OHG. Haben beide bzw alle Gesellschafter die genannten Gründe zu verantworten, so bleibt allerdings regelmäßig nur die Liquidation des Unternehmens. In der Praxis werden Geschäftsübernahmen – über die im Gesetz genannten Fälle hinausgehend – häufig auch auf einvernehmlicher, vertraglicher Grundlage unter Ausnutzung von „**Übernahmerechten**" bzw Abschluss von „**Übernahmevereinbarungen**" vorgenommen.

645   Der **Tod** eines Gesellschafters führt grundsätzlich zur Auflösung der Gesellschaft (§ 131 Z 4 HGB). Die verbleibenden Gesellschafter können zwar ad hoc die Fortsetzung – und zwar mit oder ohne die Rechtsnachfolger des verstorbenen Gesellschafters – beschließen, sind hierbei allerdings auf die Zustimmung des Nachlassverwalters bzw der Erben angewiesen. Nicht selten wird daher für den Fall des Todes vertraglich vorgesorgt. Folgende Möglichkeiten sind dabei in Betracht zu ziehen:

- Bei einer **Fortsetzungsklausel** (§ 138 HGB) scheidet der Nachlass des verstorbenen Gesellschafters mit dem Tod aus der Gesellschaft aus, ohne dass die Erben an dessen Stelle treten. Der Gesellschaftsanteil wächst den übrigen Gesellschaftern an, die Erben sind mit dem Auseinandersetzungsguthaben abzufinden. Die Erben haften hier für die Gesellschaftsverbindlichkeiten nicht nach Gesellschaftsrecht, sondern nur erbrechtlich nach Maßgabe ihrer Erbserklärung.

- Eine **Nachfolgeklausel** (§ 139 HGB, Art 7 Nr 17 EVHGB) hat zur Folge, dass zunächst der Nachlass und mit der Einantwortung automatisch die Erben an die Stelle des verstorbenen Gesellschafters treten. Bei der „**qualifizierten Nachfolgeklausel**" ist diese automatische Nachfolge nur zugunsten eines oder mehrerer bestimmter Erben unter Ausschluss der übrigen vorgesehen. Jeder Erbe kann den Eintritt in die Gesellschaft innerhalb eines Monats ab der Einantwortung davon abhängig machen, dass ihm unter Belassung des bisherigen Gewinnanteils die Stellung als Kommanditist eingeräumt und der auf ihn fallende Teil der Einlage des Erblassers als seine Kommanditeinlage anerkannt wird. Dabei handelt es sich um ein dem Schutz des Erben – er soll die Erbschaft auch ohne Übernahme einer unbeschränkten Haftung antreten können – dienendes unabdingbares Recht. Stimmen die übrigen Gesellschafter dem Verlangen zu, so wird aus der OHG eine KG, stimmen sie nicht zu, so ist der Erbe befugt, ohne Einhaltung einer Kündigungsfrist seinen Austritt aus der Gesellschaft zu erklären und das ihm zustehende Auseinandersetzungsguthaben zu verlangen. Bezüglich der

Haftung des Erben für die Gesellschaftsschulden ist bei einer Nachfolgeklausel zu differenzieren: Bis zur Einantwortung haftet jedenfalls nur der Nachlass. Danach richtet sich die Haftung nach der jeweiligen gesellschaftsrechtlichen Stellung des Erben. Bleibt er persönlich haftender Gesellschafter, so trifft ihn die unbeschränkte Haftung auch für die beim Tod vorhandenen Altschulden; wird er Kommanditist, so haftet er bis zur Umwandlung in die Kommanditistenstellung nach Erbrecht, danach als Kommanditist; scheidet er fristgerecht aus der Gesellschaft aus, so trifft ihn eine Haftung nur für die bis zum Austritt begründeten Gesellschaftsschulden nach Maßgabe erbrechtlicher Grundsätze; wird er schließlich überhaupt nicht Gesellschafter, weil er von der (qualifizierten) Nachfolgeklausel nicht betroffen ist, so haftet er ebenfalls nur nach Erbrecht.

- Für die **Eintrittsklausel** findet sich keine Regelung im Gesetz. Sie ist ein Produkt der Kautelarjurisprudenz (Vertragspraxis) und dementsprechend vielgestaltig anzutreffen. Gekennzeichnet ist sie dadurch, dass sie einem Erben oder auch einem Dritten das Recht einräumt, in die Gesellschaft einzutreten, wobei sich die gesellschaftsrechtliche Stellung des Berechtigten nach der jeweiligen Vertragsbestimmung richtet. Eine Eintrittsklausel begründet bloß ein rechtsgeschäftliches Eintrittsrecht und stellt sich als Vertrag zugunsten Dritter dar. Der Berechtigte hat seinen Eintritt binnen der vertraglichen bzw einer angemessenen Frist zu erklären und erlangt damit einen schuldrechtlichen Anspruch auf Abschluss des Aufnahmevertrages.

Die Folge aller Formen des Ausscheidens eines Gesellschafters ohne gleichzeitigen Eintritt eines Nachfolgers ist die **Anwachsung (Akkreszenz)** seines Anteils bei den verbleibenden Gesellschaftern, deren Beteiligungsquote sich damit entsprechend erhöht. Außerdem besteht die Notwendigkeit einer Auseinandersetzung mit dem ausscheidenden Gesellschafter bzw seinen Erben; diesen steht eine grundsätzlich in Geld zu leistende Abfindung zu (**Abfindungs-, Auseinandersetzungs- oder Abschichtungsguthaben**). Die Höhe der Abfindung des ausscheidenden Gesellschafters richtet sich nach dem Betrag, den er erhalten würde, falls die Gesellschaft zur Zeit seines Ausscheidens aufgelöst worden wäre. Berechnungsbasis ist dabei der Wert des lebenden Unternehmens, also die Summe aus Sachwert und Ertragswert, nicht der Liquidationswert. In der Praxis finden sich in diesem Zusammenhang häufig besondere vertragliche Abfindungsklauseln, die neben besonderen Unternehmenswertermittlungsverfahren (Buchwertklauseln, Fachgutachten der Kammer der Wirtschaftstreuhänder) auch Ratenzahlungs- oder Schiedsgerichtsvereinbarungen enthalten. Dem ausscheidenden Gesellschafter sind außerdem alle der Gesellschaft nur **zur Benutzung überlassenen Gegenstände herauszugeben**. Er hat weiters Anspruch auf **Befreiung von den**

646

185

Gesellschaftsschulden, für die er den Gläubigern haftet; um zu große Kapitalabflüsse zu vermeiden, behilft man sich hier regelmäßig mit der Einholung von Haftungsfreistellungszusagen der Gläubiger oder internen Schad- und Klagloshaltungserklärungen der Mitgesellschafter. Der Ausscheidende nimmt schließlich grundsätzlich an den zur Zeit des Ausscheidens **schwebenden Geschäften** teil, wenn nicht etwas anderes vereinbart sein sollte (Art 7 Nr 15 und 16 EVHGB).

eb   Eintritt von Gesellschaftern

647   Die **Aufnahme** eines neuen Gesellschafters stellt eine **Änderung des Gesellschaftsvertrages** dar. Sie bedarf daher grundsätzlich der Zustimmung aller vorhandenen Gesellschafter; bei einer vertraglichen Mehrstimmigkeitsklausel für Gesellschafterbeschlüsse ist darauf zu achten, ob bezüglich dieses Beschlussgegenstandes dem Bestimmtheitsgrundsatz (dazu Rz 627) Genüge getan ist. Der neu eintretende Gesellschafter erhält seinen Gesellschaftsanteil im Wege der Anwachsung (dazu Rz 646) – also unter gleichzeitiger Reduktion der Beteiligungsquoten der übrigen Gesellschafter – und haftet gem § 130 HGB für die beim Eintritt bestehenden Schulden der Gesellschaft (dazu Rz 639).

648   Die **Übertragung** der Mitgliedschaft, also ein mit dem Eintritt verknüpftes Ausscheiden eines vorhandenen Gesellschafters, beruht auf einem mehrseitigen Vertrag zwischen dem Veräußerer, dem Erwerber und den übrigen Gesellschaftern. Dieser Vertrag bewirkt den Übergang der Mitgliedschaft, wobei der Erwerber grundsätzlich die gleiche Stellung wie der ausscheidende Gesellschafter erhält. Die Haftung des Eintretenden richtet sich nach § 130 HGB (dazu Rz 639), der Ausscheidende haftet gem § 159 HGB (dazu Rz 642).

f   Beendigung der Gesellschaft

fa   Auflösung

649   Das Gesetz sieht eine Vielzahl von Gründen vor, die zur **Auflösung** der OHG führen. Die Konsequenz einer solchen Auflösung ist aber nicht die sofortige Beendigung der Gesellschaft, sondern die Überleitung in das Liquidations- bzw Abwicklungsstadium; aus der „**werbenden**" Gesellschaft wird eine **Abwicklungsgesellschaft**. Folgende Auflösungsgründe sind zu nennen:

- Ablauf der vereinbarten Zeit, Beschluss der Gesellschafter, Konkurs der Gesellschaft, Tod eines Gesellschafters, Konkurs eines Gesellschafters, Kündigung und gerichtliche Entscheidung (§ 131 HGB);

- Auflösungsklage (§ 133 HGB);
- Kündigung durch den Privatgläubiger (§ 135 HGB);
- besonders vorgesehene vertragliche Gründe.

In der Regel kann die infolge des Eintritts eines der genannten Gründe **650**
aufgelöste Gesellschaft durch einen prinzipiell einstimmig – zu den
Anforderungen an einen Mehrheitsbeschluss vgl wiederum oben Rz 626 –
zu fassenden **Fortsetzungsbeschluss** der Gesellschafter fortgesetzt werden. Nicht möglich ist die Fortsetzung allerdings beim Konkurs der Gesellschaft, solange der Konkurs nicht durch einen Zwangsausgleich aufgehoben ist. Die Auflösung der Gesellschaft ist von sämtlichen Gesellschaftern
zum Firmenbuch anzumelden (§ 143 HGB).

fb   Liquidation

Die **Liquidation (Abwicklung)** der Gesellschaft stellt den Normalfall **651**
der Auseinandersetzung unter den Gesellschaftern nach Auflösung der
Gesellschaft dar (§§ 145 ff HGB). Andere Formen der Auseinandersetzung
bestehen im Konkurs der Gesellschaft, bei einer Unternehmensübernah-
me oder -einbringung oder auf Grund einer besonderen Vereinbarung der
Gesellschafter.

Als **Liquidatoren (Abwickler)** fungieren grundsätzlich sämtliche Ge- **652**
sellschafter, und zwar auch die im Rahmen der werbenden Gesellschaft
von der Geschäftsführung oder Vertretung ausgeschlossenen Gesellschafter. Durch den Gesellschaftsvertrag oder einen Beschluss der Gesellschafter kann hier aber anderes, insbesondere auch eine Drittorganschaft,
vorgesehen werden (§ 146 HGB). Besonderes sieht das Gesetz auch für
die Geschäftsführung und Vertretung im Liquidationsstadium vor: Mangels
abweichender, im Firmenbuch einzutragender Vereinbarung besteht aktiv
Gesamtgeschäftsführung und -vertretung der Liquidatoren, passiv hingegen Alleinvertretung (§ 150 HGB). Überdies ist die Geschäftsführungsbefugnis auf Liquidationszwecke beschränkt; neue Geschäfte sind daher
grundsätzlich nur insoweit einzugehen, als dies zur Beendigung der schwebenden Geschäfte erforderlich ist. Entsprechend funktional beschränkt
ist – zumindest nach überwiegender Auffassung – auch die Vertretungsmacht, so dass die Gesellschaft aus über den Liquidationszweck hinausgehenden Geschäften an sich nicht haftet (vgl § 149 HGB); sie muss aber
zur Haftungsabwendung beweisen, dass der Dritte die Zweckwidrigkeit des
Geschäftes kannte oder kennen musste.

Zentrale **Aufgabe der Liquidatoren** ist die Beendigung der laufenden **653**
Geschäfte, die Einziehung der Forderungen, die Versilberung des Gesellschaftsvermögens und die Befriedigung der Gesellschaftsgläubiger (§ 149
HGB). Sie haben außerdem eine Liquidationseröffnungsbilanz zum Auf-
lösungszeitpunkt und eine Liquidationsschlussbilanz bei Beendigung der

Abwicklung zu erstellen (§ 154 HGB). Die Differenz aus der Schlussbilanz und der letzten Jahresbilanz der Gesellschaft ist dabei als Abwicklungsgewinn bzw -verlust nach den Regeln über die Ergebnisverteilung zu verteilen; danach wird das verbleibende Geldvermögen nach Maßgabe der Kapitalanteile auf die Gesellschafter verteilt (§ 155 HGB). Reicht das Gesellschaftsvermögen zur Deckung der Gesellschaftsschulden und der Kapitalanteile der Gesellschafter nicht aus, so haben die Gesellschafter für den Fehlbetrag im Innenverhältnis nach Maßgabe des Verlustverteilungsschlüssels aufzukommen (Art 7 Nr 19 EVHGB). Im Außenverhältnis richtet sich ihre Haftung freilich nach allgemeinen Grundsätzen, sie ist also unbeschränkt und solidarisch (§§ 130, 159 HGB). Nach Beendigung der Liquidation ist das Erlöschen der Firma von sämtlichen Liquidatoren zur Eintragung in das Firmenbuch anzumelden (§ 157 HGB).

3   Kommanditgesellschaft

a   Grundsätzliches

654   Eine **Kommanditgesellschaft (KG)** ist eine Gesellschaft, deren Zweck auf den Betrieb eines **vollkaufmännischen Handelsgewerbes** unter **gemeinschaftlicher Firma** gerichtet ist und bei der **bei einem oder einigen Gesellschaftern** die **Haftung** gegenüber den Gesellschaftsgläubigern auf den Betrag einer bestimmten Vermögenseinlage **beschränkt** ist (**Kommanditisten**), während bei dem anderen Teil der Gesellschafter eine Beschränkung der Haftung nicht stattfindet (**persönlich haftende Gesellschafter**, **Komplementäre**) (§ 161 Abs 1 iVm § 4 Abs 1 HGB). Geregelt ist sie in den §§ 161 bis 177 HGB, wobei aber gem § 161 Abs 2 HGB insbesondere auch die für die OHG geltenden Vorschriften subsidiär zur Anwendung kommen, soweit nicht für die KG Abweichendes vorgesehen ist. Die nachfolgenden Ausführungen beschränken sich daher – so wie auch das Gesetz – im Wesentlichen auf die Darstellung der für die KG – namentlich den Kommanditisten – geltenden Besonderheiten; im Übrigen ist auf die Ausführungen zur OHG zu verweisen.

655   Wie die OHG findet auch die KG **Anwendung** vor allem für vollkaufmännische Klein- und Mittelunternehmen. Besondere Bedeutung haben überdies die atypischen Ausgestaltungen der KG als GmbH & Co KG und Publikumsgesellschaft. Die **GmbH & Co KG** ist eine KG, an der eine GmbH als – häufig einziger – Komplementär beteiligt ist. Dabei besteht nicht selten umfassende Personenidentität, indem der einzige Gesellschafter der GmbH gleichzeitig auch der einzige Kommanditist der GmbH & Co KG ist. Gewählt wird diese Gestaltungsform etwa aus Gründen der Haftungsbeschränkung oder aus steuerrechtlichen Motiven. Sie ist in der Praxis des Wirtschaftslebens sehr beliebt: Immerhin waren von den zum Stichtag

2.1.2002 im österreichischen Firmenbuch eingetragenen 13.243 Komman-
ditgesellschaften weit mehr als die Hälfte dieser atypischen Ausgestaltung
zuzurechnen. Die **Publikums-KG** ist durch eine – nach den Vorstellungen
des historischen Gesetzgebers unübliche – große Zahl von Kommanditisten charakterisiert; sie ist eine „Kapitalgesellschaft im Kleid einer Personengesellschaft" und nicht selten gleichzeitig als GmbH & Co KG konzipiert.
Ihre Bedeutung als Anlagegesellschaft hat zuletzt vor dem Hintergrund der
Beseitigung steuerlicher Vorteile, aber auch wegen bekannt gewordener
Missbrauchsfälle zu Lasten des Anlagepublikums abgenommen.

b Gründung

Ergänzend zu den zur OHG gemachten Ausführungen (s dazu Rz 618)   **656**
ist hier darauf hinzuweisen, dass auch die Kommanditisten mit Namen und
Geburtsdatum bzw gegebenenfalls ihrer Firmenbuchnummer zur Eintra-
gung in das Firmenbuch anzumelden sind; anzugeben ist in diesem
Zusammenhang auch der Betrag der Einlage eines jeden von ihnen (§ 162
Abs 1 HGB, § 4 Z 6 FBG). Zur Mitwirkung an der Anmeldung sind auch die
Kommanditisten selbst verpflichtet (§ 161 Abs 2 iVm § 108 Abs 1 HGB).

c Innenverhältnis

ca Kapitalanteil

Bezüglich des Kapitalanteils ist beim Kommanditisten eine Unterschei-   **657**
dung in die **Pflichteinlage** („**bedungene Einlage**") und die **Haftsumme**
(„**Vermögenseinlage**") vorzunehmen. Für das Innenverhältnis entscheidend ist die **Pflichteinlage** als jene Leistung, zu deren Erbringung sich der
Kommanditist gesellschaftsvertraglich verpflichtet hat; sie wird nicht im
Firmenbuch eingetragen. Die **Haftsumme** ist demgegenüber jener Betrag,
auf den die Haftung des Kommanditisten im Außenverhältnis gegenüber
den Gesellschaftsgläubigern beschränkt ist. Sie gilt nur als im Ausmaß
ihres wahren Wertes zur Zeit ihrer Leistung als erbracht und wird im
Firmenbuch eingetragen. Pflichteinlage und Haftsumme müssen nicht
gleich groß sein, sind es aber regelmäßig.

cb Geschäftsführung

Von der **Geschäftsführung** ist der Kommanditist grundsätzlich ausge-   **658**
schlossen. Er kann einer Handlung der persönlich haftenden Gesellschafter aber widersprechen, wenn sie über den gewöhnlichen Betrieb des

Handelsgewerbes der Gesellschaft hinausgeht (§ 164 HGB). Die überwiegende Auffassung qualifiziert diese vom Gesetz als Widerspruchsrecht ausgestaltete Mitwirkungsbefugnis bei außergewöhnlichen Geschäften als **Zustimmungsrecht** des Kommanditisten, so dass dieser vorweg in die Entscheidungsfindung einzubinden ist.

cc   Wettbewerbsverbot

659   Das in den §§ 112 f HGB für den Komplementär normierte **Wettbewerbsverbot** findet auf die Kommanditisten keine Anwendung (§ 165 HGB). Daher ist etwa die Kommanditistenstellung grundsätzlich ohne weiteres bei mehreren, im selben Geschäftszweig tätigen Gesellschaftern zulässig. Allerdings hat der Kommanditist iZm allfälligen Konkurrenztätigkeiten die allgemeine gesellschaftsrechtliche Treuepflicht zu beachten und somit insbesondere all das zu unterlassen, was der KG unter Ausnützung seiner durch die Mitarbeit in der Gesellschaft erworbenen besonderen Kenntnisse und Möglichkeiten Schaden verursachen könnte.

cd   Ergebnisbeteiligung und Entnahmerecht

660   Von der **Ergebnisbeteiligung** bei der OHG unterscheidet sich jene bei der KG durch die Berücksichtigung des Umstandes, dass der Kommanditist das Ergebnis der Geschäftstätigkeit wegen seiner typischerweise rein kapitalmäßigen Beteiligung in geringerem Ausmaß „zu verantworten" hat. Vom Gewinn erhält daher zwar auch bei der KG jeder Gesellschafter eine Vordividende von 4% seines Kapitalanteils, ein diesen Betrag übersteigender Betrag ist aber genauso wie ein Verlust nicht nach Köpfen, sondern in einem den Umständen nach angemessenen Verhältnis zu verteilen (§ 168 HGB).

661   Ein **Gewinn** wird dem Kapitalanteil des Kommanditisten im Übrigen nur bis zum Betrag der Pflichteinlage zugeschrieben (§ 167 Abs 2 HGB). Danach wird er auf ein eigenes Konto („Privatkonto", „Kapitalkonto II") verbucht oder dem Kommanditisten ausbezahlt. Beträge auf dem Privatkonto stehen dem Kommanditisten gleich einem Gläubiger zu. Mit der gesetzlichen Regelung soll verhindert werden, dass der Kommanditist durch das Stehenlassen von zugewiesenen Gewinnen eine Beteiligungsquote erlangen kann, die über die sich aus der bedungenen Einlage ergebende hinausgeht. Am **Verlust** nimmt der Kommanditist nur bis zum Betrag seines Kapitalanteils und seiner noch rückständigen Einlage – also bis zum Betrag seiner Pflichteinlage – teil (§ 167 Abs 3 HGB). Dies schließt allerdings nicht aus, dass der Kapitalanteil des Kommanditisten bei entsprechenden Verlustzuweisungen negativ wird; der Kommanditist ist dann

gehalten, den negativen Kapitalanteil mit Folgegewinnen aufzufüllen. Die genannte Bestimmung begrenzt allerdings die endgültige Verlusttragungspflicht des Kommanditisten in dem Sinne, als er bei Vorliegen eines negativen Kapitalanteils anlässlich der Auseinandersetzung nichts nachzuschießen braucht.

Ein vom Gewinn unabhängiges **Entnahmerecht**, wie der Komplementär, hat der Kommanditist nicht. Er hat nur Anspruch auf Auszahlung des ihm zustehenden Gewinnes, wenn nicht sein Kapitalanteil durch Verlust unter den auf die bedungene Einlage geleisteten Betrag herabgemindert ist oder durch die Auszahlung unter diesen Betrag herabgemindert würde (§ 169 HGB). 662

ce Kontrollrechte

Die **Kontrollrechte** des Kommanditisten sind enger als jene des persönlich haftenden Gesellschafters nach § 118 HGB. Der Kommanditist hat kein jederzeitiges Einsichtsrecht, sondern ist lediglich berechtigt, die abschriftliche Mitteilung des Jahresabschlusses zu verlangen und dessen Richtigkeit unter Einsicht der Bücher und Schriften zu prüfen. Bei Vorliegen wichtiger Gründe kann er die Bilanzerstellung und Vorlegung der Bücher und Papiere überdies jederzeit bei Gericht beantragen (§ 166 HGB). 663

d Außenverhältnis

da Vertretung

Der Kommanditist ist zwingend von der gesellschaftsrechtlichen **Vertretung** ausgeschlossen (§ 170 HGB). Auf rechtsgeschäftlicher Grundlage, etwa in Form einer Prokura, kann ihm hingegen Vertretungsbefugnis für die Gesellschaft erteilt werden. Wurde ihm die Prokura im Gesellschaftsvertrag erteilt, so kann sie entgegen allgemeinen Grundsätzen (vgl § 52 HGB sowie oben in Rz 560) im Innenverhältnis nur bei Vorliegen eines wichtigen Grundes widerrufen werden. 664

db Haftung

Auch den Kommanditisten trifft eine **Haftung** für die Schulden der Gesellschaft, die so wie jene des persönlich haftenden Gesellschafters **unmittelbar**, **primär**, **persönlich** und **solidarisch** ist. Sie ist auch **unbeschränkbar** in dem Sinne, als der nach außen bestehende, sogleich zu erörternde beschränkte Haftungsumfang durch Vereinbarungen der Ge- 665 sellschafter nur für das Innenverhältnis, nicht aber für das Außenverhältnis weiter beschränkt werden kann. Der entscheidende Unterschied zur Haftung des Komplementärs liegt in der **Beschränktheit** der Kommanditistenhaftung. Der Kommanditist haftet den Gläubigern der Gesellschaft nämlich nicht unbeschränkt, sondern nur bis zur Höhe seiner Einlage; die Haftung ist ausgeschlossen, soweit die Einlage geleistet ist (§ 171 Abs 1 HGB). Der Umfang seiner Haftung richtet sich also nach der **im Firmenbuch registrierten Haftsumme** bzw dem darauf geleisteten Betrag (vgl § 172 HGB):

- **Keine Haftung** gegenüber den Gesellschaftsgläubigern trifft den Kommanditisten, wenn und soweit er die Haftsumme voll geleistet hat; für den Umfang der Leistung ist der Kommanditist beweispflichtig.

- Eine **beschränkte Haftung** in Höhe des Fehlbetrages auf die Haftsumme besteht, soweit die Haftsumme (noch) nicht geleistet bzw zurückbezahlt wurde oder der Kommanditist Gewinnanteile entnimmt, während sein Kapitalanteil durch Verlust unter den Betrag der geleisteten Einlage herabgemindert ist. Eine die Haftung wegen **Einlagenrückgewähr** auslösende Rückzahlung liegt dabei immer dann vor, wenn dem Kommanditisten aus dem Gesellschaftsvermögen ohne angemessene Gegenleistung Zuwendungen erbracht werden und es sich dabei nicht um die Auszahlung von Anteilen an wirklich erzielten Gewinnen handelt.

- Ausnahmsweise sieht das Gesetz sogar eine **unbeschränkte Haftung** des Kommanditisten vor. Diese unangenehme Rechtsfolge trifft den Kommanditisten zum einen bei einer musskaufmännisch tätigen KG, wenn diese ihre Geschäfte mit der Zustimmung des Kommanditisten vor der Eintragung der Gesellschaft in das Firmenbuch begonnen hat, für die bis zur Eintragung begründeten Verbindlichkeiten, wenn dem Gläubiger die Kommanditistenstellung nicht bekannt war (vgl § 176 Abs 1 HGB). Diese Grundsätze gelten entsprechend, wenn der Kommanditist in eine bestehende Handelsgesellschaft eintritt, für die zwischen seinem Eintritt und dessen Eintragung in das Firmenbuch begründeten Verbindlichkeiten der Gesellschaft (§ 176 Abs 2 HGB). Dem in eine bestehende Handelsgesellschaft als Kommanditist Eintretenden ist zur Vermeidung der unbeschränkten Haftung daher zu empfehlen, diesen Eintritt von der aufschiebenden Bedingung seiner Eintragung als Kommanditist in das Firmenbuch abhängig zu machen.

666   Die dargelegten Haftungsgrundsätze kommen beim Eintritt in eine bestehende Handelsgesellschaft auch bezüglich der **Altschulden**, also der vor dem Eintritt begründeten Verbindlichkeiten der Gesellschaft, zur Anwendung; dies gilt unabhängig davon, ob die Firma eine Änderung erfährt oder nicht (§ 173 HGB).

Jede **Änderung der Haftsumme** ist durch sämtliche Gesellschafter zur   **667**
Eintragung in das Firmenbuch anzumelden (§ 175 HGB). Eine Herabsetzung der Haftsumme ist, solange sie nicht in das Firmenbuch eingetragen
ist, den Gläubigern gegenüber unwirksam. Auch nach der Eintragung wirkt
sie nicht gegenüber jenen Gläubigern, deren Forderungen zur Zeit der
Eintragung begründet waren, sondern nur gegenüber den Neugläubigern
(§ 174 HGB). Auf eine nicht eingetragene Erhöhung der aus dem Firmenbuch ersichtlichen Haftsumme können sich die Gläubiger nur berufen,
wenn die Erhöhung in handelsüblicher Weise kundgemacht oder ihnen in
anderer Weise von der Gesellschaft mitgeteilt worden ist (§ 172 Abs 2
HGB).

e Gesellschafterwechsel

Anders als der **Tod** des persönlich haftenden Gesellschafters hat jener   **668**
eines Kommanditisten nicht die Auflösung der Gesellschaft zur Folge
(§ 177 HGB). Die KG wird vielmehr zunächst mit dem Nachlass bzw nach
der Einantwortung mit den Erben fortgesetzt.

Im Übrigen ist auch hier auf die Ausführungen zur OHG (s dazu   **669**
Rz 643 ff) zu verweisen. Besonders anzumerken ist lediglich, dass die
Übertragung der Kommanditistenstellung entgegen einer früher vertretenen Auffassung nach nunmehr gefestigter Meinung nicht als zweiak-
tiger Rechtsvorgang – also als Austritt der den Kommanditanteil veräußernden und als Eintritt der diesen Anteil erwerbenden Person –, sondern als einaktiger Vorgang anzusehen ist. Bei Übertragung eines voll
eingezahlten Kommanditanteils bleibt daher der Haftungsausschluss zugunsten des Alt- wie auch des Neukommanditisten aufrecht, wenn der
Umstand eines bloßen Kommanditistenwechsels durch einen entsprechenden Nachfolgevermerk im Firmenbuch klargestellt ist. Bei Übertragung eines nur teilweise oder nicht eingezahlten Kommanditanteils trifft
den ausscheidenden Kommanditisten die Nachhaftung iSd §§ 159 f HGB
und den eintretenden Kommanditisten die Haftung gem §§ 171 ff HGB.

4 Eingetragene Erwerbsgesellschaften

Die GesbR ist infolge ihrer eher antiquierten Rechtsgrundlagen für   **670**
einen auf eine unternehmerische Betätigung gerichteten dauernden Zusammenschluss in vielen Fällen nur bedingt geeignet. Die etwas moder-
neren Personenhandelsgesellschaften OHG und KG wiederum verfügen
über einen eingeschränkten Anwendungsbereich, weil sie ein vollkaufmän-
nisches Gewerbe voraussetzen. Für minder- und nichtkaufmännische
Tätigkeiten bestand daher bis zum Jahr 1990 im Bereich der Personengesellschaften ein Regelungsdefizit, dem durch das EGG abgeholfen wurde.

Die damit geschaffenen **eingetragenen Erwerbsgesellschaften** sind Gesellschaften mit dem Anwendungsbereich der GesbR und der rechtlichen Ausgestaltung der OHG bzw KG (vgl § 1 EGG). Ausdrücklich klargestellt wird in § 1 EGG idF BGBl I 2002/71 nunmehr überdies, dass eingetragene Erwerbsgesellschaften nicht nur auf einen **gemeinschaftlichen Erwerb**, also auf einen wirtschaftlichen Zweck, sondern auch (bloß) auf die **Nutzung und Verwaltung eigenen Vermögens** gerichtet sein können. Sie erfreuen sich ständig steigender Beliebtheit; zum Stichtag 2.1.2002 waren im österreichischen Firmenbuch 11.832 offene Erwerbsgesellschaften und 19.602 Kommandit-Erwerbsgesellschaften registriert, so dass die eingetragenen Erwerbsgesellschaften nunmehr nach der GmbH zur zweithäufigsten Gesellschaftsform in Österreich aufgestiegen sind. Ihr **Anwendungsbereich** erstreckt sich vor allem auf Freiberufler, Kleinunternehmer sowie Land- und Forstwirte.

671   An **Formen** der eingetragenen Erwerbsgesellschaft sieht das EGG die der OHG nachgebildete **offene Erwerbsgesellschaft** (OEG) und die der KG nachgebildete **Kommandit-Erwerbsgesellschaft** (KEG) vor. Auf diese Gesellschaften sind als **Rechtsgrundlagen** neben dem EGG die Vorschriften des HGB und der EVHGB über die OHG und die KG sowie – unter Bedachtnahme auf die §§ 2 und 6 EGG – die für diese Gesellschaften geltenden Vorschriften über die Firma anzuwenden (§ 4 Abs 1 EGG; vgl dazu bereits Rz 544 ff); auf die obigen Ausführungen kann daher verwiesen werden. Weiters gelten die Bestimmungen über das Firmenbuch (§ 3 Abs 2 EGG). Keine Anwendung finden insbesondere die Vorschriften über die Handelsbücher (vgl § 4 Abs 2 EGG); mangels Vollkaufmannseigenschaft können eingetragene Erwerbsgesellschaften auch keine Prokura erteilen, die Befähigung zur Erteilung einer Handlungsvollmacht ist umstritten.

672   **Besonderheiten** gegenüber der OHG und KG bestehen – abgesehen vom Anwendungsbereich – vor allem bezüglich der **Firmenbildung** (dazu oben Rz 545 f) und der **Entstehung** der Gesellschaft. Letztere sieht das Gesetz mit der konstitutiv wirkenden Eintragung der Gesellschaft in das Firmenbuch vor; davor bestehen eingetragene Erwerbsgesellschaften als solche nicht (§ 3 Abs 1 EGG).

5   Stille Gesellschaft

673   Die **stille Gesellschaft** ist eine Beteiligung am Handelsgewerbe, das ein anderer („**Geschäftsinhaber**") betreibt, und zwar in der Weise, dass die zu leistende Vermögenseinlage in das Vermögen des Geschäftsinhabers übergeht (vgl § 178 HGB); ihre **Rechtsgrundlagen** finden sich in den §§ 178 bis 188 HGB. Es handelt sich bei ihr um eine reine Innengesellschaft mit begrenztem Kapitaleinsatz und einer zwingenden Gewinnbeteili-

gung des stillen Gesellschafters, die keine Haftung gegenüber den Gläubigern des Geschäftsinhabers mit sich bringt und auch im Firmenbuch nicht offen gelegt wird. In ihrer dem gesetzlichen Grundmodell folgenden Ausgestaltung als „**typische**" bzw „**echte**" **stille Gesellschaft** ist sie gekennzeichnet durch die fehlende Geschäftsführungsbefugnis des Stillen. Die **Geschäftsführung** obliegt vielmehr allein dem Geschäftsinhaber, dieser hat aber nach allgemeiner Auffassung bei wichtigen Maßnahmen die Zustimmung des Stillen einzuholen. Besonderer Erwähnung bedarf noch das Kontrollrecht des stillen Gesellschafters, das inhaltlich jenem des Kommanditisten (dazu Rz 663) entspricht (§ 183 HGB). Von einer „**atypischen**" bzw „**unechten**" **stillen Gesellschaft** spricht man, wenn dem stillen Gesellschafter Geschäftsführungsbefugnisse zustehen und/oder ihm eine Beteiligung am Vermögen des Unternehmens eingeräumt wird.

6 Europäische wirtschaftliche Interessenvereinigung

Mit der Verordnung des Rates der Europäischen Gemeinschaften vom 25.7.1985 über die Schaffung einer **Europäischen wirtschaftlichen Interessenvereinigung** (**EWIV**) kam es zur Einführung der ersten europaweit ausgerichteten Gesellschaftsform. Damit sollte der rechtliche Rahmen für grenzüberschreitende Kooperation ohne Notwendigkeit zur Gründung einer Gesellschaft nach nationalem Recht geschaffen werden. Primäre **Rechtsgrundlage** einer EWIV mit Sitz in Österreich ist die EWIV-VO; soweit dort keine Regelung enthalten ist, gelten die Bestimmungen des EWIV-G und ergänzend die für eine OHG geltenden Bestimmungen (§ 1 Abs 1 EWIV-G). Die subsidiäre Geltung des OHG-Rechtes bedingt auch die üblicherweise vorgenommene Einordnung in den Kreis der **Personengesellschaften**, wiewohl die EWIV auch eine Reihe kapitalistischer Merkmale aufweist. **674**

Als vorrangiger **Anwendungsbereich** der EWIV waren kleine und mittlere – vor allem auch freiberuflich tätige – Unternehmen gedacht, die nur schwer eine internationale Tätigkeit über Tochtergesellschaften entfalten können. Die Beliebtheit der EWIV ist in den verschiedenen Mitgliedstaaten der EU allerdings durchaus unterschiedlich: Während von den mit Stichtag 2.8.2002 in Europa insgesamt 1.328 registrierten (und nicht in Liquidation befindlichen) Europäischen wirtschaftlichen Interessenvereinigungen etwa in Belgien 347 und in Frankreich 236 registriert waren, gab es in Deutschland lediglich 114 solcher Zusammenschlüsse. In Österreich hat diese neue Rechtsform bislang noch überhaupt keine besondere praktische Bedeutung erlangt; zum genannten Stichtag waren hier erst 16 Europäische wirtschaftliche Interessenvereinigungen registriert. **675**

C Kapitalgesellschaften

Literatur: wie oben IV/A und *Gellis/Feil*, Kommentar zum GmbH-Gesetz[4] (2000); *Jabornegg/Strasser*, Kommentar zum Aktiengesetz Bd II[4] (2001) und Bd III[4] (2002); *Koppensteiner*, GmbH-Gesetz – Kommentar[2] (1999); *Kostner*, Aktiengesellschaft (1984); *Kostner/Umfahrer*, Die Gesellschaft mit beschränkter Haftung[5] (1998); *Mader*, Kapitalgesellschaften[4] (2002); *Reich-Rohrwig*, Das österreichische GmbH-Recht (1983); *Reich-Rohrwig*, Das österreichische GmbH-Recht Bd I[2] (1997); *Schiemer/Jabornegg/ Strasser*, Kommentar zum Aktiengesetz[3] (1993); *Wünsch*, Kommentar zum GmbHG (Teillieferungen ab 1987).

1 Gesellschaft mit beschränkter Haftung

a Grundsätzliches

676 Die **Gesellschaft mit beschränkter Haftung (GmbH)** ist eine Gesellschaft mit eigener Rechtspersönlichkeit, die als solche selbständig ihre Rechte und Pflichten hat, Eigentum und andere dingliche Rechte an Grundstücken erwerben sowie vor Gericht klagen und geklagt werden kann; die GmbH ist also **juristische Person** (dazu auch oben Rz 52 ff). Sie gilt als Handelsgesellschaft, auch wenn der Gegenstand des Unternehmens nicht im Betrieb eines Handelsgewerbes besteht; sie ist daher **Formkaufmann** (dazu auch oben Rz 535). Für ihre Verbindlichkeiten haftet den Gläubigern nur das Gesellschaftsvermögen, nicht aber haften ihre mit Einlagen auf das in Geschäftsanteile zerlegte Stammkapital beteiligten Gesellschafter (vgl § 61 GmbHG).

677 **Rechtsgrundlage** der GmbH ist das GmbHG, das in den letzten Jahren einem massiven Wandel unterlag. Zu erwähnen ist hier das EU-GesRÄG 1996, durch das vor dem Hintergrund europarechtlicher Vorgaben – Verschmelzungs-RL, Spaltungs-RL, Einpersonen-RL (vgl auch oben Rz 595) – vor allem das Recht der Strukturmaßnahmen Verschmelzung, Spaltung und Umwandlung geändert wurde, aber auch die für die Praxis besonders wichtige Zulässigkeit der Einpersonengründung eingeführt wurde. Auch die Rechtsprechung trägt sehr zur Fortentwicklung dieser Rechtsmaterie bei; die Mehrzahl höchstgerichtlicher Entscheidungen im Gesellschaftsrecht beschäftigt sich mit dem Recht der GmbH.

678 Die soeben erwähnte besondere Häufigkeit von Gerichtsentscheidungen zur GmbH erklärt sich auch aus der besonderen **Praxisrelevanz** dieser Gesellschaftsform. Mit Stichtag 2.1.2002 waren in Österreich 93.497 Gesellschaften mbH in das Firmenbuch eingetragen; es handelt sich damit um die meistverbreitete Gesellschaftsform und – nach dem Einzelunternehmer – die zweithäufigste Rechtsform zum Betrieb unternehmerischer

Tätigkeiten. Der **Anwendungsbereich** der GmbH deckt sich dabei in der Praxis insofern mit jenem der Personenhandelsgesellschaften und der eingetragenen Erwerbsgesellschaften, als es sich in der Mehrzahl ebenfalls um Klein- und Mittelbetriebe mit geringer Gesellschafterzahl – häufig um Familiengesellschaften – handelt. Nicht gestattet ist der GmbH hingegen insbesondere der Betrieb von Versicherungsgeschäften und die Tätigkeit als politischer Verein (§ 1 Abs 2 GmbHG).

b Gründung

ba Gesellschaftsvertrag

Der obligatorische **Mindestinhalt** des **Gesellschaftsvertrags** einer GmbH besteht in der Angabe der Firma (dazu Rz 544 ff) der Gesellschaft, des Gegenstandes ihres Unternehmens, der Höhe des Stammkapitals und des Betrages der von jedem Gesellschafter auf das Stammkapital zu leistenden Einlage, also der Stammeinlage (§ 4 Abs 1 GmbHG). Der Gesellschaftsvertrag bedarf der Beurkundung durch **Notariatsakt**. Bei der Errichtung einer GmbH durch nur eine Person wird der Gesellschaftsvertrag durch die „**Erklärung über die Errichtung der Gesellschaft**" ersetzt; auf diese sind die Vorschriften über den Gesellschaftsvertrag sinngemäß anzuwenden (§ 3 Abs 2 GmbHG).

679

bb Kapitalaufbringung

Das **Stammkapital** der GmbH muss einen Betrag von mindestens € 35.000,– erreichen und besteht aus den **Stammeinlagen** der einzelnen Gesellschafter. Jede dieser Stammeinlagen muss mindestens € 70,– betragen (§ 6 Abs 1 GmbHG). Das Stammkapital ist vom tatsächlichen **Gesellschaftsvermögen** zu unterscheiden. Ersteres ist eine starre Rechnungspost, die auf der Passivseite der Bilanz ausgewiesen wird; seine Änderung ist nur durch besondere Maßnahmen (Kapitalerhöhung bzw -herabsetzung) möglich. Das Gesellschaftsvermögen ist hingegen die Summe der der Gesellschaft zuzurechnenden Vermögenswerte; in der Bilanz wird es auf der Aktivseite dargestellt. Die Stammeinlage wiederum ist vom **Geschäftsanteil** zu unterscheiden: Erstere ist – so wie auch das Stammkapital – einerseits eine Rechnungsziffer; gleichzeitig bringt sie aber auch eine Forderung der Gesellschaft gegenüber dem Gesellschafter zum Ausdruck. Unter Geschäftsanteil versteht man hingegen die Beteiligung als solche, also die Gesamtheit der mit der Gesellschafterstellung verbundenen Rechten und Pflichten.

680

Da dem Stammkapital gewissermaßen Garantiefunktion zugunsten der Gesellschaftsgläubiger zukommt, ist seine **Aufbringung** im Gesetz aus-

681

führlich und zwingend geregelt. Folgende wichtige Grundsätze sollen hier im Überblick erwähnt werden:

- Die Aufbringung des Stammkapitals ist durch **Bareinlagen** oder **Sacheinlagen** möglich, wobei ein Gesellschafter die von ihm übernommene Stammeinlage auch zum Teil durch Bar- und zum Teil durch Sacheinlagen erbringen kann. Als Sacheinlagen kommen grundsätzlich bilanz- und aktivierungsfähige Vermögenswerte aller Art in Betracht. Sie sind im Gesellschaftsvertrag festzusetzen (vgl § 6 Abs 4 GmbHG). Erreicht ihr Wert im Zeitpunkt der Anmeldung der Gesellschaft zur Eintragung in das Firmenbuch nicht den Betrag der dafür übernommenen Stammeinlage, so hat der Gesellschafter im Rahmen der so genannten „**Differenzhaftung**" in Höhe des Fehlbetrages eine Einlage in Geld zu leisten; dieser Anspruch der Gesellschaft verjährt in fünf Jahren nach ihrer Eintragung ins Firmenbuch (§ 10a GmbHG).

- Bezüglich des **Verhältnisses von Bar- und Sacheinlagen zueinander** ist zunächst davon auszugehen, dass bis zur Hälfte des Stammkapitals ohne weiteres in Form von Sacheinlagen aufgebracht werden kann (§ 6a Abs 1 GmbHG, „**Hälfteklausel**"). Soll mehr als die Hälfte des Stammkapitals in Form von Sacheinlagen aufgebracht werden, so müssen besondere Voraussetzungen erfüllt sein: Es muss entweder eine besonders qualifizierte Form einer **Unternehmenseinbringung** vorliegen (vgl dazu näher in § 6a Abs 2 und 3 GmbHG) oder es müssen bestimmte **aktienrechtliche Gründungsvorschriften**, insbesondere jene über die Gründungsprüfung eingehalten werden (§ 6 a Abs 4 GmbHG). In beiden Fällen findet auf den Differenzbetrag zwischen dem für die dergestalt qualifizierte Sacheinlage angerechneten Stammkapitalbetrag und dem gesamten Stammkapital wiederum die Hälfteklausel des § 6a Abs 1 GmbHG Anwendung.

- Von der Frage des Verhältnisses der Summe aller Bar- und Sacheinlagen zueinander zu unterscheiden ist die Frage nach dem Betrag der von jedem Gesellschafter **bei der Gründung jeweils zu leistenden Stammeinlage**. Hier gilt, dass **Sacheinlagen** sofort zur Gänze zu erbringen sind, während jede einzelne **Bareinlage** zu mindestens einem Viertel, jedenfalls aber mit einem Betrag von € 70,– eingezahlt sein muss; soweit auf eine Stammeinlage weniger als € 70,– bar zu leisten sind, muss die Bareinlage voll eingezahlt sein. Insgesamt müssen auf die bar zu leistenden Einlagen € 17.500,– eingezahlt sein; sind sie aber in Summe gem § 6 a Abs 2 bis 4 GmbHG niedriger, so müssen sie bar voll eingezahlt sein.

bc Weiteres Gründungsverfahren

Zusätzlich zum Abschluss des Gesellschaftsvertrages und zur Aufbrin- **682**
gung des Stammkapitals in einem bestimmten Mindestumfang sind im
Zuge der Gründung einige **weitere Maßnahmen** erforderlich:

- Die **ersten Geschäftsführer** sind durch Beschluss der Gründungs-
  gesellschafter, allenfalls durch den Gesellschaftsvertrag zu bestellen (§ 3 Z 2 GmbHG), ebenso der **erste Aufsichtsrat**, wenn ein
  solcher vorgeschrieben ist.
- Die Gesellschaft ist unter Vorlage einer Reihe von Unterlagen (vgl
  vor allem § 9 Abs 2 und 3 GmbHG) durch sämtliche Geschäftsführer
  zum Firmenbuch anzumelden.
- Auf Grund der Anmeldung kommt es – wenn das Gericht keine
  Mängel feststellt bzw festgestellte Mängel behoben werden – zur
  Eintragung der Gesellschaft durch Eintragung des Gesellschaftsvertrages in das Firmenbuch (§ 11 GmbHG). Diese Eintragung
  bewirkt das Entstehen der GmbH als juristische Person mit eigenen
  Rechten und Pflichten (vgl § 2 Abs 1 GmbHG).
- Zwischen dem Abschluss des Gesellschaftsvertrages und der
  Eintragung der Gesellschaft in das Firmenbuch wird der grundsätzlich schon existente, auf die Errichtung einer GmbH abzielende
  gesellschaftliche Zusammenschluss als „**Vorgesellschaft**" bezeichnet. Wird in diesem Stadium im Namen der noch nicht existenten
  GmbH gehandelt, so haften die Handelnden – das sind grundsätzlich die Geschäftsführer der Vorgesellschaft – persönlich zur ungeteilten Hand („**Handelndenhaftung**").

c Organe

ca Geschäftsführer

Die **Geschäftsführer** – das Gesetz spricht auch vom „Vorstand" (vgl **683**
die Überschrift zu § 15 GmbHG) – sind ein bei der GmbH zwingend
vorgesehenes Organ. Für jede Gesellschaft ist zumindest ein Geschäftsführer zu bestellen, bei dem es sich um eine physische, handlungsfähige
Person handeln muss (§ 15 Abs 1 GmbHG). Bei der GmbH besteht das
Prinzip der Fremdorganschaft; die **Bestellung zum Geschäftsführer**
der Gesellschaft bedarf daher eines besonderen Rechtsaktes. Dieser kann
auf verschiedene Weise gesetzt werden:

- Grundsätzlich möglich ist die Bestellung durch **Beschluss der Gesellschafter**. Dieser Beschluss bedarf mangels einer abweichenden gesellschaftsvertraglichen Regelung der einfachen Mehrheit,
  die Bestellung kann auch auf unbestimmte Zeit vorgenommen wer-

den. Nichtgesellschafter können nur durch Gesellschafterbeschluss zu Geschäftsführern – so genannten „Fremdgeschäftsführern" – bestellt werden.

- Gesellschafter können überdies für die Dauer ihrer Beteiligung an der GmbH auch im **Gesellschaftsvertrag** zu Geschäftsführern bestellt werden („**Gesellschafter-Geschäftsführer**"). Scheidet der betreffende Gesellschafter – insbesondere durch eine Übertragung seines Geschäftsanteiles an einen Dritten – aus der Gesellschaft aus, so erlischt auch seine Geschäftsführerfunktion automatisch.

- Möglich ist es ferner, die Bestellung von Geschäftsführern im Gesellschaftsvertrag einer **öffentlichrechtlichen Körperschaft** (zB Bund, Land, Gemeinde) vorzubehalten.

- Fehlen die zur Vertretung der Gesellschaft erforderlichen Geschäftsführer, so hat das **Gericht** sie in dringenden Fällen auf Antrag eines Beteiligten für die Zeit bis zur Behebung des Mangels zu bestellen (§ 15a GmbHG, „**Notgeschäftsführer**"). Dringlichkeit ist dabei dann gegeben, wenn durch den Vertretungsmangel Nachteile für die Gesellschaft, die Gesellschafter, Verwaltungsorgane oder Dritte drohen. Antragsberechtigt ist jeder, der ein rechtliches Interesse an der Beseitigung des Vertretungsnotstandes glaubhaft macht.

684   Von der Bestellung zu unterscheiden ist die **Anstellung** des Geschäftsführers. Sie betrifft das schuldrechtliche Verhältnis zur GmbH und regelt zB sein Gehalt, seinen Urlaub, sowie allfällige Abfertigungs- und Pensionsansprüche.

685   Auch für die **Abberufung** von Geschäftsführern kommen verschiedene Varianten in Betracht:

- Möglich ist eine Abberufung zunächst durch **Beschluss der Gesellschafter** (§ 16 Abs 1 GmbHG). Das Vorliegen eines wichtigen Grundes ist für die Abberufung grundsätzlich nicht erforderlich. Nach ganz überwiegender Auffassung stellt die Abberufung durch Gesellschafterbeschluss auch bei im Gesellschaftsvertrag bestellten Gesellschafter-Geschäftsführern keine Satzungsänderung dar, so dass dafür mangels anderer vertraglicher Bestimmungen die einfache Mehrheit genügt.

- Da ein Gesellschafter-Geschäftsführer bei der Beschlussfassung über seine Abberufung in der Ausübung seines Stimmrechtes nicht beschränkt ist (vgl § 39 Abs 5 GmbHG), kann namentlich die Abberufung von Mehrheitsgesellschaftern als Geschäftsführer auf Schwierigkeiten stoßen, selbst wenn diese untragbar geworden sind. Ähnlich problematisch kann sich die Abberufung eines Fremdgeschäftsführers gestalten, wenn dieser die Unterstützung durch die Mehrheit der Gesellschafter genießt. Das Gesetz sieht daher vor, dass ein Geschäftsführer aus einem wichtigen Grund auch ohne entsprechende Beschlussfassung durch **gerichtliche**

Entscheidung abberufen werden kann. Ist er zugleich Gesellschafter, so sind die §§ 117 und 127 HGB (dazu Rz 624 und 637) sinngemäß anzuwenden. Sonst – also bei Fremdgeschäftsführern – können jene Gesellschafter, die nicht für die Abberufung des Geschäftsführers gestimmt haben, auf Zustimmung geklagt werden. Dem Fremdgeschäftsführer ist gerichtlich der Streit zu verkünden, so dass er dem Prozess als Nebenintervenient beitreten und in dieser Funktion die geklagten Gesellschafter unterstützen kann. Das Gericht kann außerdem zur Sicherung des Anspruchs auf Abberufung aus wichtigem Grund dem Geschäftsführer die weitere Geschäftsführung und Vertretung der Gesellschaft durch einstweilige Verfügung untersagen, wenn ein der Gesellschaft drohender unwiederbringlicher Nachteil glaubhaft gemacht wird (§ 16 Abs 2 GmbHG).

- Die auf Grund einer gesellschaftsvertraglichen Bestimmung von einer **öffentlichrechtlichen Körperschaft** bestellten Geschäftsführer können jederzeit von dieser, der **Notgeschäftsführer** kann bei Wegfall des Vertretungsnotstandes vom Gericht abberufen werden.

Die prinzipiell gegebene, jederzeitige Abberufbarkeit von Geschäftsführern wirft die Frage auf, welche Möglichkeiten der **Absicherung gegen eine Abberufung** bestehen. Praxisrelevant ist diese Fragestellung naturgemäß vor allem für Minderheitsgesellschafter, die an sich der jederzeitigen Abberufungsmöglichkeit durch die Mehrheit ausgesetzt sind. Diesbezüglich ist wie folgt zu differenzieren: **686**

- Vorweg festzuhalten ist, dass nur **Gesellschafter-Geschäftsführer** in dieser Funktion abgesichert werden können. Die gesellschaftsvertragliche Absicherung eines Fremdgeschäftsführers ist nicht vorgesehen.
- Umstritten ist die Frage, inwieweit vom Prinzip der einfachen Mehrheit für Abberufungsbeschlüsse abgegangen werden kann; die gesellschaftsvertragliche Festsetzung einer **qualifizierten Mehrheit** wird überwiegend für zulässig gehalten, die Normierung eines Einstimmigkeitserfordernisses hingegen nicht.
- Ist die Bestellung eines Gesellschafter-Geschäftsführers im Gesellschaftsvertrag erfolgt, so kann die Zulässigkeit des **Widerrufs auf wichtige Gründe beschränkt** werden. In diesem Fall ist der Widerruf der Bestellung wirksam, solange nicht über seine Unwirksamkeit, insbesondere auch über das Vorliegen eines wichtigen Grundes, rechtskräftig entschieden ist (§ 16 Abs 3 GmbHG). Es liegt hier also am von der Mehrheit abberufenen Gesellschafter-Geschäftsführer, einen mangels Vorliegens eines wichtigen Grundes für unzulässig erachteten Abberufungsbeschluss gerichtlich zu bekämpfen und dort den Beweis zu erbringen, dass ein solcher Grund nicht vorliegt, um so die Geschäftsführerfunktion wieder zu erlangen.

- Eine andere – wirksamere – Möglichkeit der Absicherung von im Gesellschaftsvertrag bestellten Geschäftsführern besteht in der Einräumung eines **Sonderrechts auf Geschäftsführung**. Eine Entziehung dieses Rechtes kann dann grundsätzlich nur unter Zustimmung des betroffenen Gesellschafters beschlossen werden (vgl § 50 Abs 4 GmbHG). Auch hier bleibt es zwar dennoch möglich, die Befugnis zur Geschäftsführung bei Vorliegen eines wichtigen Grundes unter gerichtlicher Mithilfe zu entziehen. Der betroffene Geschäftsführer bleibt aber für die Dauer des Gerichtsverfahrens im Amt, außerdem trifft hier die die Abberufung betreibenden Gesellschafter die Beweislast dafür, dass ein die Abberufung rechtfertigender wichtiger Grund vorliegt.

687   Geschäftsführer können unbeschadet der Entschädigungsansprüche der Gesellschaft ihnen gegenüber aus bestehenden Verträgen ihren **Rücktritt** erklären. Liegt ein wichtiger Grund hiefür vor, kann der Rücktritt mit sofortiger Wirkung erklärt werden, sonst wird der Rücktritt zum Schutz der Gesellschaft und der Gläubiger erst nach Ablauf von 14 Tagen wirksam. Der Rücktritt ist gegenüber der Generalversammlung, wenn dies in der Tagesordnung angekündigt wurde, oder gegenüber allen Gesellschaftern zu erklären. Hievon sind allfällige Mitgeschäftsführer und, wenn ein Aufsichtsrat besteht, dessen Vorsitzender zu verständigen (§ 16a GmbHG).

688   Die jeweiligen **Geschäftsführer** und das Erlöschen oder eine Änderung ihrer Vertretungsbefugnis sind ohne Verzug **zum Firmenbuch anzumelden** (§ 17 Abs 1 GmbHG). Um die Richtigkeit des Firmenbuchs möglichst zu gewährleisten, wird hier trotz der bereits erfolgten Funktionsbeendigung auch dem abberufenen oder zurückgetretenen Geschäftsführer die Möglichkeit gegeben, seine Löschung im Firmenbuch zu beantragen (vgl § 17 Abs 2 GmbHG).

689   Vorrangige Aufgabe der Geschäftsführer ist die Führung der Geschäfte und die Vertretung der Gesellschaft. Die **Form der Geschäftsführung** und der **Umfang der Geschäftsführungsbefugnis** stellen sich bei Fehlen besonderer Vereinbarungen im Wesentlichen wie folgt dar:
- Bei einer Mehrzahl von Geschäftsführern darf keiner allein die zur Geschäftsführung gehörenden Handlungen vornehmen, es sei denn, dass Gefahr im Verzug ist; es besteht also grundsätzlich, unabhängig von der Art des jeweiligen Geschäftes **Gesamtgeschäftsführung mit Einstimmigkeitsprinzip**. Bei vertraglich vereinbarter Einzelgeschäftsführung haben die übrigen Geschäftsführer ein Widerspruchsrecht (§ 21 GmbHG). Besonders geregelt sind die **Erteilung und der Widerruf der Prokura** (vgl dazu § 28 Abs 2 und § 35 Abs 1 Z 4 GmbHG).
- Die Geschäftsführer sind verpflichtet, alle **Beschränkungen** einzuhalten, die im Gesellschaftsvertrag, durch Beschluss der Gesellschafter oder in einer verbindlichen Anordnung des Aufsichtsrats

festgesetzt sind (§ 20 Abs 1 GmbHG). Daraus folgt insbesondere die Bindung an **Weisungen der Generalversammlung**; eine Verpflichtung zur Befolgung von Weisungen einzelner Gesellschafter besteht hingegen grundsätzlich nicht.

- Die Vornahme gewisser Geschäfte bedarf einer **Zustimmung der Gesellschafter** (vgl § 35 Abs 1 GmbHG) bzw der **Zustimmung des Aufsichtsrates** (vgl § 30j Abs 5 GmbHG); über den Gesetzeswortlaut hinausgehend nimmt die überwiegende Auffassung ein Zustimmungserfordernis der Gesellschafter bei allen außergewöhnlichen Geschäftsführungsmaßnahmen an.

Bezüglich der **Form der Vertretung** und des **Umfangs der Vertretungsbefugnis** ist auf folgende Grundsätze hinzuweisen: **690**

- Zu Willenserklärungen, insbesondere zur Zeichnung der Geschäftsführer bedarf es der Mitwirkung sämtlicher Geschäftsführer, während die Abgabe einer Erklärung an die Gesellschaft an jede Person, die zu zeichnen oder mitzuzeichnen befugt ist, erfolgen kann (§ 18 Abs 2 und 4 GmbHG); im Rahmen der **Aktivvertretung** besteht also **Gesamtvertretung durch alle Geschäftsführer**, bei der **Passivvertretung** besteht **Einzelvertretung**. Durch den Gesellschaftsvertrag können in Verbindung mit einer entsprechenden Firmenbucheintragung **andere Formen der Vertretung** – zB Gesamtvertretung durch einen Teil der Geschäftsführer, gemischte Gesamtvertretung, Einzelvertretung (vgl dazu bereits oben Rz 635) – vorgesehen werden.

- Für die **Vertretung** der Gesellschaft gelten die Prinzipien der **Unbeschränktheit und Unbeschränkbarkeit**. Die Geschäftsführer haben also eine umfassende gerichtliche und außergerichtliche Vertretungsbefugnis, die Dritten gegenüber nicht beschränkt werden kann (vgl § 18 Abs 1, § 20 Abs 2 GmbHG sowie oben Rz 636).

- Besondere Grundsätze kommen schließlich bei **Insichgeschäften** (vgl dazu bereits allgemein oben Rz 89 f), insbesondere in der **Einpersonen-GmbH** – also bei Rechtsgeschäften, die der einzige Gesellschafter sowohl im eigenen Namen als auch im Namen der Gesellschaft abschließt –, zum Tragen. Über solche Geschäfte ist unverzüglich eine Urkunde zu errichten, es sei denn, das Geschäft gehört nicht zum gewöhnlichen Geschäftsbetrieb und wird zu geschäftsüblichen Bedingungen abgeschlossen. Bei der Urkundenerrichtung ist vorzusorgen, dass nachträgliche Änderungen des Inhaltes und Zweifel über den Zeitpunkt des Abschlusses ausgeschlossen sind (vgl § 18 Abs 5 und 6, § 25 Abs 4 GmbHG).

Neben der Führung der Geschäfte ieS lässt sich dem Gesetz eine Reihe weiterer besonderer **Verpflichtungen der Geschäftsführer** entnehmen: **691**

- IZm der Verpflichtung zur **Rechnungslegung** ist ausdrücklich festgehalten, dass die Geschäftsführer dafür zu sorgen haben, dass ein

Rechnungswesen und insbesondere auch ein internes Kontrollsystem geführt werden, die den Anforderungen des Unternehmens entsprechen (§ 22 Abs 1 GmbHG).

- Die Geschäftsführer unterliegen einem **Wettbewerbsverbot** und dürfen ohne Einwilligung der Gesellschaft weder Geschäfte im Geschäftszweig der Gesellschaft machen noch sich an einer Gesellschaft des gleichen Geschäftszweigs als persönlich haftender Gesellschafter beteiligen oder eine Stelle im Vorstand oder Aufsichtsrat oder als Geschäftsführer bekleiden (§ 24 GmbHG).
- Vorgesehen sind ferner eine **Auskunftspflicht ausgeschiedener Geschäftsführer** und eine **Berichtspflicht gegenüber dem Aufsichtsrat** (§§ 24a und 28a GmbHG).

692   Bezüglich der **Haftung** der Geschäftsführer ist zu differenzieren zwischen der Haftung gegenüber der Gesellschaft (Innenhaftung) und der Haftung gegenüber Dritten, namentlich den Gläubigern der Gesellschaft (Außenhaftung):

- Der Gesellschaft gegenüber (**Innenhaftung**) sind die Geschäftsführer dafür verantwortlich, „die **Sorgfalt eines ordentlichen Geschäftsmannes** anzuwenden" (§ 25 Abs 1 GmbHG). Es handelt sich dabei um eine **Verschuldenshaftung mit umgekehrter Beweislast**; der Geschäftsführer muss also zur Haftungsvermeidung die Beachtung der erforderlichen Sorgfalt beweisen. Mehrere schuldhaft handelnde Geschäftsführer haften der Gesellschaft zur ungeteilten Hand, also **solidarisch** (§ 25 Abs 2 GmbHG). Keine Haftung besteht gegenüber der Gesellschaft regelmäßig dann, wenn die schädigende Handlung in **Befolgung eines Beschlusses der Generalversammlung** erfolgte; anderes gilt allerdings, soweit der Ersatz zur Befriedigung der Gläubiger erforderlich ist (§ 25 Abs 5 GmbHG). Die Ersatzansprüche der Gesellschaft unterliegen einer **Verjährung** von fünf Jahren (§ 25 Abs 6 GmbHG). Als Innenhaftung ausgestaltet ist ferner die Haftung wegen **unterbliebener Einleitung bzw Fortsetzung eines Unternehmensreorganisationsverfahrens** und wegen **unterbliebener Aufstellung bzw Veranlassung der Prüfung eines Jahresabschlusses** (vgl § 22 URG).
- Die im GmbHG enthaltenen Fälle einer unmittelbaren **Außenhaftung** der Geschäftsführer gegenüber Dritten (vgl § 26 Abs 2, § 56 Abs 3, § 64 GmbHG) haben kaum praktische Relevanz; entsprechendes gilt für die im Zuge von Verschmelzungen vorgesehenen Haftungsfälle (vgl § 96 Abs 2 GmbHG, § 234 Abs 2 AktG iVm §§ 227 f AktG). Von größerer Bedeutung ist hingegen die mit einer so genannten „Schutzgesetzverletzung" begründete **Haftung wegen Konkursverschleppung**, derzufolge die auf Grund einer verspäteten Konkursanmeldung geschädigten Gesellschaftsgläubiger unter bestimmten Voraussetzungen einen unmittelbaren Schaden-

ersatzanspruch gegen die Geschäftsführer haben. Weitere, durchaus praxisrelevante Fälle einer Außenhaftung bestehen bei der **Verkürzung von Abgabenschulden und Sozialversicherungsbeiträgen** (vgl §§ 9, 80 BAO bzw § 67 Abs 10 ASVG).

cb Aufsichtsrat

Kaum von praktischer Bedeutung sind bei der GmbH die Vorschriften über den **Aufsichtsrat** (§§ 29 ff GmbHG); lediglich ca 2,3% der österreichischen Gesellschaften mbH verfügen über ein solches Organ. Der Aufsichtsrat ist bei der GmbH nämlich grundsätzlich ein lediglich **fakultatives**, also freiwillig vorgesehenes Organ. Eine Verpflichtung zu seiner Einrichtung („**obligatorischer Aufsichtsrat**") besteht von Gesetzes wegen nur unter ganz bestimmten Voraussetzungen, so vor allem bei einer durchschnittlichen Arbeitnehmerzahl von mehr als 300 (vgl im Übrigen §§ 29, 94 Abs 2 GmbHG sowie einige Sondergesetze); daneben kann der Gesellschaftsvertrag die Bestellung eines Aufsichtsrats festsetzen (vgl § 29 Abs 6 GmbHG). Von **Bedeutung** ist die Existenz eines Aufsichtsrates bzw das Bestehen einer Aufsichtsratspflicht vor allem iZm der **Arbeitnehmermitbestimmung** („Drittelparität" durch Entsendung so genannter „Arbeitnehmervertreter", vgl § 110 ArbVG sowie unten Rz 719) und den **Rechnungslegungsvorschriften** (Pflicht zur Abschlussprüfung bei iSd § 221 Abs 1 HGB „kleinen" Gesellschaften mbH, vgl § 268 Abs 1 HGB).

693

Die Bestellung und innere Organisation des Aufsichtsrates, seine Befugnisse und Verpflichtungen entsprechen weitgehend jenen des Aufsichtsrates bei der AG (s dazu daher Rz 718 ff). Unterschiede bestehen vor allem insofern, als für den Aufsichtsrat bei der GmbH **keine Höchstzahl der Mitglieder** vorgesehen ist (vgl § 30 GmbHG), die **Entsendung** durch die Gesellschafter auch hinsichtlich **aller Aufsichtsratsmitglieder** zulässig ist (vgl § 30c GmbHG) und **bestimmte Kompetenzen** – wie etwa die Bestellung des Vorstandes oder die Feststellung des Jahresabschlusses – **nicht vorgesehen** sind.

694

cc Generalversammlung

Die **Generalversammlung** (§§ 34 ff GmbHG) bildet als Versammlung der Gesellschafter das oberste Organ der GmbH. In ihr werden die durch das Gesetz oder den Gesellschaftsvertrag den Gesellschaftern vorbehaltenen Beschlüsse gefasst, wenn nicht ausnahmsweise eine schriftliche Beschlussfassung vorgesehen sein sollte (§ 34 Abs 1 GmbHG). Die Beschlussfassung im schriftlichen Wege („**Umlaufbeschluss**") setzt aller-

695

dings voraus, dass sich sämtliche Gesellschafter im einzelnen Falle schriftlich mit der zu treffenden Bestimmung oder doch mit der Abstimmung im schriftlichen Wege einverstanden erklären.

696   Zu den den Gesellschaftern obliegenden **Beschlussgegenständen** zählt das Gesetz zunächst die Prüfung und Feststellung des Jahresabschlusses und die Gewinnverteilung, die Entlastung der Geschäftsführer und des Aufsichtsrats, die Einforderung von Einzahlungen auf die Stammeinlagen, die Rückzahlung von Nachschüssen, die Zustimmung zur Erteilung der Prokura oder Handlungsvollmacht zum gesamten Geschäftsbetrieb, die Geltendmachung von Ersatzansprüchen gegen Geschäftsführer oder den Aufsichtsrat sowie die Entscheidung über eine so genannte „Nachgründung" (vgl § 35 Abs 1 GmbHG). Daneben haben die Gesellschafter vor allem auch über die Vornahme einer Änderung des Gesellschaftsvertrages (vgl § 49 Abs 1 GmbHG), Kapitalmaßnahmen (vgl § 52 Abs 1, § 54 Abs 1, § 59 Abs 1 GmbHG) und Strukturmaßnahmen (vgl § 98 GmbHG, § 8 SpaltG, § 2 UmwG) einen Beschluss zu fassen.

697   Die **Einberufung** der Generalversammlung obliegt – unter Wahrung bestimmter Formvorschriften und Fristen (vgl § 38 GmbHG) – grundsätzlich den Geschäftsführern (§ 36 Abs 1 GmbHG). Sie kann aber auch vom Aufsichtsrat zum Wohle der Gesellschaft (§ 30j Abs 4 GmbHG), von durch den Gesellschaftsvertrag dazu befugt erklärten Personen (§ 36 Abs 1 GmbHG) sowie von einer Minderheit von 10% des Stammkapitals (§ 37 GmbHG) einberufen werden. Stattzufinden hat die Generalversammlung mangels abweichender gesellschaftsvertraglicher Bestimmung am **Sitz der Gesellschaft** (§ 36 Abs 1 GmbHG), und zwar grundsätzlich **mindestens einmal jährlich** (§ 36 Abs 2 GmbHG). Die **Beschlussfähigkeit** setzt – sofern das Gesetz oder der Gesellschaftsvertrag nichts anderes bestimmen – die Vertretung von mindestens 10% des Stammkapitals voraus (§ 38 Abs 6 GmbHG); liegt sie nicht vor, so besteht aber die Möglichkeit der neuerlichen Einberufung mit derselben Tagesordnung und einer Beschlussfähigkeit ohne Rücksicht auf die Höhe des vertretenen Stammkapitals (§ 38 Abs 7 GmbHG).

698   **Stimmberechtigt** in der Generalversammlung sind die Gesellschafter, wobei im Zweifel darauf abzustellen ist, wer als solcher in das Firmenbuch eingetragen ist (vgl § 78 Abs 1 GmbHG). **Bevollmächtigung** zur Ausübung des Stimmrechts ist zulässig, bedarf aber einer schriftlichen, auf die Ausübung des Stimmrechts lautenden Vollmacht (§ 39 Abs 3 GmbHG). **Kein Stimmrecht** hat ein Gesellschafter insbesondere dann, wenn er von einer Verpflichtung befreit oder ihm ein Vorteil zugewendet werden soll, wenn es um die Vornahme eines Rechtsgeschäftes mit ihm oder die Einleitung bzw Erledigung eines Rechtsstreites zwischen ihm und der Gesellschaft geht (§ 39 Abs 4 GmbHG). In Bezug auf den **Umfang des Stimmrechtes** ist vorgesehen, dass grundsätzlich je € 10,– einer übernommenen Stammeinlage eine Stimme gewähren; abweichende Rege-

lungen im Gesellschaftsvertrag sind möglich, jedem Gesellschafter muss aber mindestens eine Stimme zustehen (§ 39 Abs 2 GmbHG).

Bezüglich der **Beschlussmehrheiten** besteht der Grundsatz, dass die **699** Beschlussfassung der Gesellschafter der einfachen Mehrheit der abgegebenen Stimmen bedarf, wenn das Gesetz oder der Gesellschaftsvertrag nichts anderes bestimmt (§ 39 Abs 1 GmbHG). **Berechnungsbasis** sind dabei in der Generalversammlung die gültig abgegebenen Stimmen, bei einer Abstimmung im schriftlichen Wege hingegen die Gesamtzahl der allen Gesellschaftern zustehenden Stimmen (§ 34 Abs 2 GmbHG). **Besondere gesetzliche Mehrheitserfordernisse** sind beispielsweise für Änderungen des Gesellschaftsvertrages, zu denen auch Kapitalmaßnahmen rechnen (§ 50 Abs 1, § 52 Abs 1, § 54 Abs 1, § 59 Abs 1 GmbHG), Verschmelzungen (§ 98 GmbHG) oder Spaltungen (§ 8 Abs 1 SpaltG) vorgesehen, und zwar jeweils in Form einer Mehrheit von drei Vierteln der abgegebenen Stimmen. Eine Abänderung des im Gesellschaftsvertrag bezeichneten Unternehmensgegenstandes bedarf sogar eines einstimmigen Beschlusses, wenn im Gesellschaftsvertrag nichts anderes festgesetzt ist (§ 50 Abs 3 GmbHG).

Abgesehen von Beschlüssen über die Abänderung des Gesellschafts- **700** vertrages (vgl § 49 Abs 1 GmbHG), die Auflösung der Gesellschaft (vgl § 84 Abs 1 Z 2 GmbHG) und Strukturmaßnahmen (vgl § 98 GmbHG, § 8 Abs 4 SpaltG, § 2 Abs 4 UmwG), die notariell zu beurkunden sind, bestehen für Gesellschafterbeschlüsse regelmäßig **keine besonderen Formererfordernisse.** Allerdings ist bei der Anmeldung der Geschäftsführer bzw der Änderung ihrer Vertretungsbefugnis zum Firmenbuch ein Nachweis in beglaubigter Form erforderlich (vgl § 17 Abs 1 GmbHG), so dass der zugrunde liegende Gesellschafterbeschluss regelmäßig ebenfalls notariell beurkundet wird. Außerdem sind alle Beschlüsse der Generalversammlung unverzüglich nach der Beschlussfassung in eine **Niederschrift** aufzunehmen, von der jedem Gesellschafter eine Kopie zuzusenden ist; die Niederschriften sind überdies geordnet aufzubewahren, jeder Gesellschafter kann in diese während der Geschäftsstunden Einsicht nehmen (§ 40 GmbHG).

Die soeben erwähnte Zusendung der Kopie einer Beschlussnieder- **701** schrift ist von besonderer Bedeutung iZm der **Anfechtung von Gesellschafterbeschlüssen.** Eine auf **Nichtigerklärung** eines Gesellschafterbeschlusses gerichtete Klage (**Anfechtungsklage**) muss nämlich binnen einem Monat vom Tag der Absendung dieser Kopie erhoben werden (§ 41 Abs 4 GmbHG). **Zulässig** ist eine solche Klage, wenn der Beschluss nach dem Gesetz oder dem Gesellschaftsvertrag als nicht zustande gekommen anzusehen ist, durch seinen Inhalt zwingende Vorschriften des Gesetzes verletzt oder – ohne dass bei der Beschlussfassung die Vorschriften über die Abänderung des Gesellschaftsvertrages eingehalten worden wären – mit Letzterem in Widerspruch steht (§ 41 Abs 1 GmbHG). **Klageberechtigt** ist jeder Gesellschafter, der Widerspruch zu Protokoll gegeben hat, jeder zu Unrecht nicht zugelassene oder nicht ordentlich geladene Gesellschafter, außerdem die Geschäftsführer und der Aufsichtsrat als Organ bzw jeder einzelne Geschäftsführer bzw jedes Aufsichtsratsmitglied, das sich bei Ausführung des Beschlusses ersatzpflichtig oder strafbar machen würde (§ 41 Abs 2 und 3 GmbHG). Die Klage auf Nichtigerklärung ist gegen die Gesellschaft zu richten; ein die Nichtigkeit erklärendes Urteil wirkt für und gegen sämtliche Gesellschafter (§ 42 Abs 1 und 6 GmbHG).

d Rechtsstellung der Gesellschafter

702   Die **Rechte der Gesellschafter** einer GmbH können ver**mögensrecht-licher** und/oder **herrschafts- bzw mitverwaltungsrechtlicher** Natur sein. Zur ersten Gruppe zählt insbesondere der Anspruch auf einen **Anteil am Bilanzgewinn** (§ 82 Abs 1 GmbHG), der sich in Ermangelung besonderer Bestimmungen des Gesellschaftsvertrages nach dem Verhältnis der eingezahlten Einlagen richtet (§ 82 Abs 2 GmbHG). Dieser Anspruch besteht nur dann nicht, wenn der Gesellschaftsvertrag für die Nichtausschüttung von Gewinnen („Thesaurierung") eine Grundlage bietet (vgl § 35 Abs 1 Z 1, § 82 Abs 1 GmbHG; „**Vollausschüttungsgebot**"). Andere Leistungen aus dem Gesellschaftsvermögen als Gewinnausschüttungen dürfen an den Gesellschafter nicht vorgenommen werden, sofern es sich nicht um zulässige Leistungen anlässlich einer ordentlichen Kapitalherabsetzung (vgl § 57 GmbHG), die Rückzahlung von Nachschüssen (vgl § 74 GmbHG) bzw die Abgeltung einer Nebenleistung (vgl § 8 GmbHG) handelt. Untersagt ist insbesondere auch eine so genannte „**verdeckte Einlagenrückgewähr**" bzw „**verdeckte Gewinnausschüttung**", also eine – etwa iZm einem Leistungsaustausch erfolgende – Vorteilszuwendung an den Gesellschafter, die einem Fremdvergleich nicht standhält, weil die Gesellschaft sie einem Dritten in dieser Form nicht gewähren würde. Verbotene Zahlungen haben einen **Rückersatzanspruch** der Gesellschaft zur Folge, für den nicht nur der Empfänger der Leistung und die Geschäftsführer, sondern unter bestimmten Voraussetzungen auch die Mitgesellschafter haften (vgl § 83 GmbHG). Vermögensrechte vermittelt weiters der **Anspruch auf Anteil am Liquidationserlös**, der sich in Ermangelung besonderer Bestimmungen des Gesellschaftsvertrages ebenfalls nach dem Verhältnis der eingezahlten Einlagen richtet (§ 91 Abs 3 GmbHG).

703   An Herrschafts- bzw Verwaltungsrechten der Gesellschafter sind vor allem das **Teilnahme- und Stimmrecht** in der Generalversammlung (§§ 38 f GmbHG; dazu Rz 698), das Recht auf **Anfechtung von General-versammlungsbeschlüssen** (§§ 41 f GmbHG; dazu Rz 701), diverse **Minderheitsrechte** (vgl etwa §§ 37, 38 Abs 3, § 45 Abs 1, §§ 48, 89 Abs 2 GmbHG) sowie das **Recht auf Bucheinsicht** (vgl § 22 Abs 2 GmbHG) zu

erwähnen. Zum Letzteren ist anzumerken, dass die Rechtsprechung und ein Teil der Lehre ein solches Recht über den unmittelbaren Wortlaut des Gesetzes hinausgehend nicht nur iZm der Prüfung des Jahresabschlusses anerkennen, sondern ein jederzeitiges und grundsätzlich unbeschränktes Bucheinsichtsrecht bejahen. Vermögens- als auch herrschaftsrechtliche Elemente beinhaltet schließlich das **Bezugsrecht bei Kapitalerhöhungen** (vgl dazu auch Rz 725), also das der Aufrechterhaltung der Beteiligungsquote dienende Vorrecht zur Übernahme der neuen Stammeinlagen nach dem Verhältnis der bisherigen, wobei die Übernahmserklärung einer Beurkundung durch Notariatsakt bedarf (vgl § 52 Abs 3 und 4 GmbHG).

Primäre Pflicht des Gesellschafters ist die Einzahlung der von ihm   704
übernommenen Stammeinlage in voller Höhe nach Maßgabe des Gesellschaftsvertrages und der von den Gesellschaftern gefassten Beschlüsse (§ 63 Abs 1 GmbHG; **„Einlagepflicht"**). Die Erfüllung dieser Zahlungspflicht kann einzelnen Gesellschaftern weder erlassen noch gestundet werden (§ 63 Abs 3 GmbHG). Denkbar, allerdings nicht sehr gebräuchlich ist weiters die Begründung einer **Nachschusspflicht** (vgl §§ 72 ff GmbHG); die Praxis bedient sich zur Bewirkung einer außerhalb der Kapitalerhöhung liegenden Mittelzufuhr überwiegend der leichter handhabbaren und flexibleren Finanzierung über Darlehensgewährungen seitens der Gesellschafter. Unter bestimmten Voraussetzungen – namentlich dann, wenn diese Finanzierung in der Krise des Unternehmens erfolgt, also die GmbH „kreditunwürdig" ist – nehmen die Rechtsprechung und der überwiegende Teil der Lehre hier und in gleichgehaltenen Fällen (zB Gesellschafterbürgschaften, Nutzungsüberlassungen) allerdings eine Umqualifizierung der zugeführten Mittel in so genannte **„eigenkapitalersetzende Gesellschafterleistungen"** vor. Dies hat zur Konsequenz, dass die im GmbHG für Nachschüsse vorgesehene Rückzahlungssperre (vgl § 74 GmbHG) analog auf das vom Gesellschafter gewährte Darlehen bzw die sonstige Leistung zur Anwendung gebracht wird. Hinzuweisen ist darauf, dass sich eine gesetzliche Regelung des Eigenkapitalersatzrechtes derzeit im Rahmen des geplanten „Eigenkapitalersatz-Gesetzes" gerade in Vorbereitung befindet.

e   Erwerb und Verlust der Mitgliedschaft

Der **Erwerb der Mitgliedschaft** zu einer GmbH, also die Begründung   705
der Gesellschafterstellung, kann entweder **originär** – also ohne Herleitung von einem Vorgänger – oder **derivativ** erfolgen. Zu einem originären Erwerb kommt es durch die **Übernahme einer Stammeinlage** anlässlich der Gründung oder im Zuge einer Kapitalerhöhung mit Bezugsrechtsausschluss der bisherigen Gesellschafter. Fälle des derivativen Erwerbs sind vor allem die **Übertragung („Abtretung") des Geschäftsanteils** im Rah-

men eines Veräußerungsgeschäftes (zB Kauf, Schenkung) und der **Erwerb im Erbwege**.

706   Zur Übertragung von Geschäftsanteilen mittels **Rechtsgeschäftes unter Lebenden** bedarf es eines **Notariatsaktes** (§ 76 Abs 2 GmbHG). Abgesehen von dieser Formpflicht ist die Übertragung nach dem gesetzlichen Grundmodell frei möglich; in der Praxis wird sie freilich häufig im Gesellschaftsvertrag von weiteren Voraussetzungen, insbesondere der nach überwiegender Auffassung im Zweifel durch Gesellschafterbeschluss zu erteilenden Zustimmung der Gesellschaft, abhängig gemacht („**vinkulierte Geschäftsanteile**"). Für den Fall, dass die Gesellschaft diese Zustimmung nicht erteilt, sieht das Gesetz ein besonderes Gerichtsverfahren vor, in dem über die Zulässigkeit der Zustimmungsverweigerung entschieden wird (vgl § 77 GmbHG).

707   Geschäftsanteile sind **vererblich** (§ 76 Abs 1 GmbHG). Der Tod eines Gesellschafters hat also grundsätzlich nicht die Auflösung der Gesellschaft, sondern den Eintritt seiner Erben in die Gesellschaft zur Folge. Bei einer Mehrzahl von Erben kommt es im Zweifel zu einer Teilung des Geschäftsanteiles nach Erbquoten (vgl § 79 Abs 1 GmbHG). Der Gesellschaftsvertrag kann diesbezüglich allerdings einen Zustimmungsvorbehalt zur Teilung im Erbfall vorsehen (§ 79 Abs 2 GmbHG). Im Übrigen sind die Dispositionsmöglichkeiten iZm dem Übergang eines Geschäftsanteiles von Todes wegen – insbesondere die gesellschaftsvertragliche Abdingbarkeit der Vererblichkeit – umstritten.

708   Ein **Verlust der Mitgliedschaft** tritt – abgesehen von den bereits angesprochenen Fällen des Verlustes durch Übertragung unter Lebenden bzw durch Tod – insbesondere durch dessen Kaduzierung, durch Kündigung, ferner durch die hier nicht weiter zu erörternde, weil nicht praxisrelevante Einziehung (vgl § 58 GmbHG) sowie durch Beendigung und Liquidation der Gesellschaft (dazu Rz 711) ein.

709   Unter **Kaduzierung** versteht man den Ausschluss eines Gesellschafters bei nicht fristgerechter Erfüllung einer Einlage- bzw Nachschussverpflichtung (vgl dazu den Verweis in § 73 Abs 1 GmbHG). Alternativ zur klagsweisen Geltendmachung einer ausstehenden fälligen Stammeinlage besteht nämlich die Möglichkeit, gegen den säumigen Gesellschafter ein **Kaduzierungsverfahren** einzuleiten (§§ 66 ff GmbHG). Dieses wird mit der Androhung des Ausschlusses gegenüber sämtlichen säumigen Gesellschaftern durch eingeschriebenen Brief unter Setzung einer Nachfrist von mindestens einem Monat eingeleitet. Nach fruchtlosem Ablauf der Nachfrist sind die säumigen Gesellschafter für ausgeschlossen zu erklären; damit verbunden ist der Verlust sämtlicher Rechte aus dem Geschäftsanteil, namentlich aller hierauf geleisteten Einzahlungen. Für den nicht bezahlten Betrag der Stammeinlagen haften neben dem ausgeschlossenen Gesellschafter auch die während der letzten fünf Jahre im Firmenbuch eingetragenen Vormänner im Reihenregress. Ist die Bezahlung des rück-

ständigen Betrages weder auf diese Weise noch durch Verkauf oder Versteigerung des Geschäftsanteiles zu erlangen, so besteht in letzter Konsequenz eine Ausfallshaftung der Mitgesellschafter nach dem Verhältnis ihrer Stammeinlagen (vgl § 70 Abs 1 GmbHG).

Das GmbHG enthält keine nähere Regelung der **Kündigung** durch   710
einen Gesellschafter. Dementsprechend umstritten sind die damit zusammenhängenden Fragen. Einvernehmen besteht lediglich insoweit, als sowohl die mit der Auflösung der Gesellschaft verbundene Kündigung der Gesellschaft (Auflösungskündigung) als auch die unter Fortbestand der Gesellschaft erfolgende Kündigung der Mitgliedschaft (Austrittskündigung) dann für grundsätzlich zulässig und unproblematisch erachtet werden, wenn der Gesellschaftsvertrag eine entsprechende Regelung enthält; zumindest für die Auflösungskündigung lässt sich dies auch ohne weiteres aus dem Gesetz herleiten (vgl § 84 Abs 2 GmbHG). Im Übrigen – also bei Fehlen einer gesellschaftsvertraglichen Vorsorge – sind die Zulässigkeit, die Voraussetzungen und die Wirkungen einer Kündigung im Detail allerdings ungeklärt. Entsprechendes gilt im Übrigen auch für die Zulässigkeit des **Ausschlusses eines Gesellschafters aus wichtigem Grund**; diese wird von einem überwiegenden Teil der Lehre bejaht, von der Rechtsprechung hingegen verneint.

f   Beendigung der Gesellschaft

Auch bei der GmbH ist iZm der Beendigung zu unterscheiden zwischen   711
der Auflösung (zum Begriff s Rz 649 f) der Gesellschaft und ihrer Liquidation (zum Begriff s Rz 651 ff). An **Auflösungsgründen** führt das Gesetz den Zeitablauf, den Beschluss der Gesellschafter, die Verschmelzung, die Konkurseröffnung, eine Verfügung der Verwaltungsbehörde und den Beschluss des Handelsgerichts – vor allem iZm der amtswegigen Löschung vermögensloser Gesellschaften iSd §§ 39 ff FBG – an; außerdem können im Gesellschaftsvertrag weitere Auflösungsgründe festgesetzt werden (§ 84 GmbHG). Die nähere Regelung des regulären Liquidationsverfahrens erfolgt in den §§ 89 ff GmbHG.

2   Aktiengesellschaft

a   Grundsätzliches

Die **Aktiengesellschaft (AG)** ist eine Gesellschaft mit eigener   712
Rechtspersönlichkeit, deren Gesellschafter mit Einlagen auf das in Aktien zerlegte Grundkapital beteiligt sind, ohne persönlich für die Verbindlichkeiten der Gesellschaft zu haften (§ 1 AktG). So wie die GmbH ist

sie **juristische Person** und **Formkaufmann**. **Rechtsgrundlage** ist das AktG, das in den letzten Jahren wiederholt geändert wurde. Massive Einschnitte erfolgten auch hier insbesondere durch das EU-GesRÄG 1996, zumal die gesellschaftsrechtlichen Richtlinien der EU in erster Linie die AG betreffen. In Bezug auf den **Anwendungsbereich** ist die AG vor allem für Großunternehmen konzipiert. Sie dient als Kapitalsammelbecken, so dass in der Regel – wenngleich nicht notwendigerweise – eine große Zahl an Gesellschaftern (Aktionären) vorhanden ist. Dies bedingt wiederum besondere Vorschriften zum Gläubiger- und Gesellschafterschutz, die die AG zu der Gesellschaftsform mit dem höchsten Organisationsgrad machen. In quantitativer Hinsicht ist die AG allerdings namentlich im Verhältnis zur GmbH nur von untergeordneter Bedeutung; zum 2.1.2002 gab es in Österreich nur 2.023 Aktiengesellschaften.

b Gründung

713 In aller Regel übernehmen die Gründer einer AG anlässlich der Gründung alle Aktien selbst; man spricht dann von **Einheitsgründung** (**Simultangründung**); die im Gesetz (§ 30 AktG) außerdem vorgesehene **Stufengründung** (**Sukzessivgründung**), bei der Aktien teilweise zur Zeichnung im Publikum aufgelegt werden, hat demgegenüber keine praktische Bedeutung erlangt. Der Ablauf einer Einheitsgründung (vgl §§ 16 ff AktG) stellt sich im Wesentlichen wie folgt dar:

714 Die **Feststellung der Satzung** ist notariell zu beurkunden (§ 16 Abs 1 AktG). Ihr obligatorischer Mindestinhalt umfasst die Firma (dazu Rz 544 ff) und den Sitz der Gesellschaft, den Gegenstand des Unternehmens, die Höhe des Grundkapitals und die Angabe, ob Inhaber- oder Namensaktien ausgestellt werden, weiters die Angabe, ob das Grundkapital in Nennbetragsaktien oder Stückaktien zerlegt ist, bei Nennbetragsaktien die Nennbeträge und bei Stückaktien deren Zahl sowie bei einer Mehrzahl von Aktiengattungen die Gattung der einzelnen Aktien, ferner die Art der Zusammensetzung des Vorstands und schließlich die Form der Veröffentlichungen der Gesellschaft.

715 Das **Grundkapital** wird in Aktien zerlegt und muss auf einen Mindestnennbetrag von € 70.000,– lauten (§§ 6 und 7 AktG); es steht zum Gesellschaftsvermögen im selben Verhältnis wie das Stammkapital der GmbH (s dazu Rz 680 f). Dem Begriff **Aktie** kommen mehrere Inhalte zu: Sie ist zum einen **Bruchteil des Grundkapitals** und entspricht insoweit der Stammeinlage bei der GmbH (s dazu Rz 680). Die Aktie ist weiters **Träger der Mitgliedschaft** und deckt sich insoweit mit dem Geschäftsanteil einer GmbH (s dazu Rz 680). Schließlich bezeichnet der Begriff Aktie auch die Urkunde, die die Mitgliedschaft verbrieft; die Aktie ist daher auch ein **Wertpapier** (s dazu ausführlich Rz 907 ff).

Mit der **Übernahme (Zeichnung) der Aktien** verpflichten sich die 716
Gründer zur Leistung der vereinbarten Geld- oder Sacheinlagen. Die
Aktienübernahme dient also der Aufbringung des Grundkapitals und bedarf
der notariellen Beurkundung (§§ 21 f AktG). Danach bestellen die Gründer
den **ersten Aufsichtsrat** und die **ersten Abschlussprüfer**, der Aufsichtsrat bestellt den **ersten Vorstand** (§ 23 AktG). Die Gründer verfassen den
Gründungsbericht über den Hergang der Gründung (§ 24 AktG). Sodann
ist eine **Gründungsprüfung** vorzunehmen, und zwar durch die Mitglieder
des Vorstands und des Aufsichtsrats, in bestimmten Kollisionsfällen – bei
so genannten **qualifizierten Gründungen**, namentlich einer Gründung mit
Sacheinlagen oder Sachübernahmen (vgl § 20 AktG) – außerdem durch
gerichtlich bestellte Gründungsprüfer (§ 25 AktG). Erforderlich ist weiters
die **Leistung der Einlagen** im gesetzlich vorgesehen Umfang, also von
Bareinlagen zu mindestens einem Viertel des Nennbetrages zuzüglich des
gesamten Aufgelds („Agios") und von Sacheinlagen in vollem Umfang
(§ 28a AktG). Danach kommt es zur **Anmeldung der Gesellschaft** zur
Eintragung in das Firmenbuch durch die Gründer, Vorstands- und Aufsichtsratsmitglieder (§ 28 Abs 1 AktG), zur **Prüfung** der ordnungsgemäßen Errichtung und Anmeldung der Gesellschaft **durch das Firmenbuchgericht** (§ 31 AktG) und schließlich zur **Eintragung der Gesellschaft**
in das Firmenbuch (§ 32 AktG); letztere bewirkt das Entstehen der AG als
juristische Person mit eigenen Rechten und Pflichten (§ 34 Abs 1 AktG).

c Organe

ca Vorstand

Die **Bestellung** des Vorstands (§§ 70 ff AktG) erfolgt durch den Auf- 717
sichtsrat auf höchstens fünf Jahre, wobei eine Wiederbestellung möglich
ist. Auch seine **Abberufung** erfolgt durch den Aufsichtsrat, sie setzt aber
einen wichtigen – wenngleich nicht unbedingt verschuldeten – Grund voraus. Die **Aufgaben** des Vorstandes entsprechen weitgehend jenen der
Geschäftsführer bei der GmbH (dazu Rz 683 ff), wobei als wesentlicher
Unterschied allerdings auf die **Weisungsfreiheit** des Vorstands, der die
Gesellschaft unter eigener Verantwortung zu leiten hat, hinzuweisen ist.

cb Aufsichtsrat

Der **Aufsichtsrat** (§§ 86 ff AktG) setzt sich aus **mindestens drei** 718
Mitgliedern zusammen. Die Satzung kann eine höhere Zahl festsetzen,
wobei allerdings die von der Höhe des Grundkapitals bzw der Zahl der einer
Person zukommenden Aufsichtsratsmandate (§ 86 Abs 1 und 2 AktG)

abhängigen Grenzen zu beachten sind. Aufsichtsratsmitglieder dürfen nicht dem Vorstand angehören und – abgesehen von den Arbeitnehmervertretern (s dazu sogleich Rz 719) – keine Arbeitnehmer der AG sein. Der Aufsichtsrat kann aus seiner Mitte einen oder mehrere **Ausschüsse** bestellen, vor allem um seine Verhandlungen und Beschlüsse vorzubereiten oder die Ausführung seiner Beschlüsse zu überwachen. Besteht der Aufsichtsrat aus mehr als fünf Mitgliedern, so ist zur Prüfung und Vorbereitung der Feststellung des Jahresabschlusses jedenfalls ein Ausschuss zu bestellen (§ 92 Abs 4 AktG).

719   Die **Bestellung** von Aufsichtsratsmitgliedern erfolgt entweder durch **Wahl der Hauptversammlung** mit einfacher Mehrheit, wobei zugunsten einer qualifizierten Minderheit von einem Drittel die Einrichtung des „Minderheitsvertreters" vorgesehen ist (vgl dazu § 87 Abs 1 AktG). Die Dauer der Funktionsperiode ist gesetzlich begrenzt; sie beträgt im Regelfall etwa fünf Jahre (vgl § 87 Abs 2 AktG). Die Bestellung gewählter Aufsichtsräte kann durch einen Hauptversammlungsbeschluss mit einer Mehrheit von drei Viertel der abgegebenen Stimmen auch ohne wichtigen Grund vorzeitig widerrufen werden (§ 87 Abs 3 AktG). Möglich ist ferner die satzungsmäßige Einräumung eines **Entsendungsrechtes zugunsten von Aktionären**. Bei den Entsendungsberechtigten muss es sich entweder um bestimmte Aktionäre oder um die jeweiligen Inhaber bestimmter vinkulierter Namensaktien handeln. Die Gesamtzahl der auf diese Weise entsendeten Aufsichtsräte darf ein Drittel der Zahl aller Aufsichtsratsmitglieder nicht übersteigen; derart entsendete Mitglieder können jederzeit durch den Entsendungsberechtigten sowie bei Antrag einer wenigstens zehnprozentigen Aktionärsminderheit und einem wichtigen Grund durch ein Gerichtsurteil abberufen werden (vgl § 88 AktG). Die auf Grund der „Drittelparität" – also der Arbeitnehmermitbestimmung im Kontrollorgan – zu entsendenden **Arbeitnehmervertreter** entsendet der Betriebsrat; dieser beruft sie auch wieder ab (vgl § 110 ArbVG). Vorgesehen ist schließlich noch bei einer länger als dreimonatigen Beschlussunfähigkeit eine Bestellung durch das Gericht (§ 89 AktG).

720   Der Aufsichtsrat entscheidet im Kollegium, seine Beschlüsse werden grundsätzlich nach dem Mehrheitsprinzip gefasst. Er muss mindestens viermal im Geschäftsjahr eine Sitzung abhalten, wobei die **Sitzungen** vierteljährlich stattzufinden haben (§ 94 Abs 3 AktG). Als Kontrollorgan der AG kommen ihm insbesondere folgende **Aufgaben und Befugnisse** zu:

- die Bestellung und Abberufung des Vorstandes (§ 75 Abs 1 und 4 AktG),
- die Überwachung des Vorstandes (§ 95 Abs 1 AktG),
- die Entgegennahme von Jahres-, Quartals- und Sonderberichten des Vorstands bzw der auf Verlangen von Aufsichtsratsmitgliedern erstatteten Vorstandsberichte (§§ 81, 95 Abs 2 AktG),
- das Einsichtsrecht in die Bücher und Schriften der Gesellschaft (§ 95 Abs 3 AktG),

- die Einberufung der Hauptversammlung, wenn das Wohl der Gesellschaft es erfordert (§ 95 Abs 4 AktG),
- das Zustimmungsrecht bei bestimmten Geschäften (§ 95 Abs 5 AktG),
- die Vertretung der Gesellschaft bei Geschäften und Rechtsstreitigkeiten mit dem Vorstand (§ 97 AktG),
- die Prüfung und Feststellung des Jahresabschlusses und des Gewinnverteilungsvorschlages sowie die Berichterstattung darüber an die Hauptversammlung (§ 222 Abs 1 HGB, § 125 Abs 1, § 126 AktG).

cc Hauptversammlung

Die **Hauptversammlung** (§§ 102 ff AktG) ist die Versammlung der   721
Aktionäre, Vorstand und Aufsichtsrat nehmen daran teil. Ihre **Einberufung**
obliegt dem Vorstand oder bestimmten, durch die Satzung ermächtigten
Personen (§ 105 Abs 1 AktG), dem Aufsichtsrat zum Wohle der Gesellschaft (§ 95 Abs 4 AktG) oder – mit gerichtlicher Ermächtigung – einer
Aktionärsminderheit von 5% (§ 106 Abs 2 und 4 AktG).

Die **Beschlussfähigkeit** der Hauptversammlung ist nicht von der Zahl   722
der erschienenen Aktionäre abhängig, wenn nichts anderes im Gesetz
oder in der Satzung bestimmt ist (§ 108 Abs 4 AktG). In der Hauptversammlung ist jedem Aktionär auf Verlangen Auskunft über Angelegenheiten der Gesellschaft zu geben, die mit dem Verhandlungsgegenstand in
Zusammenhang stehen (**Auskunftsrecht**; zu Einzelheiten vgl § 112
AktG). Das **Stimmrecht** der Aktionäre richtet sich bei Nennbetragsaktien
grundsätzlich nach dem Nennbetrag der Aktien und bei Stückaktien nach
deren Zahl. Allerdings kann die Satzung das Stimmrecht durch Festsetzung eines Höchstbetrages oder von Abstufungen beschränken (§ 114
Abs 1 AktG). Beschlüsse bedürfen grundsätzlich der **einfachen Mehrheit
der abgegebenen Stimmen** (§ 113 Abs 1 AktG); für besonders wichtige
Beschlussgegenstände (zB Satzungsänderungen, Kapital- und Strukturmaßnahmen) ist im Gesetz regelmäßig zusätzlich eine **qualifizierte Kapitalmehrheit** vorgesehen. Sämtliche Hauptversammlungsbeschlüsse bedürfen zu ihrer Gültigkeit der **notariellen Beurkundung** durch eine über
die Verhandlung von einem Notar aufgenommene Niederschrift (§ 111
AktG). **Fehlerhafte Hauptversammlungsbeschlüsse** können mit
Anfechtungsklage (vgl §§ 195 ff AktG) bzw Nichtigkeitsklage (vgl §§ 199 ff
AktG) bekämpft werden.

d Kapitalmaßnahmen

723   Unter dem Begriff **Kapitalmaßnahmen** werden gewöhnlich jene gesellschaftsrechtlich begründeten Vorgänge zusammengefasst, die – namentlich durch eine **Erhöhung oder Herabsetzung des Grundkapitals** – Auswirkungen auf die Kapitalstruktur der Gesellschaft haben. Wenngleich diese Maßnahmen wenigstens im Grundsatz auch dem Recht der GmbH bekannt sind (vgl für diese §§ 52 ff GmbHG sowie das KapBG), sollen sie wegen ihrer herausragenden Bedeutung bei der allein börsengängigen Aktiengesellschaft lediglich für diese Rechtsform in der Folge kurz erläutert werden.

724   Im Bereich der **Kapitalerhöhungen** wird grundsätzlich in die effektiven Kapitalerhöhungen und in die nominelle Kapitalerhöhung unterschieden:

725   Die **effektiven Kapitalerhöhungen** gliedern sich in die **ordentliche Kapitalerhöhung** (§§ 149 ff AktG), die **bedingte Kapitalerhöhung** (§§ 159 ff AktG) und das **genehmigte Kapital** (§§ 169 AktG). In wirtschaftlicher Hinsicht ist den Unterformen der effektiven Kapitalerhöhung gemeinsam, dass sie mit einer tatsächlichen **Mittelzufuhr von außen** verbunden sind, weil es bei all diesen Formen zu einer Leistung neuer Einlagen seitens der Aktionäre kommt; das zugeführte Vermögen wird dann häufig zur Tätigung neuer Investitionen, uU aber auch zur Abdeckung von Verlusten verwendet. In organisationsrechtlicher Hinsicht setzen diese Kapitalerhöhungen durchwegs Beschlüsse der Hauptversammlung mit qualifizierten, also grundsätzlich Dreiviertelmehrheiten voraus. Von der **Grundform der ordentlichen Kapitalerhöhung** unterscheidet sich die **bedingte Kapitalerhöhung** vor allem durch ihren **beschränkten Anwendungsbereich**: Sie darf nämlich nur zum Zweck der Gewährung von Umtausch- oder Bezugsrechten an Gläubiger von Wandelschuldverschreibungen (zu diesen Schuldverschreibungen vgl unten in Rz 923), zur Vorbereitung des Zusammenschlusses mehrerer Unternehmungen (zur damit auch angesprochenen Verschmelzung vgl unten Rz 729 ff) oder zur Einräumung von Aktienoptionen an die in § 159 Abs 2 Z 3 AktG genannten Personen beschlossen werden. Das **genehmigte Kapital** wiederum ist durch die auf höchstens fünf Jahre beschränkte **satzungsmäßige Ermächtigung des Vorstandes** gekennzeichnet, das Grundkapital bis zu einem bestimmten Nennbetrag durch Ausgabe neuer Aktien gegen Einlagen zu erhöhen (§ 169 Abs 1 AktG). Besonders zu erwähnen ist noch das bei der ordentlichen Kapitalerhöhung und dem genehmigten Kapital, nicht aber der bedingten Kapitalerhöhung bestehende **gesetzliche Bezugsrecht** der Aktionäre. Demnach muss jedem Aktionär auf sein Verlangen ein seinem Anteil am bisherigen Grundkapital entsprechender Teil der neuen Aktien zugeteilt werden (§ 153 Abs 1 AktG). Dieses Recht soll den einzelnen Aktionären die Wahrung ihrer Beteiligungsquoten ermöglichen („**Verwässerungsschutz**"); es kann nur unter besonderen formalen und inhaltlichen Voraussetzungen ganz oder teilweise ausgeschlossen werden (vgl dazu § 153 Abs 3 bis 5 AktG).

Anders als die effektiven Kapitalerhöhungen ist die **nominelle Kapital-** **726** **erhöhung bzw Kapitalberichtigung** mit einer bloßen **gesellschaftsinternen Mittelumschichtung** verbunden. Vorhandene offene Rücklagen einschließlich eines allfälligen Gewinnvortrags der Gesellschaft werden in Grundkapital umgewandelt, eine Zufuhr neuen Kapitals von außen erfolgt hier nicht, so dass auch das Vermögen der Gesellschaft unverändert bleibt. Nominelle Kapitalerhöhungen verbessern wegen der daraus resultierenden verstärkten Bindung des Gesellschaftsvermögens die Kreditwürdigkeit der Gesellschaft. Die gesetzliche Regelung der Kapitalberichtigung findet sich im KapBG (BGBl 1967/171 idgF).

Bezüglich der **Kapitalherabsetzungen** lassen sich bei der Aktienge- **727** sellschaft drei Unterformen unterscheiden: Die **ordentliche Kapitalherabsetzung** (§§ 175 ff AktG), die **vereinfachte Kapitalherabsetzung** (§§ 182 ff AktG) und die **Einziehung von Aktien** (§§ 192 ff AktG). In ihrer praktischen Bedeutung bleiben alle drei Formen weit hinter jener der Kapitalerhöhungen zurück. Formale Voraussetzung für Kapitalherabsetzungen sind auch hier entsprechende Hauptversammlungsbeschlüsse mit Dreiviertelmehrheit. Auf Grund der mit Kapitalherabsetzungen verbundenen Reduktion der Grundkapitalziffer und der damit zusammenhängenden Verringerung des gebundenen Gesellschaftsvermögens besteht bei diesen Maßnahmen im besonderen Ausmaß die Gefahr einer Beeinträchtigung von Gläubigerinteressen. Alle genannten Kapitalherabsetzungsformen sind daher überdies durch im Detail unterschiedlich ausgestaltete **Gläubigerschutzvorschriften** gekennzeichnet.

e Strukturmaßnahmen

Als **Strukturmaßnahmen** werden im Allgemeinen organisationsrecht- **728** liche Maßnahmen bezeichnet, die grundlegende Auswirkungen auf einen Unternehmensträger nach sich ziehen. Diese Auswirkungen können so weit gehen, dass sich die Rechtsform des bzw eines der beteiligten Rechtsträgers ändert oder dass einer der beteiligten Rechtsträger im Zuge der Maßnahme überhaupt aufhört, rechtlich zu existieren. Die wichtigsten Strukturmaßnahmen sind die **Verschmelzung**, die **Spaltung** und die **Umwandlung iSd UmwG**; unter bestimmten, im **UmgrStG** näher geregelten Voraussetzungen sind diese Maßnahmen **steuerrechtlich begünstigt**. Auch hier gilt übrigens, dass die genannten Maßnahmen nicht auf die Rechtsform der Aktiengesellschaft beschränkt sind: Die Spaltung und die Umwandlung iSd UmwG stehen auch der GmbH offen, die Verschmelzung ist darüber hinaus etwa auch den Genossenschaften (vgl §§ 1 ff GenVG), den Sparkassen (vgl § 25 SpG), den Sparkassen-Privatstif-

IV Grundzüge des Gesellschaftsrechts

tungen (vgl § 27c SpG) oder den Versicherungsvereinen auf Gegenseitigkeit (vgl §§ 59, 72 VAG) gestattet.

729   Die **Verschmelzung** bzw **Fusion** von Aktiengesellschaften (§§ 219 ff
AktG) dient der Vereinigung der Unternehmen mehrerer Aktiengesellschaften zu einer wirtschaftlichen und rechtlichen Einheit. Folgende **Merkmale**
werden dabei als für die Verschmelzung charakteristisch angesehen:
- die einer oder mehreren Aktiengesellschaften zugeordneten Vermögenswerte werden in ihrer Gesamtheit auf eine andere Aktiengesellschaft übertragen,
- der Rechtsübergang vollzieht sich dabei in Form einer so genannten
„Gesamtrechtsnachfolge",
- die übertragenden Gesellschaften werden unter Ausschluss der
Abwicklung aufgelöst,
- die den Gesellschaftern der übertragenden Gesellschaft gewährte
Gegenleistung für die übertragenen Vermögenswerte besteht
grundsätzlich in Aktien der übernehmenden Gesellschaft.

730   Je nachdem, ob die mit der Verschmelzung einhergehende Ver-
mögensübertragung auf eine bereits bestehende oder aber auf eine aus
Anlass der Verschmelzung neu gegründete Gesellschaft erfolgt, lassen
sich zwei Grundformen der Verschmelzung unterscheiden: Bei der **Verschmelzung durch Aufnahme** wird das Vermögen eines oder mehrerer
Gesellschaften als Ganzes auf eine andere, bereits bestehende Gesellschaft übertragen; bei der aus Kostengründen praktisch kaum bedeutsa-
men **Verschmelzung durch Neugründung** wird eine neue Gesellschaft
gebildet, auf die das Vermögen jeder der sich vereinigenden Gesellschaften als Ganzes übergeht.

731   Die im **SpaltG** geregelte **Spaltung** von Kapitalgesellschaften ist dadurch charakterisiert, dass bei ihr
- die einer Gesellschaft zugeordneten Vermögenswerte in Teilen auf
eine oder mehrere andere Kapitalgesellschaften übertragen werden,
- der damit verbundene Rechtsübergang in Form einer so genannten
„partiellen" Gesamtrechtsnachfolge erfolgt,
- die den Gesellschaftern der übertragenden Gesellschaft gewährte
Gegenleistung für die übertragenen Vermögenswerte grundsätzlich
in Anteilsrechten an der übernehmenden Gesellschaft besteht.

732   In rechtstechnischer Hinsicht können dabei in Abhängigkeit vom rechtlichen Schicksal der übertragenden Gesellschaft zwei Unterformen unterschieden werden, die als „Abspaltung" und „Aufspaltung" bezeichnet werden: Eine Spaltung, bei der die der Spaltung unterworfene Gesellschaft
Restvermögen behält und daher auch nach der Spaltung bestehen bleibt,
heißt **Abspaltung**; eine Spaltung, bei der diese Gesellschaft ihr gesamtes
Vermögen auf andere Gesellschaften überträgt und daher aus Anlass der
Spaltung untergeht, heißt **Aufspaltung**. Außerdem ist zu unterscheiden

zwischen **Spaltungen zur Neugründung**, bei denen die übernehmenden Gesellschaften im Zuge der Spaltung neu gegründet werden, und in **Spaltungen zur Aufnahme**, bei denen es sich um bereits bestehende übernehmende Gesellschaften handelt.

Bei der **Umwandlung nach dem UmwG** – auch „übertragende Umwandlung" – wird das Vermögen einer Kapitalgesellschaft ohne Abwicklung im Wege der Gesamtrechtsnachfolge entweder auf einen ihrer Gesellschafter oder auf einen Nachfolgerechtsträger übertragen. Bei der ersten Variante – der so genannten „**verschmelzenden Umwandlung**" – muss die Übertragung auf den bisher zu mindestens 90% an der Kapitalgesellschaft beteiligten Hauptgesellschafter erfolgen; bei der zweiten Variante – der so genannten „**errichtenden Umwandlung**" – erfolgt die Übertragung auf eine Personenhandelsgesellschaft (OHG bzw KG) oder eingetragene Erwerbsgesellschaft (OEG bzw KEG), an der Personen, deren Anteilsrechte zumindest neun Zehntel des Grund- bzw Stammkapitals der übertragenden Kapitalgesellschaft umfassen, wieder im gleichen Ausmaß als Gesellschafter beteiligt sind. Zu unterscheiden ist die übertragende Umwandlung im Übrigen von der **formwechselnden Umwandlung**, bei der ein Unternehmensträger lediglich seine Rechtsform ändert; Beispiele hierfür wären etwa der Formwechsel innerhalb der Kapitalgesellschaften (vgl §§ 239 ff, 245 ff AktG) oder der Personenhandelsgesellschaften (aus einer OHG wird eine KG bzw umgekehrt). 733

3 Europäische Gesellschaft („Societas Europaea")

Die Verordnung des Rates der Europäischen Union über das Statut der Europäischen Gesellschaft (SE) stellt gemeinsam mit der gleichzeitig verabschiedeten Richtlinie zur Ergänzung dieses Statuts hinsichtlich der Beteiligung der Arbeitnehmer die Rechtsgrundlage der – nach der EWIV (s dazu Rz 674 f) – zweiten europaweit ausgerichteten Gesellschaftsform dar. Die genannte Verordnung wurde zwar bereits am 8.10.2001 verabschiedet, ihr Inkrafttreten ist allerdings erst für den 8.10.2004 vorgesehen, um den Mitgliedstaaten die rechtzeitige Umsetzung der begleitenden Richtlinie zu ermöglichen. Ihrer **Rechtsnatur** nach ist die SE als **Kapitalgesellschaft** zu qualifizieren; dies kommt insbesondere in der Einräumung von Rechtspersönlichkeit, in der grundsätzlich fehlenden Haftung der Aktionäre für Verbindlichkeiten der Gesellschaft und im Erfordernis eines in Aktien zerlegten gezeichneten Mindestkapitals von € 120.000 zum Ausdruck. Vor allem deshalb hat sich im allgemeinen Sprachgebrauch auch die Bezeichnung „**Europäische Aktiengesellschaft**" etabliert. Die **Zielsetzung** der Verordnung über das SE-Statut besteht in der Schaffung einer europäischen Rechtsform, die sich innerhalb der Gemeinschaft unabhängig von nationalen Grenzen entfalten kann. Auf diese Weise wird grenzüberschrei- 733a tend tätigen Unternehmen eine zusätzliche Organisationsform geboten, die infolge ihrer Supranationalität und ihrer im wesentlichen einheitlichen Rechtsstruktur zu merkbaren Kosteneinsparungen führen soll. Die inhaltlichen **Schwerpunkte der Verordnung** betreffen das Verfahren der Gründung einer SE und ihre Organisationsverfassung; die Regelung einer Vielzahl weiterer Rechtsbereiche, wie zB Fragen der Kapitalaufbringung und -erhaltung oder der Rechnungslegung, wird in der Verordnung hingegen den nationalen Gesetzgebern überlassen.

733b   Die so genannte **„originäre Gründung"** einer SE kann auf unterschiedliche Weise erfolgen: Durch **Verschmelzung** mehrerer Aktiengesellschaften zu einer SE, durch Gründung einer gemeinsamen **Holding-SE** durch mehrere Kapitalgesellschaften, durch Gründung einer gemeinsamen **Tochter-SE** durch mehrere juristische Personen und schließlich durch **Umwandlung** einer Aktiengesellschaft in eine SE. Dem **Prinzip der Mehrstaatlichkeit** entsprechend setzen diese Gründungsvarianten in jeweils unterschiedlicher Intensität einen Bezug der an der Gründung beteiligten juristischen Personen zu verschiedenen Mitgliedstaaten voraus. Neben den genannten originären Gründungsformen besteht als **„sekundäre Gründungsform"** überdies auch noch die Möglichkeit der Gründung einer **Tochter-SE durch eine Mutter-SE**.

733c   Die **Organisationsverfassung** der SE entspricht insoweit dem geläufigen Grundmodell der österreichischen Aktiengesellschaft, als jede SE über eine **Hauptversammlung** verfügt, in der die Aktionäre ihre wesentlichen Rechte ausüben. Bezüglich der **Verwaltungsstruktur** besteht hingegen die Besonderheit, dass den Gründern die Wahlmöglichkeit zwischen einem **monistischen System** mit einem einheitlichen Verwaltungsorgan und einem **dualistischen System** mit einem Aufsichts- und einem Verwaltungsorgan eingeräumt wird.

D Sonstige Rechtsformen

Literatur: *Doralt/Nowotny/Kalss*, Privatstiftungsgesetz (1995); *Holzhammer/Roth*, Gesellschaftsrecht[2] (1997); *Kastner/Doralt/Nowotny*, Grundriß des österreichischen Gesellschaftsrechts[5] (1990); *Keinert*, Österreichisches Genossenschaftsrecht (1988); *Krejci/S. Bydlinski/Rauscher/Weber-Schallauer*, Vereinsgesetz 2002 (2002); *Österreichischer Raiffeisenverband* (Hg), Genossenschaftsrecht[2] (1989); *Vogl*, VerG – Vereinsgesetz 2002 – Kommentar (2002); *Vögel/Egger/Steiner*, Der neue Verein in 313 Fragen und Antworten (2002).

1   Genossenschaft

Genossenschaften sind Vereine von nicht geschlossener Mitglieder-   734
zahl, die im Wesentlichen der Förderung des Erwerbes oder der Wirtschaft
ihrer Mitglieder dienen (§ 1 Abs 1 GenG). Zentrales Wesensmerkmal der
Genossenschaften ist also der **Förderungsauftrag.** Dieser steht zwar
einer **vorrangigen Gewinnerzielungsabsicht** der Genossenschaft entgegen (vgl § 1 Abs 2 GenG), nicht aber einer tatsächlichen Gewinnerzielung
und -verteilung. **Rechtsgrundlagen** sind das GenG und einige – zB die
Revision oder die Verschmelzung von Genossenschaften regelnde – Nebengesetze. Von besonderer **Bedeutung** sind vor allem Kredit-, Konsum-
und Wohnungsgenossenschaften; zum 2.1.2002 waren im österreichischen Firmenbuch 2.007 Genossenschaften eingetragen.

Die Genossenschaft ist **juristische Person** und **Formkaufmann,** wenn   735
sie kraft Gesetzes aufsichtsratspflichtig ist (§ 1 Abs 3 GenG). Nach der
Haftungsordnung unterscheidet man die

- **Genossenschaft mit unbeschränkter Haftung:** Hier haften die
  Genossenschafter bei der Liquidation und im Konkurs für alle Verbindlichkeiten der Genossenschaft, soweit deren Vermögen zur
  Deckung der Schulden nicht ausreicht, solidarisch mit ihrem gesamten Vermögen. Diese Haftung ist aber keine unmittelbare Haftung
  gegenüber den Gläubigern der Genossenschaft, sondern begründet
  eine bloße Deckungs- bzw Nachschusspflicht gegenüber der Genossenschaft im so genannten „Umlageverfahren".
- **Genossenschaft mit beschränkter Haftung:** Hier trifft die Genossenschafter bei der Liquidation und im Konkurs eine beschränkte
  Deckungspflicht, und zwar in Ermangelung besonderer Regelungen
  in der Satzung in doppelter Höhe des Geschäftsanteiles; diese Form
  der Genossenschaft stellt den praktischen Regelfall dar.
- **Genossenschaft mit Geschäftsanteilshaftung:** Hier haften die
  Genossenschafter nur mit ihrem Geschäftsanteil; diese Form kommt
  allerdings praktisch kaum vor, da sie nur bei Konsumvereinen mit
  Beschränkung der Geschäftstätigkeit auf Mitgliedergeschäfte zulässig ist.

An **Organen** sieht das GenG den Vorstand, die Generalversammlung   736
und unter bestimmten Voraussetzungen einen Aufsichtsrat vor. Der **Vorstand** (§§ 15 ff GenG) ist das Geschäftsführungs- und Vertretungsorgan.
Die Bestellungskompetenz ist im Gesetz nicht geregelt, die Art der Wahl
ist vielmehr im Statut zu bestimmen (§ 5 Z 7 GenG); in der Praxis kommt
diese Kompetenz regelmäßig der Generalversammlung zu. Die Mitglieder
des Vorstands müssen Genossenschafter sein („**eingeschränkte Drittorganschaft**"). Eine gesetzliche Höchstbestellungsdauer ist nicht vorgesehen, kann aber im Statut festgesetzt werden. Der Vorstand handelt
grundsätzlich nach dem Gesamtgeschäftsführungs- und Gesamtvertre-

tungsprinzip und hat Weisungen der Generalversammlung zu beachten. Einen **Aufsichtsrat** (§§ 24 ff GenG) hat die Genossenschaft zu bestellen, wenn sie dauernd **mehr als 40 Arbeitnehmer** beschäftigt; ansonsten ist seine Einrichtung fakultativ. Dem Aufsichtsrat obliegt die Überwachung der Geschäftsführung. Die **Generalversammlung** (§§ 27 ff GenG) ist das höchste Organ der Genossenschaft. Bei mindestens 1.000 Mitgliedern kann das Statut eine „**Delegiertengeneralversammlung**" vorsehen, deren Abgeordnete auf längstens fünf Jahre aus dem Bestand der Mitglieder gewählt werden.

2 Privatstiftung

737   **Hintergrund** des aus dem Jahr 1993 stammenden Privatstiftungsgesetzes (PSG) war der Umstand, dass die nach dem Bundes-Stiftungs- und Fondsgesetz errichteten Stiftungen (dazu unten Rz 746 f) nur mit gemeinnützigen oder mildtätigen Zwecken errichtet werden konnten, während ihnen privatnützige Zwecke – insbesondere also die Ausgestaltung als so genannte „Familienstiftung" – nicht offen standen. Als Folge dieser Beschränkung kam es zu zum Teil massiven Kapitalabflüssen ins Ausland und zur Zerschlagung wirtschaftlicher Vermögenseinheiten in Verlassenschaftsverfahren. Das PSG suchte dieses Manko durch die Schaffung der **Privatstiftung** zu beseitigen; ergänzt werden die dort enthaltenen organisationsrechtlichen Vorschriften durch umfangreiche steuerrechtliche Begleitmaßnahmen. Die bereits jetzt relativ große Zahl an Privatstiftungen – im Firmenbuch waren zum 2.1.2002 2.196 Privatstiftungen eingetragen – ist ein Indiz dafür, das dieses gesetzgeberische Anliegen als verwirklicht angesehen werden kann.

738   In **zivilrechtlicher Hinsicht** ist festzustellen, dass die rechtlichen Rahmenbedingungen der Privatstiftung dem Recht der Kapitalgesellschaften nachgebildet sind. Auf folgende Punkte ist besonders hinzuweisen:

739   Die Privatstiftung ist ein Rechtsträger, dem vom Stifter ein Vermögen gewidmet ist, um durch dessen Nutzung, Verwaltung und Verwertung der Erfüllung eines erlaubten Zwecks zu dienen; sie genießt Rechtspersönlichkeit und muss ihren Sitz im Inland haben (§ 1 Abs 1 PSG). Die Privatstiftung ist also eine **juristische Person**, die aber keine Eigentümer, sondern nur Begünstigte („Destinatäre") hat; sie entsteht mit ihrer Eintragung in das Firmenbuch (§ 7 Abs 1 PSG). **Nicht erlaubt** ist der Privatstiftung insbesondere die Ausübung von über eine bloße Nebentätigkeit hinausgehenden gewerblichen Tätigkeiten, die Übernahme der Geschäftsführung einer Handelsgesellschaft und die Funktion als persönlich haftender Gesellschafter in einer Personengesellschaft des Handelsrechts oder einer eingetragenen Erwerbsgesellschaft (§ 1 Abs 2 PSG). Die Privatstiftung hat einen **Namen** zu führen, der nicht irreführend sein darf und das Wort „Privatstiftung" ohne Abkürzung enthalten muss (§ 2 PSG).

Grundlage der Privatstiftung ist kein Vertrag, sondern die „**Stiftungs-**   740
erklärung" als einseitige Willenserklärung des Stifters (§ 9 PSG). Diese
hat nach § 4 PSG insbesondere der Stiftung gewidmetes Vermögen in
Höhe von mindestens € 70.000,–, den Stiftungszweck, die Bezeichnung
des Begünstigten, den Namen und den Sitz der Privatstiftung, Angaben
über den Stifter und die Dauer der Stiftung anzugeben. Daneben nennt das
Gesetz bestimmte weitere Angaben, die fakultativ in die Stiftungserklärung
aufgenommen werden können, wie etwa Regelungen über die Änderung
und den Widerruf der Stiftungserklärung. Darüber hinausgehende Regelungen, wie zB exakte Angaben zum Stiftungsvermögen, können schließlich in die „**Stiftungszusatzurkunde**", die dem Firmenbuch nicht vorgelegt
werden muss, aufgenommen werden (§ 10 Abs 2 PSG).

Als **Organe** bestimmt das Gesetz den Stiftungsvorstand, den Stiftungs-   741
prüfer und gegebenenfalls den Aufsichtsrat; die Stifter können weitere
Organe (zB Beirat, Familienrat) zur Wahrung des Stiftungszwecks vorsehen (§ 14 PSG). Der **Vorstand** (§§ 15 ff PSG) ist für die Geschäftsführung und die Vertretung der Privatstiftung zuständig; er besteht aus wenigstens drei Mitgliedern, die aber weder dem Kreis der Begünstigten noch
deren naher Angehörigen entnommen sein dürfen. Der erste Stiftungsvorstand wird durch den Stifter bzw einen Stiftungskurator bestellt, die
weiteren Bestellungsmodalitäten ergeben sich aus der Stiftungserklärung;
erforderlichenfalls erfolgt die Bestellung durch das Gericht (vgl § 27 PSG).
Der **Stiftungsprüfer** (§§ 20 f PSG) wird vom Gericht bzw gegebenenfalls
vom Aufsichtsrat bestellt. Er hat den Jahresabschluss einschließlich der
Buchführung und den Lagebericht der Privatstiftung zu prüfen. Übersteigt
die Anzahl der Arbeitnehmer der Privatstiftung selbst bzw von mit ihr
konzernmäßig verbundenen Unternehmen 300, so ist für sie außerdem ein
Aufsichtsrat (§§ 22 ff PSG) zu bestellen; ansonsten ist dieses Organ
fakultativ. Die Bestellung des Aufsichtsrates erfolgt durch das Gericht, der
erste Aufsichtsrat wird allerdings vom Stifter oder vom Stiftungskurator
bestellt. Der Aufsichtsrat hat umfassende, dem aktienrechtlichen Vorbild
entsprechende Auskunfts- und Einsichtsrechte.

3   Vereine iSd VerG

Am 1.7.2002 trat das neue **Vereinsgesetz** (VerG) als Rechtsgrundlage   742
für die derzeit in Österreich ca 108.000 bestehenden Vereine in Kraft; es
soll dazu beitragen, den mit der Errichtung und dem Bestand eines Vereins
entstehenden bürokratischen Aufwand und die damit verbundenen Kosten
zu reduzieren. Gem § 1 Abs 1 VerG ist ein Verein ein freiwilliger, auf Dauer
angelegter, auf Grund von Statuten organisierter Zusammenschluss mindestens zweier Personen zur Verfolgung eines bestimmten, gemeinsamen, ideellen Zwecks; der Verein genießt **Rechtspersönlichkeit**. Ein

Verein darf gem § 1 Abs 2 VerG **nicht auf Gewinn berechnet** sein; das Vereinsvermögen darf nur im Sinne des Vereinszwecks verwendet werden. Die **Gründung** eines Vereins (vgl dazu § 2 VerG) umfasst seine Errichtung und seine Entstehung. Die **Errichtung** erfolgt durch die Vereinbarung von Statuten (Gründungsvereinbarung). Sie ist der Vereinsbehörde – also der nach Maßgabe des statutenmäßigen Vereinssitzes zuständigen Bezirksverwaltungsbehörde oder Bundespolizeidirektion (vgl § 9 VerG) – von den Gründern oder den bereits bestellten organschaftlichen Vertretern mit einem Exemplar der vereinbarten Statuten schriftlich anzuzeigen; der gesetzlich vorgeschriebene Mindestinhalt dieser Statuten ergibt sich aus § 3 Abs 2 VerG. Ergeht binnen vier Wochen nach Einlangen der Errichtungsanzeige keine Erklärung der Vereinsbehörde auf Nichtgestattung des Vereins, so gilt deren Schweigen grundsätzlich als Einladung zur Aufnahme der Vereinstätigkeit; mit Fristablauf kommt es somit zur **Entstehung** des Vereins, der dann seine Tätigkeit beginnen kann (vgl § 13 VerG).

743   Das neue VerG sieht für jeden Verein ein Mindestmaß an **Grundstruktur** und **Organen** vor. Die **Mitgliederversammlung** ist das oberste Gremium zur vereinsinternen **Willensbildung** und muss mindestens alle vier Jahre zusammentreten; die Willensbildung kann aber auch in Form einer Delegiertenversammlung vorgesehen sein (§ 5 Abs 2 VerG). Das **Leitungsorgan** ist verantwortlich für die **Vereinsgeschäfte** und für die **Vertretung** des Vereins nach außen. Für das Leitungsorgan gilt das **Vier-Augen-Prinzip**, es muss also aus mindestens zwei natürlichen Personen bestehen (§ 5 Abs 3 VerG). Ein **Aufsichtsorgan** ist **nicht verpflichtend** vorgeschrieben. Wird jedoch ein Aufsichtsorgan – etwa im Hinblick auf Arbeitnehmerinteressen – eingerichtet, so muss dieses gem § 5 Abs 4 VerG aus mindestens drei natürlichen, unabhängigen und unbefangenen Personen bestehen. Mit Hilfe der so genannten **Streitschlichtungseinrichtung** (§ 8 VerG) sollen Vereinsstreitigkeiten beigelegt werden, bevor ein staatliches Gericht zu Hilfe gerufen wird. Der ordentliche Rechtsweg steht aber nach Ablauf von sechs Monaten ab Anrufung der Streitschlichtungseinrichtung offen, wenn das Schlichtungsverfahren nicht schon früher beendet ist. Im Interesse der Vereine und ihrer Mitglieder sollen schließlich die Vereinsarbeit und die kaufmännische Kontrolle klar getrennt werden. Jeder Verein hat deshalb mindestens zwei unabhängige und unbefangene **Rechnungsprüfer** zu bestellen; für „große Vereine" ist darüber hinaus ein professioneller **Abschlussprüfer** vorgeschrieben (§ 5 Abs 5 VerG). Konkret ist ein „**Drei-Stufen-System**" der **Rechnungslegung** vorgesehen, das in Abhängigkeit von den gewöhnlichen Jahreseinnahmen und -ausgaben bzw vom Spendenaufkommen gestaffelte Rechnungslegungs- und Prüfungserfordernisse beinhaltet (zu den Einzelheiten vgl § 22 Abs 2 VerG).

744   Ausdrücklich geregelt wurden nunmehr auch Fragen der **Haftung** (vgl §§ 23 ff VerG). Für Verbindlichkeiten des Vereins haftet der **Verein mit**

seinem Vermögen; Organwalter und Vereinsmitglieder haften persönlich nur dann, wenn sich dies aus anderen gesetzlichen Vorschriften oder auf Grund persönlicher rechtsgeschäftlicher Verpflichtung ergibt. Verletzen Funktionäre und Rechnungsprüfer die Sorgfalt eines ordentlichen und gewissenhaften Organwalters, so haften sie gegenüber ihrem Verein für etwaige Schäden; bei der Beurteilung des Sorgfaltsmaßstabs muss aber die **Unentgeltlichkeit ihrer Tätigkeit** berücksichtigt werden. Zur Geltendmachung von Ersatzansprüchen des Vereins gegen einen Organwalter kann die Mitgliederversammlung einen Sondervertreter bestellen; für den Fall, dass die Bestellung eines Sondervertreters abgelehnt wird, können Ersatzansprüche von mindestens einem Zehntel aller Mitglieder geltend gemacht werden.

Das neue VerG nutzt schließlich auch die Möglichkeiten des Einsatzes moderner Technologien. In einem **Lokalen Vereinsregister** stehen alle Vereinsdaten rasch und verlässlich zur Verfügung, die für den Rechtsverkehr von Bedeutung sind. Dieses Register ist ein öffentliches Register, aus dem die Vereinsbehörden erster Instanz auf Verlangen jedermann über bestimmte Vereinsdaten mündlich oder in Form eines Vereinsregisterauszuges Auskunft zu erteilen haben (vgl §§ 16 f VerG). Für die elektronische Vereinsverwaltung wird beim Bundesminister für Inneres ein **„Zentrales Vereinsregister – ZVR"** (§§ 18 f VerG) aufgebaut, mit dem künftig eine Auskunft bei jeder Vereinsbehörde erster Instanz österreichweit möglich sein wird.   745

4   Gemeinnützige Stiftungen und Fonds

Auf der Basis des BStFG und einschlägiger Landesgesetze besteht die Möglichkeit der Gründung **gemeinnütziger Stiftungen und Fonds**. Das BStFG findet dabei auf Stiftungen und Fonds Anwendung, die ihrem Zweck nach über den Interessensbereich eines Bundeslandes hinausgehen; auf andere Stiftungen und Fonds sind die entsprechenden landesgesetzlichen Bestimmungen zur Anwendung zu bringen. Dabei sind unter derartigen **gemeinnützigen Stiftungen** durch eine entsprechende Anordnung des Stifters dauernd gewidmete Vermögen mit Rechtspersönlichkeit zu verstehen, deren Erträgnisse der Erfüllung gemeinnütziger oder mildtätiger Zwecke dienen (§ 2 Abs 1 BStFG). Diese Legaldefinition macht deutlich, dass die gemeinnützige Stiftung – ebenso wie der Verein iSd VerG – für eine erhebliche Bandbreite von Aktivitäten zur Verfügung steht. Dennoch kann festgestellt werden, dass gemeinnützige Stiftungen in Österreich bislang bei weitem nicht jene Verbreitung gefunden haben, wie etwa Vereine nach dem VerG. Dies mag nicht zuletzt daran gelegen sein, dass sowohl im Zuge der Errichtung einer gemeinnützigen Stiftung als auch während des laufenden Stiftungsbetriebes eine Reihe von staatlichen Aufsichtsmitteln zur Anwendung kommen.   746

747   Die gesetzlichen Regelungen für gemeinnützige Stiftungen gelten weitgehend auch für **gemeinnützige Fonds**. Diese werden in § 22 BStFG als
durch eine Anordnung des Fondsgründers nicht auf Dauer gewidmete
Vermögen mit Rechtspersönlichkeit, welche der Erfüllung gemeinnütziger
oder mildtätiger Zwecke dienen, definiert. Ein wesentlicher Unterschied
zwischen der gemeinnützigen Stiftung und dem gemeinnützigen Fonds
besteht demnach darin, dass der Fonds von vornherein einer zeitlichen
Begrenzung unterliegt und überdies das gesamte Fondsvermögen zur
Erfüllung des Fondszweckes herangezogen werden kann, während hierfür
bei der Stiftung lediglich die Erträgnisse des Stammvermögens verwendet
werden dürfen.

V Grundzüge des Wertpapierrechts

A Grundlagen

Literatur: *Ewald/Schärf*, Einführung in das Wertpapierrecht und in das neue Börsegesetz (1990); *Grünwald/Schummer*, Wertpapierrecht[3] (2001); *Holzhammer*, Allgemeines Handelsrecht und Wertpapierrecht[8] (1998); *Roth*, Grundriß des österreichischen Wertpapierrechts[2] (1999).

1 Wertpapierbegriff

Obwohl sich in der österreichischen Rechtsordnung keine Definition des Begriffes „Wertpapier" findet, hat sich die Auffassung durchgesetzt, dass ein Wertpapier eine **Urkunde** ist, in der ein **privates Recht** solcher Art verbrieft ist, dass zu Geltendmachung des Rechts die **Innehabung der Urkunde** erforderlich ist.   **748**

Aus dieser Definition ergibt sich, dass   **749**
* die Urkunde ein **Recht verbriefen** muss;
* die **Bekundung einer Tatsache alleine nicht ausreicht** (so bestätigt zB ein Zahlungsbeleg lediglich die Tatsache, dass eine Rechnung beglichen wurde; ein Recht ist dadurch nicht verbrieft);
* es sich bei dem verbrieften Recht um ein **privates Recht** handeln muss (so sind zB ein Führerschein, ein Staatsbürgerschaftsnachweis oder ein Gewerbeschein keine Wertpapiere, weil durch die genannten Urkunden öffentlich-rechtliche Rechtspositionen verbrieft werden);
* ohne die Urkunde das durch die Urkunde vermittelte Recht nicht ausgeübt werden kann und idS eine **Vorlegungspflicht** besteht.

2 Zweck und wirtschaftliche Bedeutung von Wertpapieren

Obwohl die **Funktionen von Wertpapieren** unterschiedlich sind, lassen sich im Kern drei wesentliche Bereiche herausstreichen: **750**

Zunächst kommt dem Wertpapier auf dem Gebiet der **erleichterten Beweisbarkeit** erhebliche Bedeutung zu. Derjenige, der das Wertpapier in Händen hat, kann auch die im Wertpapier verbrieften Forderungen geltend machen. Anderseits kann häufig der Schuldner, der dem Wertpapierinhaber eine Leistung erbringt, grundsätzlich davon ausgehen, dass er an den tatsächlich Berechtigten schuldbefreiend geleistet hat.   **751**

752   Weiters kommt einem Wertpapier auch deshalb große Bedeutung zu, da sich mit diesem regelmäßig eine **erleichterte Übertragbarkeit** von Rechten verbindet.

753   Schließlich erfüllt ein Wertpapier auch die Funktion des **Schutzes eines gutgläubigen Forderungserwerbers**. Da es sich nämlich bei der in einer Urkunde verbrieften Forderung um eine körperliche Sache handelt, ist daran ein gutgläubiger Erwerb möglich (§§ 367, 371 ABGB; §§ 366 f HGB; s dazu Rz 147 bzw Rz 573).

754   Die wirtschaftliche Bedeutung von Wertpapieren liegt zum einen in ihrer Funktion als **Zahlungsmittel** (zB Scheck), als **Kreditmittel** (zB Wechsel) und als Mittel zur **Erleichterung des Güterumlaufes** (zB Lagerschein).

3   Abgrenzungsfragen

755   Vom Wertpapier sind die Beweisurkunde und die einfachen Legitimationspapiere zu unterscheiden. Die **Beweisurkunde** erbringt lediglich den Beweis über den Bestand eines privaten Rechts. Da dieses Recht auch ohne Urkunde geltend gemacht werden kann, handelt es sich dabei nicht um ein Wertpapier. Als Beispiele für Beweisurkunden sind etwa Schuldscheine, Quittungen und ein schriftlicher Kaufvertrag anzuführen.

756   Die **einfachen Legitimationspapiere** bewirken, dass der Schuldner mit befreiender Wirkung an den Inhaber des Papiers leisten kann („Liberationsfunktion"). Da aber auch bei den einfachen Legitimationspapieren der Gläubiger sein Recht auf andere Weise nachweisen kann, handelt es sich dabei um keine Wertpapiere. Als Beispiele für einfache Legitimationspapiere können Garderobenmarken, Gepäckscheine und Reparaturscheine genannt werden.

4   Einteilung der Wertpapiere

a   Einteilung nach der wirtschaftlichen Funktion

757   Unter wirtschaftlicher Betrachtungsweise erfüllen gewisse Wertpapiere (wie zB Scheck und Wechsel) eine **Zahlungs- und Kreditverkehrsfunktion.**

758   Hingegen dienen die **Wertpapiere des Kapitalmarktes** (**Effekten**) aus dem Blickwinkel des Ausgebers (Emittent) der Kapitalaufbringung und aus der Sicht des Erwerbers der Kapitalanlage. Als Beispiele für derartige Wertpapiere sind Aktien, Anleihen und Sparbücher zu nennen.

759   Schließlich dienen die **Wertpapiere des Güterumlaufes** dazu, Verfügungen über Güter bzw Waren zu erleichtern. Als Beispiel kann etwa der Ladeschein oder der Lagerschein genannt werden.

b   Einteilung nach der Art und Weise des Rechtserwerbes

Bei den **Inhaberpapieren** kann das im Wertpapier verbriefte Recht vom   **760**
jeweiligen Inhaber geltend gemacht werden. Das bedeutet, dass der
Wertpapierinhaber durch den bloßen Besitz der Urkunde als Gläubiger des
im Wertpapier verbrieften Rechts ausgewiesen ist; ein gesonderter Nachweis seiner Berechtigung ist von ihm nicht zu erbringen („volle Legitimationsfunktion"). Soweit der aus dem Wertpapier Verpflichtete nicht beweist,
dass der Vorleger nicht der wahre Berechtigte ist, ist die im Wertpapier
verbriefte Forderung bei Fälligkeit zu erfüllen. Die Übertragung von Inhaberpapieren erfolgt durch Einigung und Übergabe der Urkunde. Als Beispiele für Inhaberpapiere sind die Inhaberschuldverschreibung, die Inha-
beraktie und der Inhaberscheck anzuführen.

Bei den **Rekta- oder Namenspapieren** ist ausdrücklich eine bestimmte   **761**
Person als Berechtigter bezeichnet. Die Übertragung von Namenspapieren erfolgt durch Abtretung (Zession) und Übergabe der Urkunde. Als
Beispiele sind der Rektawechsel, der Rektascheck und auf Namen lauten-
de Sparbücher anzuführen.

Bei den **Orderpapieren** verspricht der Schuldner in der Urkunde, die   **762**
Leistung entweder an eine namentlich genannte Person oder „an deren
Order" zu erbringen. Übertragen werden die Orderpapiere durch das so
genannte **Indossament**. Dabei handelt es sich um einen Vermerk des
Berechtigten auf der Urkunde, wodurch er erklärt, dass die Berechtigung
auf eine von ihm genannte Person übergehen soll. Der Übertragende und
ursprünglich Berechtigte wird Indossant genannt, der neue Berechtigte
heißt Indossatar. Zu den Orderpapieren zählen der Wechsel, der Namens-
scheck und die Namensaktie. Es kann zwischen

- **geborenen Orderpapieren**, die für die Übertragbarkeit durch Indossament eine Orderklausel nicht enthalten müssen (zB Wechsel,
  Scheck, Namensaktie),
- **gekorenen Orderpapieren**, die eine Orderklausel enthalten müssen,
  wenn sie durch Indossament übertragbar sein sollen (zB kaufmännische Orderpapiere wie Ladeschein und Orderlagerschein) und
- **Orderpapieren mit Blankoindossament** (die bloße Unterschrift
  des Indossanten ist ausreichend), die wesensmäßig als Inhaberpapiere fungieren,

unterschieden werden.

c   Einteilung nach der Art des verbrieften Rechts

Am häufigsten verbriefen Wertpapiere eine Forderung des Inhabers   **763**
gegen den Aussteller (**schuldrechtliche Wertpapiere**). Dazu zählen etwa
der Wechsel, der Scheck, die Anleihe, das Sparbuch oder der Lagerschein.

764   Die **sachenrechtlichen Wertpapiere** verbriefen hingegen ein Sachen-recht; sie vermitteln demnach ein unmittelbares Herrschaftsrecht über Sachen (zB Hypothekenpfandbrief, Investmentzertifikat).

765   Wertpapiere, welche die Mitgliedschaft an einer Gesellschaft vermitteln, werden **Mitgliedschaftspapiere** genannt (zB Aktien; der – praktisch aller-dings kaum relevante – Geschäftsanteilsschein bei der GmbH ist hingegen wegen § 75 Abs 3 GmbHG bloß eine Beweisurkunde).

d   Einteilung nach der Beziehung zum Grundgeschäft

766   In aller Regel beruht die Ausgabe eines Wertpapiers auf einem Rechts-verhältnis (Grund- bzw Kausalgeschäft). Abhängig von der Beziehung zwischen dem in der Urkunde verbrieften Recht und dem Grundgeschäft kann zwischen **abstrakten Wertpapieren** und **kausalen Wertpapieren** unterschieden werden.

767   Dabei ist bei den **abstrakten Wertpapieren** das verbriefte Recht vom Grundgeschäft losgelöst; es entsteht daher neben der Forderung aus dem Grundgeschäft eine eigene Forderung aus dem Wertpapier (zB Wechsel und Scheck).

768   Hingegen sind die **kausalen Wertpapiere** stets mit dem Grundgeschäft verbunden. So verbrieft etwa die Aktie die auf der Satzung beruhende Mitgliedschaft zu einer Aktiengesellschaft, ohne dass ein weiteres, von dieser Mitgliedschaft unabhängiges Recht geschaffen wird.

e   Einteilung nach der Bedeutung der Urkundenausstellung für die Rechtsentstehung

769   Sofern die Ausstellung des Wertpapiers für die Entstehung des ver-brieften Rechts unabdingbar erforderlich ist, wird von einem **konstitutiven Wertpapier** gesprochen. So entsteht zB eine Verbindlichkeit aus einem Wechsel erst mit dessen Ausstellung.

770   Wenn das Recht bereits vor Ausstellung der Urkunde existiert hat und erst später in einer eigenen Urkunde verbrieft wird, kommt der Urkunden-ausstellung lediglich **deklaratorische Bedeutung** zu. So ist zB die Mit-gliedschaft zu einer Aktiengesellschaft von der Ausstellung der Aktie unabhängig.

5   Wertpapiertheorien

771   Bezüglich der dogmatischen Grundlagen des Wertpapierrechts herrscht nach wie vor Uneinigkeit in der Lehre. Im Wesentlichen kann zwischen folgenden **Theorien** unterschieden werden:

a   Kreationstheorie und Eigentumstheorie

Entsprechend der **Kreationstheorie** soll das verbriefte Recht durch die   772
Ausstellung des Papiers (Skripturakt), also durch ein einseitiges (nicht
empfangsbedürftiges) Rechtsgeschäft, entstehen. Aus der Kreationstheorie hat sich in weiterer Folge die **Eigentumstheorie** entwickelt, derzufolge
derjenige, der das Recht aus einem nicht begebenen Papier geltend
machen will, dessen Eigentümer sein, dh das Papier gutgläubig erworben
haben muss.

b   Vertragstheorie und Rechtsscheintheorie

Bei der **Vertragstheorie** soll das verbriefte Recht erst durch Abschluss   773
eines gültigen Begebungsvertrages zwischen dem Aussteller und dem
ersten Erwerber des Papiers entstehen; der Begebungsvertrag soll als
Realvertrag erst mit der Übereignung des Papiers zustande kommen. Aus
der Vertragstheorie hat sich die (herrschende) **Rechtsscheintheorie** entwickelt, derzufolge das verbriefte Recht grundsätzlich durch einen Begebungsvertrag entstehen soll, jedoch ein redlicher Dritterwerber das Recht
auch ohne wirksamen Begebungsvertrag in Anspruch nehmen kann.

6   Übertragung

Abhängig davon, ob es sich um ein Inhaberpapier, ein Orderpapier oder   774
ein Rektapapier handelt, ist auch die Gestaltung der **Übertragung** des
verbrieften Rechts rechtlich **unterschiedlich ausgestaltet**.

a   Inhaberpapiere

Bei den Inhaberpapieren erfolgt die Übertragung des verbrieften Rechts   775
durch **kausale Tradition** (Titel bzw Verpflichtungsgeschäft und Modus bzw
Übergabe des Papiers). Im Falle des **gutgläubigen Erwerbes vom Nichtberechtigten** (dieser ist bei Vorsatz oder grober Fahrlässigkeit ausgeschlossen) schadet das fehlende Eigentum des Veräußerers nicht.

Während dem Schuldner **persönliche Einwendungen** nur insoweit   776
zustehen, als sie sein Verhältnis zum gegenwärtigen Papierinhaber betreffen (zB Stundung, Aufrechnung), können die so genannten **dinglichen
Einwendungen**, die unmittelbar das verbriefte Recht betreffen (zB fehlende Fälligkeit, Geschäftsunfähigkeit, Unterschriftenmangel), gegenüber jedem Papierinhaber erhoben werden.

b   Orderpapiere

777   Bei den Orderpapieren erfolgt die Übertragung des verbrieften Rechts durch **kausale Tradition** (Titel plus Indossament und Übergabe des Papiers).

778   Im Falle des **gutgläubigen Erwerbes vom Nichtberechtigten** schützt der gute Glaube (nicht bei Vorsatz oder grober Fahrlässigkeit des Erwerbers) vor Mängeln beim Erwerbsakt.

779   Bei den Orderpapieren trifft den Schuldner die Prüfungspflicht, ob der Vorleger des Papiers durch eine geschlossene Indossamentenkette als Gläubiger ausgewiesen ist (**formelle Prüfungspflicht**).

780   Bezüglich der **persönlichen und dinglichen Einwendungen** gilt das oben zu den Inhaberpapieren Ausgeführte.

c   Rektapapiere

781   Bei den Rektapapieren erfolgt die Übertragung des verbrieften Rechts durch **Zession plus Übergabe** des Papiers.

782   Da der Zessionar das verbriefte Recht so erwirbt, wie es der Zedent hatte, findet ein **gutgläubiger Erwerb vom Nichtberechtigten** nicht statt.

783   Dem Schuldner kommen gegenüber dem Zessionar dieselben **Einwendungen** wie gegenüber dem Zedenten zu.

7   Rechtsuntergang und Urkundenuntergang

a   Untergang des verbrieften Rechts

784   Als wesentlichste Gründe, welche zum Erlöschen des in einem Wertpapier verbrieften Rechts führen, sind die **Erfüllung der Schuld** oder deren **Erlass** zu benennen. Sofern ein Schuldner seine Verpflichtungen erfüllt hat, hat er ein Recht auf Aushändigung der Urkunde. Problematisch könnte es uU sein, wenn sich der Schuldner nach erfolgter Schulderfüllung die Urkunde nicht aushändigen lässt. In diesem Fall ist zwar das im Wertpapier verbriefte Recht erloschen, allerdings könnte ein gutgläubiger Dritter, der die Urkunde erworben hat, die vom Schuldner verbriefte Leistung neuerlich begehren.

b   Untergang der Urkunde

785   Sofern die Urkunde, etwa durch **Vernichtung** oder **Verlust** (zB Diebstahl), untergeht, führt dies nicht zum Untergang des in der Urkunde verbrieften Rechts. Weil aber zur Ausübung des in der Urkunde verbrieften

Rechts die Innehabung der Urkunde notwendig ist, kann auch die Geltend-machung dieses Rechts nicht erfolgen. Für diese Fälle ist ein **Kraftlos-erklärungsverfahren** durchzuführen. Die rechtlichen Grundlagen des Kraftloserklärungsverfahrens finden sich im Kraftloserklärungsgesetz aus dem Jahre 1951 bzw im Wechselgesetz (Art 90) und im Scheckgesetz (Art 59). Gem § 2 Abs 2 KEG können Banknoten, Einlagescheine der Zahlenlotterie, Lose der Klassenlotterie sowie Karten und Marken des täglichen Lebens (wie zB Eintritts- und Fahrkarten, Speisemarken) nicht für kraftlos erklärt werden.

8   Anweisung als Basis des Wertpapierrechts

a   Begriff und Wesen

Zum besseren Verständnis der Basisstrukturen im Wertpapierrecht ist es nahe liegend, zunächst die **Anweisung** näher darzustellen. Die in den §§ 1400 ff ABGB geregelte Anweisung stellt sich als ein **dreipersonales Schuldverhältnis** dar: Zum einem wird der Angewiesene durch die An-weisung ermächtigt, an den Anweisungsempfänger zu leisten, zum ande-ren beinhaltet die Anweisung eine Ermächtigung des Anweisungsemp-fängers, die Leistung des Angewiesenen als eine solche des Anweisenden anzunehmen. Somit stellt sich die Erfüllung, die der Angewiesene erbringt, zugleich auch als Leistung des Angewiesenen an den Anweisenden bzw als Leistung des Anweisenden an den Anweisungsempfänger dar.   **786**

Dazu ein Beispiel: Anton hat bei Berta ein kleines Grundstück gekauft und schuldet dieser dafür € 30.000,–. Gleichzeitig hat Berta bei Xaver um € 30.000,– ein Kraftfahrzeug gekauft, ohne den Kaufpreis bereits erlegt zu haben. Wenn es Berta in diesem Fall zu umständlich erscheint, zuerst von Anton die € 30.000,– zu erlangen und in weiterer Folge diese zur Erfüllung ihrer Schuld an Xaver zu bezahlen, könnte sie dieses Verfahren auch vereinfachen. Sie müsste dazu lediglich an Anton die Anweisung erteilen, direkt an Xaver zu leisten. Damit würden gleichzeitig zwei Verpflichtungen zum Erlöschen gebracht werden, nämlich zum einen die Verpflichtung, die Anton gegenüber Berta hat, und zum anderen jene Verpflichtung, die Berta gegenüber Xaver hat.   **787**

Das Verhältnis zwischen Anweisendem und Angewiesenem wird **Deckungsverhältnis** genannt; das Verhältnis zwischen Anweisendem und Anweisungsempfänger wird als **Valutaverhältnis** bezeichnet. Das Verhältnis zwischen Angewiesenem und Anweisungsempfänger heißt **Ein-lösungsverhältnis.**   **788**

Den **Gegenstand** der Anweisung bildet bzw bilden idR Geld bzw vertretbare Sachen; die Anweisung kann jedoch grundsätzlich jeden belie-bigen Inhalt aufweisen.   **789**

790   Der Anweisungsempfänger ist grundsätzlich dazu berechtigt, die **An-weisung weiterzugeben**; dies gilt dann nicht, wenn dem eine Vereinbarung oder die Natur der Leistung entgegenstehen.

b Wirkung der Anweisung

791   Der Angewiesene wird durch die Anweisung grundsätzlich nur dazu ermächtigt, an einen Dritten zu leisten. Lediglich insoweit, als der Angewiesene das, was er zu leisten hat, dem Anweisenden bereits schuldet (**Anweisung auf Schuld**), ist er gegenüber dem Anweisenden dazu verpflichtet, der Anweisung Folge zu leisten (§ 1401 ABGB).

792   Von der Anweisung auf Schuld ist die **Anweisung auf Kredit** zu unterscheiden. Da bei dieser eine Verpflichtung des Angewiesenen grundsätzlich nicht besteht, steht es ihm frei, ob er der Anweisung Folge leisten will oder nicht.

793   Der Anweisungsempfänger erlangt durch die Anweisung allein noch keinen Rechtsanspruch gegenüber dem Angewiesenen. Ein derartiger Rechtsanspruch entsteht vielmehr erst mit der **Annahme der Anweisung** durch den Angewiesenen und deren Zugang an den Anweisungsempfänger (§ 1400 ABGB). Der Angewiesene ist nicht verpflichtet, eine Annahmeerklärung abzugeben. Sofern der Angewiesene die Anweisung dem Empfänger gegenüber angenommen hat, kann er allerdings diesem nur solche Einwendungen entgegenhalten, welche die Gültigkeit der Annahme betreffen (zB mangelnde Geschäftsfähigkeit) oder sich aus dem Inhalt der Anweisung (zB mangelnde Fälligkeit) oder aus seinen persönlichen Beziehungen zum Empfänger ergeben (§ 1402 ABGB). Hingegen kann der Angewiesene Einwendungen aus dem Verhältnis zwischen ihm selbst und dem Anweisenden (Deckungsverhältnis) und Einwendungen aus dem Verhältnis zwischen Anweisendem und Anweisungsempfänger (Valutaverhältnis) nicht mehr geltend machen.

794   Die Anweisung kann durch Widerruf seitens des Anweisenden zum **Erlöschen** gebracht werden. Sobald jedoch der Angewiesene die Anweisung gegenüber dem Anweisungsempfänger angenommen oder bereits bezahlt hat, ist der Widerruf gegenüber dem Angewiesenen unwirksam (§ 1403 Abs 1 ABGB).

B Kaufmännische Wertpapiere

Literatur: wie oben V/A und *Jabornegg* (Hg), Kommentar zum HGB (1997); *Krejci*, Handelsrecht[2] (2001); *Straube* (Hg), Kommentar zum Handelsgesetzbuch Bd I[2] (1995).

1 Grundsätzliches

Zu den kaufmännischen Wertpapieren zählt § 363 HGB die kaufmännische Anweisung, den kaufmännischen Verpflichtungsschein, das Konnossement, den Ladeschein, den Lagerschein, den Bodmereibrief und die Transportversicherungspolizze. Wesentlich ist dabei, dass aus diesen genannten Wertpapieren immer nur ein **Kaufmann verpflichtet** werden kann. Überdies sind die angeführten Wertpapiere von Gesetzes wegen Rektapapiere. Sie können jedoch durch eine entsprechende Orderklausel auch zu gekorenen Orderpapieren (dazu Rz 762) gemacht werden. Weiters ist von Bedeutung, dass das Indossament eines kaufmännischen Wertpapiers **keine Garantiewirkung** entfaltet, dh die Indossanten trifft bezüglich der Zahlung keine Haftung. Hingegen kommt dem Indossament **Legitimationsfunktion** (der durch eine formell ununterbrochene Indossamentenkette ausgewiesene Urkundeninhaber gilt als berechtigter Eigentümer) und **Transportfunktion** (durch das Indossament gehen alle Rechte aus dem Papier auf den Indossatar über; der gutgläubig vom Nichtberechtigten erwerbende Indossatar wird ebenfalls zum berechtigten Eigentümer) zu (vgl zu den Wirkungen des Indossaments Rz 835). **795**

2 Kaufmännische Anweisung

Bei der **kaufmännischen Anweisung** handelt es sich um eine Sonderform der bürgerlich-rechtlichen Anweisung. Hiebei wird ein Kaufmann angewiesen, Geld, Wertpapiere oder andere vertretbare Sachen zu leisten, ohne dass dabei die Leistung von einer Gegenleistung abhängig gemacht wird (§ 363 Abs 1 HGB). **796**

Die kaufmännische Anweisung findet sich in der Praxis häufig als **Lieferschein.** Dabei weist der Aussteller den Lieferanten schriftlich an, dem Anweisungsempfänger vertretbare Waren zu liefern, ohne dass die Lieferung der Waren von der Kaufpreiszahlung abhängig gemacht wird. Für den Anweisungsempfänger besteht sodann die Möglichkeit, die versprochene Ware weiterzuverkaufen und dabei den Lieferschein seinem Nachfolger durch Indossament zu übertragen. **797**

Unter bestimmten Voraussetzungen kann ein formungültiger **Wechsel** (oder Scheck) in eine kaufmännische Anweisung **umgedeutet** werden. **798**

799   Als wichtiger weiterer Anwendungsfall einer Zahlungsanweisung ist das **Akkreditiv** anzuführen. Dabei wird eine kreditwürdige Institution (idR eine Bank im Land des Gläubigers) angewiesen, dem Gläubiger Zahlung zu leisten. Der Gläubiger wiederum erwirbt einen Anspruch gegenüber der Bank erst dann, wenn diese die Anweisung annimmt (Bestätigung). Üblicherweise wird diese Form des Akkreditivs urkundlich nicht verbrieft, so dass diesbezüglich auch die Annahme einer kaufmännischen Anweisung ausscheidet; gelegentlich wird allerdings die schriftliche Bestätigung der Bank gegenüber dem Gläubiger als kaufmännischer Verpflichtungsschein gedeutet.

800   Sofern das Akkreditiv von Gegenleistungen abhängig gemacht wird (zB von der Vorlage näher bestimmter Lieferdokumente), liegt ein **Dokumentenakkreditiv** vor. Hierbei leistet die Bank ein vom zugrunde liegenden Kaufvertrag völlig unabhängiges abstraktes Zahlungsversprechen. Eine Zahlungsverpflichtung trifft die Bank jedoch nur dann, wenn die vorgelegten Dokumente den im Akkreditiv festgelegten Bedingungen punktgenau entsprechen (formale Dokumentenstrenge).

3   Kaufmännischer Verpflichtungsschein

801   Beim **kaufmännischen Verpflichtungsschein** handelt es sich um eine von einem Kaufmann ausgestellte Urkunde, in der sich dieser zu einer bestimmten Leistung in Geld, Wertpapieren oder anderen vertretbaren Sachen verpflichtet, ohne dass diese Leistung von einer Gegenleistung abhängig gemacht ist (§ 363 Abs 1 HGB). Anders als bei der kaufmännischen Anweisung wird beim kaufmännischen Verpflichtungsschein demnach die Leistung vom Aussteller selbst und nicht von der angewiesenen Person erbracht.

802   Dem kaufmännischen Verpflichtungsschein kam früher erhebliche Bedeutung zu, da die Emission von Inhaberschuldverschreibungen der staatlichen **Genehmigung** bedurfte. Diese Genehmigungspflicht galt hingegen nicht bezüglich Orderschuldverschreibungen, daher wurden Industrieobligationen häufig in Form von kaufmännischen Verpflichtungsscheinen ausgegeben. Dabei fungierte idR die Emissionsbank als Begünstigter, welche die Papiere durch Blankoindossament weitergab.

4   Ladeschein und Konnossement

803   Beim **Ladeschein** verpflichtet sich ein Frachtführer dazu, das zur Beförderung übernommene Gut an einen in der Urkunde ausgewiesenen Begünstigten auszuliefern (§§ 445 ff HGB; s Rz 585). Das mit dem Ladeschein eng verwandte **Konnossement** verbrieft einen Anspruch auf Auslieferung von auf dem Transport zur See befindlichen Gütern (§ 642 HGB).

Vom Ladeschein zu unterscheiden ist der **Frachtbrief**. Dieser wird vom   804
Absender ausgestellt, mit dem Gut befördert und nach dessen Ankunft am
Ablieferungsort dem Empfänger ausgehändigt; es handelt sich dabei um
kein Wertpapier, sondern lediglich um eine Beweisurkunde über den
Frachtvertrag (s Rz 585).

In der Praxis lässt sich der Absender häufig die Annahme des Gutes   805
vom Frachtführer auf einem **Frachtbriefdoppel** bestätigen und händigt es
dem Empfänger aus. Auch dieses ist kein Wertpapier, sondern eine
Beweisurkunde (s Rz 585).

5   Lagerschein

Beim **Lagerschein** verpflichtet sich ein Lagerhalter zur Auslieferung   806
von eingelagertem Gut an den durch den Lagerschein als Berechtigten
Ausgewiesenen (§ 424 HGB; s Rz 587).

Vom Lagerschein ist der **Lagerempfangsschein** zu unterscheiden, bei   807
dem der Lagerhalter bloß die Einlagerung des Gutes bestätigt. Es handelt
sich dabei um ein einfaches Legitimationspapier mit Beweis- und Liberationsfunktion; der Lagerhalter kann dem Vorleger das Lagergut ausliefern.

C   Wechselrecht

Literatur: wie oben V/A und *Hauser*, Wechsel- und Scheckrecht[2] (1999);
Pimmer, Wechselgesetz und Scheckgesetz[9] (1992); *Wagner*, Wechsel und
Protest (1992).

1   Begriff

Der **Wechsel** ist ein Wertpapier über eine Geldforderung, das in einer   808
gesetzlich bestimmten Form auszustellen ist und ein abstraktes Versprechen des Ausstellers enthält, eine bestimmte Geldsumme entweder
selbst zu bezahlen oder durch eine andere Person bezahlen zu lassen.

2   Arten

a   Eigener Wechsel

Beim in der Praxis unbedeutenden **eigenen Wechsel** (Solawechsel;   809
Art 75 ff WG) verspricht der Aussteller selbst dem Begünstigten die Bezahlung der Wechselsumme.

Beispiel:
Graz, am 20.2.2003
Gegen diesen Wechsel zahle ich ... (Name des Ausstellers) am 20.5.2003 an ... (Name des Begünstigten) € 1.000,–
Unterschrift des Ausstellers

b   Gezogener Wechsel

810   Der vom Wechselgesetz vorgesehene Regelfall des **gezogenen Wechsels** (Tratte) stellt sich als Dreipersonenverhältnis dar. Der Wechselaussteller (Trassant) weist den Bezogenen (Trassat) an, dem Wechselnehmer (Remittent, Begünstigter) eine bestimmte Geldsumme zu bezahlen.
Beispiel:
Graz, am 20.2.2003
Gegen diesen Wechsel zahlen Sie ... (Name des Bezogenen) am 20.5.2003 an ... (Name des Begünstigten) € 1.000,–
Unterschrift des Ausstellers

3   Wechselstrenge

811   Das WG trägt der Rechtssicherheit und der Umlauffähigkeit des Wechsels durch den Grundsatz der **formellen Wechselstrenge** Rechnung. Dieser Grundsatz kommt durch die zwingende Geltung von Vorschriften über Form und Fristen zum Ausdruck. Damit der Wechselanspruch erhalten bleibt, müssen die strengen formellen Vorschriften über die **Vorlegungsfristen** und den **Protest** eingehalten werden. Im Übrigen kann der Wechselanspruch in einem eigenen, schnellen und streng formalen Urkundenverfahren (**Wechselmandatsverfahren**; s dazu Rz 863 f) eingeklagt werden.

4   Wirtschaftliche Bedeutung

a   Allgemeines

812   Die ursprüngliche wirtschaftliche Hauptbedeutung des Wechsels als **Zahlungsmittel** wurde im Laufe der Zeit weitgehend von der Funktion des Wechsels als **Kreditmittel** verdrängt. Bedeutung kommt dem Wechsel auch als **Sicherungsmittel** zu.

b   Zahlungsfunktion

813   Der Zahlungsfunktion dient der **Warenwechsel**. Dem Warenwechsel (Handelswechsel) liegt ein Geschäft (Warenlieferung etc) zwischen Aus-

steller und Akzeptant zugrunde. Da aber der Käufer die Kaufpreisforderung nicht sofort bar bezahlen will oder kann, akzeptiert er einen vom Verkäufer auf ihn gezogenen Wechsel. Dabei wird die Laufzeit des Wechsels nach den Stundungsbedürfnissen des Käufers festgelegt. Auf diese Weise wird dem Käufer vom Verkäufer überdies Kredit eingeräumt, so dass der Wechselbegebung insofern auch Kreditfunktion zukommt.

Der Verkäufer hat folgende Möglichkeiten, um „an sein Geld zu kommen":   **814**

- Er kann den **Wechsel** zur Bezahlung einer eigenen Schuld an einen seiner Gläubiger **indossieren**.
- Er kann den **Wechsel** bis zur Fälligkeit bei sich **liegen lassen**; wenn der Schuldner am Fälligkeitstag nicht bezahlt, kann der Verkäufer seinen Anspruch im schnellen Wechselmandatsverfahren durchsetzen.
- Er kann den Warenwechsel auch zu Bargeld machen, indem er ihn an eine Bank indossiert (**Diskontgeschäft**).

c   Kreditfunktion

Kreditfunktion kommt dem **Finanzwechsel** zu. Beim Finanzwechsel   **815** (Kreditwechsel) erhält der Akzeptant keinen Gegenwert vom Aussteller und setzt nur deshalb seine Annahmeerklärung auf den Wechsel, damit der Aussteller den akzeptierten Wechsel als Zahlungs- oder Diskontierungsmittel einsetzen kann. Die gebräuchlichsten Formen des Finanzwechsels sind das **Bankakzept** und das **Gefälligkeitsakzept**.

d   Sicherungsfunktion

Zur **Sicherung** von Darlehen kann sich der Kreditgeber vom Kreditneh-   **816** mer einen Eigenwechsel ausstellen oder eine Tratte akzeptieren lassen (**Deckungswechsel**, Depotwechsel, Kautionswechsel); zumeist sind solche Wechsel als Blankowechsel (s dazu Rz 826 ff) ausgestaltet. Die Sicherungswirkung des Deckungswechsels erhöht sich, wenn neben dem Kreditnehmer auch noch eine kreditwürdige dritte Person den Wechsel unterfertigt.

5   Wechselbestandteile

Damit ein iSd WG gültiger Wechsel vorliegt, müssen folgende Voraus-   **817** setzungen erfüllt sein:
- Die Urkunde muss im Text als Wechsel bezeichnet werden (**Wechselklausel**; Art 1 Z 1 WG).

- Der Wechsel muss die unbedingte Anweisung enthalten, eine bestimmte Geldsumme zu zahlen (**Zahlungsklausel**; Art 1 Z 2 WG). Dabei ist gleichgültig, ob die Geldsumme in Buchstaben oder in Ziffern oder in beiden Schreibweisen angegeben wird; ist die Wechselsumme in Buchstaben und in Ziffern angegeben, so gilt bei Abweichungen die in Buchstaben angegebene Summe (Art 6 Abs 1 WG). Ist die Wechselsumme hingegen mehrmals in Buchstaben oder mehrmals in Ziffern angegeben, so gilt bei Abweichungen die geringere Summe (Art 6 Abs 2 WG). Der Wechsel kann auch auf eine fremde Währung lauten (**Fremdwährungswechsel**; Art 41 WG).
- Im Wechsel muss der **Name des Bezogenen** enthalten sein (Art 1 Z 3 WG); dieses Erfordernis entfällt nur beim eigenen Wechsel, weil hier der Aussteller selbst die Zahlung verspricht und es somit keinen Bezogenen gibt (Art 75 WG).
- Der Wechsel muss die Angabe der **Verfallszeit** enthalten (Art 1 Z 4 WG). Das ist der Zeitpunkt, zu dem der Wechsel bezahlt werden soll. Der Aussteller kann zwischen vier Verfallszeiten wählen:
  — Der **Sichtwechsel** wird dem Bezogenen zur Zahlung vorgelegt und ist mit diesem Zeitpunkt fällig (zB „bei Vorlegung"; „jederzeit"). Ein Wechsel ohne Angabe der Verfallszeit gilt als Sichtwechsel (Art 2 Abs 2 WG).
  — Der **Nachsichtwechsel** wird dem Bezogenen zur Annahme vorgelegt und eine bestimmte Zeit nach dem Tag der Annahme oder nach dem Tag des Protestes mangels Annahme fällig (zB „zahlen sie 14 Tage nach Sicht").
  — Der **Datowechsel** (Art 36 WG) wird eine bestimmte Zeit nach der Ausstellung fällig (zB „zahlen Sie zwei Monate a dato").
  — Der in der Praxis übliche **Tagwechsel** (Art 37 WG) gibt einen bestimmten Fälligkeitstag an (zB „zahlen Sie am 18.3.2004").
- Der Wechsel muss die Angabe des **Zahlungsortes** enthalten (Art 1 Z 5 WG). Mangels einer besonderen Angabe gilt der beim Namen des Bezogenen angegebene Ort als Zahlungsort (Art 2 Abs 3 WG).
- Der Wechsel muss den Namen dessen enthalten, an den oder an dessen Order gezahlt werden soll (**Begünstigter oder Remittent**; Art 1 Z 6 WG).
- Der Wechsel muss die Angabe des **Tages** und **Ortes** der **Ausstellung** enthalten (Art 1 Z 7 WG). Ein Wechsel ohne Angabe des Ausstellungsortes gilt an dem Ort als ausgestellt, der beim Namen des Ausstellers angegeben ist (Art 2 Abs 4 WG).
- Der Wechsel muss die **Unterschrift des Ausstellers** enthalten (Art 1 Z 8 WG).

6   Wechselfähigkeit

Bezüglich der Wechselfähigkeit ist zwischen der Wechselrechtsfähig-   **818**
keit und der Wechselgeschäftsfähigkeit zu unterscheiden.

Wechselrechtsfähig sind alle natürlichen und juristischen Personen   **819**
sowie die handelsrechtlichen Personengesellschaften (OHG, KG) bzw die
eingetragenen Erwerbsgesellschaften (OEG, KEG).

Die **Wechselgeschäftsfähigkeit** entspricht der Geschäftsfähigkeit   **820**
nach bürgerlichem Recht (§§ 151, 273 f, 865 ABGB; Rz 43 ff).

Sofern ein Wechsel Unterschriften von Personen aufweist, die eine Wech-   **821**
selverbindlichkeit nicht eingehen können (weil sie zB geschäftsunfähig sind),
hat dies auf die Gültigkeit der übrigen Unterschriften keinen Einfluss (**Grundsatz der Selbständigkeit der Wechselerklärungen**; Art 7 WG).

7   Vertretung

Die **Unterzeichnung** durch einen ermächtigten Vertreter auf einem   **822**
Wechsel kann auf zweierlei Arten erfolgen: Entweder unterfertigt der
Vertreter mit seinem eigenen Namen und legt das Vertretungsverhältnis
offen (Bsp: X zeichnet als Vertreter von Y mit: „X in Vertretung für Y") oder
der Vertreter unterzeichnet mit dem Namen des Vertretenen.

Wer auf einem Wechsel seine Unterschrift als Vertreter eines anderen   **823**
setzt, ohne hiezu ermächtigt zu sein, haftet selbst wechselmäßig; ebenso
ein Vertreter, der seine Vertretungsbefugnis überschritten hat (**falsus
procurator**; Art 8 WG).

8   (Ver-)Fälschung

a   Fälschung

Bei der **Fälschung**, also der Herstellung einer unechten Urkunde, haftet   **824**
der **Namensträger**, dessen angebliche Wechselerklärung gefälscht wurde, grundsätzlich nicht; eine Haftung kommt ausnahmsweise nur dann in
Frage, wenn der Namensträger einen entsprechenden Rechtsschein veranlasst hat oder die Unterschriftenfälschung genehmigt. Den **Fälscher**
selbst trifft die gleiche Haftung wie den falsus procurator (s dazu Rz 823).

b   Verfälschung

Eine **Verfälschung** liegt vor, wenn ein anfänglich vollständiger Wechsel   **825**
nachträglich unbefugt verändert wird. In diesem Fall haftet jeder Unter-

zeichner nach dem im Zeitpunkt seiner Unterschrift gültigen Wechselinhalt (Art 69 WG).

9   Blankowechsel

826   Ein **Blankowechsel** (Art 10 WG) ist eine hinsichtlich eines oder mehrerer Bestandteile bewusst unausgefüllt gelassene Urkunde, die bereits mit der Ermächtigung ausgehändigt wird, einen vollständigen Wechsel herzustellen.

827   In der Bankpraxis werden häufig Blankoakzepte – also mit der bloßen Unterschrift des Bezogenen versehene Wechselformulare – zur Sicherung von Krediten bzw Kreditkonten eingesetzt. Im Zusammenhang damit lässt sich die Bank regelmäßig vom Kreditnehmer in einer (meist formularmäßig gestalteten) **Wechselwidmungserklärung** Bestand und Umfang der Ausfüllungsermächtigung bestätigen.

828   Das Risiko des Missbrauches eines Blankowechsels trägt derjenige, der die Urkunde ausstellt und begibt; eine **vertragswidrige Ausfüllung** des Blankowechsels kann dem Wechselinhaber nur dann entgegengehalten werden, wenn er beim Erwerb bösgläubig war oder ihm grobe Fahrlässigkeit zur Last fällt (Art 10 WG).

10   Akzept

a   Wirkung

829   Mit der Annahme des Wechsels (**Akzept**) verpflichtet sich der Bezogene wechselrechtlich dazu, bei Verfall den Wechsel zu bezahlen (Art 28 Abs 1 WG). Durch die Abgabe des Akzepts wird der Bezogene zum Hauptschuldner; er haftet dem jeweiligen Wechselinhaber unmittelbar aus dem Wechsel.

b   Form

830   Die Annahmeerklärung ist auf den Wechsel zu setzen; sie wird durch das Wort „angenommen" oder ein gleichbedeutendes Wort ausgedrückt und ist vom Bezogenen zu unterschreiben. Ausreichend ist bereits die **bloße Unterschrift** des Bezogenen auf der **Vorderseite des Wechsels** (Art 25 Abs 1 WG).

c   Arten

831   Der Bezogene kann die Annahme auf einen Teil der Wechselsumme beschränken (**Teilakzept**; Art 26 Abs 1 WG); wenn der Bezogene den

Wechsel hingegen hinsichtlich eines die Wechselsumme übersteigenden Betrages annimmt (**Mehrakzept**), haftet er nur in Höhe der Wechselsumme.

Ein **bedingtes Akzept** ist stets nichtig (Art 26 Abs 1 WG). Auch dann, wenn das Akzept irgendeine andere Abweichung von den Bestimmungen des Wechsels enthält (**modifiziertes Akzept**), gilt die Annahme als vollständig verweigert; dennoch tritt eine Haftung nach dem Inhalt der Annahmeerklärung ein (Art 26 Abs 2 WG).   832

11 Übertragung

a Zession

Jede Wechselforderung kann durch **Zession** (dazu Rz 333 ff) übertragen werden; ein **Rektawechsel** kann nur auf diese Weise übertragen werden.   833

b Indossament

Die gängigste Form der Wechselübertragung stellt das **Indossament** dar. Das ist der schriftliche, meist auf der Rückseite des Wechsels befindliche Vermerk des Indossanten, dass ein anderer (der Indossatar) die Rechte aus dem Wechsel haben soll; die Rechtsnachfolge des Indossatars ist vollzogen, wenn er vom Indossanten den indossierten Wechsel übergeben erhalten hat. Der Indossatar kann den erworbenen Wechsel seinerseits durch Indossament übertragen; dadurch wird er zum Indossanten.   834

Das Indossament zeitigt drei **Wirkungen**:   835

- Die **Transportfunktion** (Art 14 Abs 1 WG) bewirkt, dass durch das Indossament alle Rechte aus dem Wechsel, wie sie sich aus dem Inhalt der Urkunde ergeben, auf den Indossanten übergehen; die Transportwirkung besteht nur insoweit, als der Erwerber redlich ist.
- Die **Garantiefunktion** des Indossaments besteht darin, dass – mangels eines entgegenstehenden Vermerks – der Indossant allen Nachfolgern für die Annahme und Zahlung der gesamten Wechselsumme haftet (Art 15 Abs 1 WG).
- Als rechtmäßiger Wechselinhaber gilt, wer den Wechsel in Händen hat und sein Recht durch eine ununterbrochene Reihe von Indossamenten nachweist (**Legitimationswirkung**; Art 16 Abs 2 WG).

c Besondere Indossamente

ca Blankoindossament

836 Beim **Blankoindossament** (Art 13 Abs 2 WG) ist der Indossatar nicht namentlich angegeben; es weist lediglich die Unterschrift des Indossanten auf. Die praktische Bedeutung des Blankoindossaments besteht darin, dass der Wechsel wie ein Inhaberpapier durch bloße Einigung und Übergabe übertragen werden kann, obwohl der Wechsel selbst kein Inhaberpapier ist.

cb Vollmachtsindossament

837 Durch das **Vollmachtsindossament** (Inkassoindossament, Prokuraindossament) wird der Indossatar – häufig die mit dem Wechselinkasso beauftragte Hausbank des Wechselinhabers – mittels eines entsprechenden Vermerks (zB „Wert zur Einziehung", „zum Inkasso", „in Prokura") dazu berechtigt, alle Rechte aus dem Wechsel geltend zu machen, ohne dass er selbst Eigentümer des Wechsels wird (Art 18 Abs 1 WG).

cc Pfandindossament

838 Beim **Pfandindossament** wird der Indossatar durch einen entsprechenden Vermerk (zB „Wert zur Sicherheit", „Wert zum Pfand") als Pfandgläubiger bezeichnet (Art 19 Abs 1 WG). Der Indossatar erwirbt zwar kein Eigentum am Wechsel, wohl aber ein leicht zu verwertendes Pfandrecht, da er als Inhaber alle Rechte aus dem Wechsel geltend machen kann.

12 Verfall, Zahlung und Rückgriff

a Verfall

839 **Verfall** des Wechsels bedeutet Eintritt der Fälligkeit der Wechselschuld. Der Verfallstag deckt sich idR mit dem **Zahlungstag** als dem Tag, an dem die Zahlung verlangt werden kann. Nur dann, wenn der Wechsel an einem „Feiertag" verfällt, ist Zahlungstag erst der nächste Werktag.

840 Im Rahmen der **Prolongation** (qualifizierte Stundung) des Wechselanspruchs wird der Verfallstag, also die Fälligkeit der Forderung, hinausgeschoben. Wird zwischen dem berechtigten Wechselinhaber und dem Betroffenen eine qualifizierte Stundung der Wechselschuld vereinbart, so ist die Anbringung eines entsprechenden schriftlichen Vermerks auf dem Wechsel erforderlich. Denkbar ist aber auch die Ausstellung eines zweiten

Wechsels (**Prolongationswechsel**) über denselben Betrag (allenfalls zuzüglich Kosten und Zinsen) mit späterer Verfallszeit, wobei der Erstwechsel zurückzugeben ist.

Durch die **reine Stundung** des Wechselanspruches wird lediglich der   841
Zahlungstag hinausgeschoben, während der Verfallstag und auch die Protestpflicht aufrecht bleiben. Der Wechselinhaber verzichtet aber vorläufig auf die gerichtliche Geltendmachung des Wechselanspruches.

b   Zahlung

Bezüglich der **Wirkung der Zahlung** ist zu unterscheiden, ob der   842
Bezogene oder ob ein Rückgriffsschuldner den Wechsel bezahlt.

Bezahlt der **Bezogene** den Wechsel, so erlischt der Wechsel und   843
sämtliche Wechselschuldner werden aus dem wechselrechtlichen Haftungsverband entlassen.

Wenn hingegen ein **Rückgriffsschuldner** bezahlt, erlischt der Wechsel   844
nicht, vielmehr kann der Zahler seine Vormänner aus dem Wechsel in Anspruch nehmen.

Soweit der Bezogene die ganze Wechselsumme bezahlt, kann er vom   845
Inhaber die **Aushändigung des quittierten Wechsels** verlangen (Art 39 Abs 1 WG).

Der Wechselinhaber darf die Zahlung eines **Teilbetrages** der Wechsel-   846
summe nicht zurückweisen (Art 39 Abs 2 WG).

Wenn der Bezogene an einen **Nichtberechtigten** bezahlt, so ist zu   847
unterscheiden: Bei einer **Zahlung bei Verfall** wird er grundsätzlich von seiner Verbindlichkeit frei; erfolgt aber eine **Zahlung vor Verfall**, so tritt eine Befreiung des Bezogenen nur ein, wenn tatsächlich an den sachlich Berechtigten bezahlt wurde.

c   Rückgriff

ca   Allgemeines

Alle, die einen Wechsel ausgestellt, angenommen, indossiert oder mit   848
einer Bürgschaftserklärung versehen haben, haften dem Inhaber als **Gesamtschuldner** (Art 47 Abs 1 WG). Daher kann der Inhaber jeden einzelnen Rückgriffsschuldner oder mehrere oder alle zusammen in Anspruch nehmen, ohne an irgendeine Reihenfolge gebunden zu sein (**Sprungregress**; Art 47 Abs 2 WG). Durch die Geltendmachung des Anspruches gegen einen Wechselverpflichteten verliert der Inhaber seine Rechte gegen die anderen Wechselverpflichteten nicht, auch nicht gegen die Nachmänner des zuerst in Anspruch Genommenen (**ius variandi**; Art 47 Abs 4 WG).

cb   Materielle Rückgriffsvoraussetzungen

849   Die **materiellen Rückgriffsvoraussetzungen** sind in Art 43 WG festgelegt; der Wechsel muss „notleidend" geworden sein.

850   Wenn einer der nachfolgenden Rückgriffsgründe vorliegt, ist der Wechsel notleidend geworden:

- gänzliche oder teilweise **Nichtzahlung durch den Bezogenen** bei Verfall des Wechsels (Art 43 Abs 1 WG);
- gänzliche oder teilweise **Nichtannahme des Wechsels** vor Verfall (Art 43 Abs 2 Z 1 WG);
- **mangelnde Sicherheit des Bezogenen** vor Verfall (Konkurs, Ausgleichsverfahren, Geschäftsaufsicht, fruchtlose Zwangsvollstreckung, Zahlungseinstellung; Art 43 Abs 2 Z 2 WG).

cc   Formelle Rückgriffsvoraussetzungen

851   Die **formellen Rückgriffsvoraussetzungen** dienen dem Beweis der „Wechselnot". IdR ist für den Rückgriff eine **Protesterhebung** erforderlich. Der **Protest** ist die in einer öffentlichen Urkunde erfolgte Feststellung, dass eine wechselmäßige Leistung ordnungsgemäß verlangt, diese aber vom Bezogenen oder Akzeptanten verweigert wurde.

852   In folgenden Fällen ist eine Protesterhebung erforderlich:

- Die Verweigerung der Annahme muss durch **Protest mangels Annahme** festgestellt werden (Art 44 Abs 1 WG).
- Die Verweigerung der Zahlung eines fälligen Wechsels muss durch **Protest mangels Zahlung** festgestellt werden (Art 44 Abs 1 WG).
- In den Fällen der Zahlungseinstellung des Bezogenen und der fruchtlos verlaufenen Zwangsvollstreckung muss der Wechsel dem Bezogenen – unabhängig davon, ob er den Wechsel akzeptiert hat oder nicht – zur vorzeitigen Zahlung vorgelegt und erforderlichenfalls **Protest mangels Zahlung** erhoben werden (Art 44 Abs 5 WG).

853   **Kein Protest** ist hingegen in den Fällen des Konkurses, des Ausgleichsverfahrens und der Geschäftsaufsicht erforderlich. Zur Ausübung des Rückgriffsrechtes genügt die Vorlage des entsprechenden Gerichtsbeschlusses (Art 44 Abs 6 WG). Im Übrigen kann durch die Setzung eines entsprechenden Vermerks auf dem Wechsel (zB „ohne Kosten", „ohne Protest") der Protest auch erlassen werden (Art 46 WG).

854   Der Wechselinhaber verliert gem Art 53 Abs 1 WG alle Rückgriffsansprüche (**Präjudizierung**) durch Versäumung der Fristen:

- für die Vorlegung eines Sicht- oder Nachsichtwechsels;
- für die Erhebung des Protestes mangels Annahme oder mangels Zahlung;
- für die Vorlegung zur Zahlung im Fall des Vermerks „ohne Kosten".

13   Wechselbürgschaft

a   Wechselbürge

Wechselbürge kann jeder Dritte, aber auch eine Person sein, die   855
bereits wechselmäßig haftet (Art 30 Abs 2 WG). Allerdings scheidet der
Akzeptant (als Hauptschuldner aus dem Wechsel) als Wechselbürge aus.
Haftet der Wechselbürge für den Aussteller oder einen Indossanten, bezeichnet man ihn als **Rückgriffsbürgen**; haftet er für den Akzeptanten,
bezeichnet man ihn als **Akzeptbürgen**.

b   Form und Wirkung

Die Bürgschaftserklärung muss auf den Wechsel oder auf einen An-   856
hang gesetzt und vom Wechselbürgen unterschrieben werden (Art 31
Abs 1 und 2 WG). Der Vermerk muss als Bürgschaftserklärung erkennbar
sein (zB „per Aval", „als Bürge") und es soll angegeben werden, für wen
die Bürgschaftserklärung geleistet wird (Art 31 Abs 4 WG).

Der Wechselbürge **haftet** in der gleichen Weise wie derjenige, für den   857
er sich verbürgt hat (Art 32 Abs 1 WG).

c   Verkleidete Wechselbürgschaft

Von der Wechselbürgschaft im rechtstechnischen Sinne zu unter-   858
scheiden ist die im tatsächlichen Wechselverkehr außerordentlich häufige
so genannte **verkleidete Wechselbürgschaft**. Entgegen der etwas
missverständlichen Bezeichnung handelt es sich dabei um keine Sonderform der Wechselbürgschaft, sondern um eine **Sicherungsabrede eigener Art**. Die Bezeichnung erklärt sich daraus, dass der verkleidete Wechselbürge in der Praxis zusätzlich zur wechselmäßigen Haftung für eine
fremde Schuld häufig auch eine Bürgschaft nach den Vorschriften des
ABGB übernommen hat. Die Wechselzeichnung des verkleideten Wechselbürgen erfolgt dabei typischerweise in Form eines Blankoakzepts (s
dazu Rz 827), das einem Dritten – zumeist einer Bank – zur Besicherung
der fremden Schuld übergeben wird.

Rechtsstreitigkeiten entzünden sich bei der verkleideten Wechselbürg-   859
schaft vor allem an der Frage, inwieweit die Bank gegenüber dem verkleideten Wechselbürgen eine **Aufklärungspflicht** über die Vermögens-
verhältnisse des Hauptschuldners trifft. Außerdem geht es häufig darum,
welchen **Inhalt und Umfang** die mit der verkleideten Wechselbürgschaft
verbundene Haftungsübernahme hat.

14   Wechselverjährung und Wechselbereicherung

a   Wechselverjährung

860   Sofern eine Wechselforderung verjährt ist, kann sie nicht mehr rechtswirksam geltend gemacht werden (vgl allgemein zur Verjährung Rz 373 ff). Dabei betragen die in Art 70 WG festgelegten (besonderen) **Verjährungsfristen:**

- drei Jahre vom Verfallstag beim Wechselanspruch gegen den **Akzeptanten** (Art 70 Abs 1 WG);
- ein Jahr vom Tag des rechtzeitig erhobenen Protestes bzw im Fall des Vermerks „ohne Kosten" vom Verfallstag beim **Erstrückgriff** des Wechselinhabers gegen den Aussteller und die Indossanten (Art 70 Abs 2 WG);
- sechs Monate vom Tag der Einlösung oder der gerichtlichen Geltendmachung des Wechselanspruches beim **Einlösungsrückgriff** des Indossanten gegen den Aussteller und andere Indossanten (Art 70 Abs 3 WG).

b   Wechselbereicherung

861   Der **Wechselbereicherungsanspruch** steht dem Wechselinhaber gegen den Aussteller oder den Akzeptanten, nicht aber gegen einen Indossanten oder einen Wechselbürgen zu (Art 89 Abs 2 WG).

862   Zur Geltendmachung des Wechselbereicherungsanspruches müssen folgende zwei **Voraussetzungen** gegeben sein:

- Der Wechselinhaber muss seinen wechselrechtlichen Anspruch gegen den Aussteller bzw gegen den Akzeptanten durch Verjährung oder Präjudizierung verloren haben **und**
- dadurch muss der Aussteller bzw der Akzeptant zum Schaden des Wechselinhabers bereichert worden sein.

15   Wechselmandatsverfahren

863   Zur gerichtlichen Geltendmachung von Wechselansprüchen ist ein eigenes Verfahren vorgesehen. Dabei handelt es sich um das **Wechselmandatsverfahren** (§§ 556 bis 559 ZPO). Dieses entspricht über weite Strecken dem „herkömmlichen" Mandatsverfahren (§§ 548 bis 554 ZPO): Zuerst wird ohne Anhörung des Beklagten ein Wechselzahlungsauftrag erlassen; eine mündliche Verhandlung wird nur angeordnet, wenn der Beklagte innerhalb von 14 Tagen Einwendungen gegen den Wechselzahlungsauftrag erhebt. In dieser wird dann mit Urteil über die Aufrechterhal-

tung bzw die Aufhebung des Wechselzahlungsauftrages erkannt. Unabhängig von der Überleitung in das ordentliche Verfahren kann allerdings auf Grund des Wechselzahlungsauftrages ohne den sonst erforderlichen Nachweis einer Gefährdung und ohne Sicherheitsleistung Exekution zur Sicherstellung geführt werden (§ 371 Z 2 iVm § 1 Z 2 EO).

Das Wechselmandatsverfahren ist nur für Wechselansprüche (Art 48 **864** WG) zulässig; für Scheckrückgriffsansprüche (Art 59a SchG) existiert ein entsprechendes Verfahren. Damit ein Wechselzahlungsauftrag erlassen werden kann, müssen folgende Voraussetzungen gegeben sein:

- die **Vorlage** eines (iSv Art 1 WG) formal gültigen und unbedenklichen **Wechsels**;
- ein ausdrücklicher **Antrag** auf Erlassung eines Wechselzahlungsauftrages;
- wurde der Wechsel von einem Machthaber unterschrieben, ist eine entsprechende **Vollmacht** vorzulegen (§ 557 Abs 2 ZPO);
- soweit Rückgriffsansprüche vor **Verfall** geltend gemacht werden, müssen die in Art 43 und 44 WG geforderten Voraussetzungen durch glaubwürdige, in Urschrift beigeschlossene **Urkunden** nachgewiesen werden;
- wenn außer der Wechselsumme weitere wechselmäßige Ansprüche verlangt werden (zB Kosten des Wechselprotests, der Nachrichten und der Auslagen), müssen die dafür kausalen **Urkunden** und **Belege** (zB Protest, quittierte Rechnung) im Original vorgelegt werden;
- soweit **Anwaltspflicht** nach §§ 27 bzw 29 Abs 1 ZPO besteht, ist eine von einem Anwalt unterschriebene Klage erforderlich.

D   Scheckrecht

Literatur: wie oben V/A bzw V/C und *Avancini/Iro/Koziol*, Österreichisches Bankvertragsrecht Bd I (1987).

1   Allgemeines

a   Begriff

Der **Scheck** ist eine schriftliche und in bestimmter Form ausgestellte, **865** unbedingte Zahlungsanweisung an die bezogene Bank, bei welcher der Scheckaussteller idR ein Guthaben hat, dem Scheckinhaber eine bestimmte Geldsumme zu zahlen.

Durch den Scheckvertrag verpflichtet sich die Bank dem Aussteller **866** gegenüber zur Einlösung der auf sie gezogenen Schecks, soweit diese durch ein verfügbares Guthaben des Ausstellers gedeckt sind; die Bank kann aber auch einen „ungedeckten Scheck" entgegennehmen und honorieren. Eine scheckrechtliche Einlösungsverpflichtung der bezogenen Bank gegenüber dem Einreicher besteht hingegen nicht und kann wegen des so genannten „Akzeptverbotes" (s dazu Rz 870) auch nicht wirksam begründet werden.

b   Wirtschaftliche Funktion

867   Die **wirtschaftliche Bedeutung** des Schecks liegt ausschließlich in seiner Zahlungsfunktion begründet.

868   Wird ein Scheck entgegengenommen, so gilt er im Zweifel als bloß **zahlungshalber gegeben**, so dass die Erfüllung erst dann eintritt, wenn der Gläubiger den Gegenwert des Schecks erhält.

c   Unterschied zum Wechsel

869   Als Faustregel kann gelten, dass derjenige, welcher einen Wechsel gibt, idR Geld braucht und derjenige, welcher einen Scheck gibt, idR Geld hat.

870   Im Unterschied zum Wechsel kann der Scheck als **Inhaberpapier** ausgestellt sein. Auch ist der Scheck stets **bei Sicht zahlbar** (Art 28 Abs 1 SchG; s dazu Rz 877 ff) und es gilt bei ihm ein **Akzeptverbot** (Art 4 SchG). Weiters sind beim Scheck die Setzung eines **Indossaments** und die Abgabe einer **Scheckbürgschaftserklärung** des Bezogenen nichtig (Art 15 Abs 3 und Art 25 Abs 2 SchG).

871   Überdies soll der Scheck nur auf einen **Bankier** gezogen werden, bei dem der Aussteller ein Guthaben hat (Art 3 SchG). Schließlich sind beim Scheck die **formellen Rückgriffsvoraussetzungen** anders als beim Wechsel ausgestaltet.

2   Bestandteile

872   Da jeder Scheck bei Sicht zahlbar ist (Art 28 Abs 1 SchG), kann bei ihm die Angabe der **Verfallszeit** fehlen. Ebenso ist die Angabe des **Remittenten** entbehrlich, da der Scheck auch ein Inhaberpapier sein kann (Art 5 Abs 3 SchG).

873   Im Übrigen müssen folgende **sechs Formerfordernisse** erfüllt sein, damit ein gültiger Scheck vorliegt:
- Die Urkunde muss im zusammenhängenden Text als Scheck bezeichnet werden (**Scheckklausel**; Art 1 Z 1 SchG).
- Der Scheck muss die unbedingte Anweisung enthalten, eine bestimmte Geldsumme zu zahlen (**Zahlungsklausel**; Art 1 Z 2 SchG).

250

- In der Urkunde muss der Name des **Bezogenen** (Bankier) enthalten sein (Art 1 Z 3 SchG).
- Auf dem Scheck ist weiters der **Zahlungsort** anzugeben (Art 1 Z 4 SchG); mangels einer besonderen Angabe gilt der beim Namen des Bezogenen angegebene Ort als Zahlungsort (Art 2 Abs 2 SchG).
- Der Scheck muss die Angabe des **Tages** und **Ortes** der **Ausstellung** enthalten (Art 1 Z 5 SchG). Ein Scheck ohne Angabe des Ausstellungsortes gilt als an dem Ort ausgestellt, der beim Namen des Ausstellers angegeben ist (Art 2 Abs 4 SchG). Eine **Vordatierung** ist auch beim Scheck möglich; allerdings ist ein vordatierter Scheck auch dann am Tag der Vorlegung zahlbar, wenn er vor Eintritt des angegebenen Ausstellungstages vorgelegt wird (Art 28 Abs 2 SchG).
- Der Scheck hat schließlich auch die **Unterschrift des Ausstellers** zu enthalten (Art 1 Z 6 SchG).

3   Übertragung

a   Inhaberscheck

Gem Art 5 SchG ist der **Inhaberscheck** ein Scheck, der keinen Nehmer angibt oder an den Inhaber zahlbar gestellt ist oder zwar eine bestimmte Person als Zahlungsempfänger bezeichnet, aber mit einer Überbringerklausel ausgestattet ist. Die **Übertragung** eines Inhaberschecks erfolgt durch Einigung und Übergabe.   **874**

b   Orderscheck

Der Scheck kann als geborenes Orderpapier auch durch **Indossament** und Übergabe übertragen werden; **Form** und **Wirkungen** des Indossaments (Art 14 ff SchG) entsprechen den diesbezüglich im WG getroffenen Regelungen; insbesondere zeitigt auch das Scheckindossament eine Transport- sowie eine Garantie- und eine Legitimationswirkung (s dazu oben Rz 835).   **875**

c   Rektascheck

Wird ein Scheck mit einer negativen Orderklausel versehen, so liegt ein **Rektascheck** vor, der nur durch gewöhnliche Abtretung und Übergabe des Schecks übertragen werden kann (Art 14 Abs 2 SchG).   **876**

4   Vorlegung und Zahlung

877   Jeder Scheck ist **bei Sicht zahlbar**; eine gegenteilige Angabe gilt als nicht geschrieben (Art 28 Abs 1 SchG). Das gilt auch für den vordatierten Scheck (Art 28 Abs 2 SchG).

878   Die **Vorlegungsfristen** betragen:
- beim Inlandsscheck (Ausstellungs- und Zahlungsort liegen im Inland) **acht Tage** (Art 29 Abs 1 SchG);
- beim Auslandsscheck, wenn Ausstellungs- und Zahlungsort im selben Erdteil liegen, **20 Tage** (Art 29 Abs 2 SchG);
- beim Auslandsscheck, wenn Ausstellungs- und Zahlungsort in verschiedenen Erdteilen liegen, **70 Tage** (Art 29 Abs 2 SchG; vgl dazu auch Art 29 Abs 3 SchG).

879   Versäumt der Scheckinhaber die Vorlegungsfrist, so kann der Bezogene dennoch den Scheck einlösen, sofern der Aussteller den Scheck nicht widerrufen hat (Art 32 Abs 2 SchG).

880   Durch die **Bezahlung** der Schecksumme an den Berechtigten erlischt der Scheck. Der Bezogene kann vom Inhaber gegen Zahlung der Schecksumme die Aushändigung des quittierten Schecks verlangen (Art 34 Abs 1 SchG). In der Praxis wird die Quittung durch ein Blankoindossament erteilt, indem der Scheckinhaber seine Unterschrift auf die Rückseite des Schecks setzt.

5   (Ver-)Fälschung

881   Bei der **Fälschung** bzw einer **Verfälschung** des Schecks entstehen für den Aussteller – soweit er nicht einen entsprechenden Rechtsschein zurechenbar veranlasst hat – keine wertpapierrechtlichen Verpflichtungen: Gefälschte Schecks und verfälschte Schecks sind im Umfang ihrer Verfälschung unwirksam. Da somit keine wirksame Zahlungsanweisung vorliegt, hat der ausstellende Kontoinhaber für die Einlösung gefälschter und verfälschter Schecks **grundsätzlich** nicht aufzukommen. Allerdings wird im Scheckvertrag bzw in den Scheckbedingungen das Fälschungs- und Verfälschungsrisiko meist auf den Kontoinhaber überwälzt.

6   Verrechnungsscheck

882   Trägt ein Scheck auf seiner Vorderseite den Vermerk „nur zur Verrechnung" oder einen gleichbedeutenden Vermerk (**Verrechnungsscheck**; Art 38 Abs 1 SchG), so ist die Barzahlung des Schecks untersagt. Der Bezogene darf in diesem Fall den Scheck nur im Wege der Gutschrift einlösen (also etwa durch Verrechnung, Überweisung oder Ausgleichung);

die Gutschrift gilt als Zahlung (Art 38 Abs 2 SchG). Wenn die Bank einen Scheck, der einen Verrechnungsvermerk trägt, dennoch bar bezahlt, haftet sie für den entstandenen Schaden bis zur Höhe der Schecksumme (Art 38 Abs 4 SchG). Der Verrechnungsvermerk kann vom Aussteller und von jedem Scheckinhaber auf den Scheck gesetzt werden.

7 Rückgriff

Sofern der Bezogene die Einlösung des Schecks ablehnt und die Rückgriffsvoraussetzungen erfüllt sind, kann der Scheckinhaber **Rückgriff mangels Zahlung** nehmen. **883**

Rückgriffsschuldner sind der Aussteller (Art 12 und Art 40 SchG), der seine Haftung nicht ausschließen kann, die Indossanten (Art 18 Abs 1 und Art 40 SchG) und die Scheckbürgen (Art 27 Abs 1 und Art 40 SchG). Die Rückgriffsschuldner haften als **Gesamtschuldner** (Art 44 Abs 1 SchG); der Scheckinhaber kann **Sprungregress** nehmen und ihm steht auch das **ius variandi** zu (Art 44 Abs 2 SchG; s dazu auch Rz 848). **884**

Die **materielle Rückgriffsvoraussetzung** besteht darin, dass der Scheck rechtzeitig zur Zahlung vorgelegt und nicht eingelöst worden ist (Art 40 und Art 55 bis 57 SchG). **885**

Die **formelle Rückgriffsvoraussetzung** besteht in der Feststellung der Zahlungsverweigerung. Diese kann gem Art 40 SchG durch **Protest** oder eine schriftliche, datierte Erklärung des Bezogenen auf dem Scheck, die den Tag der Vorlegung angibt (**Vorlegungserklärung**), festgestellt werden. **886**

8 Scheck- und Kreditkarte

Der **eurocheque** war zusammen mit der **eurocheque-Karte** viele Jahre ein beliebtes bargeldloses Zahlungsmittel. Mit 31.12.2001 endete die internationale Garantie für die Einlösung von eurocheques; zu diesem Zeitpunkt hat auch die Einlösungsgarantie von ATS 2.500,– pro eurocheque ihre Gültigkeit verloren. **887**

Wie seinerzeit eurocheque und Scheckkarte dient auch die **Kreditkarte** dem bargeldlosen Zahlungsverkehr. Hierbei vereinbart eine Kreditkartengesellschaft mit einzelnen Unternehmen, dass diese Unternehmen von ihren Kunden die Bezahlung unter Gebrauch von Kreditkarten anerkennen. **888**

E   Wertpapiere der Kapital- und Vermögensanlage

Literatur: *Fremuth/Laurer/Linc/Pötzelberger/Strobl*, Bankwesengesetz[2] (1999) und Ergänzungsband (2002); *Grünwald/Schummer*, Wertpapierrecht[3] (2001); *Haschek/Braumann/Doralt/Csoklich*, Österreichisches Bank- und Börserecht[3] (1994).

1   Grundsätzliches

889   Wie bereits erwähnt, kommt den Wertpapieren nicht nur eine Kredit- bzw eine Zahlungsfunktion zu, sondern sie eignen sich grundsätzlich auch zur **Vermögensanlage**. Am Kapitalmarkt stehen sich dabei Anbieter und Nachfrager von Wertpapieren gegenüber: Der **Emittent** hat ein Interesse daran, möglichst rasch Bargeld zu erhalten, welches er für die von ihm geplanten geschäftlichen Projekte benötigt. Für den **Wertpapiererwerber** steht das Interesse an einer Geldanlage bzw Wertvermehrung im Vordergrund. In aller Regel erfolgt der Kauf bzw Verkauf von Wertpapieren über die einschlägigen Kreditinstitute.

2   Sparbuch

890   Das **Sparbuch** ist eine Urkunde, welche die Bank dem Berechtigten (Sparer) über eine Spareinlage ausstellt. Spareinlagen sind Geldleistungen bei Kreditinstituten, die nicht dem Zahlungsverkehr, sondern der Anlage dienen (§ 31 Abs 1 BWG). Praktisch gesehen handelt es sich dabei primär um eine Kreditgewährung des Sparers an die Bank. In der Bankpraxis haben sich dabei die unterschiedlichsten Sparformen ausgebildet (zB Spareinlagen mit fixem bzw variablem Zinssatz, Spareinlagen mit zeitlichen Bindungen).

891   Im Regelfall wird ein entsprechendes Sparkonto für eine **gewisse Dauer** und nicht bloß kurzfristig eingerichtet; überdies soll die Einlage **verzinslich** sein. Aus diesen Gründen ist die Spareinlage entsprechend zu kennzeichnen, was durch die Ausfolgung einer besonderen **Sparurkunde** erfolgt. In dieser Urkunde werden alle Ein- und Auszahlungen des Sparers vermerkt (§ 32 Abs 1 BWG). Sparurkunden dürfen unter der Bezeichnung „Sparbuch" nur von den zum Spareinlagengeschäft befugten Banken bzw von der Österreichischen Postsparkasse ausgegeben werden.

892   Beim **Sparbuch** handelt es sich um ein **echtes Wertpapier**, da die Vorlage der Sparurkunde erforderlich ist, um Auszahlungen aus dem Sparguthaben geltend machen zu können (§ 32 Abs 2 BWG); im Falle des Verlustes des Sparbuches ist ein entsprechendes Kraftloserklärungsverfahren (s dazu Rz 785) einzuleiten.

Gem § 31 Abs 1 BWG können Sparbücher auf eine bestimmte Bezeich-   893
nung, insbesondere auf den Namen des identifizierten Kunden lauten.
Lautet das Sparbuch auf den Namen des Sparers, liegt ein **Namensspar-
buch** vor. Dieses kann durch Zession übertragen werden; ein Schutz des
gutgläubigen Erwerbers findet nicht statt.

Bei den **anonymen Sparbüchern** handelt es sich um Sparbücher,   894
welche auf eine „bestimmte Bezeichnung" iSv § 31 Abs 1 BWG lauten,
wobei diese Bezeichnung lediglich eine Phantasiebezeichnung sein darf;
durch § 31 Abs 1 BWG ist nämlich die Verwendung eines anderen Namens
als die des identifizierten Kunden ausgeschlossen. Bislang wurden derartige anonyme Sparbücher in der Praxis wie Inhaberpapiere behandelt.

Sofern auf ein Sparbuch mindestens € 15.000,– zur Einzahlung ge-   895
bracht werden, ist vom jeweiligen Kreditinstitut eine Prüfung der Identität
des Einzahlers vorzunehmen („**Geldwäscheparagraph**"; § 40 Abs 1 Z 4
BWG). Bei Spareinlagen, die einen unter € 15.000,– liegenden Guthabens-
stand aufweisen und die nicht auf den Namen des identifizierten Kunden
lauten, muss der Vorbehalt gemacht werden, dass Verfügungen nur gegen
Abgabe eines bestimmten Losungswortes vorgenommen werden dürfen
(§ 31 Abs 3 BWG).

Ein solcher **Vorbehalt**, der auch bei anderen Sparbüchern (freiwillig)   896
gemacht werden kann, ist in der Sparurkunde und in den Aufzeichnungen
des Kreditinstitutes zu vermerken. Wenn der Vorleger der Sparurkunde zur
Angabe des Losungswortes nicht im Stande ist, hat er sein Verfügungs-
recht über die Spareinlage nachzuweisen. Über eine Spareinlage, die von
Todes wegen erworben wurde, kann ohne Angabe eines Losungswortes
verfügt werden (§ 31 Abs 3 BWG).

Durch § 31 Abs 4 BWG ist normiert, dass ein Kreditinstitut, dem der   897
Verlust einer Sparurkunde unter Angabe des Namens, der Anschrift und
des Geburtsdatums des Verlustträgers gemeldet worden ist, den behaupteten Verlust in den Aufzeichnungen zu der betreffenden Spareinlage zu
vermerken hat und innerhalb von vier Wochen nach einer solchen Meldung
keine Auszahlung aus der Spareinlage leisten darf.

3   Effekten

Die am Kapitalmarkt gehandelten Wertpapiere werden **Effekten** ge-   898
nannt. Zu ihnen gehören Aktien, Zwischenscheine, Genussscheine,
Schuldverschreibungen, Pfandbriefe, Kommunalschuldverschreibungen,
Kassenobligationen, Kassenscheine, Investmentzertifikate, Partizipations-
scheine und sonstige vertretbare Wertpapiere (§ 1 Abs 1 Z 4 KMG).

Bezüglich ihres äußeren Erscheinungsbildes weisen sie markante Ge-   899
meinsamkeiten auf. Regelmäßig bestehen sie aus einem Mantel und dem
Kouponbogen. Der **Mantel** enthält Angaben über die Art des Wertpapieres,

den Nennbetrag bzw Anteil an der Emission, den Namen und die Unterschrift des Emittenten sowie die Bedingungen für die Verzinsung und eine Wertpapierkennnummer. Der **Kouponbogen** besteht aus einzelnen abtrennbaren Teilen (Koupons), die entweder im Mantel eingelegt oder am Mantel angeheftet sind. Die Koupons ermöglichen den jährlichen Bezug der Erträgnisse (Zinsen, Dividenden). Mittels eines **Talons** (Erneuerungsschein) kann ein neuer Kouponbogen angefordert werden, wenn der alte aufgebraucht ist.

900   Da sich mit der eigenen **Verwahrung von Effekten** vor allem das Risiko des Verlustes bzw der Vernichtung verbindet, wird von den Banken die gewerbsmäßige Verwahrung und Verwaltung von Wertpapieren (**Depotgeschäft**) angeboten. Dabei kann zwischen **Sonderverwahrung (Streifbandverwahrung)**, bei welcher die Effekten jedes einzelnen Depotkunden gesondert verwahrt werden, und zwischen der **Sammelverwahrung**, bei welcher Wertpapiere derselben Art für alle Hinterleger gemeinsam verwahrt werden, unterschieden werden. Die rechtlichen Grundlagen für das Depotgeschäft finden sich Depotgesetz (BGBl 1969/424 idgF).

901   Zum Schutz der Anleger vor Fehlinformationen durch den Emittenten von Wertpapieren sieht das Kapitalmarktgesetz eine **Prospektpflicht** vor. In § 2 KMG ist normiert, dass ein erstmaliges, öffentliches Angebot von Effekten im Inland nur erfolgen darf, wenn spätestens einen Werktag, bevor die Effekten angeboten werden, ein nach den Regeln des KMG erstellter und kontrollierter **Prospekt** veröffentlicht wird.

902   In § 7 Abs 1 KMG ist geregelt, dass der Prospekt alle Angaben zu enthalten hat, die es den Anlegern ermöglichen, sich ein **fundiertes Urteil** über die Vermögens-, Finanz- und Ertragslage des Emittenten und dessen Entwicklungsaussichten zu bilden. Überdies ist ausreichend über die mit den Wertpapieren bzw Veranlagungen verbundenen Rechte zu informieren.

903   Zu den **prospektpflichtigen Wertpapieren** zählen vor allem Aktien, Zwischenscheine, Genussscheine, Schuldverschreibungen, Pfandbriefe, Kommunalschuldverschreibungen sowie Investmentzertifikate. Von der Prospektpflicht ausgenommen sind die Wertpapiere des Bundes und der Länder sowie ua Schuldverschreibungen der Europäischen Zentralbank sowie der am Europäischen System der Zentralbanken teilnehmenden nationalen Zentralbanken (§ 3 KMG).

904   Als **Prospektkontrollor** kommen genossenschaftliche Prüfungsverbände für Kreditgenossenschaften, die Prüfungsstelle des Sparkassenprüfungsverbandes, ein beeideter Wirtschaftsprüfer bzw eine Wirtschaftsprüfungsgesellschaft oder ein Kreditinstitut mit Wertpapieremissionsgeschäfts-Konzession in Frage (§ 8 Abs 2 KMG). Der von einer der genannten Stellen kontrollierte Prospekt ist an die Oesterreichische Kontrollbank Aktiengesellschaft zu übermitteln, welche lediglich prüft, ob die Unterschriften des Emittenten und des Prospektkontrollors vorhanden sind und

schließlich die Prospekte aufbewahrt (§ 12 Abs 1 KMG). Weiters ist der Prospekt auf eine der in § 10 Abs 1 KMG genannten Arten zu veröffentlichen.

Sofern einem Anleger im Vertrauen auf die Richtigkeit und Vollständig-   905
keit der Angaben im Prospekt oder sonstiger durch das KMG vorgeschriebener Angaben ein **Schaden** entsteht, haften für diesen Schaden ua der Emittent und der Prospektkontrollor (§ 11 KMG).

Durch das **Wertpapieraufsichtsgesetz** (BGBl 1996/753) und das **Fi-**   906
nanzmarkaufsichtsgesetz (BGBl I 2001/97) besteht unter anderem für Wertpapierhändler (zB Kreditinstitute, Wertpapierdienstleister) eine Überwachung durch die Finanzmarktaufsichtsbehörde, welche als Anstalt öffentlichen Rechts mit eigener Rechtspersönlichkeit eingerichtet ist. Durch eine eigene Verfassungsbestimmung ist sichergestellt, dass die Finanzmarktaufsichtsbehörde bei der Ausübung ihres Amtes an keine Weisungen gebunden ist (§ 1 Abs 1 FMABG idF BGBl I 2002/100).

4   Aktie

a   Begriff

Bei der Aktie handelt es sich um ein **deklaratives Wertpapier** (s dazu   907
Rz 770), durch welches die Mitgliedschaft eines Gesellschafters zu einer Aktiengesellschaft verbrieft wird. Aus dem Mitgliedschaftsrecht ergeben sich diverse **Vermögens-** (zB Dividendenanspruch) und **Mitwirkungs-**
rechte (zB Stimmrechte). Der Aktionär hat keinen Anspruch auf eine feste Verzinsung des von ihm angelegten Wertes; auch eine Rückzahlung des investierten Kapitals ist außerhalb von Kapitalherabsetzungen (s dazu Rz 727) nicht vorgesehen. Eine Ertragsmöglichkeit besteht – abhängig von der wirtschaftlichen Unternehmensentwicklung – allerdings in Form der Dividende und allfälliger Kurssteigerungen.

b   Arten

Aktien können entweder **auf Inhaber** oder **auf Namen** lauten (§ 10   908
Abs 1 AktG); zumeist sind sie als Inhaberpapiere ausgestellt. Sofern Namensaktien ausgegeben werden, ist von der Gesellschaft ein Aktienbuch zu führen, in welches der jeweilige Inhaber, dessen Beschäftigung und Wohnort einzutragen sind (§ 61 Abs 1 AktG).

Aktien können entweder als Nennbetragsaktien oder als Stückaktien   909
begründet werden; beide Aktienarten dürfen jedoch in ein und derselben Gesellschaft nicht nebeneinander bestehen (§ 8 Abs 1 AktG). **Nennbe-**
tragsaktien müssen auf mindestens € 1 oder auf ein Vielfaches davon

lauten; der Anteil am Grundkapital bestimmt sich nach dem Verhältnis des Nennbetrags zum Grundkapital (§ 8 Abs 2 AktG). **Stückaktien** haben hingegen keinen Nennbetrag. Jede Stückaktie ist am Grundkapital in gleichem Umfang beteiligt, wobei sich der Anteil nach der Zahl der ausgegebenen Aktien bestimmt. Der auf eine einzelne Stückaktie entfallende anteilige Betrag des Grundkapitals muss allerdings mindestens € 1 betragen (§ 8 Abs 3 AktG). Eine Ausgabe von Aktien unter dem Nennbetrag bzw den auf die einzelne Stückaktie entfallenden anteiligen Betrag des Grundkapitals („Unterpariemission") ist unzulässig (§ 9 Abs 1 AktG).

910   Im Regelfall werden **Stammaktien** ausgegeben, welche alle nach Gesetz bzw Gesellschaftsvertrag zustehenden Rechte vermitteln.

911   Im Gegensatz dazu vermitteln die **Vorzugsaktien** dem jeweiligen Inhaber hinsichtlich bestimmter Rechte eine Bevorzugung. So werden etwa die Inhaber von **stimmrechtslosen Vorzugsaktien** (§§ 115 ff AktG) bei der Gewinnverteilung bevorzugt, verfügen dafür jedoch über kein Stimmrecht; allerdings kann das Stimmrecht unter den Voraussetzungen des § 116 Abs 2 AktG aufleben. Zu beachten ist außerdem, dass Vorzugsaktien ohne Stimmrecht nur bis zu einem Drittel des Grundkapitals ausgegeben werden dürfen (§ 115 Abs 2 AktG). Überhaupt unzulässig ist die Ausgabe von **Mehrstimmrechtsaktien** (§ 12 Abs 2 AktG).

912   Bei den **vinkulierten Aktien** (§ 62 AktG) handelt es sich um Namensaktien, deren Übertragung an die Zustimmung der Gesellschaft gebunden ist; für die Erteilung der Zustimmung ist idR der Vorstand zuständig. Vorgeschrieben ist die Vinkulierung von Aktien etwa bei Nebenleistungsverpflichtungen (vgl § 50 Abs 1 AktG) oder einem Inhaberentsendungsrecht in den Aufsichtsrat (vgl § 88 Abs 2 AktG).

913   **Gratisaktien** werden im Zuge einer Kapitalberichtigung (s dazu Rz 726) an die bisherigen Aktionäre ausgegeben, ohne dass diese dafür eine entsprechende Einlage zu leisten haben.

914   Der aus dem Steuerrecht stammende Begriff der so genannten **jungen Aktien** bezieht sich auf die Möglichkeit, anlässlich einer Gründung oder Kapitalerhöhung steuerschonend Aktien zu erwerben, indem diese als Sonderausgaben geltend gemacht werden (§ 18 EStG).

915   Die bislang sehr restriktiven Grenzen, innerhalb derer die Aktiengesellschaft **eigene Aktien** erwerben durfte (vgl §§ 65 ff AktG), sind in jüngerer Vergangenheit vor dem Hintergrund internationaler Gepflogenheiten gelockert worden. So darf die Gesellschaft nunmehr etwa auf der Basis einer 18 Monate geltenden Ermächtigung der Hauptversammlung auch ohne Vorliegen einer besonderen tatbestandsmäßigen Erwerbsvoraussetzung in beschränktem Umfang eigene Aktien erwerben; der Handel in eigenen Aktien als Zweck des Erwerbes eigener Aktien ist allerdings unverändert ausgeschlossen.

916   Gem § 8 Abs 6 AktG können bis zur Ausgabe der Aktien auch **Zwischenscheine** ausgegeben werden. Zwischenscheine müssen auf Na-

men lauten; sie werden idR zur Überbrückung des Zeitraumes bis zur vollständigen Leistung der Einlage bei Inhaberaktien ausgegeben.

Vom **Nennwert einer Aktie** (das ist bei Nennbetragsaktien der auf der   917
Aktie vermerkte Betrag) ist der **Kurswert** als „innerer Wert" der Beteiligung an der Aktiengesellschaft zu unterscheiden. Da der Kurswert nach dem Kriterium von Angebot und Nachfrage gebildet wird, entspricht dieser nicht in allen Fällen den tatsächlichen Vermögensverhältnissen der Aktiengesellschaft.

5   Schuldverschreibung

a   Allgemeines

In einer **Schuldverschreibung** werden regelmäßig ein Anspruch auf   918
Rückzahlung eines bestimmten Geldbetrages zum Ende einer bestimmten Laufzeit sowie eine bestimmte Verzinsung während der Laufzeit verbrieft. Durch den Erwerb einer Schuldverschreibung werden dem Emittenten langfristig (idR zwischen fünf und zehn Jahre) Finanzmittel zur Verfügung gestellt; der Rückforderungsanspruch des Gläubigers wird in der Schuldverschreibung verbrieft.

Als Emittenten finden sich sowohl die **öffentliche Hand** (zB Bund,   919
Länder, Gemeinden) als auch **private Unternehmen** (zB Kreditinstitute, Energieversorgungsunternehmen). Die Emission wird häufig durch Kreditinstitute – allenfalls im Rahmen so genannter „Emissionskonsortien" – abgewickelt.

Bei den am Kapitalmarkt gehandelten Schuldverschreibungen handelt   920
es sich um **Inhaberpapiere**.

Was die **Verzinsung** betrifft, so kann diesbezüglich zwischen Anleihen   921
mit fixem Zinssatz und solchen mit variablem Zinssatz unterschieden werden; bei letzteren wird der Zinssatz den Zinsschwankungen am Kapitalmarkt angepasst.

b   Gewinnschuldverschreibung

Bei der **Gewinnschuldverschreibung** wird eine Beteiligung am Ge-   922
winn des emittierenden Unternehmens verbrieft (s zB § 174 AktG).

c   Wandelschuldverschreibung

Die **Wandelschuldverschreibung** räumt dem Käufer neben dem   923
Rückzahlungsanspruch und einer fixen Verzinsung auch das Recht ein, die Schuldverschreibung bis zum Ende ihrer Laufzeit gegen Aktien umzutauschen oder Aktien zu beziehen.

d Optionsanleihe

924   Auch die **Optionsanleihe** gewährt zusätzlich zum Anspruch auf Rückzahlung und Verzinsung ein Anrecht auf den Erwerb bestimmter Wertpapiere (Aktien) zu einem bereits fixierten Preis. Allerdings ist im Gegensatz zur Wandelschuldverschreibung das Optionsrecht nicht mit der
Schuldverschreibung verbunden. Vielmehr ist das Optionsrecht in einer
eigenen Urkunde (**Optionsschein**) festgeschrieben. Wenn demnach der
Inhaber einer Wandelschuldverschreibung von seinem Wandlungsrecht
Gebrauch macht, erlischt auch die Schuldverschreibung. Hingegen tan-
giert die Ausübung des Optionsrechts die Schuldverschreibung nicht. Der
Optionsschein kann sogar selbständig veräußert werden.

e Pfandbrief

925   Bei den **Pfandbriefen** handelt es sich um festverzinsliche Schuldverschreibungen, zu deren Sicherstellung grundbücherliche Pfandrechte an
Liegenschaften eingeräumt werden. Dabei muss der Gesamtbetrag der im
Umlauf befindlichen Pfandbriefe in der Höhe ihres Nennwertes jederzeit
durch Hypotheken von mindestens gleicher Höhe und gleichem Zinsertrag
gedeckt sein (§ 6 HypBG; § 2 Abs 1 PfandbriefG). Pfandbriefe dürfen nur
von Kreditinstituten ausgegeben werden, die eine Konzession nach dem
HypBG bzw dem PfandbriefG besitzen.

f Kommunalobligation

926   Auch die **Kommunalobligationen** sind festverzinsliche Wertpapiere.
Sie sind jedoch nicht durch Hypotheken gesichert; vielmehr dienen sie der
Mittelbeschaffung für Darlehen, welche nur an Gebietskörperschaften
(Bund, Länder, Gemeinden) oder an andere Personen, für welche eine
Haftung einer Gebietskörperschaft besteht, gewährt werden. Da die Insol-
venz einer Gebietskörperschaft so gut wie ausgeschlossen ist, werden die
Gebietskörperschaften als besonders kreditwürdig angesehen.

6 Sonstige Kapitalanlagepapiere

a Investmentzertifikat

927   **Investmentzertifikate** (Investmentanteilsscheine) sind Wertpapiere,
die Miteigentumsanteile an den Vermögenswerten eines Kapitalanlage-
fonds (Investmentfonds) und die Rechte der Zeichner gegenüber der
Kapitalanlagegesellschaft sowie der Depotbank verkörpern (§ 5 InvFG).

Bei **Investmentfonds** handelt es sich um aus Wertpapieren bestehen-   928
de Sondervermögen, die von einer Kapitalanlagegesellschaft in der
Rechtsform der Aktiengesellschaft oder der Gesellschaft mit beschränkter
Haftung verwaltet werden (§ 1 und § 2 Abs 3 InvFG). Der wirtschaftliche
Zweck des Investmentfonds besteht darin, für Kleinanleger eine entsprechende Risikostreuung anzubieten, da die im Investmentfonds gebündel-
ten unterschiedlichen Wertpapiere einen allfälligen Kursverlust bei einzelnen Papieren nicht so sehr ins Gewicht fallen lassen. Zum Schutz der
Anlage ist für jeden Investmentfonds eine **Depotbank** zu bestellen. Dieser
obliegt die technische Verwaltung des Investmentfonds (Ausgabe und
Übernahme der Investmentzertifikate, Auszahlung der Gewinnanteile, Verwahrung der Wertpapiere).

Entsprechend der verfolgten Anlagegrundsätze können folgende **In-**   929
vestmentfonds-Formen unterschieden werden:

- Die **Aktienfonds** erwerben lediglich Aktien; die **Rentenfonds** erwerben lediglich festverzinsliche Wertpapiere; **gemischte Fonds** erwerben sowohl Aktien als auch festverzinsliche Wertpapiere in
  einem bestimmten Verhältnis.
- Während bei den **geschlossenen Fonds** die Anzahl der Anteilscheine entsprechend fixiert ist, geben **offene Fonds** bei Nachfrage
  neue Anteilscheine aus.
- Während **Einkommensfonds** einen möglichst jährlichen Ertrag an-
  streben, bezwecken **Wachstumsfonds** möglichst langfristige
  Wertsteigerungen der Anteile. Beim **Thesaurierungsfonds** werden
  Erträgnisse nicht ausgeschüttet, sondern wiederum in Wertpapieren
  angelegt.

Der Kauf eines **Investmentzertifikates** bewirkt, dass der Käufer Mitei-   930
gentümer an den Wertpapieren wird, die im Investmentfonds zusammengefasst sind. Die Zertifikate können als Inhaber- oder Orderpapiere ausgestaltet sein (§ 5 Abs 1 InvFG) und haben keinen Nennwert. Das Investmentzertifikat verbrieft keinen Anspruch auf feste Zinsen, vielmehr besteht
lediglich ein Anspruch auf den quotenmäßigen Anteil der jährlich wechseln-
den Erträgnisse des Fonds. Investmentzertifikate müssen von der Invest-
mentgesellschaft jederzeit zurückgekauft werden (§ 10 Abs 2 InvG).

b   Genussschein

Bei den **Genussscheinen** kann zwischen solchen nach dem Beteili-   931
gungsfondsgesetz und solchen nach § 174 Abs 3 AktG unterschieden
werden.

Beteiligungsfonds-Genussscheine sind Inhaberwertpapiere, die ei-   932
nen Anspruch auf einen aliquoten Teil an den Jahresüberschüssen eines
Beteiligungsfonds verbriefen (§ 6 BFG). Durch den Verkauf von Genuss-

scheinen wird der Erwerb von Beteiligungen an inländischen Unternehmen (Beteiligungsunternehmen) finanziert. Der Beteiligungsfonds stellt sich als Sondervermögen dar, welches von den erworbenen Beteiligungen gebildet wird. Diese Beteiligungen bilden den Beteiligungsfonds. Das Eigentum am Beteiligungsfonds steht (im Gegensatz zur Rechtslage nach dem InvFG) der Beteiligungsfondsgesellschaft zu, welche den Fonds verwaltet.

933   Bezüglich des **Genussscheines iSd § 174 Abs 3 AktG** ist anzumerken, dass darin Rechte verbrieft werden, die nicht dem Gesellschaftsverhältnis entspringen, sondern rein schuldrechtlicher Natur sind. Demgemäß sind dem Genussrechtsinhaber gesellschaftsvertragliche Verwaltungsrechte idR nicht eingeräumt; häufig werden jedoch auf schuldrechtlicher Basis Kontroll- und Informationsrechte gewährt. Der Genussscheininhaber ist regelmäßig am Gewinn des Emittenten beteiligt. Meist werden derartige Genussscheine zur Abgeltung bzw zum Ausgleich von Leistungen bzw Einbußen an Aktionäre oder Gesellschaftsgläubiger ausgegeben; die Ausgestaltung von Genussscheinen weist in der Praxis erhebliche Bandbreiten auf.

c   Partizipationsschein

934   Zur Verbesserung der Eigenkapitalausstattung steht Banken und Versicherungsunternehmen die Emission von **Partizipationsscheinen** offen. Die Ausgabe von Partizipationsscheinen ist von der Rechtsform, in der das Kreditinstitut betrieben wird, unabhängig.

935   Ex definitione handelt es sich beim **Partizipationskapital** insbesondere „um Kapital, das eingezahlt ist und auf Unternehmensdauer unter Verzicht auf die ordentliche und außerordentliche Kündigung zur Verfügung gestellt wird" (§ 23 Abs 4 BWG).

936   Der **Partizipationsschein** ist ein auf den Inhaber lautendes Wertpapier; er verbrieft einen Anteil am eingezahlten Partizipationskapital (s dazu § 73c VAG). Der Partizipationsschein vermittelt seinem Inhaber keine mitgliedschaftsrechtliche Stellung, sondern begründet vielmehr ein schuldrechtliches Verhältnis und ist insoweit mit dem aktienrechtlichen Genussrecht verwandt.

VI Grundzüge des gewerblichen Rechtsschutzes, des Kartellrechts und des Urheberrechts

A Grundsätzliches

Literatur: *Eilmansberger*, Gewerblicher Rechtsschutz, in *Holoubek/Potacs* (Hg), Öffentliches Wirtschaftsrecht Bd I (2002); *Fitz/Gamerith*, Wettbewerbsrecht[3] (2000); *Hauser/Thomasser*, Wettbewerbs- und Immaterialgüterrecht (1998); *Koppensteiner*, Österreichisches und europäisches Wettbewerbsrecht[3] (1997); *Kucsko*, Österreichisches und Europäisches Wettbewerbs-, Marken-, Muster- und Patentrecht[4] (1995).

In der Praxis hat sich herausgestellt, dass hochkomplexe Wirtschaftssysteme zur Gewährleistung eines fairen Wettbewerbes der Normierung eines entsprechenden **rechtlichen Rahmens** bedürfen.

Der österreichische Gesetzgeber hat eine Reihe von teilweise sehr unterschiedlichen Gesetzen erlassen, welche im Kern darauf abzielen, den Wettbewerb zwischen den einzelnen Unternehmern zu gewährleisten und in möglichst geordneten Bahnen verlaufen zu lassen. Dabei kann zunächst pauschal festgehalten werden, dass die Summe aller Normen, welche auf eine Regelung des wirtschaftlichen Wettbewerbs abzielen, als zum **„Wettbewerbsrecht"** gehörend anzusehen sind. Die große inhaltliche Bandbreite dieser Definition erfordert eine weitergehende Unterscheidung in einzelne Begriffe. Im Folgenden soll eine Übersicht über die wichtigsten Begriffe geboten werden, wobei in diesem Zusammenhang die Absicht verfolgt wird, die Begriffsansätze so darzustellen, wie sie in der Lehre überwiegend herrschend geworden sind. Im Einzelnen kann zwischen folgenden Begriffen unterschieden werden:

Das **Wettbewerbsrecht im engeren Sinn**, welches vor allem im UWG normiert ist, sieht als seine primäre Aufgabe die Sicherstellung eines fairen und korrekten Wettbewerbs. Die im **UWG** als dem Wettbewerbsrecht im engeren Sinn festgelegten Regeln sollen sicherstellen, dass die von den Mitbewerbern am Markt eingesetzten Wettbewerbsmaßnahmen in einer von Täuschung und List freien Atmosphäre ausgetragen werden können; hingegen soll es nicht zum Ausschluss des Konkurrenzkampfes kommen. Mit dem UWG ist das **NVG** eng verbunden, weil eine Reihe der Bestimmungen des NVG an Bestimmungen des UWG angeknüpft ist. Da das NVG von der Seite der in diesem Gesetz festgelegten Verfahrensbestimmungen an den einschlägigen Bestimmungen des Kartellrechts ausgerichtet ist, wird gelegentlich von einer „Zwitterstellung" gesprochen, die das NVG zwischen dem UWG und dem KartG einnimmt. Neben dem UWG und dem NVG existiert eine Reihe von weiteren Vorschriften, welche darauf abzielen, den Wettbewerb zwischen Unternehmern in geordnete Bahnen zu lenken, ohne dass sie von der Lehre dem Bereich des Wettbewerbsrechts (im engeren Sinn) zugerechnet werden. Dazu zählen etwa das Gewerberecht, das Preisauszeichnungsrecht, das Lebensmittelrecht etc.

940   Das mit dem Wettbewerbsrecht im engeren Sinn in engem Zusammenhang stehende **Wettbewerbsrecht im weiteren Sinn** (**Kartellrecht**) beabsichtigt die Erhaltung einer vielschichtigen Wettbewerbsstruktur, in welcher die Nachfrager einer möglichst großen Anzahl von Anbietern gegenüberstehen. Im Einzelnen zielt das Kartellrecht als Wettbewerbsrecht im weiteren Sinn darauf ab, dass wettbewerbswidrige Absprachen nach Tunlichkeit verhindert oder zumindest möglichst sachgerecht reguliert werden. Weiters finden sich im Kartellrecht Normen, welche unerwünschte Konzentrationsvorgänge (Unternehmenszusammenschlüsse), durch welche einseitige Marktentwicklungen bewirkt werden, nur in bestimmten rechtlichen Bahnen und nur bis zu bestimmten Schwellenwerten für zulässig erklären. Schließlich bietet das Kartellrecht auch eine Handhabe dafür, dass Unternehmen, welche bereits eine marktbeherrschende Stellung innehaben, diese nicht missbräuchlich verwenden.

941   Häufig wird als Oberbegriff für das Wettbewerbsrecht im engeren Sinn und für das Immaterialgüterrecht der Begriff des **Gewerblichen Rechtsschutzes** verwendet. Bei diesem Begriff handelt es sich um eine Sammelbezeichnung für verschiedene Rechtsnormen mit unterschiedlichen Schutzzwecken. Dabei wird entweder auf den Schutz von bestimmten gewerblich verwertbaren Leistungen bzw bestimmten Kennzeichen oder die Unterbindung von Irreführungen bzw Beeinträchtigungen im Geschäftsverkehr abgezielt.

942   Das **Immaterialgüterrecht** selbst beinhaltet Schutzbestimmungen zugunsten von geistigen Leistungen und Kennzeichen. Im eigentlichen Sinn handelt es sich bei den Immaterialgütern um subjektive Rechte an geistigen Gütern, welche durch Gesetz verselbständigt und damit verkehrsfähig gemacht worden sind. Zu den Immaterialgüterrechten sind insbesondere das Markenrecht, das Musterschutzrecht, das Patentrecht, das Gebrauchsmusterrecht, weiters das Halbleiterschutzrecht sowie das Urheberrecht zu zählen.

B   Wettbewerbsrecht

Literatur: wie oben VI/A und *Briem*, Internationales und Europäisches Wettbewerbsrecht und Kennzeichenrecht (1995); *Mahdi*, Die Wettbewerbshandlung im UWG (1995); *Schönherr*, Gewerblicher Rechtsschutz und Urheberrecht (1982); *Rüffler*, Der Einfluß des Europarechts auf das österreichische UWG (1998); *Schönherr/Wiltschek*, UWG[6] (1994); *Wiltschek*, UWG – Gesetz gegen den unlauteren Wettbewerb (2000); *Zib*, Das neue Wettbewerbsrecht (1992).

1   Bundesgesetz gegen den unlauteren Wettbewerb

a   Anwendungsgrundsätze

Im Bereich des Wettbewerbsrechtes ist eine **Rangordnung der Vorschriften** auszumachen. Zunächst ist jeweils zu prüfen, ob ein Sachverhalt von einem einschlägigen Spezialgesetz (zB Patentgesetz, Markenschutzgesetz, Musterschutzgesetz, Kartellgesetz) geregelt ist. Erst dann, wenn ein derartiges Spezialgesetz nicht zur Anwendung gelangt bzw in diesem das UWG nicht ausdrücklich von seiner Anwendung ausgeschlossen wurde, kann das UWG herangezogen werden.   **943**

Im UWG selbst finden sich die so genannte **Generalklausel (§ 1 UWG)** und eine Reihe von **Sondertatbeständen.** Sofern ein Sachverhalt von einem Sondertatbestand erfasst ist, kommt der Sondertatbestand zur Anwendung; der Generalklausel des § 1 UWG kommt daher lediglich subsidiäre Gültigkeit zu.   **944**

b   Wesentliche Anwendungsvoraussetzungen

In den überwiegenden Tatbeständen des UWG ist geregelt, dass sie nur dann zur Anwendung zu bringen sind, wenn ein Handeln im geschäftlichen Verkehr zu Zwecken des Wettbewerbs vorliegt.   **945**

Ein **Handeln im geschäftlichen Verkehr** liegt dann vor, wenn eine selbständige, auf Erwerb gerichtete Tätigkeit ausgeübt wird. Dabei ist das Vorhandensein einer Gewinnabsicht nicht erforderlich. Unter der genannten Voraussetzung können auch Vereine oder andere gemeinnützige Institutionen sowie die Angehörigen freier Berufe als im geschäftlichen Verkehr handelnd angesehen werden. Hingegen bleibt eine wirtschaftlich unselbständige Tätigkeit grundsätzlich außer Betracht.   **946**

Zu Wettbewerbszwecken handelt derjenige, der beabsichtigt, die eigene Marktposition auf Kosten von anderen zu fördern. Dabei braucht eine konkrete Wettbewerbsbeziehung zu einem unmittelbar betroffenen Mitbewerber nicht zu bestehen; vielmehr genügt es bereits, wenn die angebotenen Dienstleistungen bzw Waren ihrer Art nach miteinander in Konkurrenz treten können. Auch branchenfremde Unternehmen können miteinander im Wettbewerb stehen (zB ein Süßwarenfabrikant wirbt dafür, dass statt Zigaretten Schokolade gekauft wird). Zu beachten ist, dass der wettbewerbsregelnde Charakter von Vergabevorschriften für sich alleine noch   **947**

kein Wettbewerbsverhältnis zwischen Auftraggeber und Bietern begründet.

948   In § 8 UWG ist normiert, dass die §§ 1, 2, 4 und 7 UWG, sofern sie im Einzelfall dem Schutz **geographischer Angaben iSd TRIPS-Abkommens** dienen, unabhängig davon anzuwenden sind, ob die jeweilige Handlung zu Zwecken des Wettbewerbes vorgenommen wurde oder nicht.

c   Die Generalklausel des § 1 UWG

949   Auf Grund der Fülle von verschiedenen denkmöglichen Wettbewerbshandlungen im Verhältnis der Beziehungen von Unternehmen zueinander hat das UWG von einer kasuistischen Erfassung aller Tatbestände Abstand genommen. Stattdessen wurde eine **Generalklausel** normiert und versucht, den häufigsten sonstigen Wettbewerbsverstößen durch Sondertatbestände Rechnung zu tragen.

950   Die Generalklausel des **§ 1 UWG** lautet wie folgt: „Wer im geschäftlichen Verkehr zu Zwecken des Wettbewerbes Handlungen vornimmt, die gegen die guten Sitten verstoßen, kann auf Unterlassung und Schadenersatz in Anspruch genommen werden."

951   Es liegt auf der Hand, dass diese weite Formulierung einen entsprechend **großen Freiraum** für die Rechtsprechung belässt. Grundsätzlich ist davon auszugehen, dass eine Handlung iSd § 1 UWG insbesondere dann sittenwidrig ist, wenn durch diese objektiv das Anstandsgefühl der durchschnittlichen Mitbewerber und der angesprochenen Verkehrskreise verletzt wird. Da ein Bewusstsein des Vorliegens der Sittenwidrigkeit nicht erforderlich ist, schließt ein bloßes Versehen die Sittenwidrigkeit grundsätzlich nicht aus.

952   In der **Judikatur** des Obersten Gerichtshofes haben sich gewisse Fallgruppen herausgebildet. Nachfolgend sollen die wichtigsten dieser Fallgruppen dargestellt werden.

ca   Rechtsbruch

953   Die Verletzung von **gesetzlichen Vorschriften** oder ein **Vertragsbruch** zu Zwecken des Wettbewerbes kann sich uU als Verstoß gegen § 1 UWG darstellen.

954   So handelt sittenwidrig, wer sich schuldhaft **über ein Gesetz hinwegsetzt**, um im Wettbewerb einen Vorsprung gegenüber seinen gesetzestreuen Mitbewerbern herauszuschlagen. Beispiel: Jemand übt eine Tätigkeit aus, ohne über die erforderlichen gewerberechtlichen Voraussetzungen zu verfügen und hat sich dadurch im Verhältnis zu seinen Mitbewerbern, für welche die Erfüllung der gewerberechtlichen Vorausset-

zungen mit Kosten verbunden war, einen entsprechenden Vorteil gesichert. Zu beachten ist dabei, dass der OGH zuletzt festgehalten hat, dass in der Unterlassung der Anmeldung eines **freien Gewerbes** kein Verstoß gegen § 1 UWG zu erblicken ist, weil dadurch nicht gegen eine Bestimmung mit wettbewerbsregelnden Charakter, sondern lediglich gegen eine Ordnungsvorschrift verstoßen wird.

Ein **Vertragsbruch** bzw die Mitwirkung an einem Vertragsbruch verstößt idR nur dann gegen die guten Sitten des § 1 UWG, wenn sich dies aus den besonderen Umständen des Einzelfalls ergibt. Auch hier muss die Vertragstreue der Mitbewerber bzw der Teilnehmer eines Vertragssystems zum eigenen Vorteil ausgenützt werden. So handelt insbesondere derjenige wettbewerbswidrig, welcher trotz des aufrechten Bestandes eines Vertriebsvertrages, in welchem eine Gebietsbeschränkung festgelegt ist, außerhalb des zugewiesenen Gebietes Geschäfte abschließt. **955**

cb Täuschungshandlungen

Wettbewerbshandlungen, denen ein **Täuschungselement** innewohnt, sind in aller Regel als sittenwidrig iSv § 1 UWG zu qualifizieren. Gleichgültig ist, ob sich die Täuschungshandlungen gegen Mitbewerber oder gegen das Publikum richten. Beispiel: Ein Versandhaus wirbt damit, dass ein „exklusives Geschenk" verlost wird; in Wirklichkeit erhält jedoch jeder Interessent, der einen Katalog bestellt, automatisch dieses Geschenk zugemittelt. **956**

Als Täuschungshandlung iSv § 1 UWG kann auch die (unaufgeforderte) Zusendung von Erlagscheinen qualifiziert werden, mit welcher der Eindruck erweckt werden soll, dass nicht lediglich ein Angebot, sondern eine Zahlungsverpflichtung vorliegt (**Erlagscheinwerbung**). Ebenso sittenwidrig ist die **Versendung von als Privatpost getarnter Werbung**. **957**

Gem § 28a UWG ist es untersagt, im geschäftlichen Verkehr zu Zwecken des Wettbewerbs für **Eintragungen in Verzeichnisse** (zB Branchen-, Telefon- oder ähnliche Register) mit Zahlscheinen, Erlagscheinen, Rechnungen etc zu werben oder diese Eintragungen auf solche Art anzubieten, ohne entsprechend unmissverständlich und auch graphisch deutlich darauf hinzuweisen, dass es sich lediglich um ein Vertragsangebot handelt. **957a**

Seit 1.6.2000 besteht im Nahebereich zur Fallgruppe der Täuschungshandlung ein im **Konsumentenschutzgesetz** geregelter Tatbestand: In § 5j KSchG ist normiert, dass Unternehmer, die gegenüber einem Verbraucher den Eindruck erwecken, er habe einen **bestimmten Preis** (etwa in der Weise, dass dem Verbraucher eine „persönliche Gewinnzusage" gemacht wird) gewonnen, vom Verbraucher auf Einhaltung der gemachten Zusage geklagt werden können. **958** cc Ausbeutung

959 Zunächst ist festzuhalten, dass die **Nachahmung** von nicht durch besondere Gesetze geschützten Waren oder Dienstleistungen (zB PatG, GMG, MuSchG) grundsätzlich nicht als sittenwidrig angesehen werden kann. Doch handelt derjenige sittenwidrig, welcher ohne jede eigene Leistung bzw ohne einen eigenen, ins Gewicht fallenden Kreationsvorgang ein ungeschütztes Arbeitsergebnis einer anderen Person zur Gänze bzw in erheblichem Ausmaß übernimmt, um dadurch den Dritten mit der von ihm selbst erbrachten Leistung Konkurrenz zu machen (zB die Übernahme fremder Stellenanzeigen aus einer Zeitung in weitgehend unveränderter Form ins Internet).

960 Für das Vorliegen eines Verstoßes gegen § 1 UWG ist dabei nicht erforderlich, dass eine **detailhafte Nachahmung** erfolgt. Vielmehr genügt bereits das Vorliegen einer bewussten Nachahmung, wodurch die Gefahr von Verwechslungen herbeigeführt wird, sofern keine andersartige Gestaltung zumutbar gewesen wäre. Damit aber überhaupt eine Verwechslungsgefahr entstehen kann, muss das nachgeahmte Produkt zumindest eine gewisse wettbewerbliche Eigenart und eine entsprechende Verkehrsbekanntheit erreicht haben.

960a Die Herstellung eines kompatiblen Produkts ist für sich allein genommen noch nicht als Verstoß gegen § 1 UWG zu werten; die **Schutzwürdigkeit des Kompatibilitätsinteresses** eines Mitbewerbers findet allerdings dort eine Grenze, wo kompatibel hergestellte Austauschprodukte nicht auch den selben Qualitätsmaßstäben entsprechen, die der Hersteller der Originalware gesetzt hat.

961 Wettbewerbswidrig kann auch die Nachahmung bzw **Übernahme fremder Werbemittel** sein. Von einer wettbewerbswidrigen Übernahme einer fremden Werbung ist insbesondere dann auszugehen, wenn das nachgeahmte Werbevorbild über eine entsprechende Eigenart verfügt, weiters eine Verwechslungsgefahr gegeben ist und dem Nachahmer eine abweichende Eigengestaltung zumutbar gewesen wäre. Ebenso unzulässig ist die **anlehnende Werbung**, bei welcher der gute Ruf eines Mitbewerbers für eigene Wettbewerbszwecke benützt wird (zB alle Fahrer von X-Autos benützen Y-Öl; Verwendung der Bezeichnung „BOSS-energydrink" für ein neues „Trendgetränk").

962 Als sittenwidrige Ausbeutung ist ua auch der Vertrieb von Programmen zur **Beseitigung des Kopierschutzes** von Datenträgern anzusehen; detailierte Regelungen iZm derartigen Handlungen finden sich im Zugangskontrollgesetz (BGBl I 2000/60).

963 Hingegen ist das Abwerben von Beschäftigten oder Kunden eines Mitbewerbers als grundsätzlich zulässig anzusehen; wenn dies jedoch unter Anwendung von verwerflichen Mitteln (zB Stehlen einer Kundenkartei) oder in Verfolgung von verwerflichen Zielen (zB Vernichtung oder

Schädigung des Mitbewerbers) erfolgt, liegt ein Fall der sittenwidrigen **Ausspannung** vor.

cd   Bezugnahme auf den Mitbewerber

Bei der **persönlichen Reklame** werden wettbewerbsfremde Tatsachen, unpräzise Pauschalverdächtigungen oder Verleumdungen bzw Beschimpfungen über den Mitbewerber verbreitet. Derartige Maßnahmen der unnötigen Herabsetzung eines Mitbewerbers sind grundsätzlich als sittenwidrig iSv § 1 UWG zu qualifizieren. UU kann sogar die Veröffentlichung einer gerichtlichen Entscheidung, mit welcher der Zweck verfolgt wird, den Konkurrenten herabzusetzen, sittenwidrig sein.   964

In den Fällen der **kritisierenden vergleichenden Werbung** wird so vorgegangen, dass ein eigenes Angebot hervorgehoben wird und zur gleichen Zeit die Waren oder Dienstleistungen eines Mitbewerbers herabgewürdigt werden. Auch derartige Vorgehen sind idR als sittenwidrig einzustufen.   965

In § 2 Abs 2 UWG ist normiert, dass auch die **vergleichende Werbung** zulässig ist, wenn sie nicht gegen die §§ 1, 2 Abs 1, §§ 7 und 9 Abs 1 bis 3 UWG verstößt; somit sind herabsetzende, irreführende, zur Verwechslung geeignete und (ganz generell) unsachliche Maßnahmen der vergleichenden Werbung unzulässig. Erlaubt ist etwa der wahrheitsgemäße Vergleich mit anderen gleichartigen Leistungen von namentlich genannten Mitbewerbern anhand objektiv überprüfbarer Daten, sofern nicht das Gebot der Sachlichkeit verletzt wird; unzulässig wäre etwa ein Preisvergleich von verschiedenen Warenmengen.   966

ce   Kundenfang

Sofern **Werbemaßnahmen** derartig **übersteigert** werden, dass dadurch eine Ausschaltung des Wettbewerbes bewirkt wird, ist von der Wettbewerbswidrigkeit der entsprechenden Handlung auszugehen.   967

So sind etwa die **kopflastigen Vorspannangebote**, bei welchen eine besonders günstige und idR branchenfremde Nebenware zum Kauf der Hauptware verleiten soll, grundsätzlich als sittenwidrig iSv § 1 UWG anzusehen. Dies gilt insbesondere dann, wenn die Verknüpfung der Haupt- mit der Nebenware dazu führt, dass sachliche Erwägungen beim Konsumenten gänzlich ausgeschlossen werden.   968

Zwar sind **übliche Werbegeschenke** regelmäßig nicht als sittenwidrig einzustufen, doch gilt dies dann nicht, wenn durch die Mitgabe von „Warenproben" eine **Marktverstopfung** bewirkt wird. Eine derartige Marktverstopfung wird insbesondere dann anzunehmen sein, wenn ein Angebot quantitativ ausreicht, um den freien Wettbewerb auszuschalten.   969

970   Sofern iZm einem Kaufabschluss die **Autorität von fremden Personen** in unsachlicher Weise ausgenützt wird, kann dies ebenfalls zur Sittenwidrigkeit iSv § 1 UWG führen (zB Schüler werden vom Mathematiklehrer dazu aufgefordert, einen ganz bestimmten Typ von Taschenrechner zu kaufen, obwohl es keinen sachlichen Grund dafür gibt).

971   Auch dem Einsatz von **Laienwerbern** haftet häufig ein sittenwidriges Element an; derartige Aktivitäten sind deshalb bedenklich, weil die besondere Beziehungslage, welche regelmäßig zwischen Verwandten, Bekannten, Freunden etc besteht, für ökonomische Zwecke ausgenutzt wird. Allerdings hat der OGH wiederholt festgehalten, dass in Branchen, in denen die Verwendung von Laienwerbern seit jeher üblich ist (zB im Buch- und Zeitschriftenhandel, im Bausparkassenwesen) regelmäßig eine „mildere" Beurteilung geboten erscheint.

972   Als sittenwidrig iSv § 1 UWG ist auch die Ausübung eines **psychischen Kaufzwanges** anzusehen. Dieser liegt dann vor, wenn Konsumenten in eine derart psychische Zwangslage gebracht werden, dass sie sich einem Kaufabschluss nur mehr sehr schwer entziehen können (zB so genanntes „Anreißen" durch Straßenverkäufer).

973   Als eine weitere Variante des sittenwidrigen Kundenfangs kann auch die **belästigende Werbung** mittels **Telefax** oder **Telefon** angesehen werden, soweit der Anschlussinhaber die Werbesendung bzw -mitteilung weder gewünscht hat noch die Umstände ein solches Einverständnis voraussetzen konnten. Dies gilt auch für die vergleichbaren Fälle der **Internet-Werbung**.

cf   Behinderung

974   Grundsätzlich ist **nicht jede wettbewerbliche Maßnahme**, mit welcher Mitbewerber geschädigt bzw verdrängt werden sollen, als sittenwidrig einzustufen. Sofern jedoch im Zuge eines Behinderungswettbewerbes darauf abgezielt wird, dass der Mitbewerber seine Leistungen auf dem Markt nicht bzw nicht mehr voll zur Geltung bringen kann, liegt eine sittenwidrige Handlung vor.

975   Die Behinderung kann sich auf den **Absatz** oder auch auf die Möglichkeiten der **Produkt- bzw Dienstleistungsbewerbung** beziehen.

976   Eine besondere Form der Behinderung stellt der **Boykott** dar. Dabei fordert ein Boykottierer einen anderen zur Nichtaufnahme oder zum Abbruch von Geschäftsbeziehungen mit einem Dritten (dem Boykottierten) auf. Ein Boykott kann grundsätzlich nur dann als zulässig anerkannt werden, wenn er zur Durchsetzung von gerechtfertigten Forderungen eingesetzt wird, weiters keine Mittel verwendet werden, die dazu geeignet sind, die wirtschaftliche Existenz des Mitbewerbers zu gefährden und überdies vor Boykottbeginn alle anderen Möglichkeiten bereits ausgeschöpft worden sind.

Auch das **Ausnützen wirtschaftlicher Macht** ist als sittenwidrig iSv   977
§ 1 UWG zu beurteilen, wenn entweder der verfolgte Zweck unsittlich oder
das konkret angewandte Mittel unerlaubt ist oder die konkrete Art der
Anwendung gegen die guten Sitten verstößt.

Beim **Anzapfen** begehrt ein nachfragestarker Abnehmer vom Lieferan-   978
ten zusätzliche Sonderleistungen, ohne dafür eine entsprechende Gegenleistung zu erbringen. Sofern der betroffene Unternehmer nach den konkreten Umständen des Einzelfalls den Eindruck gewinnen muss, dass er
im Falle einer Ablehnung der Gewährung einer zusätzlichen Leistung
wirtschaftliche Nachteile erleiden kann, wird von der Sittenwidrigkeit einer
derartigen Handlung auszugehen sein.

Als wettbewerbswidrig kann sich auch die **Anmeldung von Marken**   979
darstellen, sofern dies in der primären Absicht erfolgt, den Mitbewerber
dadurch zu behindern (zB jemand meldet im Inland eine Marke an, die im
Ausland bereits gut eingeführt ist und verlangt anschließend vom ausländischen Markenrechtsinhaber Lizenzgebühren für die Verwendung der im
Inland eingetragenen Marke).

Analog dazu ist auch das so genannte **„Domain-Grabbing"** (das ist die   980
Anmeldung von Internetadressen unter dem Namen von bekannten Marken oder Zeichen, um die Adresse in der Folge teuer an den Zeicheninha-
ber abzugeben) als sittenwidrige Behinderung zu qualifizieren.

d Irreführung

In **§ 2 Abs 1 UWG** ist normiert, dass es verboten ist, im geschäftlichen   981
Verkehr zu Zwecken des Wettbewerbs über geschäftliche Verhältnisse zur
Irreführung geeignete Angaben zu machen.

Von Bedeutung ist, dass unter **Angaben** alle Aussagen zu verstehen   982
sind, die einen objektiv feststellbaren bzw nachprüfbaren Inhalt aufweisen.
Reine Werturteile, die sich als subjektive und nicht überprüfbare Meinungs-
äußerungen darstellen, sind von § 2 UWG nicht mitumfasst. Dabei ist die
Grenzziehung zwischen objektiven Aussagen und Werturteilen nicht immer
einfach. So hat der OGH beispielsweise ausgesprochen, dass es sich bei
den Werbeslogans „Österreichs bester Kaffee", „Österreichs schönste
Zeitschrift" oder „der schönste Platz am See" um Werturteile handelt,
welche nicht auf ihren Wahrheitsgehalt überprüfbar sind. Hingegen ist die
Aussage „Österreichs bekannter Modefrisör" oder „das beste Notebook"
vom OGH als objektiv überprüfbare Angabe qualifiziert worden.

Als Angaben iSv § 2 UWG kommen nicht nur **Wortdarstellungen**, son-   983
dern auch bildliche Darstellungen und sonstige Veranstaltungen, die wörtliche
Angaben zu ersetzen bestimmt und geeignet sind, in Frage (§ 39 Abs 1 UWG).

Von § 2 UWG wird verlangt, dass die Angaben **zur Irreführung geeig-**   984
net sein müssen. Der Rechtsprechung zufolge ist eine Ankündigung dann

als irreführend anzusehen, wenn sie nach ihrem Gesamteindruck bei flüchtiger Betrachtung durch einen Durchschnittskunden mit durchschnittlicher Aufmerksamkeit einen irrigen Eindruck erwecken kann. Im Falle der Mehrdeutigkeit einer Ankündigung muss sich der Werbende immer die für ihn ungünstigste Auslegung zurechnen lassen. Der EuGH beurteilt zur Irreführung geeignete Angaben anhand des Leitbildes eines „aufgeklärten und mündigen Verbrauchers", der „durchschnittlich informiert, aufgeschlossen und verständig" ist.

984a Irreführend kann auch die **Werbung mit „Statt-Preisen" im Konzerverbund** sein. Durch eine Preisgestaltung zwischen Schwesterunternehmen kann nämlich bei den beteiligten Verkehrskreisen, die keine Informationen über die konzernmäßigen Verflechtungen der beteiligten Unternehmen besitzen, der unrichtige Eindruck eines auf freiem Wettbewerb beruhenden besonders günstigen Kaufpreises entstehen, obwohl der Vergleichspreis und der Statt-Preis vom selben Wirtschaftssubjekt festgelegt worden sind.

985 Festzuhalten ist, dass auch **objektiv richtige Angaben** geeignet sein können, eine Irreführung herbeizuführen, so zB die Ankündigung des Verkaufes von Lederhosen ab € 18,–, wenn um diesen Preis lediglich Lederhosen für Kinder zum Verkauf stehen.

986 Da die Irreführung vom durchschnittlichen Publikum als wesentlich angesehen werden muss, kann es umgekehrt sein, dass uU auch **objektiv unrichtige Aussagen** nicht gegen § 2 UWG verstoßen.

987 Obwohl keine Verpflichtung zur **Vollständigkeit von Werbeaussagen** besteht, kann dennoch durch das Verschweigen von wesentlichen Tatsachen ein irreführender Gesamteindruck entstehen (zB unvollständige Preisvergleiche).

988 Bei der **marktschreierischen Reklame**, bei welcher mit massiven reklamemäßigen Übertreibungen gearbeitet wird, liegt grundsätzlich keine Angabe iSv § 2 UWG vor, da das Publikum derartige Aussagen regelmäßig von vornherein nicht ernst nimmt (zB „Sprite steigert Ihre Intelligenz"). Rechtlich zu qualifizieren wären diesbezüglich lediglich allfällig vorhandene, überprüfbare Tatsachenkerne.

989 Der **Gegenstand** von irreführenden Angaben kann von allem gebildet werden, was mit einem Geschäftsbetrieb in Zusammenhang steht und die Unternehmenstätigkeit fördern kann. Die diesbezüglich wichtigsten Fallgruppen sind in § 2 UWG angeführt. Dabei handelt es sich ua um

- Angaben über die **Beschaffenheit** (zB „reines Olivenöl" besteht in Wirklichkeit aus einer Mischung von Olivenöl und Tafelöl);
- Angaben über den **Ursprung** (zB „Steirische Qualitätsmilch" stammt in Wirklichkeit aus Italien). IZm den Ursprungsangaben ist darauf zu verweisen, dass gewisse **geographische Herkunftsangaben** sowie Ursprungsbezeichnungen auf Grund von internationalen Abkommen oder auch gem EU-Gemeinschaftsrecht (und den dazu

ergangenen nationalen Ausführungsbestimmungen in den §§ 68, 68a bis 68j MarkSchG) gesetzlichen Schutz beanspruchen können; daneben besitzen geographische Angaben auch gem §§ 8 f UWG einen entsprechenden Schutz (zB „Gorgonzola", „Cognac");

- Angaben über die **Herstellungsart** (zB als „handwerklich" angepriesene Erzeugnisse werden in Wirklichkeit industriell gefertigt);
- Angaben über die **Preisbemessung** (zB Ankündigung von „Großhandelspreisen", obwohl in Wirklichkeit normale Durchschnittspreise verrechnet werden; Ankündigung einer „absoluten Tiefpreissensation", obwohl die Mitbewerber zur selben Zeit die gleichen bzw günstigeren Preise anbieten; irreführende „Statt-Preis-Werbung"). Im Preisauszeichnungsgesetz findet sich ua die Verpflichtung des Unternehmers, die von ihm sichtbar ausgestellten Waren mit dem entsprechenden Bruttopreis „auszuzeichnen";
- Angaben über die **Art des Bezuges** bzw die **Bezugsquelle** (zB ein Händler erweckt den Anschein, dass er gleichzeitig auch der Hersteller der von ihm vertriebenen Waren ist);
- Angaben über den **Besitz von Auszeichnungen**;
- Angaben betreffend die **Menge der Vorräte**.

Auch irreführende Angaben betreffend den Anlass bzw **Zweck eines** 990 **Verkaufes** (zB Ankündigung des Verkaufs von „Konkurswaren"; s dazu auch § 30 UWG) oder das **Gewicht** einer verkauften Ware können uU geeignet sein, gegen § 2 UWG zu verstoßen; dies kann auch für irreführende Angaben iZm der **Größe eines Unternehmens** gelten. Als problematisch erweist sich in der Praxis auch oftmals die **„Biowerbung"**, bei der die besondere biologische Qualität eines Produktes hervorgehoben wird (zB „Gutes vom Gutshof"); derartige Hinweise sind grundsätzlich nur dann zulässig, wenn die besondere biologische Beschaffenheit der Ware eindeutig belegbar ist.

Überdies intendiert auch die im Jahr 1984 erlassene **EU-Irreführungs-** 991 **RL** die Hintanhaltung von irreführender Werbung. Darunter ist iSd genannten Richtlinie jede Werbung zu verstehen, die in irgendeiner Weise (einschließlich ihrer Aufmachung) die Personen, an die sie sich richtet oder die von ihr erreicht werden sollen, täuscht oder zu täuschen geeignet ist und die infolge der ihr innewohnenden Täuschung ihr wirtschaftliches Verhalten beeinflussen kann oder aus diesen Gründen einen Mitbewerber schädigt oder zu schädigen geeignet ist. Die EU-Irreführungs-RL verpflichtet die einzelnen Mitgliedstaaten dazu, Rechtsschutz gegen irreführende Werbung durch nationale Gerichte bzw Verwaltungsbehörden zu gewährleisten.

Es ist darauf zu verweisen, dass sich auch in **anderen gesetzlichen** 992 **Vorschriften** Normen finden, welche die Irreführung des Publikums in Grenzen halten sollen. So ist etwa in § 18 Abs 2 HGB geregelt, dass Firmenzusätze, die geeignet sind, eine Täuschung über die Art oder den

Umfang des Geschäfts oder die Verhältnisse des Geschäftsinhabers herbeizuführen, verboten sind. Im Lebensmittelgesetz bzw im Arzneimittelgesetz ist ua festgelegt, dass falsch bezeichnete Lebens- bzw Arzneimittel nicht in Verkehr gebracht werden dürfen. Auch dürfen keine Marken registriert werden, welche zur Täuschung des Publikums geeignet sind (§ 4 Abs 1 Z 8 MarkSchG).

e Mogelpackung

993   Gem § 6a UWG ist es verboten, zu Zwecken des Wettbewerbes Fertigpackungen in den geschäftlichen Verkehr zu bringen, bei denen das **Missverhältnis zwischen Verpackungsgröße und Füllmenge** nicht durch die Eigenart der Ware oder durch verpackungstechnische Gründe bedingt ist. Dieser Bestimmung kommt in der Praxis keine entscheidende Bedeutung zu, da sich gezeigt hat, dass sich in aller Regel ein allfälliges Missverhältnis zwischen Verpackungsgröße und Füllmenge iSv § 6a UWG gut begründen lässt.

f Herabsetzung eines Unternehmens

994   Einer **Herabsetzung eines Unternehmens** macht sich schuldig, wer zu Zwecken des Wettbewerbes über das Unternehmen eines anderen, über die Person des Inhabers oder Leiters des Unternehmens, über die Waren oder Leistungen eines anderen Tatsachen behauptet oder verbreitet, die geeignet sind, den Betrieb des Unternehmens oder den Kredit des Inhabers zu schädigen, sofern die behaupteten Tatsachen nicht erweislich wahr sind (§ 7 UWG). Während § 2 UWG darauf abzielt, dass ein im Wettbewerb stehender Unternehmer die von ihm erbrachten Waren oder Dienstleistungen besser darstellt, als sie tatsächlich sind, zielt § 7 UWG darauf ab, die Abwertung eines Mitbewerbers zu verhindern.

995   Auch von § 7 UWG wird die Verbreitung von **Tatsachen**, also Äußerungen mit nachprüfbarem Inhalt, verlangt; demgemäß fallen Werturteile nicht unter den Tatbestand von § 7 UWG.

996   Von § 7 UWG wird lediglich verlangt, dass Tatsachen behauptet oder verbreitet werden, welche den Unternehmensbetrieb oder den Kredit des Unternehmensinhabers **zu schädigen geeignet** sind. Es genügt daher bereits die abstrakte Gefahr einer Schädigung; ein tatsächlicher Schaden muss noch nicht eingetreten sein.

997   Zu beachten ist, dass eine Verantwortung nach § 7 UWG bereits dann eintritt, wenn die Wahrheit der Äußerung nicht bewiesen werden kann. Lediglich dann, wenn ein tatsächlicher Wahrheitsbeweis gelingt, kommt § 7 UWG nicht zum Tragen. Die Beweislast trägt nicht der herabgesetzte

Unternehmer, sondern der Herabsetzer (**Beweislastumkehr**). Bei vertraulichen Mitteilungen, an denen der Mitteilende bzw der Mitteilungsempfänger ein berechtigtes Interesse hatte (zB Erteilung einer Bonitätsauskunft), tritt eine derartige Beweislastumkehr aber nicht ein (§ 7 Abs 2 UWG).

Eine der Regelung in § 7 UWG **verwandte Bestimmung** findet sich in § 1330 Abs 2 ABGB. Dort ist normiert, dass jemand, der Tatsachen verbreitet, die den Kredit, den Erwerb oder das Fortkommen eines anderen gefährden und deren Unwahrheit er kannte oder kennen musste, verpflichtet ist, Schadenersatz, Widerruf (und dessen Veröffentlichung) zu leisten; allerdings muss in diesen Fällen der Geschädigte beweisen, dass die Behauptungen unwahr sind. Überdies findet sich in § 152 StGB auch das Privatanklagedelikt der Kreditschädigung.   998

g   Missbrauch von Unternehmenskennzeichen

Von § 9 UWG wird untersagt, im geschäftlichen Verkehr bestimmte **Unternehmenskennzeichen** (wie etwa den Namen, den Domain-Namen, die Firma, die Unternehmensbezeichnung, die Marke oder die Bezeichnung eines Druckwerkes) in einer Weise zu benützen, die geeignet ist, Verwechslungen hervorzurufen. Das Gleiche gilt auch für **Geschäftsabzeichen** und sonstige, zur Unterscheidung des Unternehmens von anderen bestimmte Einrichtungen (zB Warenausstattung, Verpackung, Geschäftspapiere, Werbeslogans), die innerhalb beteiligter Verkehrskreise als Kennzeichen des Unternehmens gelten.   999

Damit ein Unternehmenskennzeichen überhaupt schutzwürdig ist, müssen grundsätzlich folgende Voraussetzungen vorliegen: 1000

- Zunächst muss das Kennzeichen dazu geeignet sein, das Unternehmen von anderen Unternehmen zu unterscheiden (**Unterscheidungskraft**).
- Überdies darf das Unternehmenskennzeichen nicht dazu geeignet sein, einen Irrtum über die Zuordnung dieses Zeichens zu einem bestimmten anderen Unternehmen hervorzurufen (**Ausschluss der Verwechslungsgefahr**). Bei der Beurteilung der Verwechslungsgefahr ist der Gesamteindruck des Zeichens maßgebend.
- Schließlich muss dem Unternehmenskennzeichen **Verkehrsgeltung** zukommen. Diese Voraussetzung ist dann erfüllt, wenn das Unternehmenskennzeichen von den beteiligten Verkehrskreisen als ein besonderes Kennzeichen eines bestimmten Unternehmens geläufig ist.
- Schließlich ist noch darauf zu verweisen, dass allgemein gebräuchliche Ausdrücke bzw bekannte Wörter der Umgangs- und Fachsprache zur Kennzeichnung eines bestimmten Unternehmens grund-

sätzlich nicht in Frage kommen; dies gilt grundsätzlich auch für „beschreibende Angaben" (zB Flugambulanz). Diesbezüglich besteht ein **Freihaltebedürfnis;** jedermann soll sich dieser Zeichen bedienen können. Sofern hinsichtlich derartiger Zeichen freilich eine umfassende Verkehrsgeltung entstanden sein sollte, werden sie idR schützwürdig sein. Dabei gilt, dass der Grad der Verkehrsgeltung umso höher sein muss, je stärker das Freihaltebedürfnis ausgeprägt ist.

1001   Neben dem Unternehmenskennzeichen ist auch der **Name** (und zwar sowohl der bürgerliche Name als auch ein allfälliger Deckname) von § 9 UWG geschützt. Auch der Handelsname eines Vollkaufmannes (**Firma**; s dazu Rz 544 ff) sowie der **Titel von Druckwerken**, denen kein Titelschutz gem § 80 UrhG zukommt, werden vom Schutzkreis des § 9 UWG erfasst. Weiters sind auch **registrierte Marken** iSd Markenschutzgesetzes (s dazu Rz 1033 ff) und die **Ausstattung** eines Unternehmens geschützt. Dabei ist unter dem Begriff Ausstattung jedes Hilfsmittel des Geschäftsbetriebes, welches auf Grund seiner besonderen äußeren Gestaltung im Wirtschaftsverkehr als individueller Hinweis auf das Unternehmen bzw seine Dienstleistungen oder Waren anerkannt ist (zB Firmenlogo, besondere Werbeslogans), zu verstehen.

1002   Es ist darauf zu verweisen, dass ua auch § 37 HGB den unbefugten Gebrauch einer **Firma** unter Sanktion stellt; durch § 43 ABGB ist der Schutz des („bürgerlichen") **Namens** gewährleistet.

h   Zugaben

1003   Durch das Wettbewerbsderegulierungsgesetz aus dem Jahr 1992 wurde das bis dahin geltende Zugabengesetz aufgehoben. Gleichzeitig wurde das Zugabenverbot weitgehend in das UWG integriert.

1004   § 9a UWG verbietet im geschäftlichen Verkehr zu Zwecken des Wettbewerbes

* in öffentlichen Bekanntmachungen oder anderen Mitteilungen, die für einen größeren Personenkreis bestimmt sind, **Verbrauchern** das Gewähren unentgeltlicher Zugaben neben Waren oder Leistungen anzukündigen oder **Verbrauchern** solche Zugaben neben periodischen Druckwerken anzubieten, anzukündigen oder zu gewähren, sowie

* **Unternehmern** neben Waren oder Leistungen unentgeltliche Zugaben anzubieten, anzukündigen oder zu gewähren.

1005   Unter dem Begriff einer **Zugabe** ist ein zusätzlich gewährter (wirtschaftlicher) Vorteil zu verstehen, der neben einer Hauptware bzw Hauptleistung ohne Berechnung, also scheinbar unentgeltlich, angekündigt, angeboten oder gewährt wird, lediglich, um den Absatz der Hauptware bzw -leistung zu fördern. Dabei muss die Zugabe mit der Hauptware bzw Hauptleistung in einem derartigen Zusammenhang stehen, dass sie objektiv dazu geeignet ist, die Kunden in ihrem Entschluss zum Erwerb der Hauptware bzw Hauptleistung zu beeinflussen. Die Zugabe muss demnach ein echtes **Werbe- oder Lockmittel** sein.

Werden Zuwendungen erst **nach dem erfolgten Kaufabschluss** in Aussicht gestellt oder gewährt, liegt eine Zugabe iSv § 9a UWG nicht vor, da ein entsprechender Zusammenhang zwischen Hauptangebot und Nebenleistung entweder vor oder im Zeitpunkt des Kaufabschlusses gegeben sein muss. Um eine Zugabe handelt es sich auch dann nicht, wenn mehrere Waren oder Dienstleistungen gemeinsam abgegeben werden, die entsprechend der maßgeblichen Verkehrsauffassung eine **Einheit** bilden und nicht in einem Verhältnis von Haupt- und Nebensache stehen (zB Motorenöl inklusive Ölwechsel). **1006**

Die **Koppelungsangebote** zeichnen sich dadurch aus, dass zwei oder mehrere verschiedene Waren unter der Nennung eines jeweiligen Einzelpreises zu einem dann addierten Gesamtpreis angeboten werden (zB Küche inklusive E-Geräte). Dagegen wird dann nichts einzuwenden sein, wenn der für die Nebenware genannte Preis als realistisch kalkuliert anzusehen ist; handelt es sich hingegen lediglich um einen Scheinpreis, der zur Verschleierung einer Zugabe dient, wird § 9a UWG zur Anwendung zu bringen sein. **1007**

In § 9a Abs 2 UWG ist eine Reihe von **Ausnahmen** normiert, bei deren Vorliegen die Gewährung von Zugaben nicht verwehrt ist. Zu diesen ausgenommenen Zugaben zählen: **1008**

- Das **handelsübliche Zugehör** zu einer Ware bzw die **handelsüblichen Nebenleistungen**. Diese müssen sich im Rahmen von vernünftigen Handels- bzw Branchengepflogenheiten halten (zB Beigabe einer Schlägerhülle zu einem Tennisschläger; die Vornahme von Änderungsarbeiten beim Kauf eines Konfektionsanzuges).
- **Warenproben**.
- **Reklamegegenstände**, die durch auffallend sichtbare und dauerhafte Bezeichnung des reklametreibenden Unternehmens gekennzeichnet sind und die – im Verhältnis zur Hauptware – einen geringen Wert besitzen (zB bei Bezug eines Jahresabos einer Tageszeitung wird ein mit großer Werbeschrift versehenes Tragradio im Wert von € 11,– beigegeben).
- **Geringwertige Zuwendungen** bzw geringwertige Kleinigkeiten, sofern sie nicht für Zusammenstellungen bestimmt sind, die einen die Summe der Werte der gewährten Einzelgegenstände übersteigenden Wert besitzen (zB Zuckerln, geringwertiges Spielzeug).
- **Geld- oder Warenrabatte**. Ein Gutschein ist nur dann als erlaubter Geldrabatt zu qualifizieren, wenn er gegen Geld eingelöst werden kann; wenn durch den Gutschein lediglich ein bestimmter Betrag

vom Kaufpreis einer anderen Ware abgezogen wird, liegt hingegen kein zulässiger Geldrabatt vor.

- Die Erteilung von **Auskünften oder Ratschlägen**.
- Die Einräumung einer Teilnahmemöglichkeit an einem **Preisausschreiben**, sofern der sich aus dem Gesamtwert der ausgespielten Preise im Verhältnis zur Zahl der ausgegebenen Teilnahmekarten (Lose) ergebende Wert der einzelnen Teilnahmekarte € 0,36,– und der Gesamtwert der ausgespielten Preise € 21.600,– nicht überschreitet. Durch die UWG-Novelle aus dem Jahr 1993 wurde gesetzlich geregelt, dass Zugaben in Form von Gewinnspielen bei periodischen Druckschriften (Zeitungen, Zeitschriften) nicht zulässig sind, da auf diesem Gebiet ein übergroßer Aufwand betrieben wurde.

i   Verbot des Verkaufes gegen Vorlage von Einkaufsausweisen und Berechtigungsscheinen

1009   Gegen § 9c UWG verstößt, wer an Personen, die hinsichtlich der betreffenden Waren Verbraucher sind, **Einkaufsausweise** oder **Berechtigungsscheine** und dergleichen, die zu einem wiederholten Bezug von Waren berechtigen, ausgibt, oder Waren gegen Vorlage derartiger Ausweise verkauft. Der Zweck dieser Bestimmung besteht darin, Verbraucher vom Abschluss von Geschäften fernzuhalten, die an und für sich nur Wirtschaftreibenden vorbehalten sein sollen. Allerdings greift die Bestimmung des § 9c UWG zu kurz, da **Tages- bzw Einmalausweise** erlaubt sind und überdies bei Vorliegen der entsprechenden Gewerbeberechtigungen sowohl an Wiederverkäufer als auch an Letztverbraucher verkauft werden darf.

j   Bestechungsverbot

1010   § 10 UWG verbietet die Bestechung von Bediensteten oder Beauftragten eines Unternehmens in der Form, dass durch **Geschenke** oder durch das Gewähren, Versprechen oder Anbieten sonstiger **Vorteile** ein unlauteres Verhalten des Bediensteten oder der Beauftragten bewirkt wird, wodurch eine Bevorzugung für den Bestecher oder einen Dritten erlangt wird. Rechtlich verfolgt werden kann sowohl die aktive Bestechung als auch die passive Bestechung (§ 10 Abs 2 UWG). Die Zuwendung von üblichen kleinen Geschenken (zB Trinkgelder, Jahreskalender) ist nicht vom Verbot des § 10 UWG erfasst.

k   Verletzung von Betriebs- und Geschäftsgeheimnissen

Von § 11 UWG ist der **Treuebruch** eines Beschäftigten, der Geheim-   1011
nisse, die ihm auf Grund seines Dienstverhältnisses anvertraut oder sonst
zugänglich geworden sind, während seines Dienstverhältnisses unbefugt
einem anderen zu Wettbewerbszwecken mitteilt, unter Strafsanktion gestellt. Ebenso steht die unbefugte Verwertung der **Weitergabe von Ge-
heimnissen**, deren Kenntnis jemand durch den Treuebruch des Dienstnehmers eines anderen oder durch eigene gesetz- bzw sittenwidrige
Handlung erlangt hat, unter der Strafdrohung von § 11 UWG, wenn dies
zu Wettbewerbszwecken erfolgt. Dabei ist unter einem Geheimnis eine
Tatsache zu verstehen, die lediglich einem eng umgrenzten Personenkreis
bekannt sowie anderen Personen nur schwer zugänglich ist und nach dem
Willen des über das Geheimnis Verfügungsberechtigten nicht weiter bekannt werden soll. Der Verrat von Geschäfts- oder Betriebsgeheimnissen
bzw das Auskundschaften eines Geschäfts- bzw Betriebsgeheimnisses
steht auch unter der Strafdrohung des Strafgesetzbuches (§§ 122 f StGB).

l   Vorlagenmissbrauch

Wer Vorlagen oder **Vorschriften technischer Art** (zB Zeichnungen,   1012
Konzepte), die ihm im geschäftlichen Verkehr anvertraut wurden, zu Wettbewerbszwecken unbefugt verwertet oder anderen mitteilt, verstößt gegen
§ 12 UWG.

m   Schneeballsystem-Verträge

Durch § 27 UWG ist untersagt, in einem Geschäftsbetrieb Verträge   1013
nach dem **Schneeballsystem** abzuschließen. Dabei handelt es sich um
ein System, in welchem der Käufer eine Ware bzw Leistung erst dann
erhält, wenn er dem Verkäufer oder auch einem Dritten weitere Abnehmer
zugeführt hat, die ihrerseits wiederum Personen namhaft machen müssen,
welche als Abnehmer in das Vertragsverhältnis einsteigen.

n   Verbot der Anmaßung von Auszeichnungen und Vorrechten

Gem § 31 UWG ist es untersagt, beim Betrieb eines Unternehmens   1014
- dem Inhaber oder dem Unternehmer eine ihm nicht zustehende
  Auszeichnung beizulegen oder fälschlich den Besitz einer von
  einer Behörde anerkannten oder verliehenen **Befähigung**, **Befugnis** oder **Berechtigung** zuzuschreiben, oder

279

- eine Auszeichnung oder eine auf eines der eben erwähnten Vorrechte hinweisende Bezeichnung in einer Weise zu gebrauchen, die zur Täuschung über den Anlass oder Grund der Verleihung der Auszeichnung oder über den Umfang des Vorrechts geeignet ist.

o   Ausverkäufe

1015   Zunächst ist auf den Grundsatz zu verweisen, dass die im UWG enthaltenen Bestimmungen über Ausverkäufe (§§ 33a bis 33 f UWG) sich nicht auf die Abhaltung eines Ausverkaufes als solchen beziehen, sondern lediglich dessen **öffentliche Ankündigung** berühren. Demgemäß ist die Durchführung eines Ausverkaufes ohne entsprechende Ankündigung grundsätzlich ohne weiteres erlaubt.

1016   Dabei wird unter der **Ankündigung eines Ausverkaufes** jede öffentliche Bekanntmachung bzw jede für einen größeren Kreis von Personen bestimmte Mitteilung verstanden, die auf die Absicht schließen lässt, Waren in größeren Mengen beschleunigt im Kleinverkauf abzusetzen und die gleichzeitig geeignet ist, den Eindruck zu erwecken, dass der Gewerbetreibende durch besondere Umstände genötigt ist, beschleunigt zu verkaufen und dass deshalb die Waren zu außerordentlich vorteilhaften Bedingungen oder Preisen angeboten werden (§ 33a Abs 1 UWG). Eine derartige Ankündigung eines Ausverkaufes ist nur mit Bewilligung der zuständigen Bezirksverwaltungsbehörde zulässig (§ 33b UWG).

1017   Die **Abschnittsverkäufe**, wie etwa Saisonschlussverkäufe und Inventurverkäufe, fallen nicht unter die Genehmigungspflicht (§ 33a Abs 2 UWG).

2   Rechtsfolgen bei UWG-Verstößen

a   Zivilrechtliche Ansprüche

1018   Zivilrechtliche Ansprüche auf Grund von Wettbewerbsverstößen nach den einschlägigen Bestimmungen des UWG sind grundsätzlich vor den **Handelsgerichten** geltend zu machen.

1019   Im Einzelnen können vor allem Unterlassungsansprüche, Ansprüche auf Urteilsveröffentlichung und Schadenersatzansprüche geltend gemacht sowie einstweilige Verfügungen beantragt werden.

aa   Unterlassungsanspruch

1020   Grundsätzlich kann derjenige, welcher gegen eine Bestimmung des UWG verstößt, auf **Unterlassung** in Anspruch genommen werden.

Voraussetzung dafür ist jedoch, dass eine Wiederholungsgefahr gegeben ist.

Das Vorliegen der **Wiederholungsgefahr** wird grundsätzlich bereits dann vermutet, wenn der Beklagte schon irgendwann einmal gegen das UWG verstoßen hat. In diesem Fall hat sodann der Beklagte zu beweisen, dass von seiner Seite keine Wiederholungsgefahr mehr ausgeht (Beweislastumkehr). Der OGH hat judiziert, dass eine Wiederholungsgefahr dann nicht vorliegt, wenn vom Verletzer ein an keinerlei Bedingungen geknüpfter Vergleich betreffend den gesamten Unterlassungsanspruch angeboten wird und gleichzeitig nach den Umständen des Einzelfalles keine Bedenken gegen die ernsthafte Absicht des Anbieters bestehen, von gleichartigen Handlungen in der Zukunft Abstand zu nehmen. **1021**

Das Vorliegen eines **Verschuldens** seitens des Verletzers ist nicht Voraussetzung für die Geltendmachung eines Unterlassungsanspruches. **1022**

Sofern vom Kläger die konkrete Gefahr einer drohenden Rechtsverletzung (Begehungsgefahr) bewiesen werden kann, lässt die Judikatur auch **vorbeugende Unterlassungsklagen** zu. **1023**

Unterlassungsansprüche **verjähren** grundsätzlich sechs Monate nach Kenntnis der Tat und des Täters bzw jedenfalls drei Jahre nach der Handlung (§ 20 Abs 1 UWG). Sofern es sich um wettbewerbswidrige **Dauerzustände** handelt, tritt eine Hemmung der Verjährung des Unterlassungsanspruches für die Dauer des Fortbestehens des rechtswidrigen Zustandes ein (§ 20 Abs 2 UWG) **1024**

Zur **Einbringung der Klage** ist in jedem Fall der durch den Wettbewerbsverstoß **direkt Betroffene** aktiv legitimiert. In bestimmten Fällen (insbesondere §§ 1, 2, 6a, 9a, 9c, 10 und 27 bis 33 f UWG) ist auch der **Mitbewerber** aktiv klagslegitimiert. Als Mitbewerber gilt dabei derjenige, der Waren oder Leistungen gleicher oder verwandter Art herstellt oder in Verkehr bringt. In denselben Fällen sind überdies Vereinigungen zur Förderung wirtschaftlicher Interessen von Unternehmern („**Wettbewerbsschutzverbände**") aktiv klagslegitimiert. In den Fällen der §§ 1, 2, 6a, 9a, 9c und 27 bis 33 f UWG sind weiters auch die Bundesarbeitskammer, die Wirtschaftskammer Österreichs, die Präsidentenkonferenz der Landwirtschaftskammern Österreichs und der Österreichische Gewerkschaftsbund klagsberechtigt (**Amtsparteien**). Schließlich steht in den Fällen der irreführenden Werbung gem § 1 und § 2 UWG auch dem **Verein für Konsumenteninformation** ein Klagerecht zu. Sofern der Ursprung des Verstoßes in den Fällen der irreführenden Werbung in Österreich gelegen ist, können grundsätzlich auch **ausländische Verbraucherschutzverbände** die Klage erheben (s zu den diesbezüglichen Voraussetzungen bei § 14 Abs 2 UWG). **1025**

Geklagt werden können der unmittelbare Täter, Anstifter, Mittäter oder Gehilfen sowie der Unternehmensinhaber (**passive Klagslegitimation**). So ist etwa derjenige, welcher auf einer von ihm mit zu verantwortenden **1026**

Website einen Hyperlink auf eine Domain mit wettbewerbswidrigem Inhalt aufgebracht hat, für den Verstoß mitverantwortlich. Sofern der unmittelbare Täter die Handlung **im Auftrag seines Dienstgebers** vorgenommen hat und ihm auf Grund seiner wirtschaftlichen Abhängigkeit nicht zugemutet werden konnte, die Vornahme der Handlung abzulehnen, ist er von einer gerichtlichen bzw verwaltungsrechtlichen Strafe ausgenommen.

ab   Anspruch auf Urteilsveröffentlichung

1027   Im Falle der **Herabsetzung** eines Unternehmens kann vom Verletzer verlangt werden, dass die von ihm behaupteten bzw verbreiteten Tatsachen öffentlich widerrufen werden. Überdies kann in den Fällen der §§ 4 und 10 UWG angeordnet werden, dass das verurteilende Erkenntnis auf Kosten des Verurteilten zu veröffentlichen ist (§ 25 Abs 1 UWG).

1028   Eine **Urteilsveröffentlichung** ist auch dann vorzunehmen, wenn – mit Ausnahme der Fälle der §§ 11 und 12 UWG – auf Unterlassung geklagt wird und die obsiegende Partei ein berechtigtes Interesse daran hat (§ 25 Abs 3 UWG).

ac   Schadenersatzanspruch

1029   Sofern die Verletzung von wettbewerbsrechtlichen Verhaltensnormen auf Grund einer vorsätzlichen oder fahrlässigen Handlung zu einem Schaden geführt hat, tritt nach den allgemeinen Regeln des ABGB eine entsprechende **Schadenersatzhaftung** ein. Im Unterschied zu den allgemeinen Regeln des ABGB umfasst der Schadenersatzanspruch auf Grund von Wettbewerbsverletzungen auch bei leichter Fahrlässigkeit den entgangenen Gewinn (§ 16 Abs 1 UWG). Die Schadenersatzansprüche verjähren innerhalb von drei Jahren ab Kenntnis der Verletzung und des Verletzers (§ 1489 ABGB).

ad   Einstweilige Verfügung

1030   Auf Grund der regelmäßig sehr langen Prozessdauer, während derer grundsätzlich ein wettbewerbswidriges Verhalten fortgesetzt werden könnte, ermöglicht § 24 UWG die Erlassung einer **einstweiligen Verfügung**. Dadurch wird dem Prozessgegner das von ihm gesetzte Verhalten vorläufig solange verboten, bis ein rechtskräftiges Urteil vorliegt. Damit eine einstweilige Verfügung ausgesprochen wird, hat die gefährdete Partei lediglich die Voraussetzungen für den Unterlassungsanspruch gegen den Gegner zu bescheinigen; der Nachweis einer konkreten Gefährdung ist hingegen nicht erforderlich.

b Strafgerichtliche Verfolgung

Bestimmte Verstöße gegen das UWG können neben der zivilrechtlichen **1031** Folge auch eine **strafgerichtliche Verfolgung** nach sich ziehen. Auf Antrag (**Privatanklagedelikt**) können die wissentliche Irreführung (§ 4 UWG), die Bestechung (§ 10 UWG), die Geheimnisverletzung (§ 11 UWG) und der Missbrauch anvertrauter Vorlagen (§ 12 UWG) strafgerichtlich geahndet werden. Der entsprechende Antrag auf strafgerichtliche Verfolgung ist grundsätzlich innerhalb von sechs Wochen ab Kenntnis der Tat und eines hinlänglich Verdächtigen einzubringen.

Bestimmte UWG-Verletzungen sind als **Verwaltungsübertretungen** **1032** strafbar und werden von den Bezirksverwaltungsbehörden von Amts wegen verfolgt (zB §§ 27, 31 und 32 UWG).

C Markenrecht

Literatur: wie oben VI/A und *Binder*, Wirtschaftsrecht[2] (1999); *Haybäck*, Grundzüge des Marken- und Immaterialgüterrechts (2001); *Kucsko*, Die Gemeinschaftsmarke (1988); *Meister*, Marke und Recht[3] (1997); *Puchberger/Jakadofsky*, Markenrecht[2] (2000); *Rinner*, Österreichisches Handelsrecht Bd II[2] (1982); *Schanda*, Markenschutzgesetz (1999); *Schönherr/Thaler*, Entscheidungen zum Markenrecht (1985).

1 Allgemeines

Das Markenrecht kann als Teilbereich des übergeordneten **Kennzei- 1033 chenrechts** angesprochen werden. Dabei kommt ganz allgemein den Kennzeichen die Funktion zu, Personen, Unternehmen, Waren oder Leistungen zu individualisieren und dadurch von anderen Personen, Unternehmen, Waren oder Leistungen unterscheidbar zu machen. Im Bereich des Kennzeichenrechtes kann zwischen dem Namen, der Firma, der Geschäftsbezeichnung, dem Titel, der Ausstattung und schließlich der Marke unterschieden werden.

Der **Name** bezeichnet entweder eine physische oder juristische Person. **1034** Der Schutz des Namens ist durch § 43 ABGB gewährleistet, worin normiert ist, dass, wenn jemandem das Recht zur Führung seines Namens bestritten wird oder eine Beeinträchtigung durch einen unbefugten Gebrauch eines Namens erfolgt, eine Klage auf Unterlassung und – bei Verschulden – auf Schadenersatz eingebracht werden kann.

Wie bereits ausgeführt (Rz 544), handelt es sich bei der **Firma** um den **1035** Handelsnamen des Vollkaufmannes.

1036   Bei der **Geschäftsbezeichnung** handelt es sich um ein Wort- oder Bildzeichen, welches dazu dient und auch dazu geeignet ist, ein Unternehmen bzw einen Betrieb von anderen Unternehmen bzw Betrieben zu unterscheiden. Zu beachten ist, dass der Schutz einer gewählten Geschäftsbezeichnung bereits mit Aufnahme des kennzeichengemäßen Gebrauches im Inland beginnt; lediglich im Falle einer mangelnden Unterscheidungskraft entsteht der Schutz der Geschäftsbezeichnung erst mit dem Erlangen einer allgemeinen Verkehrsgeltung.

1037   Durch einen **Titel** wird idR ein bestimmtes urheberrechtlich geschütztes Werk gekennzeichnet (§§ 80, 84 UrhG).

1038   Die **Ausstattung** dient grundsätzlich dazu, Waren oder Dienstleistungen eines Unternehmens von gleichartigen Waren oder Dienstleistungen eines anderen Unternehmens zu unterscheiden; unter dem Begriff der Ausstattung kann jedes mit den Sinnen wahrnehmbare Zeichen, welches als Hinweis auf ein bestimmtes Unternehmen anerkannt ist, zusammengefasst werden.

1039   Ebenso wie die Ausstattung dient auch die **Marke** dazu, Waren oder Dienstleistungen eines Unternehmens von gleichartigen Waren oder Dienstleistungen eines anderen Unternehmens zu unterscheiden. Im Gegensatz zur Ausstattung, deren Schutz Verkehrsgeltung voraussetzt, ist zur Erlangung eines entsprechenden Markenschutzes ein eigenes rechtsförmliches Eintragungsverfahren erforderlich, welches im Markenschutzgesetz normiert ist.

1040   Für alle Kennzeichen gilt, dass sie ihrer Unterscheidungsfunktion grundsätzlich nur dann gerecht werden können, wenn sie tatsächlich dazu geeignet sind, Personen bzw Gegenstände von anderen zu unterscheiden. Abhängig vom Grad der **Unterscheidungskraft** kann zwischen schwachen, normalen und starken Zeichen unterschieden werden.

1041   Zu den **starken Zeichen**, die an sich unterscheidungskräftig sind, zählen etwa seltene Eigennamen bzw Phantasiezeichen.

1042   **Bloßen Ziffern** und **Zahlen** fehlt idR die Unterscheidungskraft (Ausnahme aber wegen entsprechender Verkehrsgeltung zB „4711"); das gilt auch für einzelne Buchstaben bzw Buchstabenverbindungen, die keine klangliche Einheit bilden. Auch den bloßen Gattungsbezeichnungen (zB „Optikerring") und den beschreibenden Zeichen (zB „Superkleber") fehlt die Unterscheidungskraft.

1043   Da für Wörter der **allgemeinen Umgangssprache** sowie für spezielle Ausdrücke einer spezifischen Fachsprache ein entsprechendes Freihaltebedürfnis besteht, sind diese als grundsätzlich schutzunwürdig einzustufen.

1044   Wie erwähnt, sind die starken Zeichen **an sich** unterscheidungsfähig. Andere Zeichen können die Unterscheidungskraft durch **Verkehrsgeltung** erlangen. Dabei liegt die Verkehrsgeltung dann vor, wenn ein Zeichen im geschäftlichen Verkehr als Kennzeichen eines bestimmten Unternehmens bzw einer bestimmten Ware oder Leistung angesehen wird. Als Nachweis für die Verkehrsgeltung kommen ua Belege über Art und Umfang der Werbung, entsprechende Umsatzzahlen sowie Bestätigungen von Abnehmern und (demoskopische) Gutachten in Betracht.

2 Marke

a Begriff

In § 1 Abs 1 MarkSchG ist normiert, dass unter dem **Begriff einer** 1045 **Marke** iSd MarkSchG alle Zeichen verstanden werden, die sich graphisch darstellen lassen (zB Wörter, Abbildungen, Buchstaben und Zahlen), soweit sie dazu geeignet sind, Waren oder Dienstleistungen eines Unternehmens von gleichartigen Waren und Dienstleistungen anderer Unternehmen zu unterscheiden. Dabei sind unter Marken iSd österreichischen MarkSchG grundsätzlich nur solche Zeichen zu verstehen, die **mit dem Auge wahrgenommen** werden können. **Geruchszeichen** können (derzeit) keine Marken iSd MarkSchG sein; sehr wohl aber sind seit jüngerem so genannte „**Klangmarken**" zulässig.

Durch die Eintragung eines Zeichens im **Markenregister** (Registrie- 1046 rung) wird das Zeichen zur Marke, welche den besonderen Schutz des MarkSchG genießt (§ 2 Abs 1 MarkSchG).

Ergänzend ist noch darauf zu verweisen, dass sich in den §§ 68 und 1047 68a bis 68j MarkSchG Vorschriften zum **Schutz geographischer Angaben und Ursprungsbezeichnungen** (zB: „Tiroler Speck") finden, welche auf der Basis der „Verordnung 2081/92 zum Schutz geographischer Angaben und Ursprungsbezeichnungen für Agrarerzeugnisse und Lebensmittel" durch die Novelle BGBl I 1999/111 in das MarkSchG integriert wurden.

b Funktion

Die Marke dient dazu, Waren oder Leistungen des Markeninhabers von 1048 gleichartigen Waren oder Leistungen eines Dritten zu unterscheiden und gibt so idR einen entsprechenden Hinweis auf den Markenträger (**Unterscheidungsfunktion**); gleichzeitig bietet die Marke für den Abnehmer häufig eine gewisse Orientierungshilfe an (**Herkunftsfunktion**).

Der Abnehmer hat in aller Regel auch eine gewisse Vorstellung betref- 1049 fend Güte oder Beschaffenheit einer Markenware bzw -leistung (**Vertrauensfunktion**).

Schließlich kommt der Marke auch eine wichtige **Werbefunktion** zu. 1050

c Arten

1051 Es kann zwischen **Wortmarken**, welche aus einer aussprechbaren Buchstabenkombination bestehen, weiters **Bildmarken**, welche ausschließlich in einer graphischen Darstellung bestehen, und **Wort-Bild-Marken** (**kombinierte Marken**), welche sowohl aus Wort- als auch aus Bildbestandteilen bestehen, unterschieden werden.

1052 Darüber hinaus sind auch **Buchstabenmarken**, welche aus Buchstaben, die keine aussprechbare Einheit bilden (zB OMV) und **Ziffernmarken**, welche lediglich aus einzelnen Ziffern oder Zahlen bestehen, denkbar. Dabei ist jedoch ausdrücklich darauf hinzuweisen, dass Buchstaben- und Ziffernzeichen bzw Kombinationen dieser Zeichenformen, denen die Unterscheidungskraft fehlt, nur im Falle des Nachweises einer entsprechenden Verkehrsgeltung in das Markenregister eingetragen werden können.

1053 Die **Defensivmarken** werden dazu angemeldet, um zu verhindern, dass Dritte ein bestimmtes Zeichen als Marke anmelden bzw benützen; freilich darf diesbezüglich nicht gegen die Bestimmungen des UWG verstoßen werden und es darf sich dabei nicht um eine „bösgläubige Anmeldung" iSv § 34 Abs 1 MarkSchG handeln. Hingegen werden die **Vorratsmarken** angemeldet, um sie zu einem späteren Zeitpunkt benützen zu können.

1054 Grundsätzlich kommt als Träger des Markenrechtes lediglich der Inhaber eines Unternehmens in Betracht (**Individualmarken**). Allerdings räumen die Bestimmungen der §§ 62 bis 67 MarkSchG Verbänden mit Rechtspersönlichkeit und juristischen Personen des öffentlichen Rechts, die wirtschaftliche Zwecke verfolgen, auch dann das Recht ein, eine Marke zu erwerben, wenn diese Marken in den Unternehmen ihrer Mitglieder zur Kennzeichnung der Waren oder Dienstleistungen dienen sollen (**Verbandsmarken**; zB „Fleurop").

3 Registrierungsverfahren

1055 Die Marke ist zur Registrierung in dem vom Patentamt geführten **Markenregister** schriftlich anzumelden (§ 16 Abs 2 MarkSchG). In dieser Anmeldung ist anzuführen, für welche Waren bzw Dienstleistungen die Marke vorgesehen ist (§ 16 Abs 3 MarkSchG).

1056 Ab dem Zeitpunkt der ordnungsgemäßen Anmeldung erlangt der Anmelder das Recht der **Priorität** für die angemeldete Marke (§ 23 Abs 1 MarkSchG); das bedeutet, dass er gegenüber später angemeldeten Marken den Vorrang hat.

1057 Die erfolgte Markenanmeldung wird vom Patentamt zunächst auf ihre **Gesetzmäßigkeit** (§ 20 Abs 1 MarkSchG) hin geprüft. Dabei wird insbesondere untersucht, ob formale Mängel (zB Fehlen der Unterschrift des Antragsstellers) sowie unbedingte oder bedingte Registrierungshindernisse bestehen.

Zeichen, die einem **unbedingten Registrierungshindernis** (§ 4 Abs 1 Z 1, Z 2 und Z 6 bis 9 MarkSchG) unterliegen, sind von der Registrierung ausgeschlossen. Dazu zählen ua **staatliche Hoheitszeichen und Wappen** inländischer Gebietskörperschaften, amtliche **Prüfungs- oder Gewährzeichen** (zB Eichstempel), Zeichen **internationaler Organisationen**, Zeichen, die **graphisch nicht darstellbar** sind, weiters Zeichen, die **Ärgernis erregende** oder sonst gegen die **öffentliche Ordnung** verstoßende Darstellungen oder Aufschriften enthalten (zB pornographische Zeichen), weiters täuschende Zeichen (**Dezeptivzeichen**).   **1058**

Sofern Zeichen mit einem **bedingten Registrierungshindernis** behaftet sind, besteht die Möglichkeit, dass das entsprechende Hindernis unter gewissen Voraussetzungen beseitigt werden kann. So kann etwa das bedingte Registrierungshindernis der **mangelnden Unterscheidungskraft** durch den Nachweis überwunden werden, dass das Zeichen vor der Anmeldung innerhalb der beteiligten Verkehrskreise infolge seiner Benutzung Unterscheidungskraft im Inland erlangt hat (§ 4 Abs 1 Z 3 iVm Abs 2 MarkSchG). Analog dazu kann auch das bedingte Registrierungshindernis von **beschreibenden Zeichen** dann beseitigt werden, wenn das Zeichen in den beteiligten Verkehrskreisen als Kennzeichen der Waren bzw Dienstleistungen des Unternehmens des Anmelders gilt (§ 4 Abs 1 Z 4 iVm Abs 2 MarkSchG). Gleiches gilt für Zeichen, die im allgemeinen Sprachgebrauch oder in den ständigen Verkehrsgepflogenheiten zur Bezeichnung der Ware oder Dienstleistung üblich sind (**Freizeichen**; § 4 Abs 1 Z 5 iVm Abs 2 MarkSchG). Sofern Marken Auszeichnungen oder Kennzeichen offiziellen Charakters lediglich als Bestandteile enthalten, können sie gegen Nachweis des Rechts zur Benützung registriert werden (§ 5 MarkSchG).   **1059**

Ergibt die **Gesetzmäßigkeitsprüfung** des Patentamtes, dass gegen die Zulässigkeit einer Marke Bedenken bestehen, wird der Anmelder aufgefordert, sich binnen bestimmter Frist zu äußern. Können die Bedenken des Patentamtes nicht zerstreut werden bzw erfolgt keine fristgerechte Äußerung, so wird die Markenanmeldung mit Beschluss des Patentamtes abgewiesen (§ 20 Abs 1 MarkSchG). Dagegen ist eine Beschwerde an die Beschwerdeabteilung des Patentamtes zulässig (§ 36 MarkSchG). Gegen die Entscheidung der Beschwerdeabteilung kann hingegen kein ordentliches Rechtsmittel eingebracht werden (§ 36 MarkSchG); es steht lediglich die Anrufung des Verwaltungsgerichtshofes zu Gebote.   **1060**

Nach Abschluss der in § 20 MarkSchG geregelten Gesetzmäßigkeitsprüfung erfolgt die **Ähnlichkeitsprüfung** (§ 21 MarkSchG). Diese zielt auf die Prüfung, ob die angemeldete Marke mit einer für dieselbe bzw gleichartige Ware oder Dienstleistung bereits früher angemeldeten und noch zu   **1061**

Recht bestehenden Marke gleich oder ähnlich ist, ab. Sofern eine derartige ähnliche Marke festgestellt wird, ist dies dem Anmelder mitzuteilen (§ 21 Abs 1 MarkSchG). Dieser hat in der Folge die Möglichkeit, entweder die Zustimmung des Inhabers der älteren Marke zu erlangen oder die Anmeldung zurückzunehmen. Sofern die Markenanmeldung weiterverfolgt wird, wird die Marke ohne Rücksicht auf ein älteres Markenrecht registriert (§ 21 Abs 1 und Abs 2 MarkSchG). Die Inhaber von älteren, durch die Neuanmeldung betroffenen Marken werden jedoch von der Registrierung verständigt und haben das Recht, gegen den Inhaber der jüngeren Marke durch das Stellen eines entsprechenden Löschungsantrages vorzugehen (§ 30 MarkSchG).

1062   Nach der erfolgten Registrierung wird die Marke in das Markenregister eingetragen; über diese Registereintragung erhält der Markeninhaber eine amtliche **Bestätigung** (§ 17 Abs 1 und Abs 4 MarkSchG). Überdies ist die Marke nach ihrer Registrierung im „**Österreichischen Markenanzeiger**" zu veröffentlichen (§ 17 Abs 5 MarkSchG).

1063   Das Alleinrecht zum Gebrauch der Marke (**Markenrecht**) beginnt mit dem Tag der Eintragung in das Markenregister. Die Schutzdauer endet **zehn Jahre** nach dem Ende des Monats, in dem die Marke registriert worden ist. Sie kann durch rechtzeitige Erneuerung der Registrierung immer wieder um zehn Jahre verlängert werden, die Erneuerung kann innerhalb von sechs Monaten nach Ablauf der Schutzdauerperiode nachgeholt werden (§ 19 MarkSchG).

1064   Im Fall des **Eigentumswechsels** an einem gesamten Unternehmen gehen das Markenrecht und Lizenzrechte – soweit nichts anderes vereinbart worden ist – auf den neuen Eigentümer über (§ 11 Abs 1 MarkSchG). Dies gilt unabhängig davon, ob die Unternehmensübertragung lediglich zur vorübergehenden Nutzung (zB Pacht) oder endgültig erfolgt. Sofern das übertragene Unternehmen nicht unter der bisherigen Firma fortgeführt wird, kann der neue Unternehmensinhaber die **Umschreibung der Marke** im Markenregister (§ 28 MarkSchG) erwirken; solange diese Umschreibung nicht erfolgt ist, kann auch das Markenrecht vom neuen Unternehmensinhaber nicht geltend gemacht werden (§ 11 Abs 3 MarkSchG). Das Markenrecht kann aber auch ohne das Unternehmen übertragen werden („**Leerübertragung**"; § 11 Abs 1 MarkSchG).

4   Schutzumfang des Markenrechts

1065   Das **Markenrecht** verleiht dem Inhaber der Marke das Recht, Dritte davon auszuschließen, ein Zeichen kennzeichnungsmäßig zu verwenden, wenn es in den Schutzbereich der eingetragenen Marke fällt (§§ 10 ff MarkSchG, insbesondere § 12 MarkSchG). Dieser Schutzbereich erstreckt sich insbesondere auf gleiche oder ähnliche Zeichen, die für gleiche oder gleichartige Waren oder Dienstleistungen als Marken eingetragen sind oder im geschäftlichen Verkehr kennzeichenmäßig verwendet werden. Weiters kann der Inhaber einer eingetragenen Marke Dritten gem § 10 Abs 2 MarkSchG verbieten, ohne seine Zustimmung im geschäftlichen Verkehr ein mit der Marke gleiches oder ihr ähnliches Zeichen für Waren oder Dienstleistungen zu benutzen, die denen nicht ähnlich sind, für welche die Marke eingetragen ist, sofern diese im Inland bekannt ist und die Benutzung des Zeichens die Unterscheidungskraft bzw die Wertschätzung der Marke ohne rechtfertigenden Grund in unlauterer Weise ausnutzt oder beeinträchtigt (**berühmte Marke**). Schließlich kann der Markeninhaber gegen denjenigen vorgehen, der Originalware, die von ihrem Inhaber oder mit dessen Zustimmung außerhalb des Wirkungsbereiches des EWR in Verkehr gebracht wurde, unter derselben Marke im EWR-Raum in Verkehr bringt (**Verbot des Parallelimports**) oder den Zustand der Originalware nachteilig verändert oder verschlechtert und so in Verkehr bringt.

Hingegen gewährt die eingetragene Marke ihrem Inhaber **nicht** das Recht, einem Dritten zu verbieten, seinen Namen bzw seine Anschrift sowie ua weiters Angaben über die Art, die Beschaffenheit, die geographische Herkunft oder über andere Merkmale und Eigenschaften der Ware im geschäftlichen Verkehr zu benutzen, sofern dies den anständigen Gepflogenheiten in Gewerbe oder Handel entspricht (§ 10 Abs 3 MarkSchG). Beispiel: Eine (freie) Kfz-Werkstätte wirbt damit, Autos der Marke „BMW" zu reparieren, ohne dass dabei der Eindruck entsteht, dass zwischen der Werkstätte und dem Markeninhaber eine Handelsbeziehung besteht. **1066**

Über Verlangen des Verletzten können Markenverletzungen von den **Strafgerichten** verfolgt werden (§§ 60 ff MarkSchG). Überdies hat der Markeninhaber ua das Recht auf **Beseitigung** des dem Gesetz widersprechenden Zustandes, auf **Rechnungslegung**, weiters auf **Zahlung eines angemessenen Entgelts**, auf **Schadenersatz**, sowie auf **Herausgabe der Bereicherung** und **Unterlassung** (§ 9 UWG und §§ 51 ff MarkSchG). Zu beachten ist, dass gem § 58 MarkSchG der **Unterlassungsanspruch verwirkt** wird, wenn der Markeninhaber von der Benutzung seines Kennzeichens durch einen Dritten wusste, und er während eines Zeitraumes von fünf aufeinander folgenden Jahren diese Benutzung geduldet hat. **1067**

5 Löschung des Markenrechts

In § 29 Abs 1 MarkSchG ist normiert, dass die Marke **zu löschen** ist, **1068**
- wenn der Inhaber einen entsprechenden Antrag stellt,
- wenn die Registrierung nicht rechtzeitig erneuert wurde,
- wenn das Markenrecht aus anderen Gründen erloschen ist (zB rechtsnachfolgeloses Untergehen des markeninnehabenden Unternehmens),

- wenn auf Grund einer rechtskräftigen Entscheidung einem Löschungsantrag stattgegeben wurde.

1069   Der **Antrag auf Löschung** einer Marke kann vom Inhaber einer für dieselben oder für gleichartige Waren oder Dienstleistungen früher angemeldeten und noch zu Recht bestehenden Marke gestellt werden, wenn beide Marken **gleich** oder **ähnlich** sind (§ 30 Abs 1 MarkSchG). Überdies kann jedermann die Löschung begehren, wenn die Marke innerhalb der letzten **fünf Jahre** im Inland weder vom Markeninhaber noch mit dessen Zustimmung von einem Dritten in angemessenem Umfang kennzeichenmäßig gebraucht wurde („**beschränkter Benützungszwang**" bzw „**Gebrauchsvorbehalt**"; § 33a MarkSchG). Dies gilt auch dann, wenn die Marke infolge des Verhaltens oder der Untätigkeit des Markeninhabers zum Freizeichen geworden ist (§ 33b MarkSchG). Die Löschung kann weiters ua auch dann beantragt werden, wenn die Marke infolge der Benutzung durch den Inhaber oder mit seiner Zustimmung **irreführend** geworden ist (§ 33c MarkSchG); gleiches gilt, wenn der Markenanmelder zum Zeitpunkt der Anmeldung **bösgläubig** war (§ 34 Abs 1 MarkSchG; zB bewusste Behinderung des Wettbewerbs eines Unternehmens bei der Benutzung eines Kennzeichens).

1070   Über den Antrag auf Löschung einer Marke entscheidet die **Nichtigkeitsabteilung** des Patentamtes (§ 37 MarkSchG). Gegen eine Entscheidung der Nichtigkeitsabteilung steht die Berufung an den **Obersten Patent- und Markensenat** als zweite und gleichzeitig letzte Instanz offen (§ 39 MarkSchG).

6   Internationale Regeln zum Markenschutz

1071   Auf dem Gebiet der internationalen Regeln für das Markenrecht kommt insbesondere dem **Madrider Markenabkommen** (MMA) aus dem Jahre 1891 grundlegende Bedeutung zu. Das MMA schafft die Möglichkeit, eine Marke beim internationalen Büro zum Schutze des gewerblichen Eigentums in Genf international registrieren zu lassen (**internationale Marke**). Durch eine derartige Registrierung wird bewirkt, dass das entsprechende Zeichen in jedem der Mitgliedsländer des MMA genauso geschützt wird, als wäre es in einem der Mitgliedsländer registriert worden. Die Registrierung einer internationalen Marke erfordert die vorhergehende Eintragung der gleichen Marke im Ursprungsland. Die Schutzdauer beträgt 20 Jahre und kann für jeweils weitere 20 Jahre verlängert werden.

1072   Im Übrigen gilt im Rahmen der EU die **Gemeinschaftsmarken-Verordnung** (GMVO), welche die Möglichkeit eröffnet, neben der nationalen Marke auch eine EU-weit geltende Gemeinschaftsmarke anzumelden. Bemerkenswert ist, dass auf der Basis der GMVO auch bereits „Geruchsmarken" registriert wurden. Zuständig für das Eintragungsverfahren ist das

Europäische Harmonisierungsamt für den Binnenmarkt mit Sitz in Alicante/Spanien; Anmeldungen für Gemeinschaftsmarken können gem § 69 MarkSchG auch beim Österreichischen Patentamt vorgenommen werden. Durch § 69d MarkSchG ist normiert, dass als **Gemeinschaftsmarkengericht** erster Instanz das Handelsgericht Wien zuständig ist und die Gerichtsbarkeit in Strafsachen bezüglich Gemeinschaftsmarken dem Landesgericht für Strafsachen in Wien zusteht.

Im EU-Recht besteht neben der GMVO ua auch die bereits erwähnte **1072a** **VO 2081/92 zum Schutz geographischer Angaben und Ursprungsbezeichnungen für Agrarerzeugnisse und Lebensmittel**, durch welche für Agrarerzeugnisse bzw für Lebensmittel, welche aus einem bestimmten (begrenzten) Gebiet stammen und daraus ihren guten Ruf oder auch ihre bestimmte Produkteigenschaft ableiten, zusätzliche Möglichkeiten zum Kennzeichenschutz erlangt werden können. Die **VO 3295/94 über Maßnahmen zum Verbot der Überführung nachgeahmter Waren** bezweckt im Wesentlichen eine Verbesserung der Durchsetzung von Markenschutzrechten.

D   Musterrecht

Literatur: wie oben tw VI/B bzw VI/C und *Feil*, Musterschutzgesetz (1990); *Knittel/Kucsko*, Musterschutzgesetz (1991); *Loibl/Pruckner*, Musterschutzgesetz (1993); *Puchberger/Jakadofsky*, Musterrecht (1991).

1   Grundsätzliches

Das Musterschutzrecht umfasst jene Normen, welche zum Schutz des **1073** speziellen **Aussehens von Erzeugnissen** erlassen wurden. Davon zu unterscheiden ist das Gebrauchsmusterrecht. Dieses dient dem Schutz von neuen, einem konkreten Gebrauchszweck gewidmeten technischen Gestaltungen. Während es also demnach beim Gebrauchsmusterrecht um den Schutz einer (inhaltlichen) technischen Entwicklung geht, handelt es sich beim Musterschutzrecht um einen „**Designschutz**".

Die wesentlichsten rechtlichen Parameter des Musterschutzrechts wer- **1074** den vom MuSchG gebildet. Daneben gewährt auch **§ 1 UWG** (Fallgruppe „Ausbeutung einer fremden Leistung") einen derartigen Designschutz. Überdies ist auch denkbar, dass die äußere Form eines Produkts vom Schutzbereich des **MarkSchG** erfasst ist. Weiters ist es auch möglich, dass ein bestimmtes Design als ein Werk der bildenden Künste **Urheberrechtsschutz** genießt (§ 3 UrhG). Die technischen Merkmale eines Designs könnten überdies vom Schutzbereich des **PatG** erfasst sein.

2 Muster

1075   Ein Muster iSv § 1 Abs 1 MuSchG ist ein Vorbild für das **Aussehen** eines gewerblichen Erzeugnisses. In den Schutzbereich des MuSchG werden Kriterien wie Form, Gestaltung und Design des Erzeugnisses miteinbezogen; nicht mitumfasst sind hingegen die Funktion oder die Konstruktion. Da die Definition von § 1 Abs 1 MuSchG den Begriff „Aussehen" enthält, können vom Musterschutzrecht lediglich die für den **Sehsinn feststellbaren Eindrücke** geschützt werden.

1076   § 1 Abs 2 MuSchG enthält die **Voraussetzungen**, unter denen für ein Muster der entsprechende Schutz erlangt werden kann. Dort ist normiert, dass für neue Muster, die weder Ärgernis erregend sind noch gegen die öffentliche Ordnung oder das Doppelschutzverbot verstoßen, ein Musterschutz erworben werden kann.

1077   Die **Neuheit des Musters** ist dann nicht gegeben, wenn das Muster mit dem Aussehen eines Gegenstandes, welcher der Öffentlichkeit vor dem Prioritätstag des Musters zugänglich gewesen ist, übereinstimmt oder diesem verwechselbar ähnlich ist und es naheliegt, dieses Aussehen auf die im Warenverzeichnis des Musters enthaltenen Erzeugnisse zu übertragen (§ 2 Abs 1 MuSchG). Derzeit wird in Österreich von einem **absolut-objektiven Neuheitsbegriff** ausgegangen, dem zufolge nicht bloß die inländische Öffentlichkeit, sondern vielmehr die Weltöffentlichkeit maßgeblich ist.

1078   Für **Ärgernis erregende** oder **gegen die öffentliche Ordnung verstoßende Muster** kann kein Musterschutz erlangt werden.

1079   Beim **Doppelschutzverbot** handelt es sich darum, dass ein Muster dann vom Musterschutz ausgeschlossen sein soll, wenn es mit einem nach dessen Prioritätstag veröffentlichten, jedoch prioritätsälteren Muster übereinstimmt oder diesem verwechselbar ähnlich ist und es nahe liegt, das prioritätsältere Muster von den in seinem Warenverzeichnis enthaltenen Erzeugnissen auf die im Warenverzeichnis des prioritätsjüngeren Musters enthaltenen Erzeugnisse zu übertragen (§ 3 MuSchG).

3 Anspruchsberechtigter und Übertragung

1080   Anspruch auf Musterschutz hat grundsätzlich der **Schöpfer** des Musters oder sein Rechtsnachfolger (§ 7 MuSchG). Der Schöpfer des Musters kann sein Recht auf einen anderen übertragen; unübertragbar, unvererbbar und unverzichtbar ist jedoch der Anspruch auf **Nennung als Schöpfer** (§ 8 Abs 2 MuSchG).

1081   Sofern das Muster eines Arbeitnehmers in das Arbeitsgebiet des Unternehmens fällt, in dem dieser tätig ist, und überdies die Tätigkeit, die zu dem Muster geführt hat, zu den dienstlichen Obliegenheiten des Arbeitnehmers gehört (**Arbeitnehmermuster**) oder das Muster außerhalb eines Arbeitsverhältnisses im Auftrage geschaffen worden ist (**Auftragnehmermuster**), steht der Anspruch auf Musterschutz – sofern nichts anderes vereinbart worden ist – dem Arbeitgeber bzw dem Auftraggeber oder deren Rechtsnachfolgern zu (§ 7 Abs 2 MuSchG).

4 Registrierungsverfahren

Ein Muster ist schriftlich beim **Österreichischen Patentamt** oder bei einer **Wirtschaftskammer**, bei welcher eine Anmeldestelle eingerichtet ist, anzumelden (§ 11 MuSchG). Grundsätzlich ist bei der Anmeldung das Muster durch Vorlage einer **Musterabbildung** bzw eines **Musterexemplars** zu offenbaren (§ 12 Abs 2 MuSchG). Gleichzeitig sind die Erzeugnisse, für die das Muster bestimmt ist, in einer – gem dem Abkommen von Locarno (BGBl 1990/496) – geordneten Darstellung nach Klassen und Unterklassen anzugeben (sogenanntes **Warenverzeichnis**; § 12 Abs 4 MuSchG). Zulässig ist es auch, das Musterexemplar und die Abbildung des Musters sowie die entsprechende Beschreibung in einem versiegelten Umschlag zu überreichen (**Geheimmuster**; § 14 MuSchG). **1082**

An dem Tag der ordnungsgemäßen Anmeldung eines Musters erlangt der Anmelder das **Prioritätsrecht** (§ 19 MuSchG). **1083**

Nach der erfolgten Anmeldung prüft das Patentamt die Musteranmeldung auf seine **Gesetzmäßigkeit** (§ 16 MuSchG). Dabei wird kontrolliert, ob ein **Muster iSd MuSchG vorliegt**, weiters, ob das Muster weder **Ärgernis erregend** ist noch gegen die **öffentliche Ordnung** verstößt, und überdies, ob die **Musterabbildung**, das **Musterexemplar**, das **Warenverzeichnis** und die Beschreibung den Vorschriften des MuSchG entsprechen. Schließlich wird auch geprüft, ob die erforderlichen Vollmachten vorliegen und ob die zur Anmeldung erforderlichen **Gebühren** erlegt wurden. Bemerkenswert ist, dass eine Prüfung auf Neuheit (§ 2 MuSchG), eine Prüfung hinsichtlich des Doppelschutzverbotes (§ 3 MuSchG) sowie darauf, ob der Anmelder Anspruch auf Musterschutz hat (§ 7 MuSchG), im Zuge des Anmeldeverfahrens nicht erfolgen. **1084**

Ergibt die Prüfung, dass gegen die Registrierung Bedenken bestehen, ist der Anmelder aufzufordern, sich innerhalb einer angemessenen Frist zu äußern. Wird nach rechtzeitiger Äußerung oder nach Ablauf der Frist die **Unzulässigkeit** der Registrierung festgestellt, ist die Musteranmeldung abzuweisen (§ 16 Abs 2 MuSchG). Dagegen kann bei der **Beschwerdeabteilung** des Patentamtes Berufung erhoben werden (§ 28 MuSchG); gegen die Entscheidung der Beschwerdeabteilung besteht kein ordentliches Rechtsmittel mehr. **1085**

Sofern gegen die Anmeldung des Musters seitens des Patentamtes **keine Bedenken** bestehen, wird dieses im **Österreichischen Muster-** **1086**

anzeiger veröffentlicht und die Registrierung in dem beim Patentamt geführten **Musterregister** vorgenommen (§§ 17 und 18 MuSchG). Über die Registereintragung erhält der Musterinhaber eine amtliche Bestätigung (**Musterzertifikat**; § 18 Abs 2 MuSchG).

1087   Mit dem Tag der Veröffentlichung im Österreichischen Musteranzeiger beginnt die **Schutzdauer** des Musterschutzes. Sie endet **fünf Jahre** nach dem Ende des Monats, in dem das Muster angemeldet worden ist. Durch eine rechtzeitige Zahlung einer Erneuerungsgebühr frühestens ein Jahr vor dem Ende der Schutzdauer und spätestens sechs Monate nach deren Ende kann die Schutzdauer nach derzeit geltendem Recht zweimal um je fünf Jahre verlängert werden (§ 6 MuSchG).

5   Schutzumfang des Musterrechts

1088   Der **Musterschutz** berechtigt den Musterinhaber, andere davon auszuschließen, Erzeugnisse betriebsmäßig herzustellen, in Verkehr zu bringen, feil zu halten oder zu gebrauchen, wenn sie mit seinem Muster übereinstimmen oder diesem verwechselbar ähnlich sind und es im Hinblick auf die im Warenverzeichnis enthaltenen Erzeugnisse nahe liegt, das Muster auf sie zu übertragen (§ 4 MuSchG).

1089   Im Falle einer **Verletzung** seines Musterrechtes kann der Verletzte den Verletzer auf **Unterlassung**, **Beseitigung**, **Urteilsveröffentlichung**, **angemessenes Entgelt**, **Schadenersatz**, **Herausgabe des Gewinns** und **Rechnungslegung** in Anspruch nehmen (§ 34 MuSchG). Auf Verlangen des Verletzten kann der Verletzer auch **strafgerichtlich** verfolgt werden (§ 35 MuSchG).

6   Beendigung des Musterschutzes

1090   Neben dem **Zeitablauf** der Schutzdauer (§ 6 MuSchG) kann der Musterschutz auch durch **Verzicht**, Nichtigerklärung oder Aberkennung enden.

1091   Sofern sich ergibt, dass das Muster offensichtlich nicht neu ist oder unter das Doppelschutzverbot fällt, hat das Patentamt ein Verfahren zur amtswegigen **Nichtigerklärung** des Musterrechts einzuleiten (§ 23 MuSchG). Überdies steht jedermann das Recht zu, die Nichtigerklärung eines Musterrechtes zu beantragen, wenn das Muster nicht neu ist, unter das Doppelschutzverbot fällt, Ärgernis erregend ist oder gegen die öffentliche Ordnung verstößt (§ 24 MuSchG).

1092   Wer behauptet, anstelle des Musterinhabers oder dessen Rechtsvorgängers Anspruch auf Musterschutz für die im Warenverzeichnis enthaltenen Erzeugnisse zu haben, kann begehren, dass das Musterrecht dem Musterinhaber aberkannt und auf den Antragsteller übertragen wird (**Aberkennung**; § 25 Abs 1 MuSchG).

Zur Entscheidung über die Nichtigerklärung oder Aberkennung ist die **1093**
Nichtigkeitsabteilung des Patentamts berufen (§ 29 MuSchG). Gegen
deren Entscheidungen steht die Berufung an den **Obersten Patent- und
Markensenat** offen (§ 30 MuSchG).

7 Internationale Regeln zum Musterschutz

Im Bereich des Musterrechts kommt auf internationaler Ebene insbe- **1094**
sondere dem **Abkommen von Locarno** (BGBl 1990/496) Bedeutung zu.
Dieses enthält ein Klassifikationssystem für gewerbliche Muster und Modelle. Die zuständigen nationalen Behörden der Vertragsstaaten haben
diese Klassifikation zur Anwendung zu bringen; diese Verpflichtung ist für
das österreichische Recht in § 13 Abs 4 MuSchG festgelegt.

Dem **Haager Musterabkommen**, auf Grund dessen die beim Interna- **1095**
tionalen Büro für den Schutz des geistigen Eigentums in Genf hinterlegten
Muster und Modelle Schutz in allen Vertragsstaaten erlangen können, ist
Österreich bislang nicht beigetreten.

Auf dem Gebiet des Musterrechts existiert auf **EU-Ebene** sowohl eine **1095a**
einschlägige Richtlinie (RL 98/71 über den rechtlichen Schutz von Mustern
und Modellen ABl 1998 L 289/28; **Musterharmonisierungs-RL**), welche
im österreichischen Recht umzusetzen ist sowie weiters die VO 6/2002
über das **Gemeinschaftsgeschmacksmuster** (GMGVO).

Die **Musterharmonisierungs-RL** ist bislang in Österreich noch nicht **1095b**
umgesetzt worden. Im Wesentlichen werden sich auf der Basis dieser RL
im österreichischen MuSchG ua folgende Änderungen ergeben:

- Anstelle des bisherigen absolut-objektiven Neuheitsbegriffs (s dazu
  bei Rz 1077) wird ein **objektiv-relativer Begriff der Neuheit** treten.
- Musterschutz wird zukünftig auch für **Teile von Erzeugnissen**
  erlangt werden können.
- Eine **Neuheitsschonfrist von 12 Monaten** wird vorgesehen.
- Die **Schutzdauer** des Musterrechts wird von derzeit maximal 15
  Jahren auf maximal **25 Jahre** angehoben.

Am 6.3.2002 ist die **GMGVO** in Kraft getreten. Bemerkenswert ist daran, **1095c**
dass auf der Basis dieser VO auch nicht eingetragene Gemeinschaftsgeschmacksmuster „**automatisch**", dh auf Grund bloßer Offenbarung – beschränkt – gegen Nachahmung geschützt sind, wenn sie **neu** sind und die
erforderliche **Eigenart** besitzen; die **Schutzdauer** ist allerdings auf **drei
Jahre** beschränkt. Sofern beim Harmonisierungsamt für den Binnenmarkt
in Alicante/Spanien eine **Gemeinschaftsgeschmacksmuster-Registrie-
rung** vorgenommen wurde, erstreckt sich die Schutzfrist auf **25 Jahre**.

E   Patentrecht

Literatur: wie oben VI/A und *Gräser*, Erfindungs- und Lizenzrecht (1987); *Hauser/Thomasser*, Wettbewerbs- und Immaterialgüterrecht (1998); *Haybäck*, Grundzüge des Marken- und Immaterialgüterrechts (2001); *Puchberger/Jakadofsky*, Patentrecht[2] (1996); *Schönherr*, Patentrecht (1984); *Schönherr/Thaler*, Entscheidungen zum Patentrecht (1980).

1   Funktionen des Patentrechtes

1096   Betreffend die Funktionen des Patentrechtes werden insbesondere folgende theoretische Ansätze vertreten: Entsprechend der **Naturrechts- oder Eigentumstheorie** ist davon auszugehen, dass jede neue Entdeckung bzw neue Erfindung in das Eigentum des Erfinders fällt und sich jede nicht genehmigte Übernahme einer fremden Idee als „geistiger Diebstahl" darstellt.

1097   Im Mittelpunkt der **Belohnungstheorie** steht der Gedanke, dass der Erfinder für die Erbringung einer geistigen Leistung, die auch für die Allgemeinheit von Nutzen ist, belohnt werden soll, und er deshalb zumindest ein zeitlich beschränktes Monopol an der Benützung seiner Erfindung haben soll.

1098   Hingegen vermeint die **Ansporntheorie** den primären Zweck des Patentrechts darin sehen zu müssen, dass die Verleihung eines Patentes einen entsprechenden Ansporn zur Entfaltung von erfinderischen Tätigkeiten bilden soll.

1099   Schließlich steht im Mittelpunkt der **Offenbarungstheorie** die Überlegung, dass durch die mit der Einräumung eines Patentes verbundene Schutzwirkung der Erfinder dazu veranlasst werden soll, seine Innovation möglichst an die Öffentlichkeit zu bringen.

2   Erfindung

1100   In § 1 Abs 1 PatG ist normiert, dass für Erfindungen, die neu sind, sich weiters für den Fachmann nicht in nahe liegender Weise aus dem Stand der Technik ergeben, und schließlich gewerblich anwendbar sind, auf Antrag **Patente** erteilt werden. Eine ausdrückliche gesetzliche Definition des Begriffes „Erfindung" findet sich im geltenden PatG nicht. Von § 1 Abs 2 PatG sind jedoch bestimmte Innovationen ausdrücklich vom Erfindungsbegriff ausgenommen. Als Erfindungen werden gem § 1 Abs 2 PatG insbesondere **nicht** angesehen:

- Entdeckungen sowie wissenschaftliche Theorien und mathematische Methoden. Dabei handelt es sich bei einer Entdeckung um die

Enthüllung bzw die Auffindung einer Erkenntnis von etwas bereits Vorhandenem; hingegen schafft die Erfindung etwas Neues und vermehrt dadurch jedenfalls den Bestand an geistigen Gütern;

- ästhetische Formschöpfungen;
- Pläne, Regeln und Verfahren für gedankliche Tätigkeiten, für Spiele oder für geschäftliche Tätigkeiten sowie für Programme für Datenverarbeitungsanlagen;
- die Wiedergabe von Informationen;

Die Aufzählung in § 1 Abs 2 PatG ist eine **beispielsweise**; daher können uU weitere Sachverhalte, welche mit einer der im § 1 Abs 2 PatG enthaltenen Kategorien verwandt sind, nicht als Erfindung gewertet werden. **1101**

Damit eine Erfindung vorliegt, ist es erforderlich, dass der Erfinder die **Regeln zum technischen Handeln** kennt; er muss also wissen, wie ein bestimmtes Problem bzw eine bestimmte Aufgabe gelöst werden kann. Überdies muss der Vorgang zur Lösung eines technischen Problems tatsächlich ausführbar und auch **wiederholbar** sein. **1102**

Soweit tatsächlich eine Erfindung iSd PatG vorliegt, müssen noch weitere Voraussetzungen erfüllt sein, damit tatsächlich an eine **Patentierbarkeit** der Erfindung gedacht werden kann. Unmittelbar aus § 1 Abs 1 PatG folgt, dass eine Erfindung nur dann patentierbar ist, wenn ihre **gewerbliche Anwendbarkeit** gegeben ist. **1103**

Weiters muss eine Erfindung eine **Neuheit** darstellen, damit sie patentiert werden kann. Dabei gilt eine Erfindung dann als neu, wenn sie nicht zum Stand der Technik gehört. Den Stand der Technik wiederum bildet alles, was der Öffentlichkeit vor dem Prioritätstag der Anmeldung durch schriftliche oder mündliche Beschreibung, durch Benützung oder in sonstiger Weise zugänglich gemacht worden ist (§ 3 Abs 1 PatG). Dabei ist es grundsätzlich unerheblich, ob die Erfindung mit oder gegen den Willen des Erfinders vor ihrer Patentierung offenkundig geworden ist. **1104**

Von § 1 Abs 1 PatG wird auch eine gewisse **Erfindungshöhe** gefordert. Einer Erfindung, die für den Durchschnittsfachmann nahe liegend ist bzw den Grad einer natürlichen, kontinuierlichen Weiterentwicklung nicht übersteigt, ist die Patentierbarkeit verwehrt. **1105**

Schließlich sind in § 2 PatG **Ausnahmen von der Patentierbarkeit** festgelegt. So werden Patente nicht erteilt **1106**

- für Erfindungen, deren Veröffentlichung oder Verwertung gegen die **öffentliche Ordnung** oder die **guten Sitten** verstoßen würde. Jedoch kann ein solcher Verstoß nicht bereits allein daraus abgeleitet werden, dass eine Verwertung der Erfindung durch Rechtsvorschriften verboten ist;
- für **Verfahren zur chirurgischen oder therapeutischen Behandlung** des menschlichen oder tierischen Körpers und Diagnostizierverfahren, die am menschlichen oder tierischen Körper vorgenom-

men werden; dies gilt nicht für Erzeugnisse, insbesondere Stoffe oder Stoffgemische, die zur Anwendung in einem dieser Verfahren herangezogen werden;

- für **Pflanzensorten** oder **Tierarten** (Tierrassen) sowie für im Wesentlichen **biologische Verfahren zur Züchtung von Pflanzen oder Tieren**; diese Ausnahmen sind auf Mikroorganismen als solche sowie auf mikrobiologische Verfahren und die mit Hilfe dieser Verfahren gewonnenen Erzeugnisse nicht anzuwenden.

1107   Nach der Art der Patente kann zwischen **Sachpatenten**, durch welche ein räumlich fassbarer Gegenstand geschützt werden soll (zB Arbeitsmittel, Stoffe, Schaltungen), und **Verfahrenspatenten**, durch welche ein zeitlicher Ablauf von Vorgängen geschützt werden soll (zB ein Herstellungsverfahren), unterschieden werden. Während beim Sachpatent die Sache als solche geschützt ist, sind vom Schutzkreis des Verfahrenspatentes sowohl die Anwendung des gleichen Verfahrens als auch die durch das Verfahren unmittelbar hergestellten Gegenstände geschützt (§ 22 Abs 2 PatG). Überdies normiert § 155 PatG, dass bei einem Verfahrenspatent bis zum Beweis des Gegenteiles jedes Erzeugnis von gleicher Beschaffenheit als nach dem patentierten Verfahren hergestellt gilt.

3   Patenterteilungsverfahren

1108   Die Anmeldung einer Erfindung zur Erlangung eines Patentes hat in schriftlicher Form beim Österreichischen **Patentamt** zu erfolgen (§ 87 Abs 1 PatG).

1109   Mit dem Tag der ordnungsgemäßen Anmeldung eines Patentes erlangt der Anmelder das Recht der **Priorität** für seine Erfindung (§ 93 Abs 1 PatG). Das bedeutet, dass der Erfinder gegenüber jeder zeitlich später angemeldeten gleichen Erfindung den Vorrang genießt. Gem § 93a PatG steht dem Anmelder innerhalb einer Frist von 12 Monaten nach dem Anmeldetag einer beim Patentamt eingereichten früheren Patent- oder Gebrauchsmusteranmeldung für eine dieselbe Erfindung betreffende spätere Patentanmeldung das Recht der Priorität der früheren Patent- oder Gebrauchsmusteranmeldung zu (**innere Priorität**).

1110   Die **Anmeldung** muss den Namen und den Sitz bzw den Wohnort des Anmelders sowie gegebenenfalls seines Vertreters, den Antrag auf Erteilung eines Patentes, eine kurze, sachgemäße Bezeichnung der zu patentierenden Erfindung, eine Beschreibung der Erfindung, weiters eine genaue Angabe der Patentansprüche sowie die zum Verständnis der Erfindung nötigen Zeichnungen enthalten (§ 89 Abs 1 PatG). Gem § 87a PatG hat die Erfindung so deutlich und vollständig offenbart zu sein, dass sie von einem Fachmann ausgeführt werden kann (**Offenbarungsgrundsatz**).

Nach der erfolgten Anmeldung hat das Patentamt eine **Vorprüfung**   1111
vorzunehmen. Dabei werden **formale Mängel** (zB Fehlen des Zahlungs-
nachweises) und **materielle Mängel** (zB es liegt gar keine Erfindung iSd
PatG vor) geprüft (§ 99 Abs 1 PatG). Soweit die Anmeldung den gesetzlich
vorgeschriebenen Anforderungen nicht entspricht, ist der Anmelder aufzufordern, sich innerhalb einer bestimmten Frist dazu zu äußern. Wenn der
Anmelder dieser Aufforderung innerhalb der vorgegebenen Frist nicht nachkommt, gilt seine Anmeldung als zurückgenommen (§ 99 Abs 2 bis 5 PatG).

Wenn durch die ursprüngliche oder die zwischenzeitig verbesserte   1112
Anmeldung den gesetzlich vorgeschriebenen Anforderungen nicht ent-
sprochen worden ist oder sich ergibt, dass eine iSd §§ 1 bis 3 PatG
patentfähige Erfindung offenbar nicht vorliegt, wird die **Anmeldung zurückgewiesen** (§ 100 PatG). Dagegen kann der Anmelder Beschwerde
an die **Beschwerdeabteilung** erheben (§ 108 PatG iVm § 60 Abs 3 lit b
PatG). Gegen eine Entscheidung der Beschwerdeabteilung kann keine Beschwerde an den Verwaltungsgerichtshof eingelegt werden (§ 70 Abs 2
PatG).

Wenn hingegen das Patentamt die Anmeldung für gehörig und die   1113
Erteilung eines Patentes nicht für ausgeschlossen erachtet, wird vom
Patentamt die öffentliche Bekanntmachung der Erfindung im **Österreichi-
schen Patentblatt** verfügt (**Aufgebot**; § 101 Abs 1 PatG). Weiters ist die
Anmeldung mit sämtlichen Beilagen durch vier Monate, vom Tag der
Bekanntmachung an gerechnet, an allen Tagen, an denen das Patentamt
zur Entgegennahme von Patentanmeldungen geöffnet ist, zur allgemeinen
Einsicht beim Patentamt auszulegen (§ 101 Abs 3 PatG). Mit dem Tag der
Ausgabe des Patentblattes (Bekanntmachung) treten für den Gegenstand
der Anmeldung zugunsten des Anmelders einstweilen die gesetzlichen
Wirkungen des Patentes (§ 22 PatG) ein (§ 101 Abs 2 PatG).

Innerhalb von vier Monaten, seit dem Tag der Bekanntmachung an   1114
gerechnet, kann gegen die Patenterteilung **Einspruch** erhoben werden;
der Einspruch muss spätestens am letzten Tag dieser Frist im Patentamt
eingelangt sein (§ 102 Abs 1 PatG). Der entsprechende Einspruch ist
schriftlich in zweifacher Ausfertigung einzubringen. Er kann nur auf nach-
folgende, durch bestimmte Tatsachen begründete Behauptungen gestützt
werden:

* **mangelnde Patentfähigkeit** (§§ 1 bis 3 PatG),
* **undeutliche** und **unvollständige Offenbarung** der Erfindung, weshalb sie von einem Fachmann nicht ausgeführt werden kann,
* der Gegenstand der bekannt gemachten Anmeldung geht **über den
  Inhalt der Anmeldung** in ihrer ursprünglich eingereichten Fassung
  hinaus,
* ein hinterlegter **Mikroorganismus ist nicht zugänglich**,
* der Anmelder hat **keinen Anspruch auf die Patenterteilung** (§§ 4,
  6 und 7 PatG),

- der **wesentliche Inhalt** der angefochtenen Anmeldung ist rechtswidrig **von einem anderen entnommen** worden.

1115   Über einen allfälligen **Einspruch** ist vom Patentamt ein Beschluss zu fassen, der entweder dazu führt, dass das Patent erteilt oder die Anmeldung zurückgewiesen wird (§ 104 PatG). Gegen diesen Beschluss kann sowohl der Einsprecher als auch der Anmelder Beschwerde erheben (§ 108 PatG).

1116   Eine (automatische) **Patenterteilung** erfolgt dann, wenn während der Einspruchsfrist kein Einspruch erhoben und die erste Jahresgebühr rechtzeitig eingezahlt wurde (§ 107 PatG). Im Fall der automatischen Patenterteilung bzw der rechtskräftigen Patenterteilung nach Abwickeln eines Einspruchsverfahrens wird die Erfindung in das **Patentregister** eingetragen und erfolgt weiters eine Kundmachung der Patenterteilung im **Patentblatt**. Überdies wird eine **Patenturkunde** ausgefertigt und erfolgt eine Drucklegung und Veröffentlichung der **Patentschrift** (§ 109 PatG).

1117   Sofern für die Verbesserung oder sonstige weitere Ausbildung einer bereits durch Patent geschützten Erfindung von dem Inhaber des Stammpatentes (bzw dessen Rechtsnachfolger) ein Patent angemeldet wird, besteht die Möglichkeit, für die Verbesserung entweder ein selbständiges Patent oder ein vom Stammpatent abhängiges **Zusatzpatent** zu erwirken (§ 4 Abs 2 PatG).

1118   Wenn die gewerbliche Verwendung einer zum Patent angemeldeten Erfindung die vollständige oder teilweise Benützung einer bereits patentierten Erfindung voraussetzt, ist dieses (neue) Patent auf Antrag des Inhabers des früheren Patentes mit dem Beisatz zu erteilen, dass es vom früher erteilten Patent abhängig ist (**Abhängigerklärung**; § 4 Abs 3 PatG); der entsprechende Antrag muss jedoch innerhalb der viermonatigen Einspruchsfrist gestellt werden (§ 102 Abs 5 PatG).

4   Anspruchsberechtigte

a   Grundsätzliches

1119   Auf die Erteilung des Patentes hat nur der **Erfinder** oder sein **Rechtsnachfolger** Anspruch. Bis zum Beweis des Gegenteils wird als Erfinder der erste Anmelder angesehen (§ 4 Abs 1 PatG). Daneben kommt dem Erfinder das unübertragbare und unverzichtbare Recht zu, in allen amtlichen Publikationen und Urkunden über das Patent bzw dessen Anmeldung (Patentregister, Patentblatt etc) als Erfinder genannt zu werden (**Schutz der Erfinderehre**; § 20 PatG).

b Doppelerfindung

Sofern zwei oder mehrere Personen unabhängig voneinander die glei- 1120
che Erfindung machen, ist zunächst davon auszugehen, dass jeder Erfinder das Recht an seiner Erfindung und somit auch einen Anspruch auf
Patenterteilung hat. Das Patent wird allerdings nur dem Erstanmelder
erteilt (**Anmelderprinzip**; § 4 Abs 1 PatG).

Unter gewissen Voraussetzungen wird jedoch dem Erfinder, der seine 1121
Patentanmeldung zu spät vorgenommen hat, ein **Vorbenützerrecht** eingeräumt. Voraussetzung dafür ist, dass der Vorbenützer bereits zur Zeit
der Anmeldung (eines anderen) im guten Glauben die Erfindung im Inland
in Benützung genommen oder zumindest die zu einer derartigen Benützung erforderlichen Veranstaltungen getroffen hat (§ 23 Abs 1 PatG). In
diesem Fall ist der Vorbenützer dazu berechtigt, die Erfindung für die
Bedürfnisse seines eigenen Betriebes in eigenen oder fremden Werk-
stätten auszuüben (§ 23 Abs 2 PatG). Weiters kann der Vorbenützer
verlangen, dass seine Befugnis vom Patentinhaber durch Ausstellung
einer Urkunde anerkannt wird (§ 23 Abs 4 PatG).

c Dienstnehmererfindung

In der Praxis kommt es häufig vor, dass einzelnen Arbeitnehmern 1122
während ihres Arbeitsverhältnisses **Erfindungen** oder sonstige **technische
Verbesserungsvorschläge** gelingen, die patentierfähig sind (oder sich zur
Anmeldung eines Gebrauchsmusters eignen). Damit verbindet sich die Frage,
wem die kommerzielle Verwertung derartiger Erfindungen zukommt.

In § 7 Abs 3 PatG findet sich eine Definition der **Diensterfindung**. 1123
Demnach liegt eine Diensterfindung vor, wenn sie ihrem Gegenstand
zufolge in das **Arbeitsgebiet des Unternehmens**, in dem der Arbeitnehmer tätig ist, fällt und wenn weiters

- entweder die Tätigkeit, die zur Erfindung geführt hat, zu den **dienstlichen Obliegenheiten** des Arbeitnehmers gehört oder
- der Dienstnehmer die **Anregung** zu der Erfindung durch seine
Tätigkeit **in dem Unternehmen erhalten** hat oder
- das Zustandekommen der Erfindung durch die Benützung der
Erfahrung oder der **Hilfsmittel des Unternehmens** wesentlich
erleichtert worden ist.

Im österreichischen Recht kommt dem **Recht des Schöpfers** einer 1124
Diensterfindung Priorität zu, da Arbeitnehmer grundsätzlich auch für Erfindungen, die sie während des Arbeitsverhältnisses gemacht haben, Anspruch auf Patenterteilung haben (§ 6 Abs 1 PatG).

Die **Sicherung der Unternehmensinteressen** wird nach österreichi- 1125
schem Recht einer Vereinbarung überlassen: Arbeitgeber und Arbeitneh-

mer können vereinbaren, dass künftige Diensterfindungen dem Arbeitgeber gehören sollen oder dem Arbeitgeber ein Benützungsrecht an solchen Erfindungen eingeräumt wird. Zur Gültigkeit einer derartigen Vereinbarung ist die Schriftform erforderlich; der schriftlichen Form ist auch dann Genüge getan, wenn darüber ein Kollektivvertrag vorliegt (§ 7 Abs 1 PatG). Zu beachten ist, dass eine derartige Vereinbarung nur dann zulässig ist, wenn sie eine Diensterfindung betrifft; über eine **freie Erfindung** des Arbeitnehmers, die nicht als Diensterfindung gewertet wird, kann mit dem Arbeitnehmer keine Vereinbarung für die Zukunft abgeschlossen werden. Bemerkenswert ist, dass im Falle eines **öffentlich-rechtlichen Dienstverhältnisses** der Dienstgeber die Diensterfindung zur Gänze für sich in Anspruch nehmen kann, ohne dass es dazu einer entsprechenden Vereinbarung mit dem Dienstnehmer bedarf (§ 7 Abs 2 PatG).

1126   Wenn eine Vereinbarung besteht, derzufolge künftige Diensterfindungen des Arbeitnehmers dem Arbeitgeber gehören sollen, hat der Arbeitnehmer jede Diensterfindung, die er tätigt – mit Ausnahme solcher, die offenbar nicht unter die Vereinbarung fallen – dem Arbeitgeber unverzüglich **mitzuteilen**. Der Arbeitgeber hat binnen vier Monaten nach der entsprechenden Mitteilung dem Arbeitnehmer gegenüber zu erklären, ob er die Erfindung für sich in Anspruch nimmt (§ 12 Abs 1 PatG). Der Arbeitgeber kann die Diensterfindung zum Patent anmelden oder sie auch geheim halten. Falls der Arbeitgeber innerhalb dieser Frist keine oder eine verneinende Erklärung abgibt, verbleibt die Erfindung im Eigentum des Arbeitnehmers (**frei gewordene Erfindung**; § 12 Abs 2 PatG).

1127   Solange das rechtliche Schicksal der Erfindung nicht geklärt ist, sind der Arbeitgeber und der Arbeitnehmer bei sonstiger Schadenersatzpflicht zur **Geheimhaltung** der Erklärung verpflichtet (§ 13 PatG).

1128   Dem (in einem privaten oder in einem öffentlich-rechtlichen Dienstverhältnis stehenden) Dienstnehmer gebührt für jede Überlassung einer von ihm gemachten Erfindung an den Arbeitgeber sowie für die Einräumung eines Benützungsrechtes an einer solchen Erfindung eine angemessene **Vergütung** (§ 8 Abs 1 PatG). Lediglich dann, wenn der Arbeitnehmer ausdrücklich zur Erfindertätigkeit im Unternehmen des Arbeitgebers angestellt ist und auch tatsächlich vorwiegend damit beschäftigt ist und wenn überdies die ihm obliegende Erfindertätigkeit zu der Erfindung geführt hat, gebührt ihm eine Vergütung nur insoweit, als ihm nicht bereits im Hinblick auf seine Erfindertätigkeit ein höheres Entgelt bezahlt wurde (§ 8 Abs 2 PatG). Bei der Bemessung der Vergütungshöhe ist nach den Umständen des Einzelfalls insbesondere auf die wirtschaftliche Bedeutung der Erfindung für das Unternehmen sowie auf das Ausmaß der Erfindungsverwertung im In- oder Ausland Bedacht zu nehmen.

1129   Der Arbeitgeber kann sich dieser Vergütungspflicht dadurch entziehen, dass er nachträglich auf sein Recht an der Erfindung **verzichtet**. In diesem

Fall kann der Arbeitnehmer eine Übertragung der Rechte des Arbeitgebers an der Erfindung verlangen (§ 15 PatG).

Für Ansprüche von Arbeitgebern und Arbeitnehmern iZm Diensterfin-   1130
dungen sieht § 19 PatG eine **Verjährungsfrist** von drei Jahren vor.

5   Schutzumfang des Patentrechts

a   Allgemeines

Das Patent **berechtigt** den Patentinhaber dazu, andere davon auszu-   1131
schließen, den Gegenstand der Erfindung betriebsmäßig herzustellen, in Verkehr zu bringen, feil zu halten oder zu gebrauchen oder zu den genannten Zwecken einzuführen oder zu besitzen (§ 22 Abs 1 PatG). Sofern die patentierte Erfindung von einem anderen ohne Genehmigung des Patentinhabers hergestellt, in Verkehr gebracht, feil gehalten oder gebraucht wird, liegt eine **Patentverletzung** vor.

Wenn das Patent für ein Verfahren erteilt wurde, erstreckt sich die   1132
Schutzwirkung auch auf die durch dieses Verfahren unmittelbar hergestell-ten Erzeugnisse (**Verfahrenspatent**; § 22 Abs 2 PatG).

Das Patent vermittelt seinen Schutz für eine Höchstdauer von **20**   1133
Jahren ab dem Anmeldetag (§ 28 Abs 1 PatG).

Wird von **mehreren Personen** als Teilhabern derselben Erfindung ein   1134
Patent angemeldet und sind die entsprechenden gesetzlichen Vorausset-zungen erfüllt, so wird es ihnen ohne Bestimmung der Teile erteilt. Das Rechtsverhältnis der Teilhaber an einem Patent untereinander richtet sich nach bürgerlichem Recht. Sofern nichts anderes vereinbart ist, können die Patentinhaber über ihr Recht nur gemeinsam verfügen. Allerdings ist jeder der Teilhaber dazu berechtigt, Eingriffe in das Patent gerichtlich zu verfol-gen (§ 27 PatG).

Das Recht aus der Anmeldung eines Patentes und das Patentrecht   1135
können zur Gänze oder auch nach ideellen Anteilen durch Rechtsgeschäft, richterlichen Ausspruch oder letztwillige Verfügung auf andere **übertragen** werden (§ 33 Abs 2 PatG).

b   Patentschutz

Wenn einem Patentinhaber die ihm aus einem Patent zustehenden   1136
Befugnisse verletzt worden sind oder derartige Verletzungen auch nur zu befürchten sind, kann er auf Unterlassung klagen (**Unterlassungs-anspruch**; § 147 PatG).

Weiters ist der Patentverletzer zur Beseitigung des dem Gesetz wider-   1137
streitenden Zustandes verpflichtet (**Beseitigungsanspruch**; § 148 PatG).

Der Verletzte kann insbesondere verlangen, dass auf Kosten des Verletzers die patentverletzenden Gegenstände vernichtet oder die zur Herstellung patentverletzender Gegenstände dienlichen Werkzeuge, Vorrichtungen und anderen Hilfsmittel für diesen Zweck unbrauchbar gemacht werden.

1138   Sofern auf Unterlassung oder Beseitigung geklagt wird, hat das Gericht auf Antrag die Befugnis auszusprechen, das Urteil auf Kosten des Gegners zu veröffentlichen, wenn die obsiegende Partei ein berechtigtes Interesse daran hat (**Urteilsveröffentlichung**; § 149 PatG).

1139   Der durch unbefugte Verwendung eines Patentes Verletzte hat gegen den Verletzer Anspruch auf **angemessenes Entgelt** (§ 150 Abs 1 PatG). Bei schuldhafter Patentverletzung kann der Verletzte anstelle des angemessenen Entgeltes entweder **Schadenersatz** einschließlich des ihm entgangenen Gewinnes oder die **Herausgabe des Gewinnes**, den der Verletzer durch die Patentverletzung erzielt hat, verlangen (§ 150 Abs 2 PatG). Überdies hat der Verletzte auch Anspruch auf eine **angemessene Entschädigung** für die in keinem Vermögensschaden bestehenden Nachteile, die er durch die schuldhafte Patentverletzung erlitten hat, soweit dies in den besonderen Umständen des Falles begründet ist (§ 150 Abs 3 PatG).

1140   Der Verletzer ist dem Verletzten zur **Rechnungslegung** und dazu verpflichtet, deren Richtigkeit durch einen Sachverständigen prüfen zu lassen. Wenn sich dadurch ein höherer Betrag als aus der Rechnungslegung ergibt, sind die Kosten der Prüfung vom Verletzer zu tragen (§ 151 PatG).

1141   Geldansprüche (§ 150 PatG) und der Anspruch auf Rechnungslegung (§ 151 PatG) **verjähren** innerhalb von drei Jahren ab Kenntnis der Verletzung und des Verletzers (§ 154 PatG iVm § 1489 ABGB).

1142   Auf Verlangen des Verletzten kann der vorsätzlich handelnde Patentverletzer auch **strafgerichtlich** belangt werden (§ 159 PatG).

1143   Um Unsicherheiten darüber auszuräumen, ob im Einzelfall ein Patentrecht betroffen ist oder nicht, ermöglicht § 163 Abs 1 und 2 PatG die Einbringung von **Feststellungsanträgen**. Wer einen Gegenstand betriebsmäßig herstellt, in Verkehr bringt, feil hält oder gebraucht bzw derartige Aktivitäten beabsichtigt, kann gegen den Inhaber eines Patentes oder den ausschließlichen Lizenznehmer beim Patentamt die Feststellung beantragen, dass der Gegenstand oder das Verfahren weder ganz noch teilweise unter das entsprechende Patent fällt (**negativer Feststellungsantrag**; Abs 1). Umgekehrt kann auch der Inhaber eines Patentes oder ein ausschließlicher Lizenznehmer gegen jemanden, der einen Gegenstand betriebsmäßig herstellt, in Verkehr bringt, feil hält oder gebraucht bzw solche Aktivitäten plant, beim Patentamt die Feststellung beantragen, dass der Gegenstand oder das entsprechende Verfahren ganz oder teilweise in sein Patent fällt (**positiver Feststellungsantrag**; Abs 2).

c Lizenz

Der Patentinhaber ist berechtigt, die Benützung der Erfindung dritten **1144**
Personen für das ganze Geltungsgebiet des Patentes oder auch nur für
einen Teil desselben mit oder ohne Ausschluss anderer Benützungs-
berechtigter zu überlassen (§ 35 PatG). Eine derartige „Benützungs-
überlassung" erfolgt regelmäßig durch **Lizenzvertrag**. Die Eigenart des
Lizenzvertrages besteht darin, dass nicht das Recht an der Erfindung als
solches, sondern lediglich das Recht zur Benützung der Erfindung weitergegeben wird. Im Kern zielt ein Lizenzvertrag darauf ab, dass der Patentinhaber gegen eine entsprechende Leistung darauf verzichtet, die ihm auf
Grund des Patentrechts zustehenden Schutzrechte auszuüben.

Es kann zwischen **einfachen Lizenzverträgen**, bei welchen der Pa- **1144a**
tentinhaber weitere Nutzungsberechtigungen an andere Lizenznehmer
erteilen kann, und **ausschließlichen Lizenzverträgen**, bei welchen weder
der Lizenzgeber noch Dritte das Patent benutzen dürfen, unterschieden
werden. Sofern das Lizenzrecht für den gesamten Schutzbereich erteilt
wird, spricht man von einem **unbeschränkten Lizenzvertrag**; wenn zeitliche, örtliche oder sonstige Beschränkungen vereinbart werden, liegt ein
so genannter **beschränkter Lizenzvertrag** vor.

In bestimmten Fällen kann **durch Verwaltungsakt** gegen den Willen **1145**
des Patentinhabers eine Erlaubnis zur Benützung der durch Patent geschützten Erfindung erteilt werden („**Zwangslizenz**"; § 36 PatG). So kann
eine Zwangslizenz etwa dann eingeräumt werden, wenn eine jüngere
patentierte Erfindung ohne die Benützung eines älteren Patentes nicht
verwertet werden kann (§ 36 Abs 1 PatG). Weiters kann im Falle der nicht
angemessenen Ausübung einer patentierten Erfindung an dieser eine
Zwangslizenz eingeräumt werden (§ 36 Abs 2 PatG). Schließlich kann eine
Zwangslizenz auch dann erteilt werden, wenn dies im öffentlichen Interesse geboten ist (§ 36 Abs 3 PatG).

6   Beendigung des Patentrechts

Das Patentrecht kann durch **Erlöschen, Zurücknahme, Nichtigerklä-** **1146**
rung und **Aberkennung** enden.

Erlöschen kann das Patent durch Ablauf der Schutzdauer, weiters, **1147**
wenn die fällige Jahresgebühr nicht rechtzeitig eingezahlt wurde und wenn
der Patentinhaber auf das Patent verzichtet (§ 46 Abs 1 PatG).

Wenn die Einräumung einer Zwangslizenz (§ 36 PatG) nicht genügt hat, **1148**
um die Ausübung der Erfindung im Inland in angemessenem Umfang zu
sichern, besteht ein Recht auf gänzliche oder teilweise **Rücknahme** des
Patentes (§ 47 Abs 1 PatG).

1149   Sofern sich ergibt, dass der Gegenstand der Erfindung iSd der §§ 1 bis 3 PatG nicht patentierbar war oder das Patent die Erfindung nicht so deutlich und vollständig offenbart, dass ein Fachmann sie ausführen kann, oder schließlich der hinterlegte Mikroorganismus nicht zugänglich war, erfolgt eine **Nichtigerklärung** des Patents (§ 48 Abs 1 PatG).

1150   Wenn der Nachweis erbracht wird, dass entweder dem Patentinhaber der Anspruch auf Patenterteilung nicht zustand oder der wesentliche Inhalt der Patentanmeldung den Unterlagen eines anderen bewilligungslos entnommen worden war, erfolgt eine **Aberkennung** des Patents (§ 49 Abs 1 PatG).

1151   Über Anträge zur Rücknahme, über die Nichtigerklärung und über die Aberkennung von Patenten entscheidet die **Nichtigkeitsabteilung** (§ 60 Abs 3 lit c PatG); gegen deren Entscheidung steht die Berufung an den **Obersten Patent- und Markensenat** als oberste Instanz offen (§ 74 Abs 1 PatG).

7   Internationale Regeln zum Erfindungsschutz

1152   Der auf Grund des PatG bewirkte Erfindungsschutz entfaltet seine Geltung lediglich im österreichischen Hoheitsgebiet (**Territorialitätsprinzip**).

1153   Damit ein Erfindungsschutz auch im **Ausland** bewirkt werden kann, ist in jenem Land, in welchem ein derartiger Schutz angestrebt wird, eine gemäß den dort geltenden Vorschriften vorzunehmende Patentanmeldung zu bewirken.

1154   Da eine derartige Vorgangsweise idR mit einem erheblichen Aufwand verbunden ist, existieren verschiedene internationale Abkommen, welche eine internationale Patentanmeldung erleichtern sollen. Von Bedeutung ist insbesondere der **Washingtoner Vertrag** über die internationale Zusammenarbeit auf dem Gebiet des Patentwesens aus dem Jahre 1970 („Patent cooperation treaty" bzw PCT). Der Washingtoner Vertrag ermöglicht es, auf der Basis einer einzigen internationalen Anmeldung beim Patentamt eines der Vertragsstaaten ein Patent in all jenen Vertragsstaaten zu erwerben, in denen dies nach Wunsch des Anmelders erfolgen soll. Das **Münchner Europäische Patentübereinkommen** aus dem Jahre 1973 ermöglicht es, durch eine einzige Anmeldung beim Europäischen Patentamt in München Patente in jedem europäischen Vertragsstaat zu erwerben, in dem dies der Patentanmelder wünscht.

1154a   Aus der Sicht des **EU-Rechts** ist im Bereich des Patentrechts insbesondere auf die **RL 98/44 über den rechtlichen Schutz biotechnologischer Erfindungen** zu verweisen, welche in Österreich bislang noch nicht umgesetzt wurde.

F   Gebrauchsmusterrecht

Literatur: wie oben VI/E und *Feil*, Gebrauchsmusterrecht (1994); *Puchberger/Jakadofsky*, Gebrauchsmusterrecht (1994).

1   Grundsätzliches

Seit 1. April 1994 steht das österreichische Gebrauchsmustergesetz in   1155
Kraft. Dieses Gesetz ist über weite Strecken dem PatG nachgebildet; das
Gebrauchsmuster wird daher häufig auch als **kleines Patent** bezeichnet.

Der primäre **Zweck** des GMG besteht darin, einen entsprechenden   1156
Schutz auch für technische Entwicklungen, welche nicht die für eine
Patenterteilung erforderliche Erfindungshöhe aufweisen, zu bewirken.
Überdies ist das Anmeldeverfahren nach dem GMG einfacher und kürzer
ausgestaltet als nach dem PatG. Entsprechend des dem GMG immanenten Grundgedankens, vor allem für schnelllebige Wirtschaftsgüter mit
geringer Erfindungshöhe einen entsprechenden Schutz zu bieten, ist auch
der Bestandschutz nach GMG geringer ausgestaltet und zusätzlich die
Schutzdauer kürzer.

2   Gebrauchsmuster

Als **Gebrauchsmuster** werden auf Antrag Erfindungen geschützt, die   1157
neu sind, auf einem erfinderischen Schritt beruhen und gewerblich anwendbar sind (§ 1 Abs 1 GMG).

Dabei gilt eine Erfindung dann als **neu**, wenn sie nicht zum Stand der   1158
Technik gehört. Den Stand der Technik bildet alles, was der Öffentlichkeit
vor dem Prioritätstag der Anmeldung durch schriftliche oder mündliche
Beschreibung, durch Benützung oder in sonstiger Weise zugänglich gemacht worden ist (§ 3 Abs 1 GMG).

Anders als im PatG räumt § 3 Abs 3 GMG dem Anmelder eine **Neu-**   1159
heitsschonfrist ein. Durch diese wird sichergestellt, dass eine Offenbarung einer Erfindung, die nicht früher als sechs Monate vor dem Anmeldetag
erfolgt ist und zusätzlich entweder unmittelbar bzw mittelbar auf den Anmelder
bzw seinen Rechtsvorgänger oder auf einen offensichtlichen Missbrauch zum
Nachteil des Anmelders bzw seines Rechtsvorgängers zurückgeht, deren
Qualifikation als neu iSv § 1 Abs 1 GMG nicht schadet. Diese Regelung soll
dem allenfalls rechtlich unerfahrenen Anmelder, der durch eine voreilige
Veröffentlichung seiner Erfindung deren Neuheit zerstört, den Weg eröffnen,
zumindest ein Gebrauchsmuster an seiner Erfindung zu erwerben.

Der von § 1 Abs 1 GMG geforderte **erfinderische Schritt** fordert zwar   1160
eine gewisse erfinderische Leistung als Voraussetzung zur Anmeldung

eines Gebrauchsmusters, doch genügt es, wenn die Erfindungsqualität in geringerem Ausmaß als für eine Patentierung einer Erfindung vorliegt.

1161   Ebenso wie das PatG werden von § 1 Abs 3 GMG Entdeckungen sowie wissenschaftliche Theorien und mathematische Methoden, ästhetische Formschöpfungen, Pläne, Regeln und Verfahren für gedankliche Tätigkeiten, für Spiele oder für geschäftliche Tätigkeiten sowie Programme für Datenverarbeitungsanlagen und schließlich die Wiedergabe von Informationen **nicht als Erfindungen** anerkannt. Allerdings kann – anders als nach dem PatG – die **Programmlogik**, welche Programmen für Datenverarbeitungsanlagen zugrunde liegt, durch ein Gebrauchsmuster geschützt werden (§ 1 Abs 2 GMG).

1162   Analog zum PatG fordert auch das GMG, dass eine Erfindung **gewerblich anwendbar** ist, damit ein entsprechender Schutz gewährt werden kann (§ 1 Ab 1 GMG).

1163   In § 2 GMG sind jene Erfindungen angeführt, für die ein **Gebrauchsmusterschutz nicht erworben** werden kann. Dazu zählen Erfindungen, deren Veröffentlichung oder Verwertung gegen die öffentliche Ordnung oder die guten Sitten verstoßen würde, weiters Verfahren zur chirurgischen oder therapeutischen Behandlung von Menschen und Diagnostizierverfahren an Menschen sowie schließlich Pflanzensorten und Tierarten einschließlich Mikroorganismen sowie im Wesentlichen biologische Verfahren und deren Züchtung.

3   Registrierungsverfahren

1164   Die **Anmeldung** einer Erfindung zum Gebrauchsmuster ist schriftlich beim Patentamt vorzunehmen (§ 13 Abs 1 GMG). Der Inhalt der Anmeldung ist in § 14 Abs 1 GMG festgelegt. Gem § 13 Abs 2 GMG muss die angemeldete Erfindung so weit und so vollständig offenbart sein, dass sie von einem Fachmann ausgeführt werden kann (**Offenbarungsgrundsatz**).

1165   Mit dem Tag der Anmeldung erlangt der Anmelder das **Prioritätsrecht** (§ 16 Abs 1 GMG). Gem § 16a GMG gelten für das Gebrauchsmuster die gleichen Regeln betreffend die innere Priorität wie im Patentrecht (vgl § 93a PatG).

1166   Jede Anmeldung ist vom Patentamt auf ihre **Gesetzmäßigkeit** hin zu prüfen. Hingegen findet eine Prüfung auf Neuheit, erfinderischen Schritt, gewerbliche Anwendbarkeit sowie darauf, ob der Anmelder Anspruch auf Gebrauchsmusterschutz hat, nicht statt (§ 18 Abs 1 GMG).

1167   Bestehen gegen die Veröffentlichung und Registrierung des Gebrauchsmusters keine Bedenken, so erstellt das Patentamt einen **Recherchenbericht**. In diesem werden die vom Patentamt zum Zeitpunkt der Erstellung des Berichtes ermittelten Schriftstücke genannt, die zur Beurteilung der Neuheit und des erfinderischen Schritts in Betracht gezogen werden können (§ 19 Abs 1 GMG). Durch den Recherchenbericht soll dem Anmelder die Möglichkeit gegeben werden, die Ansprüche, welche den Schutzumfang des Gebrauchsmusters festlegen sollen, entsprechend zu erfassen.

Sofern der Anmelder eine sofortige, von der Fertigstellung des Recher- **1168** chenberichtes unabhängige Veröffentlichung und Registrierung des Gebrauchsmusters beantragt, liegt ein **beschleunigtes Verfahren** vor (§ 27 Abs 1 GMG). Wenn die Anmeldung den gesetzlichen Erfordernissen entspricht, verfügt das Patentamt die Veröffentlichung des Gebrauchsmusters im **Gebrauchsmusterblatt** und seine Registrierung im **Gebrauchsmusterregister** (§§ 22 bis 24 GMG). Nach der erfolgten Registrierung wird eine **Gebrauchsmusterschrift** ausgefertigt und dem Gebrauchsmusterinhaber eine **Gebrauchsmusterurkunde** ausgestellt (§§ 25 und 26 GMG).

Im Zuge des Anmeldeverfahrens kann vom Anmelder eine **Umwand-** **1169** **lung der Anmeldung** in eine Patentanmeldung iSd PatG beantragt werden (§ 21 GMG).

4   Schutzumfang des Gebrauchsmusterrechts

Der **Anspruch** auf Gebrauchsmusterschutz steht dem Erfinder oder **1170** dessen Rechtsnachfolger zu (§ 7 GMG). Das Recht der Anmeldung eines Gebrauchsmusters und das Gebrauchsmuster selbst können zur Gänze oder auch nach ideellen Anteilen **übertragen** werden (§ 10 Abs 1 GMG), denkbar ist auch die Einräumung von **Gebrauchsmusterlizenzen** (vgl dazu § 31 Abs 1 GMG).

Der Erfinder hat Anspruch darauf, bei der amtlichen Veröffentlichung, **1171** im Gebrauchsmusterregister, in der Gebrauchsmusterschrift, in der Gebrauchsmusterurkunde und in den vom Patentamt auszustellenden Prioritätsbelegen als Erfinder genannt zu werden (**Recht der Erfinderehre**; § 8 Abs 1 GMG).

Die **Wirkung** des Gebrauchsmusters besteht darin, dass es den **1172** Gebrauchsmusterinhaber dazu berechtigt, andere davon auszuschließen, den Gegenstand der Erfindung betriebsmäßig herzustellen, in Verkehr zu bringen, feil zu halten oder zu gebrauchen. Bei einem **Verfahrensgebrauchsmuster** erstreckt sich die Wirkung auch auf die durch dieses Verfahren unmittelbar hergestellten Gegenstände (§ 4 Abs 1 GMG). Die zivil- und strafrechtlichen Folgen einer allfälligen Gebrauchsmusterverletzung sind den entsprechenden Bestimmungen der §§ 147 bis 157 sowie § 159 und § 164 PatG nachgebildet (§ 41 GMG).

Der Gebrauchsmusterschutz beginnt mit dem Tag der amtlichen Ver- **1173** öffentlichung des Gebrauchsmusters und endet spätestens **zehn Jahre** nach dem Ende des Monats, in dem das Gebrauchsmuster angemeldet worden ist (§ 6 GMG).

5   Beendigung des Gebrauchsmusterrechts

1173a   Neben der Beendigung des Gebrauchmusters durch **Zeitablauf** (§ 12 Abs 1 iVm § 6 GMG) kann dieses auch durch **Verzicht** des Gebrauchsmusterinhabers erlöschen (§ 12 Abs 1 Z 3 GMG).

1174   Gem § 28 Abs 1 GMG kann jedermann die **Nichtigerklärung** eines Gebrauchsmusters beantragen, wenn keine gebrauchsmusterschutzfähige Erfindung vorliegt (§§ 1 bis 3 GMG), weiters, wenn die Erfindung nicht so deutlich und so vollständig offenbart ist, dass sie ein Fachmann ausführen kann, und schließlich, wenn der Gegenstand des Gebrauchsmusters über den Inhalt der ursprünglichen Fassung hinausgeht.

1175   Durch § 29 GMG wird sichergestellt, dass sich ein tatsächlicher Berechtigter gegenüber einem unbefugten Anmelder durch die entsprechende Stellung eines **Aberkennungsantrages** des Gebrauchsmusters zur Wehr setzen kann. Die diesbezüglichen Voraussetzungen entsprechen weitestgehend der Bestimmung des § 49 PatG.

1176   Zur Entscheidung über die Nichtigerklärung oder Aberkennung eines Gebrauchsmusters ist die **Nichtigkeitsabteilung** berufen (§ 33 Abs 1 Z 4 GMG); gegen deren Entscheidung steht die Berufung an den **Obersten Patent- und Markensenat** offen (§ 37 GMG).

1177   Zur Klärung der Frage, ob bestimmte Maßnahmen mit einem bestehenden Gebrauchsmusterrecht in Einklang zu bringen sind oder nicht, kann – ebenso wie dies § 163 PatG vorsieht – gem § 45 GMG ein **Feststellungsantrag** eingebracht werden.

G   Halbleiterschutzrecht

Literatur: *Eilmansberger*, Gewerblicher Rechtsschutz, in *Holoubek/Potacs* (Hg), Öffentliches Wirtschaftsrecht Bd I (2002); *Gräser/Kucsko*, Halbleiterschutzgesetz (1988); *Hauser/Thomasser*, Wettbewerbs- und Immaterialgüterrecht (1998).

1178   Das Halbleiterschutzgesetz zielt auf einen entsprechenden Schutz von **Halbleitererzeugnissen** (Mikrochips) ab; dadurch sollen insbesondere Raubkopien auf diesem Gebiete hintangehalten werden.

1179   Als **Schutzgegenstand** benennt § 1 Abs 1 HlSchG dreidimensionale Strukturen von mikroelektronischen Halbleitererzeugnissen (Topographien), die Eigenart aufweisen müssen. Dabei weist eine Topographie dann eine **Eigenart** auf, wenn sie das Ergebnis der eigenen geistigen Arbeit ihres Schöpfers und in der Halbleitertechnik nicht alltäglich ist (§ 2 Abs 1 HlSchG). Eine **Neuheit** der Topographie wird hingegen vom HlSchG nicht gefordert. Der Schutz gem HlSchG erstreckt sich nur auf die Topographie als solche. Für ein allenfalls auf einem Mikrochip gespeichertes Programm kann hingegen nach HlSchG kein Schutz erlangt werden; ein Schutz für das Programm kann eventuell nach UrhG, GMG oder UWG gegeben sein.

Das **Anmeldeverfahren** beim Patentamt ist im Wesentlichen an den 1180 im PatG bzw GMG normierten Grundsätzen orientiert. Im Zuge des Anmeldeverfahrens wird primär geprüft, ob die formalen Anmeldevoraussetzungen gegeben sind; eine Prüfung, ob die Topographie auch materiell den Schutzvoraussetzungen entspricht, erfolgt hingegen nicht (§ 10 Abs 1 HlSchG). Nach Beendigung des Anmeldeverfahrens erfolgen eine Registrierung im **Halbleiterschutzregister** und eine entsprechende Veröffentlichung im **Patentblatt** (§ 11 HlSchG).

Bemerkenswert ist, dass die **Schutzwirkung** bereits mit dem Tag der 1181 erstmaligen, nicht nur vertraulichen geschäftlichen Verwertung der Topographie beginnt, sofern eine Anmeldung innerhalb von zwei Jahren beim Patentamt erfolgt. Wurde die Topographie zuvor noch nicht oder nur vertraulich geschäftlich verwertet, beginnt die Schutzdauer mit dem Tag der Anmeldung beim Patentamt. In jedem Fall kann der Schutz gem HlSchG erst dann geltend gemacht werden, wenn das Halbleiterschutzrecht im Halbleiterschutzregister vermerkt worden ist (§ 8 Abs 3 HlSchG).

Die Schutzdauer endet spätestens mit Ablauf des **zehnten Kalender-** 1182 **jahres** nach dem Jahr des Schutzbeginnes (§ 8 Abs 2 HlSchG).

Das **Halbleiterschutzrecht** bewirkt, dass der Rechtsinhaber jedem 1183 Dritten verbieten kann, im geschäftlichen Verkehr die Topographie oder deren selbständig verwertbare Teile nachzubilden oder Darstellungen zur Herstellung der Topographie anzufertigen. Weiters kann der Schutzrechtsinhaber jedem Dritten untersagen, Darstellungen zur Herstellung der Topographie oder das die Topographie oder deren selbständig verwertbare Teile enthaltende Halbleitererzeugnis anzubieten, in Verkehr zu bringen oder zu vertreiben oder zu den genannten Zwecken einzuführen (§ 6 Abs 1 HlSchG).

Die im HlSchG vorgesehenen **zivil-** bzw **strafrechtlichen Folgen** einer 1184 Schutzverletzung sind jenen des PatG nachgebildet (§§ 21 und 22 HlSchG).

Sofern die geschützte Topographie nicht schutzfähig, der Anspruch auf 1185 ein Halbleiterschutzrecht erloschen war oder die Frist zur Anmeldung ungenützt verstrichen ist, weiters die Berechtigung zur Geltendmachung des Anspruches gefehlt hat oder nachträglich weggefallen ist, kann von jedermann eine **Nichtigerklärung des Halbleiterschutzrechtes** begehrt werden (§ 13 HlSchG).

1186   Vom tatsächlich Berechtigten kann ein Aberkennungsanspruch mittels **Aberkennungsantrags** gegenüber einem unbefugten Anmelder geltend gemacht werden (§ 14 HlSchG).

H   Kartellrecht

Literatur: *Barfuß/Auer*, Kartellrecht[4] (1989); *Barfuß/Wollmann/Tahdel*, Österreichisches Kartellrecht (1996); *Gugerbauer*, Handbuch der Fusionskontrolle (1995); *Gugerbauer*, Kommentar zum Kartellgesetz[3] (1999); *Gugerbauer*, Österreichisches und Europäisches Kartellrecht, in *Holzhammer/Roth*, Gesellschaftsrecht[2] (1997); *Hauser/Thomasser*, Wettbewerbs- und Immaterialgüterrecht (1998); *Haybäck/Tüchler*, Österreichisches und europäisches Kartellrecht (1999); *Kecht*, Kartellrecht (1995); *Koppensteiner*, Österreichisches und europäisches Wettbewerbsrecht[3] (1997); *Stockenhuber*, Europäisches Kartellrecht (1999).

1   Grundsätzliches

1187   Die wesentlichsten **rechtlichen Grundlagen** des geltenden Kartellrechtes werden vom österreichischen **Kartellgesetz 1988** idF BGBl I 2002/62 und – seit 1.1.1995 – insbesondere von den **Art 81** („Kartellverbot") und **82 EGV** („Missbrauch einer marktbeherrschenden Stellung") sowie weiters von der **EU-Fusionskontrollverordnung** gebildet; wegen dessen Komplexität kann auf das einschlägige EU-Kartellrecht in der Folge allerdings nicht näher eingegangen werden.

1188   Das österreichische Kartellrecht wurde zuletzt durch die Erlassung des so genannten **Wettbewerbsgesetzes** (WettbG; BGBl I 2002/62) vor allem im organisatorischen Bereich maßgeblich verändert. Insbesondere wurden anstelle der bisherigen Amtsparteien (Sozialpartner) eine **Bundeswettbewerbsbehörde** und ein **Bundeskartellanwalt** eingerichtet. Darüber hinaus wurden die bislang im KartG normierten strafrechtlichen Tatbestände eliminiert und durch ein einheitliches **System von Geldbußen** (Sanktionsrahmen: € 10.000,– bis € 1 Million) ersetzt (§§ 142 ff KartG).

1188a   Die **Bundeswettbewerbsbehörde** ist als monokratische Aufgriffs- und Ermittlungsbehörde in Wettbewerbsangelegenheiten beim Bundesminister für Wirtschaft und Arbeit eingerichtet. Sie wird von einem **Generaldirektor für Wettbewerb** geleitet, welcher bei der Ausübung seines Amtes weisungsfrei ist (§ 1 WettbG). Die Bundeswettbewerbsbehörde ist ua dazu befugt, vermutete **Wettbewerbsverzerrungen** in Einzelfällen zu untersuchen sowie ihre **Beseitigung** durch Wahrnehmung der ihr eingeräumten Parteistellung zu veranlassen; des Weiteren soll die Bundeswettbewerbsbehörde einen „**funktionierenden Wettbewerb** vermittels der Durchführung der europäischen Wettbewerbsregeln in Österreich" herstellen. Überdies ist die Bundeswettbewerbsbehörde ua dazu befugt, allgemeine **Untersuchungen eines Wirtschaftszweiges** durchzuführen, sofern die Umstände vermuten lassen, dass der Wettbewerb in dem betreffenden Wirtschaftszweig eingeschränkt oder verfälscht ist (§ 2 Abs 1 WettbG). In § 11 Abs 1 WettbG ist geregelt, dass die Bundeswettbewerbsbehörde grundsätzlich alle **Ermittlungen** führen darf, die ihr zur Wahrnehmung ihrer Aufgaben nach dem WettbG zukommen. Insbesondere kann die Bundeswettbewerbsbehörde von Unternehmungen die **Erteilung von Auskünften** innerhalb angemessener Fristen einfordern sowie **geschäftliche Unterlagen einsehen und prüfen** (§ 11 Abs 3 WettbG). Überdies kann das Kartellgericht auf Antrag der Bundeswettbewerbsbehörde in bestimmten Fällen eine **Hausdurchsuchung** anordnen (§ 12 WettbG).

Bei der Bundeswettbewerbsbehörde ist eine **Wettbewerbskommis-** **1188b** **sion** eingerichtet. Sie besteht aus acht Mitgliedern, die vom Bundesminister für Wirtschaft und Arbeit bestellt werden; vier davon auf Vorschlag der Sozialpartner (Wirtschaftskammer, Kammer für Arbeiter und Angestellte, Österreichischer Gewerkschaftsbund, Präsidentenkonferenz der Landwirtschaftskammern; § 16 Abs 3 WettbG). Die Wettbewerbskommission erstattet im Auftrag der Bundeswettbewerbsbehörde oder des Bundesministers für Wirtschaft und Arbeit **Gutachten** über allgemeine wettbewerbspolitische Fragestellungen und kann **Empfehlungen zu angemeldeten Zusammenschlüssen** abgeben (§ 16 Abs 1 und § 17 WettbG).

Der **Bundeskartellanwalt** ist zur Vertretung der öffentlichen Interessen **1188c** in Angelegenheiten des Wettbewerbsrechts berufen. Er ist zwar bei der Erfüllung seiner Aufgaben vom Kartellgericht unabhängig, jedoch dem Bundesminister für Justiz unterstellt und diesem weisungsgebunden (§ 112 Abs 1 und Abs 2 KartG).

Die Entscheidungsbefugnis in Kartellangelegenheiten obliegt in erster **1188d** Instanz dem beim Oberlandesgericht Wien eingerichteten **Kartellgericht**, welches sich aus zwei Berufsrichtern und zwei fachkundigen Laienrichtern zusammensetzt. Als Berufungsinstanz ist beim Obersten Gerichtshof das so genannte **Kartellobergericht** eingerichtet, welches sich aus drei Berufsrichtern und zwei Laienrichtern zusammensetzt (§§ 88 ff KartG).

Inhaltlich zielen **Kartelle** auf eine Beschränkung der wirtschaftlichen **1189** Handlungsfreiheit bzw des Wettbewerbes ab. Im Rahmen eines Kartells stimmen rechtlich selbständige Unternehmen ihr Marktverhalten aufeinander ab, indem etwa Vereinbarungen betreffend die Preisbildung, betreffend die Zuteilung von Quoten oder betreffend die Verteilung von bestimmten Absatzgebieten getroffen werden.

Sofern derartige Vereinbarungen vertraglich fixiert werden, spricht man **1190** von einem **Vertragskartell**.

1191   Bei einem **Preiskartell** verpflichten sich die Mitglieder des Kartells dazu, sich an dieselben Preisvorgaben zu halten.

1192   In einem **Konditionenkartell** werden einheitliche Liefer- und Zahlungsbedingungen festgelegt.

1193   Hingegen zielt ein **Quotenkartell** auf eine Aufteilung der Produktions- bzw Absatzmengen zwischen den einzelnen Kartellmitgliedern ab.

1194   In einem **Gebietskartell** erhält jedes Mitglied des Kartells ein bestimmtes Absatzgebiet zugewiesen.

1195   Bei den **Kalkulationskartellen** werden einheitliche Richtlinien für die Preiskalkulation der vom Kartell erfassten Waren oder Dienstleistungen festgelegt.

1196   Bei den **Vertriebsbindungen** liefert der Hersteller bzw Importeur nur an Händler, welche ganz bestimmte Voraussetzungen erfüllen.

1197   Von **Preisbindungen** wird dann gesprochen, wenn der Hersteller bzw der Importeur oder Verteiler einer Ware die von ihm belieferten Händler dazu verhält, sich an vorgegebene Verkaufspreise zu halten.

2   Österreichisches Kartellrecht

a   Kartelle

1198   Das österreichische KartG unterscheidet insbesondere zwischen **Vereinbarungskartellen**, **Verhaltenskartellen** und **Empfehlungskartellen**. Für die Beurteilung konkreter kartellrechtlicher Sachverhalte ist jeweils der wahre **wirtschaftliche Gehalt** und nicht bloß die äußere Erscheinungsform des Sachverhalts maßgebend (§ 1 KartG).

aa   Vereinbarungskartelle

1199   Bei den **Vereinbarungskartellen** handelt es sich um Vereinbarungen (Verträge oder Absprachen) zwischen wirtschaftlich selbständig bleibenden Unternehmern oder zwischen Verbänden von Unternehmern, wobei diese Vereinbarungen darauf abzielen, im gemeinsamen Interesse eine Beschränkung des Wettbewerbs zu bewirken (§ 10 KartG). Aus der gesetzlichen Bestimmung des § 10 KartG ergibt sich, dass von Privatpersonen kein Vereinbarungskartell gebildet werden kann.

1200   Wenn im Zuge einer entsprechenden Vereinbarung tatsächlich der Wettbewerb beschränkt werden soll, liegt ein **Absichtskartell** vor.

1201   Sofern hingegen den Vertragspartnern das Vorliegen eines Kartells gar nicht bewusst ist und sich entsprechende Wettbewerbsbeschränkungen lediglich als unbeabsichtigte Nebenwirkungen einer auf ein anderes Ziel gerichteten Vereinbarung darstellen, liegt ein **Wirkungskartell** vor.

Werden Absprachen getroffen, deren Unverbindlichkeit ausdrücklich 1202
mitausgesprochen wird und zu deren Durchsetzung wirtschaftlicher oder
gesellschaftlicher Druck weder ausgeübt werden soll noch tatsächlich
ausgeübt wird, liegt hingegen **kein Kartell** iSd KartG vor (§ 10 Abs 2
KartG).

ab   Verhaltenskartelle

Verhaltenskartelle sind aufeinander abgestimmte, weder zufällige 1203
noch nur marktbedingte Verhaltensweisen von wirtschaftlich selbständig
bleibenden Unternehmern oder von Verbänden von Unternehmern, bei
denen weder Verträge noch Absprachen nachgewiesen werden können,
es aber dennoch durch ein koordiniertes Marktverhalten der Kartellteilneh-
mer zu einer Wettbewerbsbeschränkung kommt (§ 11 KartG). Das Vorliegen eines abgestimmten Verhaltens setzt eine entsprechende bewusste
Anpassung voraus.

Auch Verhaltenskartelle können als **Absichts-** oder **Wirkungskartelle** 1204
ausgeprägt sein.

ac   Empfehlungskartelle

Die **Empfehlungskartelle** entstehen durch (einseitige) Empfehlungen, 1205
durch welche direkte oder indirekte Beschränkungen des Wettbewerbes
bewirkt werden bzw bewirkt werden sollen (§ 12 KartG). Gegenstand von
Empfehlungskartellen sind regelmäßig Empfehlungen zur Einhaltung bestimmter Preise, Preisgrenzen, Kalkulationsrichtlinien, Handelsspannen
oder Rabatte.

Auch Empfehlungskartelle können entweder **Absichts-** oder 1206
Wirkungskartelle sein.

Um **kein Empfehlungskartell** handelt es sich allerdings dann, wenn 1207
bei einer Empfehlung ausdrücklich auf ihre Unverbindlichkeit hingewiesen
wird und zur Durchsetzung der ausgesprochenen Empfehlung wirtschaftlicher oder gesellschaftlicher Druck weder ausgeübt werden soll noch
ausgeübt wird.

ad   Genehmigung von Kartellen

Auf Antrag des Kartellbevollmächtigten sind vom **Kartellgericht** bei 1208
Vorliegen von bestimmten Voraussetzungen die Kartelle zu genehmigen.

Keiner Genehmigung bedürfen die **Bagatellkartelle** (§ 16 KartG). Da- 1209
bei handelt es sich um Kartelle, die im Zeitpunkt ihres Zustandekommens

315

an der Versorgung des gesamten inländischen Marktes einen Anteil von weniger als 5% haben und gleichzeitig an einem allfällig vorhandenen, inländischen örtlichen Teilmarkt einen Anteil von weniger als 25% besitzen.

1210 Eine Genehmigung ist dann zu erteilen, wenn kein **äußerer Kartellzwang** sowie keine **Gesetz- und Sittenwidrigkeit** (iSv § 879 ABGB) vorliegen und eine **volkswirtschaftliche Rechtfertigung** gegeben ist (§ 23 KartG).

1211 Ein **äußerer Kartellzwang** ist dann anzunehmen, wenn der Kartellvertrag Verpflichtungen oder Bestimmungen enthält, die darauf abzielen, dass ausschließlich solche Waren abgesetzt oder solche Leistungen erbracht werden, die Gegenstand des Kartells sind. Weiters dürfen auch Waren oder Leistungen, die mit den vom Kartell erfassten gleichartig oder ähnlich sind, nicht mit Preis- oder Mengenbeschränkungen versehen sein. Schließlich darf die Kartellvereinbarung keine Regelung enthalten, derzufolge der Absatz von Waren bzw die Erbringung von Leistungen an bestimmte Personen oder Personengruppen trotz ihrer Bereitwilligkeit, die vorgeschriebenen Bedingungen zu erfüllen, ausgeschlossen wird (§ 23 Z 1 lit a bis c KartG).

1212 Bei der Beurteilung der **volkswirtschaftlichen Rechtfertigung** eines Kartells ist gem § 23 Z 3 KartG auf die Interessen der Letztverbraucher sowie auf die Frage, ob das Kartell zur Vermeidung schwerwiegender betriebswirtschaftlicher Nachteile erforderlich ist, Bedacht zu nehmen. Eine volkswirtschaftliche Rechtfertigung ist gem § 23 Z 3 KartG auch dann nicht gegeben, wenn das Kartell gegen bestimmte (in § 7 Abs 1 KartG angeführte) internationale Abkommen bzw Verträge (wie zB das Abkommen über den Europäischen Wirtschaftsraum) verstößt.

1213 Die **Genehmigungsdauer** eines Kartells richtet sich grundsätzlich nach dem Zeitraum, für welchen eine volkswirtschaftliche Rechtfertigung im Einzelfall vorliegt. Kartelle dürfen jedoch **höchstens auf fünf Jahre** genehmigt werden; eine Verlängerung ist sechs Monate vor Ablauf der Genehmigungsdauer zu beantragen (§ 24 KartG).

1214 Ein **Genehmigungswiderruf** ist dann auszusprechen, wenn dies der Kartellbevollmächtigte verlangt oder wenn mindestens eine der genannten Genehmigungsvoraussetzungen weggefallen ist (§ 27 KartG).

1215 Mit Ausnahme von Wirkungs- und Bagatellkartellen dürfen Kartelle vor ihrer rechtskräftigen Genehmigung **nicht durchgeführt** werden (§ 18 KartG). Sofern bei den Wirkungs- und Bagatellkartellen die Voraussetzungen für eine Genehmigung fehlen, sind diese auf Antrag **zu untersagen** (§ 25 KartG). Soweit die Durchführung eines Kartells verboten ist, sind auch die Kartellvereinbarungen **unwirksam** (§ 22 KartG). Im Fall einer verbotenen Durchführung eines Kartells kann es auf Antrag einer Amtspartei (Bundeswettbewerbsbehörde, Bundeskartellanwalt) zur Verhängung von **Geldbußen** kommen (§§ 142 ff KartG).

1216 Dem Bundesminister für Justiz steht das Recht zu, durch die Erlassung von entsprechenden **Verordnungen** einzelne Wettbewerbsbeschränkungen von der Anwendung des KartG auszunehmen (§ 17 KartG). Auf Grund einer entsprechenden (Freistellungs-)Verordnung (BGBl 1989/185) sind beispielsweise Forschungskooperationen bzw bestimmte Einkaufsgemeinschaften von der Geltung des KartG ausgenommen.

b   Vertikale Verträge

Während die **horizontalen Verträge** auf der gleichen Handelsstufe   1217
angesiedelt sind, zielen die **vertikalen Verträge** auf eine Wettbewerbsbeschränkung auf verschiedenen Handelsstufen ab.

In der Praxis finden sich vertikale Vertragsbeziehungen insbesondere   1218
in der Form der **Preisbindung** und in Form der **vertikalen Vertriebsbindung**.

Bei den **Preisbindungen** werden üblicherweise Unternehmer auf einer   1219
nachgeordneten Wirtschaftsstufe bezüglich ihrer Preisgestaltung in ihrer Freiheit eingeschränkt (§ 13 KartG). Eine **Genehmigung einer Preisbindung** durch das Kartellgericht setzt insbesondere die volkswirtschaftliche Rechtfertigung der Preisbindung voraus (§ 23 KartG). Von den für Preisbindungen bestehenden kartellrechtlichen Regelungen ist der Buch-, Kunst-, Musikalien-, Zeitschriften- und Zeitungshandel ausgenommen. Bei diesen Sparten kann der Letztverkäufer an die vom Verleger festgesetzten Verkaufspreise gebunden werden (§ 5 Abs 2 KartG). IZm der **Buchpreisbindung** ist jüngst das Buchpreisbindungsgesetz (BGBl I 2000/45) beschlossen worden; dieses Gesetz intendiert die Herstellung eines EU-konformen Rechtszustandes auf diesem Gebiet.

Bei den **vertikalen Vertriebsbindungen** handelt es sich um Verträge   1220
zwischen einem bindenden Unternehmer mit einem oder mehreren wirtschaftlich selbständig bleibenden Unternehmer(n) (gebundene[r] Unternehmer), durch die dieser bzw diese beim Bezug oder Vertrieb von Waren beschränkt wird bzw werden (§ 30a KartG). Der bindende Unternehmer hat vor der Durchführung einer vertikalen Vertriebsbindung diese dem Kartellgericht **anzuzeigen** (§ 30b KartG). Sofern die vertikale Vertriebsbindung gegen ein gesetzliches Verbot oder gegen die guten Sitten iSv § 879 ABGB verstößt oder sie volkswirtschaftlich nicht gerechtfertigt ist, ist ihre Durchführung vom Kartellgericht auf Antrag zu untersagen. Auf Antrag ist die vertikale Vertriebsbindung ua auch dann zu untersagen, wenn sie gegen das Abkommen über den EWR verstößt (§ 30c Abs 1 Z 2 iVm § 7 Abs 1 KartG). Antragsberechtigt ist neben den Amtsparteien (Bundeswettbewerbsbehörde, Bundeskartellanwalt) und den Vereinigungen zur Vertretung der wirtschaftlichen Interessen der Unternehmer jeder Unternehmer, der ein rechtliches oder wirtschaftliches Interesse nachweisen kann. Sofern vom Kartellgericht die Untersagung ausgesprochen wurde, ist die auch nur teilweise Durchführung einer vertikalen Vertriebsbindung verboten

(§ 30d KartG). Durch Verordnung des Bundesministers für Justiz können bestimmte Gruppen von Vertriebsbindungen von vornherein freigestellt werden (§ 30e KartG); die Antragspflicht bleibt jedoch aufrecht. Maßgeblich ist diesbezüglich die Verordnung BGBl II 2000/177.

c   Unverbindliche Verbandsempfehlungen

1221   Bei den **unverbindlichen Verbandsempfehlungen** handelt es sich um Empfehlungen zur Einhaltung bestimmter Preise, Preisgrenzen oder Kalkulationsrichtlinien, welche von Verbänden ausgegeben werden, deren Ziel die Vertretung wirtschaftlicher Interessen von Unternehmern ist. Im Unterschied zu den Empfehlungskartellen steht es den angesprochenen Unternehmern bei den unverbindlichen Verbandsempfehlungen frei, ob sie sich tatsächlich an die Empfehlung halten oder nicht.

1222   Unverbindliche Verbandsempfehlungen sind dem Kartellgericht **anzuzeigen**. Nach Ablauf eines Monats ab der Anzeige beim Kartellgericht darf die unverbindliche Verbandsempfehlung an die Adressaten weitergegeben werden (§ 32 KartG). Die unverbindliche Verbandsempfehlung ist zu **widerrufen**, wenn sie vor Ablauf der Monatsfrist hinausgegeben wurde, wenn weiters auf Grund eines Antrages festgestellt wurde, dass die Empfehlung volkswirtschaftlich nicht gerechtfertigt ist, und schließlich, wenn seit der Anzeige fünf Jahre verstrichen sind und keine neuerliche Anzeige erfolgt ist (§ 33 KartG). Den dargestellten Bestimmungen unterliegen jene unverbindlichen Empfehlungen, welche an Angehörige eines **freien Berufes** abgegeben werden, nicht (§ 31 Z 3 KartG).

d   Marktbeherrschende Stellung

1223   Ein Unternehmer, der als Anbieter und Nachfrager
- **keinem** oder nur **unwesentlichem Wettbewerb** ausgesetzt ist oder
- eine im Verhältnis zu den anderen Wettbewerbern **überragende Marktstellung** hat (dabei wird eine überragende Marktstellung dann vorliegen, wenn die Geschäftspartner des marktbeherrschenden Unternehmens auf die Aufrechterhaltung ihrer Geschäftsbeziehungen zu diesem angewiesen sind) oder
- einen **Marktanteil von mindestens 30%** hat oder
- dem Wettbewerb von höchstens **zwei Unternehmern** ausgesetzt ist und am gesamten inländischen Markt einen Anteil von mehr als **5%** hält oder
- zu den **vier größten Unternehmern** gehört, die zusammen am gesamten inländischen Markt einen Anteil von mindestens **80%** haben, sofern er selbst einen solchen von mehr als 5% hat,

ist isd KartG als **marktbeherrschender Unternehmer** zu qualifizieren (§ 34 KartG).

Gem § 35 Abs 1 KartG ist der **Missbrauch einer marktbeherrschen-** 1224 **den Stellung verboten**; das Kartellgericht hat gegebenenfalls auf Antrag dem beteiligten Unternehmen aufzutragen, den **Missbrauch einer markt-beherrschenden Stellung** abzustellen. Dabei kann ein Missbrauch in

- der unmittelbaren oder mittelbaren **Erzwingung unangemessener Einkaufs- oder Verkaufspreise** oder **sonstiger Geschäftsbedin-gungen**,
- der **Einschränkung der Erzeugung**, des **Absatzes** oder der **tech-nischen Entwicklung** zum Schaden der Verbraucher,
- der **Benachteiligung von Vertragspartnern** im Wettbewerb durch Anwendung unterschiedlicher Bedingungen bei gleichwertigen Leis-tungen,
- der an die Vertragsschließung geknüpften Bedingung, dass die Vertragspartner **zusätzliche Leistungen** annehmen, die weder fachlich noch nach Handelsbrauch in Beziehung zum Vertrags-partner stehen, oder
- dem sachlich nicht gerechtfertigten **Verkauf unter dem Einstands-preis**

bestehen.

Sofern ein **Unternehmen aus dem Medienbereich** (§ 42c Abs 1 KartG) 1225 einmaligen Missbrauch von seiner marktbeherrschenden Stellung gemacht hat und dieser Missbrauch gleichzeitig dazu geeignet ist, die Medienvielfalt zu beeinträchtigen, sind auf Antrag vom Kartellgericht Maßnahmen aufzutragen, durch welche die marktbeherrschende Stellung als solche abgeschwächt oder beseitigt wird (**Entflechtungsmaßnahmen**; § 35 Abs 2 KartG). Durch die KartG-Novelle 2002 wurde der Begriff **Medienvielfalt** als Vielfalt von selbstän-digen Medienunternehmen definiert, die nicht isv § 41 KartG miteinander verbunden sind und durch die eine Berichterstattung unter Berücksichtigung unterschiedlicher Meinungen gewährleistet wird (§ 35 Abs 2a KartG).

Für den Bereich der **Telekommunikationsdienstleistungen** sind – in 1226 Umsetzung der einschlägigen EU-RL – in das Telekommunikationsgesetz entsprechende Sondervorschriften bezüglich des Missbrauches einer marktbeherrschenden Stellung aufgenommen worden (vgl §§ 32 ff TKG).

e Unternehmenszusammenschlüsse

In § 41 KartG werden folgende Tatbestände als **Unternehmenszusam-** 1227 **menschlüsse** isd KartG gewertet:

- der **Erwerb eines Unternehmens**, ganz oder zu einem wesentli-chen Teil, durch einen Unternehmer, insbesondere durch Ver-schmelzung oder Umwandlung;

- der Erwerb eines Rechts durch einen Unternehmer an der Betriebs-
stätte eines anderen Unternehmens durch **Betriebsüberlassungs-
oder Betriebsführungsverträge**;
- der unmittelbare oder mittelbare Erwerb von **Anteilen an einer
Gesellschaft**, die Unternehmer ist, durch einen anderen Unternehmer sowohl dann, wenn dadurch ein Beteiligungsgrad von 25%, als
auch dann, wenn dadurch ein solcher von 50% erreicht oder überschritten wird;
- das **Herbeiführen der Personengleichheit** von mindestens der
Hälfte der Mitglieder der zur Geschäftsführung berufenen Organe
oder der Aufsichtsräte von zwei oder mehreren Gesellschaften, die
Unternehmer sind;
- **jede sonstige Verbindung von Unternehmen**, auf Grund derer ein
Unternehmer unmittelbar oder mittelbar einen beherrschenden Einfluss auf ein anderes Unternehmen ausüben kann;
- die **Gründung eines Gemeinschaftsunternehmens**; dabei handelt es sich um Unternehmen, die von zumindest zwei Unternehmern kontrolliert werden.

1228   Unternehmenszusammenschlüsse der genannten Art bedürfen gem
§ 42a KartG der **Anmeldung** beim Kartellgericht, wenn die beteiligten
Unternehmen im letzten Geschäftsjahr vor dem Zusammenschluss
mindestens **folgende Umsätze** erzielt haben:

- **weltweit** insgesamt **€ 300 Millionen**;
- im **Inland** insgesamt **€ 15 Millionen**;
- mindestens **zwei Unternehmen** weltweit jeweils **€ 2 Millionen**.

1229   Anmeldepflichtige Unternehmenszusammenschlüsse (§ 42a KartG)
dürfen erst nach Abschluss des **kartellgerichtlichen Verfahrens** durchgeführt werden. Nach erfolgter Anmeldung eines derartigen Unterneh-
menszusammenschlusses kommt lediglich den Amtsparteien (Bundeswettbewerbsbehörde, Bundeskartellanwalt) das Recht zu, innerhalb von
vier Wochen ab Anmeldung einen Antrag auf **Überprüfung des Kartells**
beim Kartellgericht einzubringen (§ 42b Abs 1 KartG). Bemerkenswert ist,
dass die bei der Bundeswettbewerbsbehörde eingerichtete **Wettbewerbskommission** zwar kein Prüfungsverfahren einleiten kann, aber jedes
einzelne Mitglied der Wettbewerbskommission das Recht hat, gegenüber
der Bundeswettbewerbsbehörde Empfehlungen zur Stellung eines Prüfungsantrages abgeben kann (§ 17 Abs 1 WettbG). Sofern ein derartiger
Prüfungsantrag gestellt wird, hat das Kartellgericht innerhalb von fünf
Monaten ab dem Zeitpunkt der Anmeldung eine Entscheidung zu treffen.
Wenn eine **marktbeherrschende Stellung** entsteht bzw verstärkt wird, hat
das Kartellgericht den Zusammenschluss **zu untersagen**, sofern nicht zu
erwarten ist, dass durch den Zusammenschluss überwiegende Verbesse-
rungen der Wettbewerbsbedingungen eintreten oder der Zusammenschluss im Hinblick auf die internationale Wettbewerbsfähigkeit der betei-

ligten Unternehmen volkswirtschaftlich gerechtfertigt ist (§ 42b Abs 2 und 3 KartG).

Wird innerhalb der vierwöchigen Frist kein Prüfungsantrag gestellt bzw **1230** werden derartige Anträge wieder zurückgezogen oder ist die Fünf-Monats-Frist abgelaufen, hat das Kartellgericht unverzüglich eine **Bestätigung** auszustellen; gleiches gilt, wenn die Amtsparteien (vorweg) auf die Stellung eines Prüfungsantrages verzichten (§ 42b Abs 1 KartG). Wenn ein Prüfungsantrag gestellt wurde und keine Untersagungsgründe vorliegen, so hat das Kartellgericht auszusprechen, dass der Zusammenschluss nicht untersagt wird. In diesem Fall hat das Kartellgericht auch die Möglichkeit, den Unternehmenszusammenschluss mit **Beschränkungen** bzw **Auflagen** zu belegen (§ 42b Abs 4 KartG).

Sofern gegen eine mit der Nichtuntersagung verbundene Auflage **zu- 1230a wider gehandelt** wurde, kann das Kartellgericht auf Antrag und unter Beachtung der Verhältnismäßigkeit **Maßnahmen** auftragen, durch welche die Wirkungen des Zusammenschlusses abgeschwächt oder beseitigt werden (§ 42b Abs 7 Z 2 KartG). Derartige Maßnahmen kann das Kartellgericht auch dann verfügen, wenn die Nichtuntersagung bzw Nichtprüfung des Zusammenschlusses auf **unrichtigen** oder **unvollständigen Angaben** beruht, die von einem der beteiligten Unternehmen zu vertreten sind (§ 42b Abs 7 Z 1 KartG).

Besonderheiten gelten für **Medienzusammenschlüsse**. Ein derartiger **1231** Medienzusammenschluss liegt gem § 42c KartG dann vor, wenn **mindestens zwei** der beteiligten Unternehmungen zu einer der folgenden Gruppen gehören:

- **Medienunternehmen** (zB Zeitungsunternehmen) oder **Mediendienste** (zB Presseagentur),
- **Medienhilfsunternehmen** (zB Verlag, Druckerei),
- Unternehmen, die an einem Medienunternehmen, Mediendienst oder Medienhilfsunternehmen einzeln oder gemeinsam mittelbar oder unmittelbar **mindestens zu 25%** beteiligt sind.

Im Bereich der Medienzusammenschlüsse sind teilweise **niedrigere 1232 Schwellenwerte** vorgesehen (s im Detail § 42c Abs 4 iVm § 42a Abs 1 KartG).

Ein Medienzusammenschluss ist neben den in § 42b KartG angeführten **1233** Gründen auch dann zu untersagen, wenn zu erwarten ist, dass durch den Zusammenschluss die **Medienvielfalt beeinträchtigt** wird (§ 42c Abs 5 KartG).

f   Ausnahmen vom KartG

Gem § 5 Abs 1 KartG sind die Bestimmungen des KartG betreffend **1234** Kartelle, vertikale Vertriebsbindungen, unverbindliche Verbandsempfehlungen und marktbeherrschende Unternehmer auf Sachverhalte, die auf Grund gesetzlicher Bestimmungen der **Aufsicht des Finanzministers** über Banken, Bausparkassen oder private Versicherungsunternehmen oder der **Aufsicht des Verkehrsministers** über Verkehrsunternehmen unterliegen, nicht anzuwenden. Gleiches gilt für **Monopolunternehmen**, sofern sie in Ausübung der ihnen gesetzlich übertragenen Monopolbefugnisse tätig werden.

1235   Die Bestimmungen betreffend vertikale Vertriebsbindungen finden auf dem Gebiete des **Buch-, Kunst-, Musikalien-, Zeitschriften- und Zeitungshandels** keine Anwendung (§ 5 Abs 2 KartG).

1236   Die Bestimmungen betreffend Kartelle und vertikale Vertriebsbindungen sind auf Wettbewerbsbeschränkungen **zwischen Genossenschaftsmitgliedern bzw zwischen Genossenschaftsmitgliedern und Genossenschaften** nicht anzuwenden, sofern derartige Wettbewerbsbeschränkungen erforderlich sind, um den Zweck bzw die Funktionsfähigkeit der Genossenschaft sicherzustellen (§ 5 Abs 3 KartG).

I   Urheberrecht

Literatur: *Ciresa*, Österreichisches Urheberrecht (1999); *Dillenz*, Praxiskommentar zum österreichischen Urheberrecht und Verwertungsgesellschaftenrecht (1999); *Dittrich*, Österreichisches und internationales Urheberrecht[3] (1998); *Hauser/Thomasser*, Wettbewerbs- und Immaterialgüterrecht (1998); *Haybäck*, Grundzüge des Marken- und Immaterialgüterrechts (2001); *Kucsko*, Österreichisches und Europäisches Urheberrecht[4] (1996); *Mogel*, Europäisches Urheberrecht (2001); *Scheuch/Holzmüller*, Die wirtschaftliche Bedeutung des Urheberrechts in Österreich (1989); *Schönherr*, Gewerblicher Rechtsschutz und Urheberrecht (1982); *Svoboda/Zanger*, Software-Urheberrecht (1989); *Walter/Lewinski/Dreier/Blocher/Dillenz*, Kommentar zum Europäischen Urheberrecht (1999); *Zanger*, Urheberrecht und Leistungsschutz im digitalen Zeitalter (1996).

1   Zwecksetzung des Urheberrechts

1237   Mit den im UrhG verankerten Normen zielt der Gesetzgeber darauf ab, einen **Schutz des geistigen Eigentums** eines Schöpfers von Werken auf den Gebieten der Literatur, der Tonkunst, der bildenden Künste, der Filmkunst und von Computerprogrammen sicherzustellen.

2 Schutzgegenstand

Im Mittelpunkt des Schutzinteresses des UrhG stehen so genannte **1238** **Werke**. Dabei handelt es sich um eigentümliche geistige Schöpfungen auf den Gebieten der Literatur, der Tonkunst, der bildenden Künste und der Filmkunst (§ 1 Abs 1 UrhG). Damit ein geschaffenes Werk tatsächlich in den Genuss des Schutzes des UrhG kommt, muss sich dieses durch ein bestimmtes Maß an **schöpferischer Eigenart** bzw **Individualität** auszeichnen; das Werk muss sich von einem durchschnittlichen „Tagesprodukt" abgrenzen lassen. Unerheblich ist dabei, ob das geschaffene Werk einen künstlerischen, ästhetischen oder wissenschaftlichen Wert aufweist oder nicht.

Als **Werke der Literatur** gelten gem § 2 UrhG Sprachwerke aller **1239** Art einschließlich Computerprogramme, Bühnenwerke, deren Ausdrucksmittel Gebärden und andere Körperbewegungen sind, sowie Werke wissenschaftlicher oder belehrender Art, die in bildlichen Darstellungen in der Fläche oder im Raum bestehen, sofern sie nicht zu den Werken der bildenden Künste zählen.

Zu den **Werken der bildenden Künste** zählen die Werke der Lichtbild- **1240** kunst, der Baukunst und der angewandten Kunst (des Kunstgewerbes). Dabei sind Werke der Lichtbildkunst durch fotografische oder durch der Fotografie ähnliche Verfahren hergestellte Werke (§ 3 UrhG).

Unter Werken der Filmkunst (**Filmwerke**) versteht § 4 UrhG Laufbild- **1241** werke, wodurch die dem Gegenstand des Werkes bildenden Vorgänge und Handlungen entweder bloß für das Gesicht oder gleichzeitig für Gesicht und Gehör zur Darstellung gebracht werden, ohne Rücksicht auf die Art des bei der Herstellung oder Aufführung des Werkes verwendeten Verfahrens.

Zu beachten ist weiters, dass selbst **Bearbeitungen** (und Überset- **1242** zungen) unter der Voraussetzung, dass sie sich als eine eigentümliche geistige Schöpfung des Bearbeiters darstellen, denselben urheberrechtlichen Schutz wie Originalwerke beanspruchen können (§ 5 Abs 1 UrhG). Freilich muss die Bearbeitung immer iVm dem Schutz des Urhebers des Originalwerkes gesehen werden; demgemäß muss der Bearbeiter, sofern er Verwertungshandlungen setzen will, grundsätzlich die Zustimmung des Urhebers des Originalwerkes (bzw seines Rechtsnachfolgers) einholen (**abhängiges Urheberrecht**).

Die Benutzung eines Werkes bei der Schaffung eines anderen macht **1243** dieses allerdings dann nicht zur Bearbeitung, wenn es sich im Vergleich zu dem benutzten Werk um ein **selbständiges neues Werk** handelt (§ 5 Abs 2 UrhG).

Nach § 6 UrhG werden Sammlungen, die infolge der Zusammenstel- **1244** lung einzelner Beiträge zu einem einheitlichen Ganzen eine eigentümliche geistige Schöpfung darstellen, als **Sammelwerke** urheberrechtlich geschützt; die an den aufgenommenen Beiträge etwa bestehenden Urheber-

323

rechte bleiben unberührt. Auch **Datenbankwerke** sind als Sammelwerke urheberrechtlich geschützt, wenn sie infolge der Auswahl oder Anordnung des Stoffes eine eigentümliche geistige Schöpfung darstellen (§ 40 f Abs 2 UrhG). Dabei handelt es sich bei Datenbanken iSd UrhG um Sammlungen von Werken, Daten oder anderen abhängigen Elementen, die systematisch oder methodisch angeordnet und einzeln mit elektronischen Mitteln oder auf andere Weise zugänglich sind; das Computerprogramm, welches für die Herstellung oder den Betrieb einer elektronisch zugänglichen Datenbank verwendet wird, ist nicht Bestandteil der Datenbank (§ 40 f Abs 1 UrhG). Zu beachten ist, dass ein rechtlicher Schutz an einer Datenbank, die sich nicht als Datenbankwerk iSv § 40 f Abs 2 UrhG darstellt, grundsätzlich nur dann in Frage kommt, wenn für die Beschaffung, Überprüfung oder Darstellung ihres Inhalts eine nach Art oder Umfang wesentliche Investition erforderlich war („**sui-generis**"-Schutz; vgl §§ 76c bis 76e UrhG).

1245   Vom Urheberrecht im eigentlichen Sinn sind die so genannten **verwandten Leistungsschutzrechte** zu unterscheiden. Diese gewähren den Werkvermittlern (zB Schauspieler, Sänger, Musiker) und anderen Personengruppen (zB Veranstalter, Hersteller) entsprechende Schutzrechte, die weitgehend dem umfassenderen Urheberrecht nachgebildet sind (die Details dazu finden sich in den §§ 66 ff UrhG). Zu den verwandten Schutzrechten zählt ua auch der **Bildnisschutz**; gem § 78 UrhG dürfen nämlich Bildnisse von Personen weder öffentlich ausgestellt noch auf eine andere Art, wodurch sie der Öffentlichkeit zugänglich gemacht werden, verarbeitet werden, wenn dadurch berechtigte Interessen des Abgebildeten oder – falls dieser verstorben ist – eines nahen Angehörigen verletzt werden.

3   Urheber

1246   **Urheber** eines Werkes ist, wer dieses geschaffen hat (§ 10 Abs 1 UrhG). Haben mehrere gemeinsam ein Werk geschaffen, bei dem die Ergebnisse ihres Schaffens eine untrennbare Einheit bilden, so steht das Urheberrecht allen **Miturhebern** gemeinsam zu (§ 11 Abs 1 UrhG). Jeder Miturheber ist für sich allein berechtigt, Verletzungen des Urheberrechts gerichtlich zu verfolgen (§ 11 Abs 2 UrhG).

1247   Wer auf den Vervielfältigungsstücken eines erschienenen Werkes oder auf einem Urstück eines Werkes der bildenden Künste in der üblichen Weise **als Urheber bezeichnet** wird, gilt bis zum Beweis des Gegenteils als Urheber des Werkes, wenn die Bezeichnung in der Angabe seines wahren Namens oder eines von ihm bekanntermaßen gebrauchten Decknamens oder – bei Werken der bildenden Künste – in einem Künstlerzeichen besteht (§ 12 Abs 1 UrhG).

4 Urheberrechtsschutz

Dem Urheber steht das ausschließliche Recht zu, das von ihm geschaf- **1248** fene Werk zu verwerten (**Verwertungsrecht**; § 14 Abs 1 UrhG). Dem Urheber steht es weiters ua zu, das Werk zu vervielfältigen, zu verbreiten, zu senden, öffentlich vorzutragen sowie öffentlich auf- und vorzuführen (§§ 15 bis 18 UrhG).

Dabei entsteht das Urheberrecht unmittelbar durch die Schaffung des **1249** Werkes (**Realakt**); der Schöpfer muss nicht handlungsfähig sein, um in den Genuss des Werkschutzes zu kommen.

Das Urheberrecht ist zwar **vererblich**, es kann aber nicht auf rechtsge- **1250** schäftlichem Wege übertragen werden (§ 23 Abs 1 und Abs 2 UrhG). Der Urheber kann jedoch anderen gestatten, das Werk auf einzelne oder alle nach den in den §§ 14 bis 18 UrhG festgelegten Verwertungsarten zu benutzen (**Werknutzungsbewilligung**). Denkbar ist auch, dass der Urheber einem anderen das ausschließliche Recht dazu einräumt (**Werknutzungsrecht**; § 24 Abs 1 UrhG).

In den §§ 41 ff UrhG sind **Beschränkungen der Verwertungsrechte** **1251** des Urhebers festgelegt. So steht etwa die Benutzung eines Werkes zu Beweiszwecken im Verfahren vor Gerichten oder vor anderen Behörden sowie für Zwecke der Strafrechtspflege und der öffentlichen Sicherheit dem Urheberrecht nicht entgegen (§ 41 UrhG). Überdies darf jedermann von einem Werk einzelne **Vervielfältigungsstücke zum eigenen Gebrauch** herstellen (§ 42 Abs 1 UrhG). Auch dürfen **Schulen** und **Hochschulen** für Zwecke des Unterrichts bzw der Lehre in dem dadurch gerechtfertigten Umfang Vervielfältigungsstücke in der für eine bestimmte Schulklasse bzw Lehrveranstaltung erforderlichen Anzahl herstellen und verbreiten; diese Befugnis gilt nicht für Werke, die ihrer Beschaffenheit und Bezeichnung nach zum Schul- oder Unterrichtsgebrauch bestimmt sind (§ 42 Abs 3 UrhG). Des weiteren fallen etwa unter die freien Werknutzungen an Werken der Literatur einzelne Stellen eines veröffentlichten Sprachwerkes (so genanntes „**kleines Zitat**"; § 46 Z 1 UrhG) sowie erschienene Sprachwerke oder Werke wissenschaftlicher bzw belehrender Art zur Erläuterung in anderen wissenschaftlichen Werken (so genanntes „**großes Zitat**"; § 46 Z 2 UrhG).

Überhaupt keinen urheberrechtlichen Schutz genießen die **freien Werke**. Dabei handelt es sich insbesondere um Gesetze, Verordnungen, **1252** amtliche Erlässe, Bekanntmachungen und Entscheidungen sowie ausschließlich oder vorwiegend zum amtlichem Gebrauch hergestellte amtliche Werke (§ 7 Abs 1 UrhG).

Sofern die Urheberschaft an einem Werk bestritten oder das Werk **1253** einem anderen als dem Schöpfer zugeschrieben wird, ist der tatsächliche Schöpfer berechtigt, die Urheberschaft für sich in Anspruch zu nehmen (**Schutz der Urheberschaft**; § 19 Abs 1 UrhG); ein Verzicht auf dieses

Recht ist unwirksam. Weiters kann der Urheber bestimmen, ob und mit welcher Urheberbezeichnung das von ihm geschaffene Werk zu versehen ist (**Urheberbezeichnung**; § 20 Abs 1 UrhG).

1254   Die in den §§ 81 bis 90a UrhG geregelten **Rechtsansprüche des Schöpfers** entsprechen weitgehend den entsprechenden Regeln im PatG. Insbesondere kommt dem Urheber im Falle einer Urheberrechtsverletzung ua ein **Unterlassungs- und Beseitigungsanspruch** zu, weiters kann er auf eine **Urteilsveröffentlichung** bestehen und ein **angemessenes Entgelt** verlangen; im Falle von schuldhaften Eingriffen können überdies **Schadenersatzansprüche** und die Herausgabe des vom Urheberrechtsverletzer auf Grund der Verletzung **erzielten Gewinnes** beansprucht werden.

1255   Auch das Urheberrecht ist zeitlich begrenzt. Die in den §§ 60 bis 65 UrhG festgelegten **Schutzfristen** sehen allerdings unterschiedliche Zeitspannen für die einzelnen Werke vor. So ist etwa normiert, dass für Werke der Literatur, der Tonkunst und der bildenden Künste eine Schutzfrist von **70 Jahren** vorgesehen ist, welche mit dem Tod des Urhebers zu laufen beginnt (§ 60 UrhG).

5 Computerprogramme

1256   Seit der Erlassung der Urheberrechtsgesetz-Novelle 1993 besteht auch ein eingehender Schutz von **Computerprogrammen** nach dem UrhG.

1257   Durch § 40a UrhG werden Computerprogramme als das Ergebnis einer **eigenen geistigen Schöpfung** ihres Urhebers definiert. Davon sind alle Ausdrucksformen einschließlich des Maschinencodes sowie das Material zur Entwicklung des Computerprogrammes umfasst.

1258   Wird ein Computerprogramm von einem **Dienstnehmer** in Erfüllung seiner dienstlichen Obliegenheit geschaffen, so steht dem Dienstgeber hieran ein unbeschränktes Werknutzungsrecht zu, sofern mit dem Dienstnehmer nichts anderes vereinbart worden ist (§ 40b UrhG).

1259   Sofern der Urheber eines Computerprogrammes einem Dritten daran ein **Werknutzungsrecht** einräumt, kann dieser – wenn nichts anderes vereinbart worden ist – ohne die Einwilligung des Urhebers das Werknutzungsrecht auf einen anderen übertragen (§ 40c UrhG).

1260   Weiters dürfen Computerprogramme **vervielfältigt** und **bearbeitet** werden, soweit dies für ihre bestimmungsgemäße Benutzung durch den zur Benutzung Berechtigen notwendig ist; dazu gehört auch die Anpassung an die Bedürfnisse des Benutzungsberechtigten (§ 40d Abs 2 UrhG).

1261   In § 40e UrhG ist im Detail festgelegt, unter welchen Voraussetzungen der Code eines Computerprogrammes vervielfältigt und seine Codeform übersetzt werden darf (**Dekompilierung**).

6 Internationale Regeln zum Urheberschutz

Auf dem Gebiet des Urheberrechts existiert eine **erhebliche Anzahl** 1262
internationaler Regelungen, welche die besondere Bedeutung dieser Materie im internationalen Bereich deutlich machen.

Auf der Ebene der EU sind etwa die Richtlinie über den **Rechtsschutz** 1263
von Computerprogrammen (RL 91/250), die **Vermiet- und Verleih-RL**
(RL 92/100), die **Satellitenrundfunk-RL** (RL 93/83) sowie ua die **Daten-
bankschutz-RL** (RL 96/9) von grundlegender Bedeutung; diese und andere EU-Richtlinien wurden bereits weitgehend in das österreichische
UrhG integriert. Hingegen ist die **RL 2001/29 zur Harmonisierung bestimmter Aspekte des Urheberrechts und der verwandten Schutzrechte in der Informationsgesellschaft** bislang in Österreich noch nicht
umgesetzt worden. Neben den erwähnten RL kommt auch der **VO 3295/94
über Maßnahmen zum Verbot der Überführung nachgeahmter Waren
und unerlaubt hergestellter Vervielfältigungsstücke** entsprechende
Bedeutung zu.

Von den sonstigen internationalen Regeln sind insbesondere die **Ber-** 1264
ner Übereinkunft zum Schutz von Werken der Literatur und Kunst aus
dem Jahr 1886 sowie das **Welturheberrechtsabkommen** aus dem Jahr
1952 von grundlegender Bedeutung; dies gilt auch für das **TRIPS-Abkom-
men über handelsbezogene Aspekte der Rechte des geistigen Eigentums** (BGBl 1995/1) aus dem Jahr 1993.

Stichwortverzeichnis

Die Zahlen verweisen auf die Randzahlen.
Hinweise in Kursivdruckschrift kennzeichnen die Hauptfundstelle.